Eckhard Jesse (Hg.)
Eine Revolution und ihre Folgen

Eckhard Jesse (Hg.)

Eine Revolution und ihre Folgen

14 Bürgerrechtler ziehen Bilanz

Jens Reich, Konrad Weiß, Marianne Birthler,
Vera Lengsfeld, Günter Nooke, Wolfgang Templin,
Markus Meckel, Ehrhart Neubert, Freya Klier,
Rainer Eppelmann, Edelbert Richter, Ulrike Poppe,
Friedrich Schorlemmer, Joachim Gauck

Ch. Links Verlag, Berlin

Dieses Buch entstand mit freundlicher Unterstützung der *Freien Presse*, Chemnitz. Die Fotos stammen von Wolfgang Schmidt (S. 26, S. 42, S. 62, S. 76, S. 92, S. 110, S. 126, S. 142) und Hendrik Schmidt (S. 158, S. 174, S. 192, S. 208, S. 224, S. 240) sowie von Thomas Härtrich/transit (S. 328).

Die deutsche Bibliothek – CIP-Einheitsaufnahme

Eine Revolution und ihre Folgen : 14 Bürgerrechtler ziehen Bilanz / Eckhard Jesse (Hg.) – 2. Aufl. Berlin : Links, 2001
ISBN 3-86153-223-9

2. Auflage, Januar 2001
© Christoph Links Verlag – LinksDruck GmbH, 2000
Schönhauser Allee 36, 10435 Berlin, Tel.: (030) 44 02 32-0
Internet: www.linksverlag.de; mail@linksverlag.de
Umschlaggestaltung: KahaneDesign, Berlin, unter Verwendung eines Fotos
von Ali Paczensky / images.de vom 9. November 1989
Lektorat: Thekla Wolff
Satz: Kerstin Ortscheid, Berlin
Druck- und Bindearbeiten: Druckerei J. P. Himmer, Augsburg

ISBN 3-86153-223-9

Inhalt

Eckhard Jesse
Einleitung   7

Jens Reich
»Ich habe mich in der DDR nie zu Hause gefühlt«   26
Pressebericht über den Vortrag von Jens Reich am 19.10.1999   40

Konrad Weiß
»Was macht ihr, wenn ihr die Macht habt?«   42
Pressebericht über den Vortrag von Konrad Weiß am 26.10.1999   59

Marianne Birthler
»Wir hatten *diese* DDR satt!«   62
Pressebericht über den Vortrag von Marianne Birthler am 2.11.1999   73

Vera Lengsfeld
»Der Stalinismus ist eine Entzerrung
des Kommunismus zur Kenntlichkeit«   76
Pressebericht über den Vortrag von Vera Lengsfeld am 9.11.1999   90

Günter Nooke
»Wir trauten uns nicht, die auf der Straße
liegende Macht aufzuheben«   92
Pressebericht über den Vortrag von Günter Nooke am 16.11.1999   108

Wolfgang Templin
»Nicht nur staatliche Wiedervereinigung,
sondern auch gesellschaftliche Neuvereinigung«   110
Pressebericht über den Vortrag von Wolfgang Templin
am 23.11.1999   123

Markus Meckel
»Für eine Einmischung in die eigenen Angelegenheiten« 126
Pressebericht über den Vortrag von Markus Meckel am 29.11.1999 139

Ehrhart Neubert
»Der Kommunismus in mir ist endgültig gestorben« 142
Pressebericht über den Vortrag von Ehrhart Neubert am 7.12.1999 156

Freya Klier
»Stapelweise Modrow, Gysi, Kant und Genossen« 158
Pressebericht über den Vortrag von Freya Klier am 14.12.1999 171

Rainer Eppelmann
»Jetzt wird dein Leben ganz anders« 174
Pressebericht über den Vortrag von Rainer Eppelmann am 4.1.2000 189

Edelbert Richter
»Als hätte es 1989 nicht gegeben« 192
Pressebericht über den Vortrag von Edelbert Richter am 11.1.2000 206

Ulrike Poppe
»Gesperrt für sämtlichen Reiseverkehr bis zum 31.12.1999« 208
Pressebericht über den Vortrag von Ulrike Poppe am 18.1.2000 222

Friedrich Schorlemmer
»Im falschen gab es wahres Leben« 224
Pressebericht über den Vortrag von Friedrich Schorlemmer
am 25.1.2000 237

Joachim Gauck
»Die Entscheidung fiel für ein erprobtes Politikmodell« 240
Pressebericht über den Vortrag von Joachim Gauck am 1.2.2000 253

Eckhard Jesse
Oppositionelle Bestrebungen in den achtziger Jahren und
ihre Repräsentanten 257

Personenregister 325

Angaben zum Herausgeber 328

Eckhard Jesse

Einleitung

»Eine Revolution und ihre Folgen« – der Titel dieses Bandes verweist einerseits auf den fundamentalen und doch friedlichen Umbruch des Jahres 1989/90, der mit dem Wort »Wende« nur unzureichend, nämlich euphemistisch, umschrieben ist. Ohne Vorbild in der deutschen Geschichte fegten die Bürger der DDR in einer friedlichen Revolution ein diktatorisches Regime, das der SED, binnen kurzem hinweg. Andererseits lenkt der Titel sein Augenmerk auf die verschlungene Entwicklung danach, die je nach Perspektive Hoffnungen ebenso erfüllt wie Befürchtungen bestätigt hat. Wer könnte dies besser dokumentieren als jene, die mit vergleichsweise hohem Einsatz und kein Risiko scheuend am Einsturz der SED-Diktatur mitwirkten und nach politischen Auswegen suchten?

Im Wintersemester 1999/2000 habe ich ehemals führende Bürgerrechtler zu einer Vortragsreihe an die Technische Universität Chemnitz eingeladen, um auf diese Weise an ihren Mut erinnern zu lassen, der heute etwas in Vergessenheit zu geraten droht. Es hätte bekanntlich alles anders, ganz anders – wahrlich weniger glücklich – verlaufen können. Die Absicht bestand darin, ein möglichst repräsentatives Bild von der heterogenen Bewegung zu vermitteln. Herausragende Persönlichkeiten aus ihren Reihen sind Woche für Woche zu Wort gekommen – vier Frauen und zehn Männer, darunter sechs (ehemalige) Pastoren: Jens Reich, Konrad Weiß, Marianne Birthler, Vera Lengsfeld, Günter Nooke, Wolfgang Templin, Markus Meckel, Ehrhart Neubert, Freya Klier, Rainer Eppelmann, Edelbert Richter, Ulrike Poppe, Friedrich Schorlemmer, Joachim Gauck.

Drei von ihnen (Klier, Lengsfeld, Templin) waren bereits 1988 in den Westen »verfrachtet« worden. Nach dem Ende der Diktatur trennten sich die Wege der Bürgerrechtler vielfach. Traten die einen wie Rainer Eppelmann der CDU bei, so die anderen wie Edelbert Richter der SPD oder dem Bündnis 90/Die Grünen (wie Ulrike Poppe). Manche hingegen blieben parteilos (wie Joachim Gauck) oder zogen sich allmählich aus der Politik zurück (wie Konrad Weiß, bis zum Jahre 1994 Bundestagsabgeordneter des Bündnis 90/

Die Grünen). Eine Reihe der Referenten nahm innerhalb der neunziger Jahre eine Kurskorrektur vor. So verließ Vera Lengsfeld das Bündnis 90/Die Grünen und ging zur CDU.

Als Anregung für den Vortrag erhielt jeder Referent ein Fragenbündel. Zweierlei war beabsichtigt. Einerseits sollte auf diese Weise die Vergleichbarkeit gewährleistet bleiben, nicht der Beliebigkeit Tür und Tor geöffnet werden, andererseits keine Einengung erfolgen. Gewiß bot jeder einzelne Fragenkomplex – ja jede einzelne Frage – genügend Stoff für einen ganzen Vortrag. Doch wäre damit eine unerwünschte Vorstrukturierung verbunden gewesen. Der Reiz des Unternehmens mochte sich aus der unterschiedlichen Akzentsetzung von Leuten ergeben, die unter diktatorischen Umständen die Ablehnung des SED-Regimes einte. Die folgenden vier Fragenkomplexe – zur eigenen Person, zur damaligen und zur heutigen Position, zur allgemeinen politischen Einordnung – galt es zu behandeln, freilich keineswegs in toto. Nicht Vollständigkeit war angestrebt, sondern eine pointierte Bilanz einerseits zur Revolution 1989/90 und andererseits zum Stand der deutschen Einheit 1999/2000. Die mehrfach aufgefächerte Fragestellung sollte die Antworten nicht präjudizieren.

Eigene Person: Was waren die ausschlaggebenden Gründe für Ihre oppositionelle Haltung gegenüber dem »System der DDR«? Welches Ereignis aus dem »deutschen Herbst« 1989 hat Sie besonders bewegt und welches aus der jüngsten Zeit? Was hat Sie am meisten überrascht – im positiven wie im negativen Sinne?

Damalige Position: Wie war 1989 Ihre Haltung zur DDR, zur politischen Ordnung der Bundesrepublik Deutschland? Wie haben Sie den Fall der Mauer gesehen? Schwebte Ihnen im Herbst 1989 eine eigenständige DDR als Modell vor? Oder wünschten Sie bereits damals eine Vereinigung Deutschlands? Strebten Sie eine Art »dritten Weg« an?

Heutige Position: Wie ist 1999/2000 Ihre Einstellung zur DDR, zum politischen System der fünfzigjährigen Bundesrepublik Deutschland? Was ist von dem 1989 Gewünschten eingetreten, was nicht? Sind im Wiedervereinigungsprozeß gravierende Fehler gemacht worden? Haben sich Ihre politischen Überzeugungen gewandelt – etwa in der Frage eines »dritten Weges«?

Allgemeine politische Einordnung: Haben wir Ihrer Meinung nach eine neue Republik oder eine erweiterte? Was ist wünschenswert? Gibt es Ihrer Auffassung gemäß zentrale Herausforderungen, denen sich die Gesellschaft verstärkt stellen müßte? Wie erklären Sie den Erfolg der PDS und wie die nicht übermäßig große Sympathie, welche die einstige Bürgerbewegung zumal in den neuen Bundesländern findet? Ist die »innere Einheit« Deutschlands auf einem guten Weg?

Es lag auf der Hand, daß die Redner von diesem Fragenkatalog in unterschiedlicher Weise Gebrauch machten, zumal sie alle ihre persönliche Sicht als Akteure zur Sprache brachten. Die einen wie Joachim Gauck und Günter Nooke orientierten sich relativ streng an ihm im Sinne eines Leitfadens, die anderen wie Markus Meckel und Edelbert Richter lösten sich bald davon. Die eine Vorgehensweise erscheint so legitim wie die andere. Insgesamt dominierte – mit Ausnahme von Freya Klier und Edelbert Richter – ein ausführlicher Rückblick auf die bewegende Revolutionszeit 1989/90. Ebensowenig dürften die differierenden Positionen verwundern. So haben Freya Klier und Vera Lengsfeld, jeweils glühende Gegner der PDS, wenig gemein mit den Sozialdemokraten Edelbert Richter und Friedrich Schorlemmer, die die »Erfurter Erklärung« – in der die Einbeziehung der PDS in die Regierungsverantwortung im Bund gefordert wird – unterzeichnet haben. Konrad Weiß und Günter Nooke meinten sogar, ein Verbot dieser Partei 1990 hätte manchen Ärger erspart. Und Rainer Eppelmann wie Ehrhart Neubert unterzogen deren Vorstellungen einer vernichtenden Kritik.

Bedauerte es Konrad Weiß ebenso wie Günter Nooke, daß die Opposition im Herbst 1989 die auf der Straße liegende Macht nicht ergriffen habe, so war Jens Reich dezidiert anderer Auffassung: Ein solcher Versuch, weder sinnvoll noch überhaupt möglich, hätte mit »einer Blamage und nichts anderem« geendet. Die Art der Aufarbeitung der DDR-Vergangenheit, und das muß nicht überraschen, wurde vielfach beklagt – zum Teil aus gegensätzlichen Gründen: Sah Friedrich Schorlemmer ähnlich wie Marianne Birthler eine Gefahr darin, daß mit der »Entwertung des Systems« eine Entwertung des Lebens der Ostdeutschen Hand in Hand gehe, so geißelte Wolfgang Templin die mannigfache Halbherzigkeit, die den Altkadern zugute gekommen sei. Diese Position machte sich eine Reihe weiterer Bürgerrechtler zu eigen (zum Beispiel Freya Klier und Ehrhart Neubert).

Zum Teil wurde als Erklärung für das eigene oppositionelle Verhalten auf den Westen verwiesen (etwa bei Joachim Gauck und Ehrhart Neubert) – nicht in erster Linie im positiven Sinne. So hieß es bei Ulrike Poppe, daß im Westen als unverbesserlicher »Kalter Krieger« galt, wer während der achtziger Jahre ein Planspiel für die deutsche Einheit in Szene zu setzen gewagt hätte.

Nur wenige stellten den Vergleich zur ersten deutschen Diktatur an – bezogen auf deren Unrechtscharakter und bezogen auf die Vergangenheitsbewältigung. Joachim Gauck gehörte zu den Ausnahmen und kam zu einer auffallenden, freilich wenig ermutigenden Parallele:»Wer sich mit der Nachkriegsära befaßt, findet verdächtig aktuelle Worte: ›Siegerjustiz‹, ›Vollbeschäftigung‹, ›Autobahnen‹. Für ›Autobahnen‹ kann man ›Kindergärten‹ einsetzen, schon hat man die selektive Wahrnehmung.«

Die Rolle der flächendeckend spitzelnden Staatssicherheit wurde zwar angesprochen (so von Friedrich Schorlemmer und Konrad Weiß), jedoch nicht ausführlich erörtert. Dabei war deren Entmachtung ein großer Erfolg der oppositionellen Kräfte. Zuvor konnte die Staatssicherheit durchaus Einfluß auf diese nehmen – und sei es nur durch das (berechtigte oder unberechtigte) Mißtrauen Oppositioneller, jemand könne für die »Firma« arbeiten. So heißt es bei Ehrhart Neubert: »Zielgerichtet ging es uns um die Entmachtung der SED. Meine Versuche scheiterten, einen breiteren Konsens in Berlin herzustellen. Bärbel Bohley wollte auf keinen Fall mit Wolfgang Schnur zusammenarbeiten. Sie verdächtigte ihn als Stasimann. Ich war damals empört. Schon ein halbes Jahr später mußte ich einsehen, daß ihre Wahrnehmung richtig war.« Konrad Weiß berichtete dagegen, aufgrund strenger Konspiration sei keiner der zwölf Gründungsmitglieder von Demokratie Jetzt ein Zuträger der Staatssicherheit gewesen.

Die Bedeutung des »Antifaschismus« in der DDR wurde unterschiedlich wahrgenommen. Während für Ulrike Poppe dies ein Grund war, eher Milde walten zu lassen (saß doch ein Teil der politischen Führung hinter den Kerkermauern im Dritten Reich), und ihrer Meinung nach dieser Umstand selbst scharfe Kritiker der DDR davon abhielt, in der Bundesrepublik mit ihrer halbherzigen Vergangenheitsbewältigung ein Vorbild zu sehen, so gelangte Konrad Weiß zu einem anderen Urteil. Für ihn war die DDR kein antifaschistisches Vorbild: »Ich hatte immer darunter gelitten, wie schäbig sich die angeblich antifaschistische DDR gegenüber den lebenden und überlebenden Juden verhalten hatte, daß sie jegliche Verantwortung für die deutschen Verbrechen abgelehnt und jede Wiedergutmachung verweigert hatte. Insbesondere hatte mich die erbitterte Feindschaft geschmerzt, mit der die SED und alle Blockparteien Israel begegneten.« Auch Markus Meckel lag daran, ein »deutliches Bekenntnis« zur historischen Verantwortung der Deutschen auszusprechen.

Selbstkritische Töne, etwa bei Joachim Gauck, Ehrhart Neubert und Jens Reich, klangen nicht nur an, sondern kamen auch zur Sprache – etwa zur Konzeption eines dritten Weges oder zur Ablehnung der Wiedervereinigung. Die klare Mehrheit der Redner nahm heute von einem wie immer zu interpretierenden dritten Weg Abstand (nicht jedoch Edelbert Richter und Friedrich Schorlemmer), während zehn Jahre zuvor dieser wohl eine Art Minimalkonsens gebildet hatte. Aus dem Königsweg wurde ein Irrweg. Den Begriff der »Wende« nahmen nur wenige in ihr Sprachrepertoire auf.

Die deutsche Einheit sieht heute niemand mehr als negativ an. Allerdings herrscht kein Konsens über die Art und Weise ihres Vollzugs – zum einen in puncto Schnelligkeit, zum andern in puncto möglicher Übernahme tragender Elemente aus der DDR. Besonders harsch rechnete Vera Lengsfeld mit den früheren Vorstellungen der oppositionellen Kräfte ab, dabei »die« Linke im Westen nicht schonend: »Politisch isoliert und intellektuell abgeschirmt, mit den Mühen des alltäglichen Widerstehens und Durchhaltens ausgefüllt, fiel es der späten DDR-Opposition schwer, eigene Orientierungen zu entwickeln. Sie lehnte sich in den Grundsätzen an die westliche Linke an, adaptierte unangemessene linkssozialistische, ›grüne‹ Alternativmodelle. Diese echte oder eingebildete Affinität war ein Hauptgrund für das Scheitern in der Realpolitik 1989, für die fehlende Akzeptanz im Volk, für die Unfähigkeit zur Machtausübung.«

Mitunter klang in den Vorträgen Stolz an auf das, was erreicht wurde – nicht nur 1989 mit dem Sturz der Diktatur, sondern auch 1990 mit dem selbstbestimmten Weg der Ostdeutschen in die deutsche Einheit. So beklagte Markus Meckel zwar manche Entscheidung in diesem Prozeß, hob jedoch den »institutionellen Ablauf« positiv hervor. »Über das wichtige Hilfsmittel des Runden Tisches kam es zur freien Wahl, zur parlamentarischen Demokratie. Eine frei gewählte Regierung der DDR organisierte in Verhandlungen mit der Bundesregierung den Einigungsprozeß. Eine frei gewählte Volkskammer beschloß die Verträge zu Währungsunion und deutscher Einheit und erklärte den Beitritt zur Bundesrepublik Deutschland.« Konrad Weiß sprach davon, das Jahr 1990 mit seinen demokratischen Entscheidungen sei »ein vergessenes Jahr in der deutschen Geschichte«.

Auch wenn des öfteren das Gebot nach »gleicher Augenhöhe« aufkam (zum Beispiel von Konrad Weiß): Der Ost-West-Gegensatz wurde erstaunlicherweise selten bemüht. Stellte Friedrich Schorlemmer auf ihn ab (in dem Sinne, daß das verletzte Selbstwertgefühl Ostdeutscher nichts Konstruktives zu entfalten vermöge), so argumentierte Freya Klier gerade andersherum: Der Hinweis darauf, »DDR-Biographien« seien als gleichwertig anzuerkennen, arbeite faktisch jenen in die Hände, die früher das Sagen hatten.

Vielfach wurde, etwa von Ulrike Poppe, Veränderungsbedarf im Westen angemahnt. Marianne Birthler sah diesen 1989, und sie sieht ihn heute. Der Vereinigung wäre ein solcher Wandel im Westen zugute gekommen: »Eine deutsch-deutsche Vereinigung, auch im Sinne eines Reformanstoßes für die alte Bundesrepublik, wäre für alle – in Ost und in West – ein Gewinn gewesen: Die Westdeutschen hätten von der Einheit profitiert und würden heute nicht in dem Gefühl leben, daß sie ihnen nichts gebracht hätte als Kosten, und den Ostdeutschen wäre das beschämende Gefühl erspart geblieben, dauerhaft alimentiert, ›ausgehalten‹ zu werden und selbst mit leeren Händen in die Einheit gegangen zu sein.«

Weniger kam das Beharrungsvermögen im Osten zur Sprache, wie es etwa in den Worten des ehemaligen Pastors Rainer Eppelmann mit Blick auf die »Entchristianisierung der DDR« anklingt: »Die DDR ist nicht nur säkularisiert, wie das in vielen westlichen Ländern der Fall ist, sondern die neuen Länder sind auch regelrecht entchristianisiert. Dort ist als Folge einer atheistischen Politik, besonders im Schulwesen, der kulturelle Zusammenhang mit den christlichen Traditionen so verlorengegangen, daß die meisten ehemaligen DDR-Bürger von Gott und Christus überhaupt nichts (mehr) wissen.«

Die heftige Kritik an der DDR und ihren mehr oder weniger direkten Apologeten stand nicht unbedingt in einem Gegensatz zur Kritik an Schwächen und Versäumnissen der Bundesrepublik. Der Text von Wolfgang Templin mag dafür ein charakteristisches Beispiel sein. »Im besten Falle bereits vorher, aber mindestens mit dem Einsetzen der ›Gestaltung des Vereinigungsprozesses‹ hätte man der altbundesdeutschen Gesellschaft wie den DDR-Bürgern reinen Wein darüber einschenken müssen, welche schier unglaubliche, jedoch nicht zu umgehende Zumutung in verschiedener Weise auf sie zukommt. Eine Zumutung West, die als Lastenausgleich und gesellschaftliche Öffnung an die Substanz gewonnener Sicherheiten und Besitzstände gegangen wäre, und eine Zumutung Ost, die den DDR-Bürgern nicht die Illusion schnell blühender Landschaften und eines läßlichen Umgangs mit den Sünden der Diktatur genannt hätte.« Auch Ulrike Poppe verwies auf die »unheilige Allianz« von Seilschaften der Staatssicherheit mit westlichen Geschäftemachern. Wer die gedruckten Vorträge liest, wird ohnehin erkennen, daß die herkömmliche Links-Rechts-Axiomatik nicht so recht verfängt. Manche menschenrechtlich argumentierenden Bürgerrechtler (zum Beispiel Wolfgang Templin und Konrad Weiß) entziehen sich einer solchen – beliebten – Einordnung.

Daß das bewegende Ereignis des Mauerfalls häufig – nicht nur bei Vera Lengsfeld, die am 9. November genau zehn Jahre danach ihren Vortrag hielt – angesprochen wurde, lag angesichts der Zäsur dieses Ereignisses für die weitere Entwicklung nahe. Ebenso durfte die Erinnerung an den 9. Oktober nicht verwundern, denn damit war Opposition, mit all ihren Konsequenzen, gleichsam legalisiert. So hieß es bei Günter Nooke: »Für mich persönlich und für viele Oppositionelle in der DDR war der 9. Oktober 1989, die friedlich verlaufene Montagsdemonstration in Leipzig, das entscheidende Revolutionsdatum. Als ich am Abend im Radio hörte, daß 70 000 Menschen auf dem Leipziger Ring friedlich demonstrierten und die bewaffneten Organe nicht eingriffen, da war die Angst weg.«

Alle Bürgerrechtler stellten gegenwärtige Defizite heraus, freilich in höchst unterschiedlicher Intensität. Die einen (wie Vera Lengsfeld) sahen sie wesentlich als ein Ergebnis der Zeit vor 1990 an, die anderen (wie Edelbert Richter) als eines der Zeit danach. Sie seien »nicht mehr die Folgen der Teilung, sondern die des Teilens« (Friedrich Schorlemmer). Die Probleme, die zur Sprache gebracht wurden, waren allerdings unterschiedlicher Natur. So bedauerte Marianne Birthler, daß in der DDR die 68er-Bewegung spurlos an der Bevölkerung vorübergegangen sei. Vera Lengsfeld konnte sich einem solchen Urteil nicht anschließen. Günter Nooke warnte davor, heutige Ost-West-Unterschiede zu dramatisieren. Er sah das größte Versäumnis in der »schäbigen Behandlung« der Opfer des SED-Regimes. Wolfgang Templin war von dieser Position nicht weit entfernt.

Die allgemeine politische Einordnung kam eher knapp vor: Immerhin sprach sich Marianne Birthler für eine »Berliner Republik« aus, und Günter Nooke wollte es nicht ausschließen, daß in den westlichen Bundesländern bald eine Art »Westnostalgie« um sich greift; Rainer Eppelmann und Günter Nooke befleißigten sich im Gegensatz zu Edelbert Richter eines großen Maßes an Optimismus. Während jene die Leistungen der vergangenen zehn Jahre betonten und daraus Zuversicht ableiteten, sah dieser im »Neoliberalismus« eine Gefahr für die Zukunft.

Es wurden viele Geschichten erzählt, wie sie sich 1989 – ebenso davor und danach – ereignet haben. In ihnen spiegelte sich wie in einem Brennglas die Dramatik der Ereignisse wider. Heute liest sich vieles vergnüglicher, als es damals für die Betroffenen gewesen sein mag, etwa die »fürsorgliche Beobachtung« von Edelbert Richter durch die Staatssicherheit: »Als ich zum Beispiel am 7. Oktober, dem ›Nationalfeiertag‹ der DDR, nach Karl-Marx-Stadt fuhr, um in der Studentengemeinde einen Vortrag über Christentum und Demokratie zu halten, begleiteten uns sogar Limousinen bis fast vor die Tür! Wir fühlten uns ›geehrt‹, die Studenten sprachen von einem ›Staatsbesuch‹ und gingen, als ich wieder abfuhr, mit hinaus, um zu winken!« Zugleich kam eine Sichtweise nicht zu kurz, die über den eigenen Tellerrand hinausreichte. Rainer Eppelmann und Markus Meckel – der eine für den Demokratischen Aufbruch, der andere für die SPD – waren als Minister der demokratisch gewählten Regierung ab April 1990 bekanntlich an der »großen Politik« beteiligt.

Zum kleinsten gemeinsamen Nenner gehörte die – verschiedenartig dosierte – Ablehnung von Nostalgie gegenüber der diktatorischen DDR, untermauert mit Beispielen aus dem alltäglichen Leben. Hier herrschte Einigkeit von Freya Klier über Ulrike Poppe und Jens Reich, die beide die »politische Mitte« innerhalb der Bürgerrechtler repräsentieren dürften, bis zu Friedrich Schorlemmer.

Freya Klier nannte das Wort von der sozialen DDR einen Mythos. »In der DDR, in der ich gelebt habe, bekam meine Großmutter, die vierzig Jahre lang als Köchin gearbeitet hat, also zur ›Arbeiterklasse‹ gehörte, und nebenbei noch allein zwei Kinder großzog, mit sechzig Jahren eine Rente von 178,30 Mark. Das reichte nicht einmal für Bohnenkaffee – ein Rentner, der sich solchen Luxus leisten wollte, mußte einfach weiterarbeiten. Und was ist daran sozial?« Das oft aus der Not geborene Zusammengehörigkeitsgefühl wurde in seinem Ideologiecharakter entlarvt und heftig gescholten. Mit den Worten von Ulrike Poppe: »War mein Wasserhahn kaputt, so fragte ich den Nachbarn, denn Handwerker waren knapp. Wenn jemand im Haus ein Telefon hatte, gestattete er in der Regel den anderen Mietern die Mitnutzung. Not schmiedet zusammen. Ich bin froh, daß ich heute eine Firma anrufen kann, die mir Fliesen legt und ich dafür nicht mit meinem Nachbarn Wodka trinken muß. Ich teile diese Flasche lieber mit jemanden, weil er mir sympathisch ist und nicht, weil er zufällig Fliesen legen, Holzbretter besorgen oder einen

Auspuff reparieren kann.« Für Jens Reich ist die mitunter anzutreffende Idealisierung der DDR wesentlich ein Phänomen der Gegenwart und eine Reaktion auf die deutsche Einheit und ihre Schwierigkeiten: »Ich will nicht bestreiten, daß es Menschen geben mag, die sich in der DDR unbedrückt fühlten; größer erscheint mir die Zahl derer, die aus Opposition gegen die neue Bundesrepublik die Erinnerung an ihr damaliges Leben nachträglich vergolden.« Manche nostalgische Sichtweise habe negative Konsequenzen für die Gegenwart. Friedrich Schorlemmer sieht heute angesichts der jahrzehntelangen Zwangspolitisierung eine nachhaltige Beschädigung der Freiheit: »Am liebsten will die Mehrheit der Ostmenschen die sozialistische Rundumversorgung und Sicherheit und gleichzeitiges risikoloses Ausleben eigener Bedürfnisse und Lebensentwürfe.«

Bei allen Wandlungen innerhalb eines Jahrzehnts: Keiner der Referenten ist der PDS beigetreten (und auch keiner rechtsextremistischen Gruppierung) oder engagiert sich für sie. Insofern ist der antiextremistische Konsens gewahrt – stärker als bei Intellektuellen aus den alten Bundesländern. Manche wie Ulrike Poppe erinnerten daran, daß Demokratie nichts Selbstverständliches sei. Wer in einer Diktatur gelebt hat, fühlt sich eher bemüßigt, an die krassen Unterschiede dieser Regierungsformen zu erinnern.

Die Diskussionen fanden in einem Klima der gegenseitigen Achtung statt, ohne daß die unterschiedlichen Positionen verwischt wurden. Und das war gut so: denn eine offene Gesellschaft zeichnet sich durch Konsens über die Legitimität von Dissens aus. Lassen wir die wichtigsten Thesen der Referenten kurz Revue passieren.

Jens Reich bereute es, die DDR nicht schon vor dem Mauerbau 1961 verlassen zu haben. Er, der aus einer großbürgerlichen Familie stammt, habe immer an diesem miefigen und kleinkarierten Land mit seiner geistigen Enge gelitten. Seine »innere geistige Unabhängigkeit« habe er nur aufrechterhalten können, indem er sich im Orwellschen *double speak* übte und seine Kinder gleichfalls darin schulte. Reich kritisierte das allzu lange Stillhalten der DDR-Bevölkerung – sich selbst natürlich eingeschlossen. Erst 1989 kam es zum Aufbegehren gegen einen Staat, in dem er sich nie zu Hause gefühlt habe. Die über der Frage eines dritten Weges zerstrittene DDR-Opposition war nach Reichs Meinung allerdings nicht zur Machtübernahme bereit: »Wir wären zu lächerlichen Chaoten geworden.« Auch wenn die geschichtliche Entwicklung über die Bürgergruppen hinweggegangen sei, wurde nach Reich das vollbracht, worin sie sich einig waren: die SED-Herrschaft zu entmachten.

Konrad Weiß zählte bis 1988 zu jenen in der DDR, die »zwischen skeptischer Zustimmung und stummer Ablehnung« schwankten. Erst ab diesem Jahr begab sich der Mitbegründer von Demokratie Jetzt in politische Konfrontation zu einem System, das er als totalitären Unrechtsstaat bezeichnete – nicht zuletzt deswegen, weil der »antifaschistische« Staat rechtsextremistischen Bestrebungen nur lax entgegentrat. Rückblickend hielt er es für einen entscheidenden Fehler, daß die Oppositionellen im Herbst 1989 vor der Machtfrage zurückgeschreckt seien. Die eigene Gewaltlosigkeit war, wie Weiß heute meint, Stärke und Schwäche zugleich. Es hätte etwa eine vorrangige Aufgabe sein müssen, die SED-PDS zu zerschlagen, die auch noch zehn Jahre nach der staatlichen Wiedervereinigung mit »verbrecherischer Demagogie« den Einigungsprozeß behindere. Die heftige Kritik an der PDS verband sich bei ihm zugleich mit einer Kritik an Fehlern des Westens, etwa in der Aufarbeitung der Vergangenheit. Der Rechtsstaat müsse Gerechtigkeit herbeiführen.

Marianne Birthler nahm sich der folgenden Stichworte an: Motive, Momente, Modelle, Minderheiten, Mentalitäten, Morgen. Sie schilderte die Ursachen für ihre frühe Distanz zum System der DDR. Daran änderte sich später nichts. Der DDR weinte sie daher keine Träne nach, als im Herbst 1989 ein politischer Frühling ausbrach. Allerdings wäre eine solche deutsch-deutsche Vereinigung sinnvoll gewesen, die auch zu einer Veränderung der reformbedürftigen Bundesrepublik geführt hätte. So empfänden sich viele Ostdeutsche selbst zehn Jahre nach den gewaltigen Umbrüchen als Bundesbürger zweiter Klasse. Der gesellschaftliche Modernisierungsrückstand – in der DDR gab es kein »1968« – behindere die Entwicklung in den neuen Bundesländern. Durch den Umzug von Parlament und Regierung gehe die »Bonner Republik« zu Ende. In ihr fühlten sich die Ostdeutschen nicht heimisch. Erst die »Berliner Republik« könne eine gesamtdeutsche innere Verfaßtheit schaffen.

Vera Lengsfeld erinnerte daran, daß der 9. November 1989 eine »Stunde des Volkes«, nicht eine »Stunde der Politik« gewesen war. Die Forderungen nach einem fundamentalen Systemwechsel kamen von der Straße; die Oppositionellen und Bürgerrechtler hingen dagegen mehrheitlich Vorstellungen eines dritten Weges, eines reformierten Sozialismus und einer erneuerten DDR an. Die Opposition, die die Wiedervereinigung verworfen habe, war insgesamt links und lehnte sich an Maximen der westdeutschen 68er-Linken an. Lengsfeld forderte sie zur Selbstkritik auf und attackierte sie wegen ihrer Tabus. Von ihnen seien keine geistigen Impulse mehr zu erwarten. Zugleich nannte sie die Gründe für ihre Abkehr von den Bündnisgrünen und ihre Hinwendung zur CDU. Sie richtete sich gegen eine grassierende *political correctness*, die zu einer geistigen Erstarrung des intellektuellen Diskurses führe. Am Ende plädierte sie für eine »souveräne, demokratische und selbstbewußte Nation«.

Günter Nooke sah die Wurzeln für seine oppositionelle Haltung in der Erziehung durch seine Eltern. Wichtig seien später auch vielfältige kirchliche Gesprächs- und Hauskreise gewesen, die zwar an sich keinen politischen Charakter trugen, aber durch die Diskussion über philosophische oder christliche Themen einen »Anspruch auf Unabhängigkeit« erhoben. Sein eigentliches politisches Engagement begann nach der Armeezeit 1980. Nooke bedauerte es rückblickend, daß die DDR-Opposition nach den Umbrüchen vom Herbst 1989 die Macht nicht ergriffen hat. Ein Freund von dritten Wegen war er indes nie; frühzeitig trat er für den Beitritt der DDR zur Bundesrepublik ein. Nach zehn Jahren bilanzierte Nooke den Prozeß der Einheit insgesamt freudig und zufrieden: Alle wesentlichen Forderungen der Bürgerrechtler – nach Freiheit, Demokratie, Rechtsstaatlichkeit und Menschenrechten – seien heute Wirklichkeit. Seine bitteren Erfahrungen im Stolpe-Untersuchungsausschuß riefen bei ihm allerdings Skepsis gegenüber dem Postulat vom mündigen Bürger hervor.

Wolfgang Templin erläuterte, wieso er sich noch Anfang der achtziger Jahre als Marxist verstand. Seine Erfahrungen mit den osteuropäischen Oppositionellen führten zu einem Umdenken. Er gründete mit anderen Ende 1985 die Initiative Frieden und Menschenrechte, die erste oppositionelle Gruppe außerhalb kirchlicher Schutzmauern. Sie stellte im Gegensatz zu anderen Gruppierungen die Durchsetzung grundlegender politischer Freiheitsrechte in den Vordergrund. Zwar gab es nach Templin zur staatlichen Wiedervereinigung keine angemessene Alternative, doch hätte diese einer gesellschaftlichen Neuvereinigung bedurft. Die Entwicklung nach der deutschen Einheit war für ihn insgesamt unbefriedigend: Die alte DDR-Elite konnte sich mehrheitlich gut im neuen System etablieren, während viele Unangepaßte, denen aufgrund ihrer früheren Widerständigkeit manche Laufbahn versperrt geblieben war, nicht im gleichen Maße zu reüssieren vermochten. In der Bundesrepublik dominiere das Bedürfnis, alles beim Alten zu lassen.

Markus Meckel unterteilte die vierzehn Monate 1989/90 in drei Phasen: die friedliche Revolution in der DDR, die Übergangszeit vom Dezember 1989 bis zur ersten freien Volkskammerwahl am 18. März 1990, die Aushandlung der deutschen Einheit. Er zeichnete zum einen den Weg nach, wie er gemeinsam mit seinem Freund Martin Gutzeit nach Jahren der politischen Arbeit in der evangelischen Kirche und verschiedenen oppositionellen Gruppen 1989 bei der Gründung der Sozialdemokratischen Partei in der DDR anlangte. Sie wollten mit der Schaffung dieser Partei der Opposition verbindliche Strukturen geben und als konkrete politische Alternative zur SED bewußt die Machtfrage stellen. Zum anderen vermittelte Markus Meckel als letzter Außenminister der DDR – der erste, der einer aus freien Wahlen hervorgegangenen Regierung angehörte – Innenansichten von seinem Amt. Er berichtete zum Beispiel, wie er im Rahmen der Zwei-plus-Vier-Verhandlungen in den Kreis der Außenminister aufgenommen wurde und dort eigene Konzeptionen einbringen konnte.

Ehrhart Neubert erzählte von seinem Weg in die Opposition, von heftigen Brüchen und biographischer Kontinuität gleichermaßen. Er wußte von der Herausbildung einer eigenen Sprache und eigenen Symbolen zu berichten. Die wirksamste Chiffrierung war dabei die religiöse, zumal die Opposition in den Kirchen beheimatet war. Die christliche Sozialethik schuf zu einem nicht unwesentlichen Teil eine moralisch-legitimatorische Basis für die Opposition. Diese Ethik war aber auch kapitalismus- und zivilisationskritisch. Hierin sei eine Ursache dafür zu erkennen, daß die Bürgerrechtler 1989 der Idee eines dritten Weges oder »demokratischen Sozialismus« anhingen – so zeitweise er selbst. Hinzu kam, daß die Opposition bis in den Herbst 1989 hinein im Westen weitgehend isoliert war, als Störfaktor einer etatistisch ausgerichteten Deutschland- und Entspannungspolitik galt. Im Rückblick betrachtete Neubert die kapitalismuskritischen protestantischen Revolutionäre und ihre ideologischen Blockaden, von denen er sich befreit habe, mit Argwohn.

Freya Klier entzauberte Mythen und Legenden, die über die DDR bis heute fortleben: Sätze wie »Die DDR war sozial« oder »Jeder hatte Arbeit« hätten nie der Wirklichkeit entsprochen. Die Schriftstellerin und Regisseurin ging hart ins Gericht mit denen, die es verstünden, fern moralischer Verantwortung noch in jeder Gesellschaft zu den Gewinnern zu zählen. Sie nannte Besserwessis und Konjunkturritter, die sich von der deutschen Einheit nur eines versprachen: schnellen Profit. Vor allem aber erinnerte sie am Beispiel der Wirtschaftskriminalität an andere »Einheitsfehler«. So seien im Zuge des Prozesses der deutschen Einheit die kriminelle Energie jenseits der Elbe und das Funktionieren alter SED-Seilschaften mit zum Teil mafiosen Strukturen unterschätzt worden. Zehn Jahre nach der Einheit würde die PDS, die als »Freund und Helfer« den Ost-West-Konflikt künstlich schüre, samt ihrer zahlreichen Nebenorganisationen auch wegen solcher Fehleinschätzungen und Versäumnisse eine dominierende Stellung in den östlichen Bundesländern einnehmen.

Rainer Eppelmann zufolge haben sich die Jahre seit dem revolutionären Herbst 1989 für die Deutschen in Ost und West gelohnt. Seine Bilanz fiel positiv aus. Bei allen nicht erfüllten Wünschen und enttäuschten Hoffnungen seien doch »Träume am laufenden Band wahr« geworden. Im Vergleich zu den Menschen in Osteuropa gehe es den Deutschen gut. Für Eppelmann stellte die DDR ohnehin nie etwas anderes als einen »Knast« dar, der Menschen gefangenhielt und sie letztlich nicht anders als »Viecher« behandelte. Trotz dieser Sicht und obwohl die DDR am Ende der achtziger Jahre auch wirtschaftlich daniederlag, habe selbst er erst lernen müssen, daß ein »verbesserlicher Sozialismus« wenig wünschenswert war und es für Experimente keine Zeit gab. Rasch entwickelte sich Eppelmann zu einem Einheitsbefürworter und glühenden Anhänger des Bonner Grundgesetzes. Wenngleich das Zusammenwachsen von Ost und West auf einem guten Weg sei, müsse an der inneren Einheit weiter gearbeitet werden.

Edelbert Richter stellte die These vom Sieg des Westens in den Jahren zwischen 1989 und 1991 in Frage. Die neoliberale Wende in den westlichen

Industrieländern im Laufe der achtziger Jahre habe wesentlich zum Zusammenbruch des Ostblocks beigetragen; nur sei dies nicht so sehr ein politischer Sieg gewesen, sondern vielmehr der einer wirtschaftlichen – und auch militärischen – Macht. Angesichts der machtpolitischen Konfrontation trat Richter in den achtziger Jahren für ein neutrales Deutschland ein, das eine Mittlerrolle zwischen Ost und West einnehmen und so die ideologischen Gegensätze abbauen helfen sollte. Nun plädierte er für ein Ende des anhaltenden Neoliberalismus, für einen Weg der sozialen Marktwirtschaft und der sensiblen Integration des Ostens. Der Sozialstaat bedürfe gegen die Macht der globalisierten Wirtschaft einer Verteidigung. Der Westen sei kein kluger Sieger. Er müsse aufpassen, daß ihm mit der Vollendung seiner Macht nicht zugleich deren Grundlage untergraben werde.

Ulrike Poppe kritisierte den Mißbrauch der DDR-Führung mit der Vokabel des »Antifaschismus«. Sie erinnerte an die Formulierung aus einem Positionspapier der Bewegung Demokratie Jetzt vom September 1989: »Beide deutschen Staaten sollten [...] aufeinander zu reformieren.« In diesem Satz drückte sich der Wunsch nach einer nicht nur »nachholenden« Revolution der DDR aus, sondern nach einem wiedervereinigten Deutschland, das demokratisch, ökologisch und gesellschaftlich fortentwickelt und verändert werden sollte. Doch sei es zu einer deutschlandweiten Verfassungsdiskussion leider nicht gekommen. Auch wenn eine solche nichts Wesentliches am Grundgesetz geändert hätte: Den Ostdeutschen wäre ein Gefühl der Beteiligung an der neuen Demokratie gegeben worden. Vielleicht hätte der Prozeß zur deutschen Einheit »etwas langfristiger, geduldiger, sanfter vollzogen werden sollen«. Dann wäre es den Ostdeutschen erleichtert worden, sich eher mit dem für sie neuen Gemeinwesen identifizieren zu können.

Friedrich Schorlemmer hätte sich 1989/90 einen dritten Weg für die DDR oder Deutschland insgesamt gewünscht, eine wirkliche Verbindung von Demokratie und Sozialismus. Er hatte Vertrauen in die Demonstranten, zumal – wie er nachdrücklich betonte – die Bürger der DDR und das herrschende politische System zweierlei waren. Es habe ein Leben in Würde unter unwürdigen Bedingungen gegeben, ein wahres Leben im falschen. Der Wittenberger will den »Mief der DDR« nicht zurückhaben, beklagte »Ostalgie« und den Schaden aus vierzig Jahren Zwangspolitisierung: weitverbreitete politische Abstinenz. Er kritisierte in gleichem Maße einen neuen unqualifizierten Antikommunismus und eine Fixierung auf die Vergangenheit, die ein Freiwerden für die Zukunft behindere. Nach der Indoktrination durch den Kommunismus drohe jetzt die Gefahr eines »Konsumismus«. Auch deshalb appellierte Schorlemmer abschließend an den Widerspruchs- und Widerstandsgeist der mündigen Bürger.

Joachim Gauck wurde bereits als Kind mit der Politik konfrontiert. Nach der Verhaftung seines Vaters bildete sich bei ihm ein gut begründeter Antikommunismus heraus. Später sympathisierte er, inzwischen ein idealistischer Anti-Antikommunist, mit linksprotestantischen Vorstellungen. Für Gauck ist das 20. Jahrhundert das Jahrhundert der verweigerten Wahrnehmung. Und er machte ebenso Opportunismus aus: Professoren wollten sich im Herbst 1989 nicht der Bürgerbewegung anschließen, fürchteten das Risiko, im Falle eines Scheiterns ihre Karriere verspielt zu haben. Eine trag- und politikfähige Konzeption für einen dritten Weg gab es nach Gauck nicht. Die parlamentarische Demokratie des Westens war ungeachtet ihrer Mängel ein anzustrebendes Modell, die DDR hingegen nicht nur überflüssig, sondern auch schädlich. Diesem System habe es beständig an demokratischer Legitimität gefehlt. Doch liege es auf der Hand, daß einige Jahre nach dem Untergang einer Diktatur sich manche nach ihr zurücksehnen.

Die Gedankengänge der Aufsätze belegen, daß die Argumentationsmuster nicht notwendigerweise entlang der Parteigrenzen verlaufen. Offenbar ist durch die Bürgerrechtler ein Element in die politische Kultur gekommen, das die grassierende Lagermentalität zurückdrängt. Nonkonformismus überlagert Schubladendenken.

Der Band dokumentiert nicht nur diese Texte, sondern indirekt ebenso die Diskussion im Anschluß an die Referate – insofern nämlich, als Artikel der *Freien Presse*, die von der Ringvorlesung regelmäßig berichtet hat, Aufnahme finden. So läßt sich ein wenig die Atmosphäre der Veranstaltungen einfangen. Der Band wird abgerundet durch ein ausführliches Porträt der Oppositionsbewegung im allgemeinen und der Referenten im besonderen, um den Kontext zu verdeutlichen. Die oppositionellen Strömungen in der DDR der achtziger Jahre waren vielgestaltig, denkt man an die Friedens-, die Umwelt-, später auch die Menschenrechtsbewegung, und im Vergleich zu Polen nicht sonderlich groß. Ihre Würdigung schließt Kritik ein. Das mehr faktenorientierte als bewertende Porträt zu den Bürgerrechtlern ist jeweils dreigeteilt. In einem ersten Abschnitt wird der Lebenslauf vorgestellt, in einem zweiten eine Art Einordnung versucht, und in einem dritten einschlägige Literatur genannt (aus der Feder der Oppositionellen).

Was sich im Herbst 1989 ereignet hat, übertraf die kühnsten Vorstellungen von Historikern und Politikwissenschaftlern bei weitem. Der Herausgeber jedenfalls gehört nicht zu jenen, die das Gras wachsen gehört haben. Vielleicht mag dies ein geeigneter Ort für einige persönliche Reminiszenzen sein, ohne einer Selbstbespiegelung zu huldigen. Lebensgeschichtliche Erfahrungen erhellen komplexe Sachverhalte manchmal mehr als blutleere, am grünen Tisch erdachte Theorien. Der doppelte, einerseits auf die große Politik, andererseits auf die persönliche Ebene ausgerichtete Rückblick im Zehn-Jahres-Rhythmus verdeutlicht, wie schwer es ist, Entwicklungen angemessen vorherzusagen, auch wenn Willy Brandts Diktum von 1961 – »Die Mauer steht gegen den Strom der Geschichte« – mehr als ein Gran Berechtigung für sich hatte. Gleichwohl war und ist die Offenheit geschichtlicher Prozesse zu berücksichtigen. Historiker sind nun einmal »nur« rückwärtsgewandte Propheten. Immerhin stand das Symbol diktatorischer Schwäche eine Generation lang, war die Diktatur davon vorübergehend nicht geschwächt.

Im Jahr 1959 zog die Berlinkrise die politische Klasse nicht nur in Bonn in ihren Bann. Im Berlin-Ultimatum Chruschtschows hatte dieser kurz zuvor angekündigt, mit der DDR einen separaten Friedensvertrag zu schließen und ihr die Rechte über ganz Berlin zu übertragen, wenn nicht West-Berlin binnen sechs Monaten in eine »selbständige politische Einheit« umgewandelt werde. Die Bundesregierung wies eine solche »Dreistaatentheorie« entschieden zurück. Die Viermächte-Außenministerkonferenz in Genf – mit den beiden deutschen Außenministern an »Katzentischen« – verlief im Sande. Die SPD, die im März des Jahres noch einen Deutschlandplan vorgelegt hatte, löste sich in ihrem Godesberger Programm wenig später von marxistischem Ballast. In der DDR wurden Hammer und Zirkel im Ährenkranz – als Symbol der Arbeiter- und Bauernmacht – in die Flagge aufgenommen. Die Abriegelung der DDR, die auszubluten drohte, lag angesichts der »Abstimmung mit den Füßen« in der Luft. Die Beziehungen der beiden deutschen Staaten waren Nicht-Beziehungen.

Geboren im sächsischen Wurzen und aufgewachsen nahe Leipzig, war es für mich 1959 zunächst nicht einfach – gerade mit den Eltern aus der DDR geflüchtet –, in den neuen Verhältnissen heimisch zu werden. »Täve« Schur, das Idol der Jugend in der DDR, der in jenem Jahr zum zweiten Mal Radsportweltmeister der Amateure geworden war, sagte meinen Schulkameraden nichts. Er war ein Niemand. Sie schwärmten für Uwe Seeler und Armin Hary. Und wenn die Sprache auf den Radsport kam, dann fielen die Namen von Rudi Altig, »Hennes« Junkermann und Rolf Wolfshohl. Die »Friedensfahrt« war kein Begriff, wohl aber die »Tour de France«. Der Blick war schon damals bei noch offenen Grenzen – ungeachtet aller Rhetorik – nach Westen, nicht nach dem deutschen Osten gerichtet, der seinerzeit noch »Mitteldeutschland« hieß.

Im Jahr 1969 setzte ein Neubeginn in den Beziehungen der beiden deutschen Staaten ein. Die gerade gebildete sozial-liberale Regierung – kurz zuvor wurde mit Gustav W. Heinemann der erste Sozialdemokrat Bundespräsident – ließ sich von der Einsicht leiten, eine Verbesserung der innerdeutschen Situation, die durch eine Abschottung der DDR in fast jeglicher Hinsicht gekennzeichnet war, sei nur durch vermehrte Kontakte möglich – auch auf staatlicher Ebene. In der Regierungserklärung sprach Brandt von zwei deutschen Staaten und einer deutschen Nation. Hoffnung keimte auf, an der »verfahrenen« Situation werde sich bald etwas ändern. Die Entspannung lag im Zeichen der Zeit, im Zug der großen Politik. Die DDR unter Walter Ulbricht stand solchen Entspannungsbemühungen zunächst skeptisch gegenüber, befürchtete sie doch Aufweichungstendenzen im eigenen – ungefestigten – Staat. Die Studentenbewegung sorgte nicht nur in der Bundesrepublik, sondern auch in anderen westlichen Ländern für eine Aufbruchstimmung, die mehr Liberalität und mehr Nicht-Liberalität zugleich nach sich zog. Sie war mit ihren *sit-ins* und *go-ins* überwiegend westlich in ihren Methoden und vielfach antiwestlich in ihren Zielen. Die politische Führung der DDR schottete sich davon ab.

In diesem Jahr gab es für mich nach der Flucht den ersten Besuch »drüben«. Die Verwandten im Erzgebirge wirkten aufgrund ihres »1968« gedrückt: Der »Prager Frühling« war zerschlagen, die Hoffnung auf einen »Sozialismus mit menschlichem Antlitz« zunichte gemacht worden. Der eine Teil der Verwandtschaft machte sich weiterhin nicht mit dem System gemein, der andere Teil, im Staatsdienst tätig, paßte sich an. In jener Zeit kristallisierte sich für mich allmählich der Wunsch heraus, Politikwissenschaft zu studieren – stark inspiriert von der 68er-Bewegung, deren ambivalente Züge sich mir schnell eingeprägt hatten. Fasziniert von ihrem Freiheitspathos und dem Bruch mit alten Konventionen, empfand ich die zum Teil in fanatischem Ton vorgetragene Unbedingtheit der Argumentationsmuster als wenig beeindruckend. Mir fehlte Toleranz für diese Intoleranz.

Im Jahr 1979, weitere zehn Jahre danach, deutete nichts auf einen Wandel hin. Ein neuer Kalter Krieg schien Einzug zu halten. Die deutsch-deutschen Beziehungen begannen sich als Reaktion auf die gespannte politische Großwetterlage stark abzukühlen, nachdem Hoffnungen auf die KSZE in Helsinki nicht gediehen waren. Im Dezember 1979 faßte der NATO-Rat in Brüssel einen »Doppelbeschluß«: Wenn sich in Verhandlungen keine sowjetische Abrüstung erzielen ließe, komme es zur »Nachrüstung«, zur Stationierung atomarer Mittelstreckenraketen in Europa. Die sowjetische Intervention in Afghanistan noch in demselben Monat lieferte den Befürwortern des Beschlusses neue Nahrung. In der Folge setzte eine heftige Auseinandersetzung über seine Umsetzung ein. Viele Kritiker drängten aus dem westlichen Bündnissystem hinaus, weil sie kein »Schlachtfeld« im Herzen Europas wünschten. In der DDR bildete sich aus ähnlichen Gründen unter dem Dach der Kirchen eine unabhängige Friedensbewegung, die gegen die vormilitärische Ausbildung zu Feld zog und mit ihrem Slogan »Schwerter zu Pflugscharen« der politischen Führung Sorge bereitete.

Ich war inzwischen nach dem Studium im unruhigen westlichen Berlin – vom östlichen Teil der Stadt sah ich, obwohl gesamtdeutsch sozialisiert, kaum etwas – als Wissenschaftlicher Assistent für das Fach Politikwissenschaft ganz im Westen des Landes ansässig geworden, und zwar in der ältesten Stadt Deutschlands, der Geburtsstadt von Karl Marx: Trier, nahe der luxemburgischen und französischen Grenze gelegen. Ich schrieb an einem deutsch-deutschen »Systemvergleich«. Für die Deutschen im Osten interessierte sich hier kaum jemand. Die DDR war nah – und doch fern: ein unbekannter Nachbar. Als meine Frau in der Schule von unseren DDR-Reisen berichtete, fragte eine aufgeschlossene und weitgereiste Gymnasiastin der zehnten Klasse ahnungslos, in welcher Sprache die Diskussionen geführt worden seien.

Im Jahr 1989 überschlugen sich die Ereignisse. Noch im Mai 1989, als die Bundesrepublik Deutschland ihr vierzigjähriges Jubiläum im Sinne einer längst fälligen »Selbstanerkennung« beging, war von einer Krise in der DDR wenig zu spüren. Als diese im Oktober desselben Jahres mit großem Pomp den vierzigsten Geburtstag feierte, hatte ihr bereits eine Ausreisewelle über Ungarn, die Tschechoslowakei und Polen zugesetzt. Diese löste eine Demonstrationsbewegung im eigenen Land aus. Dem noch zögerlichen Umbruch in der Sowjetunion Gorbatschows folgten gravierende Veränderungen in Ungarn und Polen, die Timothy Garton Ash als »Refolutionen« gekennzeichnet hat, um ihren Mischcharakter aus Reform und Revolution hervorzuheben. Der Fall der Mauer im November war einerseits eine Folge dieser Entwicklungen; andererseits löste er wiederum weitere Umwälzungen im »Ostblock« aus, der diesen Namen längst nicht mehr verdient hatte. Die Revolution in der DDR ist die Geschichte einer Selbstbefreiung der Menschen. Was wenige oppositionelle Akteure in Gang setzten, vollendeten Millionen. Aus der Parole »Wir sind das Volk« wurde binnen kurzem: »Wir sind ein Volk«. Die deutsche Einheit war von »Bedenkenträgern« im In- und Ausland nicht aufzuhalten.

Noch im Frühjahr 1989 wurde ich an der Grenze »gefilzt«, als ich die Verwandten, die einen Ausreiseantrag gestellt hatten, vor dem »Palast der Republik« treffen wollte. Wie wir am 9. November die ungläubig guckenden Verwandten, die inzwischen über die deutsche Botschaft in Prag ausgereist waren und nun bei uns wohnten, spätabends weckten, um dem Mauerfall am Fernseher beizuwohnen, werde ich ebensowenig vergessen wie die Erlebnisse am nächsten Tag: Ich nahm in Berlin an einer Tagung der Bundeszentrale für politische Bildung im Reichstagsgebäude teil, dicht neben der löchrig gewordenen Mauer, die Ausgelassenheit der Berliner aus beiden Teilen der Stadt genießend. Das Thema meiner Habilitationsschrift (»Berufsverbote« in der Bundesrepublik Deutschland), die kurz vor dem Abschluß stand, kam mir seinerzeit irgendwie ephemer vor – und suspekt zugleich.

Im Jahr 1999 wurde vielfach der bewegenden Ereignisse ein Jahrzehnt zuvor gedacht. Unbeschwertheit herrschte selten vor. Gewiß ist der Kommunismus als zweite große totalitäre Kraft jedenfalls in Europa von der Bildfläche verschwunden, doch ist weltweit fürwahr kein Friede eingekehrt. Und Deutschland – nun mit dem Regierungs- und Parlamentssitz in Berlin – ist zwar bald seit zehn Jahren eine rechtliche und politische Einheit, allerdings keineswegs kulturell und wirtschaftlich. Noch immer fühlen sich viele Ostdeutsche als Bürger zweiter Klasse und viele Westdeutsche als Geldgeber erster Klasse. Manche Fehler im schnellen Vereinigungsprozeß waren nahezu unvermeidlich, und es lag auf der Hand, daß der Freudentaumel des Herbstes 1989 im Alltag mit seinen Kämpfen um Besitzstände nicht anhalten konnte und kurzfristig sogar in eine Art »Katzenjammer« übergehen mußte. Gleichwohl gab es 1999 ebenso Stimmen, bei denen Freude Ärger und Stolz Bitternis überlagerte. Daß dazu gerade einstige Oppositionelle großen Anlaß haben, dürfte außer Frage stehen. Ihre scheinbare Ohnmacht erwies sich – wie wir wissen – anscheinend als eine Macht.

Seit mehr als einem halben Jahrzehnt lebe ich nun wieder in der alten sächsischen Heimat und lehre in Chemnitz, der Stadt, die zwischen 1953 und 1990 Karl-Marx-Stadt hieß. Der große »Nischel« in der Innenstadt, wie der Volksmund den riesigen Marx-Kopf nennt, erinnert noch daran. Vieles ist längst Alltag geworden. Ob ein Lehrender aus dem Westen oder dem Osten kommt: Es ist unwichtig. Man registriert bei Doktoranden kaum noch ihre Sozialisation: ob »Ossi«, ob »Wessi«, ob »Wossi« (erst Ost, dann West oder: zunächst West, später Ost). »Täve« Schur, nach langjähriger Tätigkeit als Volkskammerabgeordneter nun für die PDS im Bundestag, hat wahrlich nicht meine politische Sympathie, wohl aber Respekt für seine Bescheidenheit, die ihn ein ganzes Leben ausgezeichnet hat. Und er erfährt meine Verteidigung, wenn ihn Verfechter »politischer Korrektheit« deshalb in die rechte Ecke zu stellen suchen, weil er Menschen mit dunkler Hautfarbe als »Neger« bezeichnet hat.

Wer sich in einem solchen Rückblick die Vergangenheit vergegenwärtigt und das Gewordene mit dem Gewesenen vergleicht, dürfte für viele der aktuellen Probleme weniger empfänglich sein als derjenige, der das Erreichte nur am Möglichen und Wünschenswerten mißt. Erst beide Perspektiven ergeben ein angemessenes Bild. Bei aller Kritik an den Konzeptionen der oppositionellen Strömungen gilt das, was Joachim Gauck im Deutschen Bundestag 1999 anläßlich der Feierstunde zur Maueröffnung ein Jahrzehnt zuvor gesagt hatte, ungeachtet des mitschwingenden Pathos: »Gerade angesichts unserer 56jährigen politischen Ohnmacht in Nationalsozialismus und Herrschaftskommunismus erstrahlt der Mut der Widerständigen von 1989 um so heller.«

Vielleicht war es gerade maßgeblich der sehr oft gescholtene Doppelbeschluß der NATO und seine konsequente Umsetzung im »heißen Herbst« 1983 im Westen, die die Sowjetunion zum Einlenken und allmählichen Umdenken zwangen und damit den »heißen Herbst« 1989 im Osten ermöglichten. Noch im Juni 1987 wurde der amerikanische Präsident Reagan wegen seiner Naivität belächelt, als er in einer Rede vor dem Brandenburger Tor die folgende Aufforderung verkündete: »Mr. Gorbatschow, tear down this wall.« Vielleicht hat aber gerade auch das Engagement vieler Friedens-, Umwelt- und Menschenrechtsgruppen mit der Fixierung auf kleine Schritte das morsche und entkräftete diktatorische System zum Einsturz gebracht, obwohl bei ihnen nicht eigens von »Opposition« die Rede gewesen war. Wer einen »verbesserlichen Sozialismus« zu legitimieren schien, ließ sich nicht als gedungener »unverbesserlicher Kapitalist« illegalisieren. Vielleicht gehören beide Entwicklungen eng zusammen: die Unnachgiebigkeit von außen wie die »Flexibilität« im Innern. Man kann noch weiter gehen: Auch die Nachgiebigkeit von außen (etwa in der Akzeptierung des Status quo zu Zugeständnissen bereit zu sein) und die »Starrheit« im Innern (zum Beispiel nicht die Ausreise in den Westen zu akzeptieren) untergruben die Vorherrschaft der SED.

Zehn Jahre nach der deutschen Einheit soll sich der Leser aufgrund der persönlich gefärbten Beiträge ein eigenständiges Urteil von der Entwicklung machen. Es lag nicht in meiner Absicht, Unterschiede zwischen den Autoren, die auch Akteure gewesen sind, herunterzuspielen oder gar einzuebnen. Sie authentisch zu Wort kommen zu lassen, das war mein Ziel. Die Bürgerrechtler wußten sich bekanntlich einig in dem, was sie nicht wollten, aber nicht in dem, was sie wollten. Allerdings sind die heutigen Konflikte keineswegs bloß ein Ausdruck damaliger Differenzen, sondern ebenso auch ein Ergebnis der Veränderungen innerhalb des letzten Jahrzehnts.

Wie werden die Konfliktlinien in weiteren zehn Jahren wohl verlaufen? Gilt die Vergangenheitsbewältigung gegenüber der ostdeutschen Diktatur bei der jungen Generation dann als halbherzig? Steht vielleicht Ulrike Poppe im Jahre 2010 der »Gauck-Behörde« vor, wenn es sie dann noch geben sollte? Dürften die Unterschiede in der politischen Kultur zwischen Ost und West weitgehend eingeebnet sein? Ist die PDS zwanzig Jahre nach der deutschen Einheit selbst im Osten zu einer Splitterpartei geworden oder, ganz im Gegenteil, sogar im Westen zu einer festen Größe? Gehören dann junge Bundesländer wie Sachsen und Thüringen zu den reicheren?

Ein solcher Band wäre ohne das Engagement vieler nicht möglich gewesen: Die Referenten, die den (überarbeiteten) Text ihres Vortrages zur Verfügung gestellt haben, verdienen es, zuerst genannt zu werden. Sofort waren sie zu einer Mitwirkung an einer derartigen Veranstaltung bereit. Sie haben in der schriftlichen Fassung weitgehend den Sprachduktus beibehalten, um die Lebendigkeit der Rede zu wahren.

Mein Dank gilt auch dem Verlag. Christoph Links hat spontan seine Zusage für das Buchprojekt gegeben, die Lektorin Thekla Wolff die Texte kritisch und akribisch gelesen. Es gibt nur wenige Verlage mit so intensiver Betreuung.

Das gesamte Unterfangen hat die großzügige Unterstützung der Technischen Universität Chemnitz erfahren. Deswegen gilt der Dank des Herausgebers deren Verantwortlichen. Der (damalige) Rektor der Universität – Prof. Dr. Christian von Borczyskowski – hat ebenso wie der (damalige) Dekan der Philosophischen Fakultät – Prof. Dr. Josef Krems – an zahlreichen Veranstaltungen teilgenommen. Gleiches gilt für den neuen Rektor Prof. Dr. Günther Grünthal und den neuen Dekan Prof. Dr. Albrecht Hummel. Die beiden Kollegen aus der Politikwissenschaft, Beate Neuss und Alfons Söllner, haben mich zu einer solchen Ringvorlesung mannigfach ermuntert.

Ebenso ist es mir ein Bedürfnis, an dieser Stelle ein Wort des Dankes an die Mitarbeiter des Lehrstuhls zu richten. Sie haben – gemäß dem Verständnis von *corporate identity* – zum Gelingen der Veranstaltungen maßgeblich beigetragen. Stellvertretend mag Frau Irmgard Pedd, die »gute Seele« am Lehrstuhl, genannt sein.

Zur 2. Auflage

Drei Monate nach Erscheinen der 1. Auflage kommt bereits die 2. auf den Markt. Oft ist davon die Rede, daß an einer Aufarbeitung der DDR-Diktatur kein Interesse (mehr) besteht. Heißen die einen diesen Umstand gut, beklagen ihn die anderen. Doch kann davon erfreulicherweise keine Rede sein, wie auch das Echo auf die Chemnitzer Ringvorlesung und den ihr zugrundeliegenden Sammelband zeigt. Wer die Zukunft meistern und die Gegenwart verstehen will, muß sich der Vergangenheit stellen. Dafür bedarf es weder einer Dämonisierung der zweiten deutschen Diktatur noch einer Heroisierung jener Kräfte, die sich ihr widersetzt haben. Nicht zuletzt diese Absicht veranlaßte den Herausgeber zu einem solchen Unternehmen.

Januar 2001   Eckhard Jesse

Jens Reich, Molekularbiologe, Professor an der Humboldt-Universität zu Berlin

Jens Reich

»Ich habe mich in der DDR nie zu Hause gefühlt«

Ich war zehn Jahre alt, als die DDR gegründet wurde, und fünfzig, als sie in ihr letztes Jahr eintrat. Mit dem Rückblick auf dieses Land verbindet sich für mich die Erinnerung an meine jungen Jahre, an die Familie, an die jetzt erwachsen gewordenen Kinder, an die Zeit, da ich noch unbefangen in eine Zukunft von vielen Jahren träumen konnte, ohne sofort an körperlichen Abstieg und das unausweichliche Ende denken zu müssen. Ich gehöre zu der Generation, die ihr bewußtes Leben ausschließlich in diesem Land, in seinem engen Rahmen verbracht hat. Ich habe einige Erfahrungen aus der Zeit davor, und mir war eine Zeitspanne danach gegeben – beides macht es möglich, heute über mein Verhältnis zu diesem Staat ohne Bitterkeit nachzudenken und an ein historisches Urteil, vom Ende her, zu gelangen. Einem Bundesbürger ist das so nicht möglich, weil für ihn die Vergangenheit seines Staates immer noch Gegenwart ist. Meine Beziehung zur DDR ist formal vergleichbar dem Verhältnis, das der Thomas Mann der *Zauberberg*-Zeit zum Kaiserreich hatte: Sie ist bereits ferne Erinnerung und dabei doch das ganze eigene und noch unlängst gelebte Leben.

Der DDR gegenüber habe ich keinerlei nostalgisches Sentiment. Auch nach zehn Jahren ist da keine besonnte Vergangenheit entstanden. Ich bin in Opposition gegen dieses Land erzogen worden. Schon 1945 verlor ich meinen Großvater an den Stalinschen Terror – er wurde als 75jähriger aus wer weiß welchen Gründen verhaftet (laut Familiensaga hat ihn ein mißgünstiger Nachbar bei den Russen verleumdet) und nach Sibirien verschleppt. Dort starb er an Hungertyphus. Unsere Familie zog aus Angst den Kopf ein und erduldete dieses Schicksal zähneknirschend. Bis in die fünfziger Jahre hinein war Angst vor den Russen und vor allem Angst vor ihren deutschen Hilfskolonnen das dominierende politische Motiv in unserer Familie. Ein banales Beispiel mag das illustrieren: Wir Kinder wurden in der Schule vor einen Fragebogen gesetzt und mußten dort persönliche Daten über uns und unsere Eltern eintragen – Namen, Geburtsdaten, Geschwister und so weiter. Unter anderem war auch nach politischen Organisationen vor 1945 gefragt. Ich hatte zu Hause mitgehört, daß mein Vater in keiner Partei oder sonstigen politischen Organisation der Nationalsozialisten gewesen war, wohl aber als Motorradsportler im NSKK, dem Nationalsozialistischen Kraftfahrerkorps. Ich weiß nicht, ob diese Organisation an politischen Verbrechen beteiligt war – die meisten Mitglieder jedenfalls waren Mitläufer, nicht mehr. Mir fiel also der NSKK ein, und stolz auf mein Wissen tat ich mich wichtig, trug das in die entsprechende Spalte ein und erzählte es danach zu Hause. Mein Vater wurde blaß und schalt mich für mein vorlautes Verhalten: So etwas schreibt man nicht auf! (Ich vermute, daß er seinerseits in Fragebögen diese Mitgliedschaft verschwiegen hatte und jetzt Ärger befürchtete.) So konnten die Kinder in aller Unschuld die Eltern gefährden.

Später, als der Terror nachließ und man bei politisch unauffälligem Verhalten nicht mehr um Freiheit und Leben fürchten mußte, ließ die Angst spürbar nach. Sie konzentrierte sich auf Vorsicht bei bestimmten Themen. Wir wurden erzogen, politische Äußerungen in der Schule zu unterlassen. Die Eltern brachten uns bei, in der Öffentlichkeit keine Urteile über politische Würdenträger oder lächerliche Plakate oder Zeitungsartikel abzugeben. Uns wurde eingebleut, daß politische Unvorsichtigkeit zur Verweigerung des Zugangs zur Oberschule führen konnte. Ein Mitschüler in der 9. Klasse (1952) kam während der Pause in die Klasse gestürmt und rief »Heil Hitler!«, als der fanatische Klassenlehrer zufällig bereits im Raum war. Es folgte ein drakonisches Strafgericht. Einige Eltern versuchten, beim Direktor die harte Strafe abzumildern – ohne Erfolg: Er wurde der Schule verwiesen und bekam auch keine Lehrstelle, was seine ganze Familie veranlaßte, alles Eigentum aufzugeben und nach dem Westen zu gehen. So konnte ein dummer Jungenstreich ganze Lebensentwürfe umkrempeln.

Meine Mutter stammte aus einer sehr wohlhabenden nordböhmischen Familie, die durch die Aussiedlung der Deutschen alles Vermögen verloren hatte. Sie erzog uns Kinder in dem weltbürgerlichen Geiste ihrer Jugendjahre, die sie in Prag, Wien, Zürich, Paris und London verbracht hatte. Ohne ausdrückliche politische Erziehung vermittelte sie uns beständig das Gefühl, daß wir mit unserer großbürgerlichen Herkunft und Weltanschauung in einer diskriminierten Ecke saßen und nur durch die unglücklichen Zeitläufe an einem freieren Leben gehindert waren. Ich habe stets unter der geistigen Enge der DDR gelitten – die materielle Knappheit war mir weniger drückend. Und ich kann genügend Zeugen aus Freundeskreis und beruflicher Umgebung benennen, die ähnlich empfinden. Die größer werdende Schar derer, die mit der DDR offenbar ein besseres Deutschland als vergangen ansehen, kann mich von meiner Meinung nicht abbringen – ich habe mich in all den Jahren bis 1989 nie in der DDR zu Hause gefühlt. Mein Leben war ein Leben in der privaten und beruflichen Nische, mit den notwendigen, aber ungern geleisteten Lippenbekenntnissen, die der schulische und berufliche Alltag verlangte. Ich will nicht bestreiten, daß es Menschen geben mag, die sich in der DDR unbedrückt fühlten; größer erscheint mir die Zahl derer, die da aus Opposition gegen die neue Bundesrepublik die Erinnerung an ihr damaliges Leben nachträglich vergolden.

Ich bin zu keiner Zeit in die Versuchung gekommen, sozusagen die Seiten zu wechseln und mich dem System anzudienen. Das ist keinerlei Verdienst von mir. An den entscheidenden Kreuzungen meiner Entwicklung – als ich an das beste Forschungsinstitut der Humboldt-Universität wollte (1962); als ich den Antrag stellte, nach dem Studium ins östliche Ausland zu gehen (1963: ich war vernarrt in die slawischen Sprachen – das war ein anderer Aspekt von Mutters tschechoslowakischer Sozialisation); als ich als Assistent an der Jenaer Uni nach einem Kongreßvortrag ein Stipendienangebot von der Max-Planck-Gesellschaft erhielt (1964) – wurde mir stets unmißverständlich klargemacht, daß ich in der DDR keine Laufbahn zu erwarten hätte, allenfalls eine mittlere Position, wenn ich mich ruhig verhielte. Ein Weggang in den Westen kam nach 1961 nicht mehr in Frage. Daß ich es vorher nicht getan habe, habe ich viele Jahre bereut. Es wäre ein anderes Leben geworden – heute erst kann ich das mit Gleichmut aussprechen.

An der miefigen Kleinkariertheit dieses Landes litten besonders junge Menschen: Kinder, Heranwachsende, Studenten, Soldaten. Waren sie einmal im Erwachsenenalter und im Berufsleben angekommen, dann konnten viele einen Modus Vivendi finden, der ihnen eine Teilnahme am stillschweigenden Gesellschaftsvertrag dieses Landes erträglich machte. Dieser Vertrag lautete: Ihr Untertanen verhaltet euch unauffällig und stellt die Macht nicht in Frage; wir Machthaber lassen euch in euren Datschen und Nischen gewähren und überfordern euch nicht mit übertriebenem politischen oder beruflichen Leistungsdruck.

Es war das »Volksbildungssystem«, das Imperium der Margot Honecker, das unseren Kindern den Einstieg in die DDR-Gesellschaft so vergällt hat, daß sie, als sie ins Jugendalter kamen, jede Freizeit zu Abenteuertouren in die östlichen sozialistischen Länder nutzten, und als sie erwachsen wurden, die DDR verlassen wollten und in den Westen strebten. Schule und Ausbildung waren in den späteren Jahren keineswegs brutal oder terroristisch. Ihr Charakteristikum war, daß die sozialistischen Ideale innerlich aufgegeben waren und nur noch in Lippenbekenntnissen galten, während die zugehörigen Sekundärtugenden, nämlich Disziplin, Ordnung und Beachtung der »Normen des sozialistischen Zusammenlebens«, mit zäher, bürokratischer Hartnäckigkeit in einem quälenden Ablauf von organisierter Langeweile verfolgt wurden. Ich erspare mir hier, Beispiele anzuführen. Wir haben übrigens Kindergärtnerinnen und Lehrerinnen erlebt, zu denen die Kinder durchaus Vertrauen und Zuneigung empfanden und die eine Ahnung davon vermittelten, wie Pädagogik den schwierigen *Weg ins Leben* begleiten könnte (das ist der Titel eines Buches von Makarenko aus der begeisterten Frühzeit der Sowjetunion).

Aber diese Pädagogen konnten das Ziel nur erreichen, wenn sie das ganze muffige Theoriegebäude weitgehend unbeachtet ließen und dabei subversiv handelten, indem sie die Bildungspläne dem Buchstaben nach erfüllten und sich im übrigen ihren Schutzbefohlenen emotional zuwandten, aber natürlich keine überzeugende geistige Ausbildung vermitteln konnten. Sie waren überdies eine Minderheit.

Für junge Menschen mit ihrem für die Mitwelt anstrengenden Anspruch auf die Einheit von Überzeugung und Haltung war es desillusionierend, wie das antifaschistische Gründungsmotiv der DDR zur ideologischen Hohlform verkommen war. Auch hier will ich keine umfangreiche Analyse einfügen, sondern nur ein Beispiel nennen: Die minenfeldbewehrte Mauer, die das Land und seine Hauptstadt zur geschlossenen Welt machte, hieß »antifaschistischer Schutzwall«. Wie immer man zu den Gründen stand, die zum Bau und zum Bestand dieses Gebildes geführt hatten – diese Bezeichnung war so offensichtlich verlogen, daß sie auf das Anliegen des Antifaschismus zurückwirkte und es diskreditierte. Der Erfolg war, daß die Berufung auf den Antifaschismus entweder gähnende Ablehnung provozierte oder sogar faszinierte Hinwendung zu rechtsradikalen Ideologemen. Bereits zu Zeiten der DDR gab es in der Bevölkerung latenten Antisemitismus und Verherrlichung des Nationalsozialismus, und nach ihrem Ende fanden die ideologischen Prediger, die aus dem Westen zu uns kamen, einen vorbereiteten fruchtbaren Boden. Es gehört zu meinen bittersten Erfahrungen seit der deutschen Vereinigung, daß gewalttätiger Fremdenhaß aufgekommen ist, und es bekümmert mich, daß die Erziehung der DDR dagegen nicht wirksam immunisiert hat.

Ein wesentlicher Teil meiner DDR-Sozialisierung bestand darin, daß ich das berühmte Orwellsche *double speak* erlernt und auch meine Kinder so darin ausgebildet habe, daß sie es vollständig beherrschen. Was im privaten und Freundeskreis gesagt und gedacht wurde, war grundverschieden von dem, was wir öffentlich zeigten. Es war nicht so, daß in der Schule und Universität ständig massiv geheuchelt wurde – man kam ganz gut zurecht, wenn man sich so weit wie möglich zurückhielt und nur das Nötigste an politischen Bekenntnissen ablieferte. Die Jugend hatte es da schwerer, weil politische und ideologische Bekenntnisse als Fakten gelehrt und ihre Reproduktion verlangt wurde. Das ging nur so, daß alles, was sie sagten oder schrieben, gewissermaßen in Anführungszeichen stand: Der Marxismus-Leninismus lehrt Folgendes, und dann spulte man die Theoreme ab. Zu Hause wurde dann gelernt, was daran zutraf und was falsch oder verlogen war, aber das verschwieg man naturgemäß in der Schule.

Diese Lebensweise ermöglichte uns eine innere geistige Unabhängigkeit. Über verschiedene, meist illegale oder inoffizielle Quellen verschaffte ich mir zum Beispiel die Schriften von Heidegger, Merleau-Ponty, Sartre, Adorno und Horkheimer, studierte sie aus der Sicht des Marxismus und gegen diesen. Oder wir führten private Seminare über die krisenhafte Entwicklung des Sozialismus in der Sowjetunion durch, die uns schon viele Jahre vor dem Herbst 1989 vom drohenden Kollaps dieses Systems überzeugten, ohne daß wir daraus Aktionen abgeleitet hätten. Erst im letzten DDR-Jahrzehnt wurde mir klar (auch unter dem Einfluß von neu gefundenen Freunden in Polen und anderen Ostblockländern), daß das Leben im geistigen Schneckenhaus trotz der Ablehnung des Systems dieses durch schweigendes Funktionieren stabilisieren half. Die Erkenntnis kam spät, und ich kann mir heute Mitschuld zuschreiben, daß ich vierzig Jahre alt wurde, bevor ich aus der Selbstfesselung ausbrach, und fünfzig Jahre, bevor die ganze Gesellschaft sich befreite.

Wenn ich in Diskussionen ausspreche, daß wir dem Spuk ein Ende bereiten und uns eher hätten befreien müssen, dann wird mir entgegengehalten, daß es eher gar nicht ging, daß das System noch nicht zum Zerfall bereit war, daß allein die individuelle Lösung, nämlich die Emigration, möglich war, und auch die nur unter Aufgabe der Lebenswelt und mit Verlusten. Natürlich trifft das alles zu – ich bin kein Phantast. Ich habe den 17. Juni 1953 bewußt miterlebt; ich war unter den murrenden Studenten der Humboldt-Universität, als Chruschtschows Panzer das ungarische Volk niederwalzten; ich habe zähneknirschend geschwiegen, als Breschnew 1968 in Prag einmarschierte, und ich habe mit ohnmächtiger Bewunderung ansehen müssen, wie in den achtziger Jahren das polnische Volk während des Kriegsrechts Widerstand leistete. Gleichwohl: Wir, die DDR-Bevölkerung, sind zu lange ruhig geblieben.

Ich kann nicht sagen, welcher Anteil der DDR-Bevölkerung diese Schneckenhausstrategie verfolgte. Es ging auch anders. Der Mehrheit, denke ich, war innere Opposition zu anstrengend: Sie zog es vor, sich im privaten Raum genauso unpolitisch zu halten wie im gesellschaftlichen. Das vermied die Doppelsprache, war also moralisch weniger zwiespältig; aber der Preis war völlige politische Passivität. Diese eingeübte Zurückhaltung trägt nach 1990 wesentlich zur Lethargie und Verdrossenheit bei, als nach dem wilden Herbst der neue Alltag im vereinigten Deutschland einkehrte. Wirklich dagegen und auch bereit, das auszukämpfen, waren nur wenige: Sie landeten meist auf die eine oder andere Weise im Westen, wenn das Repressionssystem sie nicht zerbrach.

Eine dritte Verhaltensstrategie schließlich war zur DDR-Zeit die entschlossene Identifizierung mit dem System, trotz aller Zweifel. Wer nicht von vornherein so erzogen war, der mußte sich zu diesem Schritt sehr gute Motive zurechtlegen: Nur in der Partei und nicht in der Ecke hast du eine Chance, irgend etwas zu ändern – so lautete solch eine Rationalisierung. Wer sich so zu den Machthabern begab, der vermied das *double speak* als geistige Haltung; der Preis war jedoch die Unfähigkeit, der zunehmenden Schwäche des Systems mit politischem Handeln zu begegnen. Die Minderheit von vielleicht fünfzehn Prozent der Bevölkerung, die den Sozialismus grundsätzlich bejahte, brachte keinen inneren Aufbruch zustande. Sie ließ es geschehen, daß das Gesellschaftssystem, dem sie sich verschrieben hatte, immer weiter in den Kollaps trieb. Es hat zu keiner Zeit einen wirksamen Versuch der nachwachsenden Regimeelite gegeben, diese Entwicklung durch Reformen aufzuhalten, so daß schließlich die innere Opposition stellvertretend den Aufbruch einleitete, mit dem unbeabsichtigten, aber unvermeidlichen Resultat des politischen Kollapses eines ganzen Gesellschaftssystems.

Der letzte Absatz suggeriert, daß die Herrschenden der DDR oder auch ihr aufmüpfiger Nachwuchs eine Chance gehabt hätten, ihren Gesellschaftsentwurf und ihren Staat über eine längere Zeit stabil zu halten. Gerade weil diese Frage nicht entscheidbar ist, gehört sie zu den umstrittensten Gesprächsthemen über die untergegangene DDR. Immer wieder wird man gefragt, ob man 1989 der DDR eine Chance gegeben hat und ob man für einen dritten Weg gewesen sei, für eine Gesellschaftsformation ohne sozialistische Diktatur, aber auch ohne die Übernahme des kapitalistischen Systems des Westens. Ein solcher dritter Weg war die Vision all derer, die für den Sozialismus waren, ohne mit seiner realen Existenzform einverstanden gewesen zu sein. Historisch gesehen erreichte die politische Bewegung für den dritten Weg ihren Höhepunkt während des Prager Frühlings 1968. Man wird den damaligen Akteuren in Prag nicht absprechen können, daß sie die Suche nach einem Sozialismus mit menschlichem Antlitz ernst meinten und nicht nur als Phrase, um die unzufriedene Bevölkerung zu besänftigen. Es gab Wirtschaftsmodelle und politische Entwürfe; ein großer Teil zumindest der intellektuellen Klasse der ČSSR engagierte sich für demokratische Reformen und ein Ende der ideologischen Bedrückung. Ob die Bevölkerung im Falle einer Nicht-Zerschlagung des Prager Frühlings durch den Warschauer Pakt mitgegangen wäre, das bezweifle ich.

In den späten achtziger Jahren, als Michail Gorbatschow mit Glasnost und Perestroika an die Ideen des Prager Frühlings anknüpfte, ging die sowjetische Bevölkerung nicht mit, sondern beobachtete die politische Bewegung eher passiv und mißtrauisch. Gorbatschow scheiterte schließlich wirtschaftlich wie politisch und wurde gestürzt, wobei die UdSSR aufgelöst und eine Art kapitalistisches System eingeführt wurde. In keinem der mittel- und osteuropäischen Länder des Sozialismus führten Volkserhebung und Reformversuche von oben in einen Kurs, den man als dritten Weg zwischen Sozialismus und Kapitalismus bezeichnen könnte. Am schnellsten geschah die Flucht in den Kapitalismus in der DDR, was sich durch den direkten Beitritt zur Bundesrepublik erklärt. Aber auch in den anderen Ländern gerieten die Reformmodelle in die Defensive und wurden schließlich »abgewickelt«.

Ich bin überzeugt, daß die Sowjetunion mit ihrer Atomstreitmacht und den Millionen Soldaten, die sie in der DDR völkerrechtlich verbindlich unterhielten, in der Lage gewesen wäre, die Öffnung der Mauer zu verhindern.

Wer am 17. Juni 1953 die Panzer erlebt hat, wird wissen, wovon die Rede ist. Das beabsichtigte Ausscheiden aus dem sozialistischen Block war für Chruschtschow und Breschnew der Casus Belli gewesen (in Budapest 1956 und in Prag 1968, vermutlich auch noch 1981 in Warschau, wenn Jaruzelski nicht die Arbeit übernommen hätte), und die Westmächte sind vor einem Eingreifen zurückgeschreckt. Und das mit guten Gründen, denn sie hatten stets der Aufteilung der Interessensphären zugestimmt, um eine glaubwürdige Abschreckung gegen jeden Expansionsversuch der Sowjetunion zu haben. Sie hätten sich auch 1989 auf energische Proteste und Handelssanktionen beschränkt, wenn die Sowjetarmee den Volksaufstand in der DDR unterbunden hätte.

Eine reformierte DDR, mit einer Art modernisiertem Sozialismus, wäre die einzige Option gewesen, hätte die Sowjetunion hartnäckig auf dem Status quo in Mitteleuropa insistiert. Aus dem Verhalten der DDR-Bevölkerung im Herbst 1989 kann man schließen, daß sie einen solchen Weg akzeptiert hätte, wenn eine Reformregierung (ob nun unter Modrow oder unter neuen Gesichtern) liberale Veränderungen und Freizügigkeit eingeführt hätte. Was man nicht berechnen kann, ist, welcher Anteil der Bevölkerung das Land über die dann halboffenen oder offenen Grenzen verlassen hätte und wie die wirtschaftliche und ökologische Krise der DDR hätte gemeistert werden können. Vermutlich wäre eine Reform-DDR auch nur ein Zwischenspiel geblieben, bis die Sowjetunion eingesehen hätte, daß die Uhren des aufgezwungenen Sozialismus abgelaufen waren. Das Beispiel der Volksrepublik China zeigt, daß eine langsame Umstrukturierung des Sozialismus im Prinzip möglich ist. Niemand weiß, wohin das in China führen wird und ob das in Europa möglich gewesen wäre.

Offenbar war es 1990 zu spät. Der Osten hatte die technologische Revolution der Computer und Telekommunikation verpaßt und war wirtschaftlich nicht mehr konkurrenzfähig. Den herrschenden Eliten war diese Einsicht bewußt, und sie richteten ihre Anstrengungen darauf, sich gute Lebensgrundlagen im neuen System zu sichern, was ihnen in der Sowjetunion und den meisten anderen sozialistischen Ländern im Zuge der Re-Kapitalisierung des Volkseigentums auch gelang. So waren am Ende alle für das Ende des Sozialismus, und nur Gorbatschow war der Hans im Glück, der mit einem Goldklumpen anfing und am Ende froh war, daß er den eingetauschten schweren Stein los wurde.

Aber hatte der DDR-Sozialismus irgendwann in den früheren Jahrzehnten eine Chance? Man darf bei der Beantwortung dieser Frage nicht in den »naturalistischen Fehlschluß« verfallen, den die Philosophen oft diskutiert haben, nämlich daß etwas notwendig geschah, nur weil es geschah. 1980 existierte die DDR, und alle, auch im Westen, hielten sie für stabil und dauerhaft. 1990 zerfiel sie, und alle, auch im Westen, hielten das für naturgesetzliche

Notwendigkeit. Tatsächlich ist die Geschichte immer nach vorn offen und erst nach hinten scheinbar unausweichlich. So ist die Frage nach einem anderen Verlauf des sozialistischen Experiments in Deutschland, wenn seine Vertreter seine Ideale nicht mit Füßen getreten hätten, durchaus offen. Im Jahrzehnt zwischen 1990 und 2000 war sie gegenstandslos – aber wer weiß, ob die sozialistische Vision in geänderter Form nicht wieder aufkommt, wenn es keine Praxis mehr gibt, gegen die ihr Versagen augenfällig meßbar ist.

Immerhin war die Idee einer besseren Gesellschaftsordnung von Deutschland ausgegangen und hatte nach dem Untergang des Hitlerreichs vielen Deutschen in Ost und West als Ausweg und Neuanfang eingeleuchtet. Aber die Praxis des stalinistischen Terrors machte das alles zur Illusion, die 1961 mit dem Mauerbau endete, durch den die DDR die endgültige Abwanderung ihrer Bevölkerung blockierte. Dann folgten achtundzwanzig Jahre, während derer die Bevölkerung nicht fort konnte. Die SED-Herrscher nutzten, in enger Abstimmung mit Chruschtschow und später Breschnew, die damit gewonnene Handlungsfreiheit zum Aufbau einer herrschenden Klasse nach klassischem Muster: Rekrutierung von wirtschaftlich und in der Karriere Begünstigten. Für die Masse des Volkes im DDR-Käfig hielt man es offenbar für ausreichend, wenn der Lebensstandard sich langsam besserte und eine Art Privatnischensozialismus (»Gulasch und Datschen«) zugelassen wurde. Sozialismus mit menschlichem Antlitz und die Reise ins Reich der Freiheit – das alles wurde für revisionistische Abirrung, vom Klassenfeind geschürt, gehalten und statt dessen an der Front des Kalten Krieges die Wagenburg ausgebaut. Sozialismus als klassenkämpferisch-revolutionäres Modell wurde allerdings korrumpiert durch die wirtschaftliche und völkerrechtliche Anerkennung der DDR.

Augenfälliges Sinnbild dieser Korruption war für mich der Widerspruch zwischen Honecker, der Franz Josef Strauß im Jagdschloß Hubertusstock empfing und dabei den Milliardenkredit als weitere Atempause für seinen Staat aushandelte, während im Meißener Dom, den Strauß besichtigte, eine Frau verhaftet und abgeführt wurde, als sie versuchte, ihm eine Petition zu überreichen. Ich entsinne mich noch gut an ein als Dienstgespräch getarntes Verhör durch zwei Stasioffiziere, deren Ansinnen ich ablehnte, meine »Kontakte« zu Freunden und Verwandten in der Bundesrepublik Deutschland abzubrechen, mit der Begründung, daß mir das unlogisch erscheine, wenn zur gleichen Zeit Honecker mit Strauß über friedliche Koexistenz parliere. Ich habe das ganz ruhig vorgebracht und trotzdem Ärger erzeugt, weil diese Art von privilegierten Kontakten die ganze Absurdität der späten DDR zeigte, die quasi Mitglied der EG war und trotzdem jeden ungenehmigten Kontakt der Werktätigen mit »Vertretern ausländischer Mächte« unter Strafe stellte.

Das Für und Wider eines Projekts »Reformierter Sozialismus« hat 1989/90 die Bürgerbewegung gespalten. Man muß nur die Flugschriften der damaligen Zeit lesen, um das zu sehen. Es genügt festzustellen, wer den Aufruf »Für unser Land!« im November 1989 unterzeichnet hat und wer nicht. Nicht nur die Aktivisten waren gespalten. Die unlängst herausgegebenen *Briefe an das Neue Forum* aus allen Schichten der Bevölkerung und allen Regionen der DDR beweisen eindeutig, daß auch das Volk gespalten war. Der überwältigende Druck in Richtung sofortige Wiedervereinigung »um jeden Preis« setzte erst später, nämlich 1990, ein, etwa zur gleichen Zeit wie der Wahlsieg der Allianz für Deutschland im März. Zu dieser Entwicklung hat zweifellos die zum Teil hilflose und zum Teil betrügerische Politik der SED-Führung nach Honecker beigetragen. Sie lavierten mit der Gewährung von Freizügigkeit, bis es zu spät war und das Volk die Mauer stürmte; sie lavierten mit der Auflösung der Staatssicherheit, bis die Bürgergruppen die Ämter besetzten; sie gestalteten die Privatisierung des Volkseigentums so, daß die Nutznießer des Regimes die Häuser und Produktivvermögen bekamen. Sie lavierten so lange, bis ihre Herrschaft endgültig zusammenbrach und auch nicht mehr als Reformkompromiß weiterzuführen war.

So lautet denn mein Fazit zum Sozialismus: Er mußte scheitern, weil Ideal und Wirklichkeit total auseinanderfielen. Ob die Geschichte einen anderen Verlauf hätte nehmen können – ich weiß es nicht. Jedenfalls wurde es in der DDR nie ernsthaft versucht.

Auch eine Machtergreifung durch die Bürgerbewegung, wie sie in Prag stattfand und in Warschau durch einen Kompromiß erreicht wurde, der einige Jahre hielt, wurde in der DDR nicht ernsthaft erwogen. Zu den fest gewordenen Urteilen gehört, daß die Macht im November und Dezember längere Zeit »auf der Straße lag« und die Bürgergruppen, voran das Neue Forum, vom revolutionären Volkswillen getragen, sie ergreifen und damit dem Verlauf eine andere Richtung geben und ihrer späteren Marginalisierung hätten vorbeugen können. Ich halte alle drei Prämissen für falsch. Meine Meinung ist, daß weder ein artikulierter gemeinsamer Volkswille noch ein solcher der Bürgergruppen existierte, noch eine eindeutige Richtung des einzuschlagenden Weges offenbar war. Die Regierung Modrow als abgesetzt und uns selbst als Regierung des Volkswillens zu proklamieren, hätte nach meiner Überzeugung mit einer Blamage und nichts anderem geendet.

Hier der Rahmen der wichtigsten Fakten: Egon Krenz war am 18. Oktober der Nachfolger von Erich Honecker als Parteichef und Staatsratsvorsitzender geworden. Die SED bemühte sich im folgenden Monat ohne Erfolg um die Stabilisierung ihrer Macht. Die Maueröffnung vom 9. November stürzte das Regime in eine offene Existenzkrise, der durch die Installation einer Regierung Modrow entgegengesteuert wurde. Modrow trat am 17. November mit einer SED-Blockparteien-Mannschaft in die Regierung und hielt sich als Übergangsverwaltung bis zu den Wahlen vom 18. März 1990. Der wackligste Moment für Modrow war Anfang Dezember, als die SED zerfiel und der Volkszorn nach der Aufdeckung von Regierungsprivilegien wuchs. Später stabilisierte sich Modrow und wurde von Bonn und international als »Reichsverweser« bis zu den Wahlen anerkannt.

In der ersten Dezemberwoche lag also – angeblich – die Macht auf der Straße und mußte nur aufgehoben werden. In der Tat erreichte die DDR-weite Initiativgruppe des Neuen Forums in Berlin die Aufforderung des Sprecherrats Karl-Marx-Stadt, den Generalstreik auszurufen und die SED-Regierung zu stürzen. Ähnliche Nachrichten erreichten uns einige Tage darauf aus dem Großbetrieb SKET in Magdeburg. Wir diskutierten das Ansinnen heftig und kontrovers und überlegten, wie das zu bewerkstelligen sei. Rolf Henrich sagte: »Herrschaften, wir werden als erstes zu Verhaftungen schreiten müssen!« Wir verteilten versuchsweise die dazu notwendigen Minister-, Staatsanwalts-, Armee-, Staatssicherheits- und Polizeiposten unter uns und Vertretern anderer Bürgergruppen. Eine Proklamation der Regierungsübernahme hätten wir über die Westmedien zustande gebracht. Aber wie sie verwirklichen? Sollte jeder der neuen Minister sich beim Pförtner seiner Wirkungsstätte anmelden? Oder sollten wir versuchen, den Generalstreik zu installieren, Strom und Gas abzuschalten, das legendäre Telegrafenbüro von Petrograd zu besetzen, bis Wandlitz ein Einsehen hätte? Wären wir nicht hilflose Marionetten der sich beflissen anbiedernden Apparatschiks der zweiten Reihe geworden, die uns Honecker, Mielke und Mittag als Sündenböcke präsentieren würden (dazu waren sie längst bereit) und sich im übrigen hinter unseren Rockschößen und mit erschlichenen Unterschriften von uns als nunmehr legitimiert ausgeben konnten?

Bereits die Zielrichtung einer Machtübernahme hätte zu unvereinbaren Aufspaltungen geführt. Gründe für die Entfernung der Modrow-Regierung gab es viele: etwa deren Verzögerungstaktik bei der Auflösung der Partei- und Staatssicherheitsstrukturen; die Befürchtung, daß die SED die Krise überstehen und sich festigen könnte; die Sorge, Staatssicherheit und Polizei könnten die Bewegung mit Waffengewalt beenden; die Überzeugung, daß nur eine revolutionäre Volksregierung die Autorität hätte, bei Einigungsverhandlungen dem Ausverkauf allen DDR-Besitzes (wie später von der Treuhand realisiert) entgegenzuwirken; oder die Sorge, daß gewaltige Geldsummen von Funktionsträgern des Regimes ins Ausland geschafft würden. Das Problem war, daß diese Ziele nicht miteinander vereinbar waren. Der Widerspruch kulminierte in dem Konflikt, ob der Weg eines schnellen Beitritts zur Bundesrepublik (»Deutschland, einig Vaterland!«) oder ein dritter Weg der DDR (»Tiefenreinigung statt Wiedervereinigung«) eingeschlagen werden sollte.

Es gehört zu den festen falschen Klischees, daß das Neue Forum eindeutig für den Fortbestand der DDR und das Volk eindeutig für die Wiedervereinigung war. Beides ist falsch. Beide waren gespalten, und zwar so ungefähr *fifty-fifty*. Für das Neue Forum bezeugen dies die widersprüchlichen

Äußerungen damaliger Sprecher. Auch die anderen Bürgergruppen waren nicht entschlossen. Im Demokratischen Aufbruch kam es darüber wenig später (16. Dezember) zu einer Spaltung der Gründungsgruppe; Demokratie Jetzt veröffentlichte einen lauen, auf Jahre gestreckten Konföderationsplan; Markus Meckel von den Sozialdemokraten sprach sich am 7. Dezember gegen Generalstreik »der Chaoten« und gegen einen schnellen Anschluß aus.

Was die Bevölkerung angeht: In den Wochen nach dem 9. November wurden zahlreiche Meinungsumfragen veranstaltet, unter anderem von westlichen Instituten (etwa FORSA). Die Ergebnisse schwankten heftig von Tag zu Tag, konstant war nur, daß weder die Bürgergruppen, noch die neue SDP, noch die »Blockflöten«, noch die SED auf mehr als je zehn bis fünfzehn Prozent Zuspruch rechnen konnten. Ebenso gespalten waren die Antworten auf Fragen nach Wiedervereinigung und Abschaffung des Sozialismus. Von einer revolutionären Stimmung in der Mehrheit des Volkes konnte keine Rede sein. Wer gar nichts mehr mit der DDR im Sinn hatte, ging ohnehin in den Westen (Hunderttausende allein im November); die noch etwas mit ihr anfangen wollten, waren in ein Dutzend verfeindete Richtungen gespalten. Der Streikaufruf aus Karl-Marx-Stadt rief heftigste Empörung in allen Medien hervor; wir haben schriftliche Belege und die lebendige eigene Erinnerung daran, daß dies der Stimmung der Bevölkerung entsprach: »Um Gottes Willen, jetzt nicht noch streiken, dann bricht hier alles zusammen!« Die achtzigprozentige Unterstützung des schnellen Beitritts entwickelte sich erst während der Wahlkampagne Anfang 1990. Im Herbst konnte man nicht einmal zuverlässig feststellen, ob die Streikparolen von den Großbetrieben getragen oder nur die Phantasien einiger Wichtigtuer waren.

Man muß sich vergegenwärtigen, daß die revolutionäre Stimmung des Volkes und seiner Bürgervertreter auf den Feierabend konzentriert war. Tagsüber zur Arbeit, am Abend gab der Fernseher (um die November/Dezember-Wende sowohl die westlichen wie die östlichen Sender) bekannt, was am Tag wieder Revolutionäres und Konterrevolutionäres passiert war. Und rund um Leipzig fuhr man montags nach Feierabend zur Massendemonstration. Die Bürgergruppen trafen sich abends und diskutierten bis nach Mitternacht – die meisten Vertreter (wie ich zum Beispiel) gingen morgens ihrem normalen Beruf nach. Die extremen Ungleichzeitigkeiten und Zeitverzögerungen der Übermittlung von Informationen erkennt man daran, daß zum Beispiel das Neue Forum noch im Spätherbst Zuschriften aus der Provinz bekam, in denen um die Übersendung des Erstaufrufs und anderer Erklärungen gebeten wurde.

Viele von uns waren überdies aus moralischen und politischen Erwägungen nicht zu einer Machtübernahme bereit. Die SED hatte über Jahrzehnte mit verlogenen Wahlergebnissen eine Scheinlegitimität erzwungen, und jetzt sollten wir diese Praxis fortsetzen, ohne Wahlen, ohne vorherige Erneuerung der Kommunen, ohne Reform der Apparate – einfach so als Krone oben drauf? Nein, alle wußten recht gut, wie Trotzki und Lenin die Macht ergriffen und die Konstituante verjagt hatten – das wollten wir keinesfalls wiederholen. Wir wollten durch Verfassung und Wahlen beauftragt sein. Diese Wahlen mußten vorbereitet werden, und die Vorbereitung hat dann dem Westen die von uns verschmähte Machtübernahme ermöglicht. Die Bürgergruppen hatten im September und Oktober den von der Mehrheit getragenen Protest gegen das bürokratische Kommandosystem formuliert und waren von der Sympathie des abstrakten Dagegenseins und der verzweigten Vielfalt der konkreten Abschaffungsforderungen getragen worden. Als die Mauer eingerissen und das Regime umgestürzt war, hatten sie weder den Willen, noch die Legitimation, noch die logistischen Möglichkeiten zu Generalstreik und Regierungsübernahme.

Wir wären zu lächerlichen Chaoten geworden, wenn wir das trotzdem versucht hätten. Die Apparate eines Staates von fünfzehn Millionen Einwohnern hätten uns entweder benutzt oder leerlaufen lassen. Überdies hätte ein Funke genügt, um die schwerbewaffneten Einheiten von Polizei, Stasi und möglicherweise Armee zu einem Blutbad zu veranlassen. Die chinesische Lösung des Aufstandes stand uns vor Augen, und die Machthaber auf den Leichenbergen wären zwar auf Jahre diskreditiert gewesen, aber eingegriffen hätte auch niemand.

Manche der Freunde denken heute anders darüber. Wir seien »zurückgeschreckt«. Ich jedenfalls stehe dazu, daß die Zurückhaltung begründet war. Mir ist klar, daß wir in dem Jahr, das auf den triumphalen Herbst folgte, mit historischem Recht (und aus eigenem Verschulden) wieder zu Randgruppen wurden. Die Bevölkerung der DDR dagegen, die sich vom handelnden Subjekt wieder in ein die politische Vollmacht abgebendes Objekt zurückverwandelte, ist bis heute darüber gespalten, ob sie sich als vergewaltigt oder korrekt bedient betrachten soll. Das Urteil hängt im Einzelfall davon ab, wie es einem selbst ergangen ist.

Für mich als Teilnehmer am turbulenten Herbst 1989 und dann als in die Minderheit gewählter Vertreter der Bürgergruppen in der letzten Volkskammer der DDR liest sich das Fazit der aufregendsten Periode meines Lebens so: Wir sind spät aufgewacht, aber noch nicht zu spät. Wir haben das erreicht, was zu erstreben wir einig waren: Demokratisierung, freie Wahlen, Ablösung der SED-Herrschaft, Aufbruch aus dem Schneckenhaus privater Passivität und aus Disziplin und Langeweile, Öffnung des Käfigs, in dem wir achtundzwanzig Jahre saßen. Wir haben das nicht erreicht, worüber wir gespalten waren. Die geschichtliche Entwicklung ist über uns hinweggegangen. Im vereinten Deutschland fehlte es uns an einem wirkmächtigen politischen Programm und an Rückhalt in der Bevölkerung. Wer für Demokratie ist, muß das akzeptieren.

Und ich selbst akzeptiere es ohne Bitterkeit. Meine Kinder und Enkelkinder werden ohne Mauer und ohne Mauerkrankheit leben. Was ihnen an Problemen im neuen Jahrhundert zuwächst – das müssen sie selbst meistern. Ich bin zwar nicht zufrieden; aber die DDR, in der ich den aktiven Teil meines Lebens verbrachte – die möchte ich nicht wiederhaben. Meine Nostalgie ist privat. Es ist die Nostalgie nach dem Unwiederbringlichen, nach der Zeit, als wir jung waren und die Kinder klein waren und uns vollkommen zugetan. Fast jeder nährt ein solches Heimweh, wenn er alt wird. Aber mit der DDR hat das nichts mehr zu tun.

So war es – und es war doch ganz anders
Jens Reich erinnert sich an den Herbst 1989

Bericht in der *Freien Presse* am 21.10.1999
von Johannes Fischer

Merkwürdig, diese Distanz zwischen dem, was der Mitbegründer des Neuen Forums Jens Reich erlebte, und dem, was zehn Jahre danach zum Klischee, zur Legende geworden ist: »Die Schulbücher sind gedruckt, das Fernsehen bringt immer wieder dieselben Bilder. Wir haben das alles miterlebt – aber irgendwie anders.«

Jens Reich benötigte am Dienstagabend [19.10.1999] nur wenige Minuten in dem bis unters Dach gefüllten Hörsaal der Chemnitzer TU, um die Zuhörer in seinen Bann zu ziehen. Bilderreich, mal ganz konkret, dann wieder abstrakt, ja, fast ins Philosophische gleitend – sogar die hölzernen Klappstühle des altehrwürdigen Hörsaals hörten auf zu knarren.

Diese Klischees von der sogenannten Wende, die sich da allmählich verfestigen, sie sind nicht falsch, erklärte der Professor, der heute als Wissenschaftler am Max-Delbrück-Centrum für Molekulare Medizin in Berlin-Buch arbeitet. »Aber es stimmt was nicht. Sie sind schief.« Woran das liegt – Jens Reich verfolgte diese Spur nicht weiter, sondern sprach über seine persönlichen Erinnerungen. Erinnerungen, die wir in keinem Schulbuch finden, die keine Kamera einzufangen imstande ist. Ein Kernsatz an diesem Abend: »Es war eine Feierabendrevolution«, die die Herrschenden offenkundig überrascht hätte. Und: »Die friedliche Revolution wurde von einer ihren Namen nicht nennenden Masse getragen.« So seien bei den ersten Demonstrationen keine Transparente mitgeführt worden, weil einer, der ein Schild hält, hätte identifiziert werden können. Statt dessen Chöre wie in der griechischen Tragödie, »denn wenn man was skandierte, war die Chance größer, unerkannt zu bleiben«.

Geschickt versetzte Reich seine Zuhörer in die Vergangenheit, bohrte ihre Erinnerung an und erhob sie in den Stand des

»Zeugen dieses ganz merkwürdigen Großereignisses«. Immer wieder fiel der Begriff »Tiananmen-Platz«. Es war der 4. Juni 1989, als dort, auf dem »Platz des Himmlischen Friedens«, mit einem Blutbad die chinesische Demokratiebewegung zerschlagen wurde. »Jeder wußte es: Wenn bei uns der erste Schuß fällt, das erste Blut fließt, bricht die Gewalt los. Alles wäre zu Ende gewesen. Das ganze Volk war sich dessen bewußt.« Daß es nicht dazu gekommen ist, auch das habe der deutschen Revolution ihren einmaligen Charakter gegeben. Heute noch kann es der Mediziner nicht fassen, daß sich die Herrschenden der DDR so passiv ihrem Schicksal fügten und »innerlich abdankten. Das ist schon ein Wunder«.

Reich ist froh, die DDR hinter sich gelassen zu haben. Mit Ostalgie könne er wenig anfangen. »Ich habe die Kleinkariertheit und Ödheit des DDR-Lebens nie ertragen.« Die Unterschiede zwischen Ost und West werden sich seiner Meinung nach mit der Zeit angleichen, jedenfalls hofft er das. Sehr viel mehr Sorge als das langsame Zusammenwachsen der beiden Teile des Landes machen Reich jene Probleme, die auf allen Deutschen gleichermaßen lasten: die scheinbare Unfähigkeit zu Reformen, etwa bei dem neu auszutarierenden Generationenvertrag oder im Bildungssektor.

Konrad Weiß, Publizist

Konrad Weiß

»Was macht ihr, wenn ihr die Macht habt?«

Ich will Sie an diesem Herbsttag zunächst einmal mitnehmen nach Berlin-Pankow, wo ich seit dreißig Jahren wohne. Ich sitze an einem freundlichen Spätsommertag an einer belebten Straße in einem Straßencafé. Dazu hatte ich in den letzten zehn Jahren nicht allzu oft Muße oder Gelegenheit. Aber deshalb fällt mir alles, was anders geworden ist und alles, was sich nicht verändert hat, besonders auf.

Es beginnt beim Straßennamen. In der DDR war die Straße nach Johannes R. Becher benannt, dem Schriftsteller, der als Kulturminister ängstlicher und angepaßter gewesen sein mag, als es 1990 im nachrevolutionären Herbst gefällig war. So wurde die Straße zurückbenannt in Breite Straße; nun gibt es sieben davon im wiedervereinigten Berlin. Kannten die Straßenumbenenner Becher nicht auch als expressionistischen Dichter, der »zerrissen wie die Zeit, blutend von Wunden, von Anklagen berstend« gegen den Krieg, für Europa, für eine Volksherrschaft geschrieben hatte? Und der nach dem zweiten Krieg, noch immer leidenschaftlich, für Deutschlands Erneuerung und Einheit gesprochen hatte: »Wie im religiösen Leben, so gibt es auch im Leben eines Volkes den Begriff der Wandlung. Auch ein ganzes Volk kann sich wandeln, kann anders werden. Zu solch einer Wandlung, zu solch einem Anderswerden sind wir Deutschen wiederum aufgerufen. Dazu bedarf es auch geistiger Auseinandersetzungen, einer weltanschaulichen, nationalen Klärung und Selbstverständigung, wobei wir das uns Trennende nicht verschweigen, aber es fruchtbar machen wollen im Interesse des großen gemeinsamen Ganzen. Und das wäre zudem schon ein wesentlicher Teil echter Demokratie.«

Darf einer kein Irrender, kein Mutloser, kein Fragender sein, um im wiedervereinigten Deutschland auf einem Straßenschild bestehen zu können? Oder haben die eiligen Umbenenner Johannes R. Becher jenen Text angekreidet, der als Nationalhymne der DDR gedient hat? Ich fürchte, es war wieder einmal nur Opportunismus gepaart mit Dummheit, ein garstiges Paar, das schon so viel in Deutschland angerichtet hat.

Und nun sitze ich also in der Breiten Straße. Vor einem Café, das *Das Ei* heißt. In der DDR hieß es anders, aber es hatte ein ovales Fenster, aus dem der Volksmund das *Ei* gemacht hatte. Jetzt heißt es ganz offiziell so, aber das originelle Fenster ist durch ein langweilig quadratisches ersetzt, das freilich sämtlichen technischen, ökologischen und bürokratischen Normen entsprechen mag – und davon gibt es viele in Deutschland. Oder war das Quadrat die Voraussetzung, damit die Eigentümer Fördermittel der EG erhalten? War das ovale Fenster zu anarchistisch? Berlin, Pankow an einem Spätsommertag, noch vor den Wahlen zum Abgeordnetenhaus. Was anders ist: Ich habe mir einen Cappuccino bestellt. Den gab's hier früher nicht, nur einen ziemlich scheußlich schmeckenden Kaffee. Die Kellnerin lächelt. Das hat sie, wenn ich der Erinnerung westdeutscher Entdeckungsreisender glauben soll, früher nie getan. Doch ich schwöre, es gab auch lächelnde Kellner in der DDR. Allerdings ebenso Rüpel. Aber die gibt es heute auch.

Die Straße, in die ich von meinem Caféhausstuhl schaue, hängt voller Wahlplakate, Wahlplakate der Republikaner. In der Johannes-R.-Becher-Straße, die jetzt Breite Straße heißt, hängen die Wahlplakate der SED, die jetzt PDS heißt. Der Zeitungskiosk links hat ein ungleich reichhaltigeres Angebot als früher, ein buntes Angebot, aber das *Neue Deutschland* gibt es immer noch. Die Leute neben mir lesen *Bild* oder *Neues Deutschland*; ich bin der einzige, der den *Spiegel* vor sich liegen hat.

Aus dem privaten Konfektionsgeschäft auf der anderen Seite, das die DDR und neun Jahre Marktwirtschaft überlebt hatte, ist eine Bertelsmann-Filiale mit einem dürftigen Ausverkaufsangebot geworden. Inzwischen wurde auch die geschlossen. Am Imbißstand ein paar Schritte weiter ist nicht mehr die Bockwurst, sondern der Döner Favorit. An der Apotheke gegenüber leuchtet öd das rote Einheits-A. Die Straßenbahn, die um die Kurve fährt, quietscht nicht mehr. Neue Gleise wurden verlegt, komfortable Halteinseln eingerichtet. Ich frage mich, ob die aufgewühlten Stolperecken rundherum noch dieselben sind wie zum zwanzigsten, dreißigsten, vierzigsten Jahrestag? Oder war das Pflaster zwischendurch, ohne daß ich es bemerkt hätte, ein paar Jahre lang geschlossen?

Die Autos, nun ja, die Autos sind anders; aber ich hatte noch nie ein erotisches Verhältnis zu Pkws. Ich fahre sie einfach. Ein älterer Mann, der neben mir sitzt, ist mit dem Fahrrad gekommen, einer Hightechmaschine. Nun schwärmt er davon, wie umweltfreundlich das Radfahren sei. Ökologie war im *Ei*, als es noch nicht so hieß, bestimmt kein Thema. Damals ging es um andere Sachen, zum Beispiel wie man an ein brauchbares Fahrrad kommt. Jetzt ist im Haus nebenan die Bezirkszentrale der Grünen, dorthin überweise ich meinen Parteibeitrag. Als das Bündnis 90 noch dazugehörte – wirklich und nicht nur dem Namen nach –, bin ich drei, vier Mal dort gewesen. Aber eigentlich komme ich auch ohne Partei aus, immer noch. Oder wieder? Auch zu Parteien habe ich kein erotisches Verhältnis ...

Und was ist geblieben von dem, was war? Die meisten Häuser, die ich von meinem Caféhausstuhl sehen kann, sind grau und unansehnlich wie immer. Ich weiß, das liegt an meinem eingeschränkten, zufällig gewählten Blickfeld. Aber solche Ecken gibt es im Osten tatsächlich noch. Die wenigen Häuser, die saniert sind, sind beschmiert – das Gekrakel heißt jetzt Graffiti. Das Eckgrundstück schräg gegenüber ist unbebaut geblieben. Darüber ragt noch immer die Fassade mit dem Wandbild auf, das ein sozialistisch-realistisches Abbild vom Pankower Wochenmarkt sein soll. Gegenstand und Abbild stimmen tatsächlich noch überein; ein Wochenmarkt bleibt ein Wochenmarkt, auch wenn jetzt die Tüten bunter und die Tomaten einheitlich rot und rund sind. Der Kleckerbrunnen auf dem leeren Eckgrundstück allerdings kleckert nicht mehr, wahrscheinlich fehlt dem Bezirksamt sogar das Geld zum Kleckern. Oder im Rathaus ist es schon Winter.

Viele Gesichter, die ich sehe, sind geblieben, wie sie waren – unfroh, verbissen, hastig, abweisend, beschäftigt, strapaziert. Ist die Verformung, der die Menschen ausgesetzt waren, wirklich so tief eingebrannt? – Wenige Schritte von der Stelle, an der ich sitze, habe ich bald nach dem Herbst 1989 auf einer Hauswand gelesen: »Wo ist euer Lächeln geblieben?« Als ich das 1990 in einem *Spiegel*-Essay zitierte und über den Heimatverlust schrieb, den die Wiedervereinigung für mich auch bedeutete, wurde ich mit empörten Briefen aus dem Westen überschüttet. Aber es ist doch wirklich alles anders geworden, auch wenn vieles geblieben ist, wie es war. Veränderung bedeutet immer Verlust.

Ich weiß, was sich alles verändert hat. Aber was davon ist sichtbar? Und was davon wichtig? Ich weiß, daß es kaum tausend Meter weiter westlich keine Mauer mehr gibt. Die Straße, die sich an die Breite Straße anschließt, setzt sich im westlichen Stadtbezirk fort. Sie ging dort immer weiter, trug sogar denselben Namen wie im Osten – Wollankstraße. Aber 25 Jahre lang war die Straße in zwei Hälften geteilt. Hinter der Mauer begann die andere Welt. Jetzt weiß ich, daß die Straße in ihrem westlichen Teil genau so trist weitergeht wie im östlichen; es ist auch dort drüben ein armes Viertel.

Ich lebe dennoch in einem reichen Land. In Sichtweite meines Caféhausplatzes stehen drei Banken, die mit ihrem Reichtum, wie es der Reichtum vieler hierzulande ist, nicht wenig protzen. Aber ich weiß auch, daß sich wenige Straßenzüge weiter ein Obdachlosenasyl und die Suppenküche der Franziskaner befinden, wohin die Armen aus der ganzen Stadt strömen, vom Bahnhof Zoo ebenso wie vom Alexanderplatz. Gibt es Unterschiede zwischen ost- und westdeutschen Obdachlosen, Alkoholikern, Junkies, Prostituierten?

Ich weiß, daß ich in einem demokratischen Land lebe. Aber haben die Leute, die mit verbissenen Gesichtern über die Straße hasten, begriffen, daß sich etwas verändert hat? Daß sie nun der Souverän sind, daß sie mächtig sind und Rechte haben – und die Pflicht, dafür zu sorgen, daß diese Demokratie lebendig bleibt (oder wird)? Ich weiß, daß ich in einem freien Land lebe. Aber sind auch die frei, die von Arbeitslosengeld oder Sozialhilfe leben müssen? Und das sind viele in dieser Gegend. Jeder Dritte wählte in diesem Herbst, zehn Jahre nach der Revolution von 1989, in Pankow die PDS. Bei einer Nachwahl im Stadtbezirk ist unlängst die PDS-Kandidatin Bürgermeisterin geworden, weil die demokratischen Parteien sich nicht haben einigen können. Im Pankower Rathaus regieren wieder die alten. Zwar weiß ich, daß in Deutschland demokratische Parteien die Macht und Verantwortung tragen. Aber in der Straße mit den vielen Republikaner-Wahlplakaten ist die Bundeszentrale dieser Partei. Ich habe erlebt, wie sie mit ihren Lautsprechern die Straße bedröhnten und ihr schmutziges Propagandamaterial verteilten. Ich weiß, daß derselbe Mann, der ihnen das Haus in Pankow vermietet hat, zuvor ein anderes an die PDS vermietet hatte. In der DDR war das der Sitz der SED-Kreisleitung. Wie ist der Mann an die Häuser gekommen? Zwar hat die PDS gegen den Einzug der Republikaner in Pankow eine heftige Kampagne gestartet. Aber es war ein PDS-Stadtrat, der den Republikanern die Genehmigung gegeben hat, ihre Parteizentrale in Pankow zu errichten. Er habe keine andere Wahl gehabt, das Recht sei zu Gunsten der Republikaner gewesen. – Hat man nicht immer die Wahl, eine Entscheidung, die gegen die eigene Überzeugung ist, zu verweigern? Und sei es um den Preis des Rücktritts und Verzichts auf politische Ämter.

Ich beende den Ausflug in das spätsommerliche Straßencafé in Pankow. Wenn mein Experiment so funktioniert hat, wie ich es wollte, dann ist ein ziemlich tristes und deprimierendes Bild entstanden, das mit der Wirklichkeit wenig gemein hat. Ich habe Sie dennoch nicht belogen: Kämen Sie nach Pankow, könnten Sie alles, was ich beschrieben habe, so sehen. Oder würden es nach einigen Recherchen bestätigt finden. Und dennoch ist es nicht die Wahrheit. Ein Teil für das Ganze zu nehmen, ist nicht die Wahrheit.

Was ich Ihnen durch meinen Gedankenausflug vor allem nahe bringen wollte, ist meine Ernüchterung, die nach der Wiedervereinigung nicht ausbleiben konnte. Manchmal mag es wie Resignation klingen. Ich habe begriffen, daß Menschen sich auch in revolutionären Zeiten nur verzweifelt langsam ändern, wenn überhaupt. Dabei ist Wandlung, so habe ich eingangs Johannes R. Becher zitiert, ein wesentlicher Teil echter Demokratie. Doch obwohl alles anders geworden ist im wiedervereinigten Deutschland, hat sich wenig verändert. Denn die Menschen haben sich nicht verändert, gewandelt – allenfalls gewendet. Der Mensch ist eben nicht das Produkt der Verhältnisse, wie die Marxisten meinten. Die Verhältnisse werden von Menschen gemacht. Deshalb dauern Veränderungen so schmerzlich lange. Und deshalb überdauern auch solche Verhältnisse, die unvernünftig sind.

Im Frühjahr 1989, am Tag der berüchtigten Kommunalwahlen, bei denen die SED das Volk wieder einmal betrogen und die Ergebnisse gefälscht hatte, fuhr ich mit meiner Frau durch Thüringen. In einem freundlichen kleinen Ort kamen uns auf der Dorfstraße, auf dem Weg zum Wahllokal, junge Leute entgegen, im Blauhemd, singend und mit der Klampfe in der Hand. Hier ändert sich nie was, sagte ich zu meiner Frau. – Ein Jahr darauf bei den Volkskammerwahlen werden mit einiger Wahrscheinlichkeit dieselben Leute CDU gewählt haben, möglicherweise, nachdem sie vorher gemeinsam in der Kirche waren. Aber die Vermutung ist vielleicht schon zu sarkastisch.

Jedenfalls war ich lange davon überzeugt: In der DDR ändert sich nie etwas. Wenn es im Ostblock je Veränderungen gibt, dann gewiß zuletzt in der DDR. Aber dann kam der Herbst 1989. Alles schien anders zu werden. Die Menschen gingen auf die Straße, forderten Freiheit und Demokratie und immer lauter die Wiedervereinigung. Bürgerbewegungen entstanden, in denen erst Intellektuelle, dann zunehmend auch die Bürgerinnen und Bürger selbst ihre Forderungen, Vorstellungen und Ziele formulierten. Ein Volk, das jahrzehntelang unmündig gehalten worden war – erst unter der nationalsozialistischen, dann unter der kommunistischen Diktatur –, besann sich auf seine Rechte und auf seine Kraft. »Wir sind das Volk« – das war ein wunderbarer Satz, aus dem Volk geboren. Kein Dichter hätte ihn schöner erdenken können. Es war die treffendste Definition dessen, was Demokratie ist.

Die Bürgerbewegung Demokratie Jetzt, die ich am 12. September 1989 mitbegründet habe, hat das »Einmischung in die eigenen Angelegenheiten« genannt. Mit dem Neuen Forum, dessen Aufruf zwei Tage zuvor veröffentlicht worden war, waren wir uns einig in der Analyse und im Bestreben nach einer legalen Öffentlichkeit. Doch in unserem Aufruf waren auch schon politische und wirtschaftliche Ziele genannt; selbst von Wiedervereinigung war im Gründungspapier von Demokratie Jetzt die Rede.

Daß ich an jenem 12. September, als Demokratie Jetzt in der Wohnung von Michael Bartoszek gegründet wurde, dazugehörte, war Zufall. Den Kern von Demokratie Jetzt bildete die Initiativgruppe gegen Geist und Praxis der Abgrenzung, in der Reinhard Lampe, Ludwig Mehlhorn, Stephan Bickhardt und Hans-Jürgen Fischbeck vom Herbst 1986 an konzeptionell gearbeitet hatten. Ich kannte Mehlhorn und Bickhardt von der Aktion Sühnezeichen und hatte mich an informellen Veröffentlichungen, die sie herausgaben, mit Beiträgen beteiligt. Die anderen Gründer von Demokratie Jetzt lernte ich erst am Gründungsabend kennen. Die strenge Konspiration war notwendig und klug; unter den zwölf Gründern von Demokratie Jetzt ist nicht einer Zuträger des Staatssicherheitsdienstes gewesen.

Die Initiatorengruppe, zu der auch noch Wolfgang Ullmann zählte, hatte mit den Anträgen gegen Geist und Praxis der Abgrenzung eine fundierte theoretische Vorarbeit geleistet, so daß der Entwurf für den Aufruf tatsächlich an nur einem Abend verabschiedet werden konnte. Nach meiner Erinnerung wurde vor allem über zwei Punkte heftig diskutiert: Ob der Begriff Sozialismus überhaupt noch verwendet werden soll und ob wir eine Aussage zur deutschen Wiedervereinigung machen wollen. Einig waren wir uns darin, daß Demokratie Jetzt von Anfang an nicht im Untergrund arbeiten, sondern an die Öffentlichkeit gehen solle – gleich welche Konsequenzen das haben mochte. Deshalb haben alle mit vollem Namen, Adresse und Telefonnummer unterzeichnet, so daß Leute, die den Aufruf in die Hände bekamen, Ansprechpartner hatten. Das führte in den folgenden Wochen und Monaten allerdings dazu, daß wir mit Post überschüttet wurden und fast pausenlos unsere Telefone klingelten. Nachdem ich etwas später Sprecher der Bürgerbewegung geworden war, wurde meine Wohnung in Berlin-Pankow faktisch für ein paar Wochen lang zur »Parteizentrale«.

Demokratie Jetzt hatte im Gegensatz zu den meisten anderen Oppositionsgruppen und neu gegründeten Bürgerbewegungen von Anfang an ein durchdachtes und ausgearbeitetes Programm mit Aussagen zu Bürgerrechten, Demokratie und einer demokratischen Wirtschaftspolitik. Das war unsere Stärke. Unsere Schwäche lag im intellektuellen Anspruch dieses Programms. Es versprach keine bequemen Lösungen, strebte auch nicht den Weg zu einer Partei an, so daß zwar die Zahl unserer Sympathisanten groß war, die Zahl unserer Mitglieder sich aber immer in bescheidenen Grenzen hielt.

Was wir keinesfalls wollten, war Macht. Das war, wie ich heute weiß, ein entscheidender Fehler. Ich hatte nach der Gründung von Demokratie Jetzt unseren Aufruf auch in meinem Betrieb, dem DEFA-Studio für Dokumentarfilme, verteilt und ihn dem SED-Parteisekretär gegeben; wir wollten ja Glasnost und strebten Legalität an. Nach einigen Tagen, Ende September 1989, wurde ich zu meinem obersten Dienstherrn, dem Stellvertretenden Kulturminister, bestellt; wie manches Mal in den beiden Jahren zuvor, wenn ich mich vor einem Kollektiv, bestehend aus Minister, Direktor, Abteilungsleiter und – obwohl ich nicht in der SED war – Parteisekretär, zu verantworten hatte. Aber diesmal war Horst Pehnert, der Filmminister, allein. Er hatte unser Papier gelesen und stellt mir eine einzige Frage: Was macht ihr, wenn ihr die Macht habt? Das war für mich völlig überraschend, ja absurd. Das lag außerhalb jeder Vorstellung. Heute denke ich, daß die im Machtdenken erprobten SED-Kader uns darin überlegen und längst dabei waren, die DDR aufzugeben, während wir noch über Reformen nachdachten.

Einig waren sich die Bürgerbewegungen weitgehend in der Analyse der Verhältnisse in der DDR, in dem, was sie nicht mehr wollten und zu dulden gedachten. Differenzen gab es im Konzeptionellen, soweit es überhaupt Vorstellungen gab. Im Aufruf zur Bürgerbewegung Demokratie Jetzt findet sich gleich zu Beginn der Satz, der Sozialismus müsse nun seine eigentliche, demokratische Gestalt finden, wenn er geschichtlich nicht verloren gehen soll. Der Begriff Sozialismus war durchaus umstritten, die Sache selbst weniger. Ich erinnere mich, dazu geraten zu haben, generell auf den Begriff Sozialismus zu verzichten, weil er von der SED entwertet und geschändet sei. Ich schlug statt dessen den Begriff »solidarische Gesellschaft« vor, der dann auch Eingang in die Programmatik von Demokratie Jetzt fand. Aber in der Sache war auch ich überzeugt, daß irgendeine nichtmarxistische Spielart von Sozialismus denkbar und wünschenswert sei.

Wichtiger waren andere Aussagen, und in denen waren sich alle Gründer einig: daß die Unterordnung des Staates unter die Partei ein Ende haben müsse und die Legislative von der Exekutive künftig strikt zu trennen sei. Wir forderten das Grundrecht auf freie Wahlen und Körperschaftsbildung, auf Medien- und Bildungsfreiheit, auf Reisefreiheit und Auswanderungsrecht, auf die Unabhängigkeit von Richtern und Verteidigern sowie eine Verfassungs- und Verwaltungsgerichtsbarkeit. All das gab es in der DDR ja nicht, die somit ohne Zweifel ein totalitärer Staat war. Am radikalsten und revolutionärsten war unsere Forderung, daß die SED ihren Führungsanspruch aufgeben müsse. Wir stellten, um in der Terminologie der Marxisten zu sprechen, die Machtfrage. Ich gebe zu, daß mir das auszusprechen am schwersten gefallen ist. Nicht, weil ich es nicht gewollt hätte – im Gegenteil. Aber weil ich mir aus der Erfahrung von vierzig gelebten Jahren in der DDR gewiß war, daß die SED und ihr Machtapparat, also Staatssicherheitsdienst und Gerichte, darauf am brutalsten reagieren würde.

Weitere Abschnitte in unserem Gründungspapier befaßten sich mit der Wirtschaft und mit der Umwelt. Wir wußten, daß es mit der ineffizienten und starren Kommandowirtschaft der SED und deren Ressourcenverschwendung alsbald ein Ende haben müsse, sollte das wirtschaftliche Leben der DDR nicht völlig zusammenbrechen. Unsere Vorstellung war, von der Verstaatlichung der Produktionsmittel zu ihrer Vergesellschaftung zu kommen, zu einer solidarischen Wirtschaftsstruktur; und von der Ausbeutung und Verschmutzung der Umwelt zu einem dauerhaft tragfähigen Zusammenleben mit der Natur. Hierzu gab es Forderungen und Vorstellungen, die keineswegs veraltet sind. Alles in allem: Es ging uns, wie den anderen Bürgerbewegungen, vorrangig um Reformen und um die Demokratisierung der DDR.

Besonders hervorzuheben ist deshalb meines Erachtens, daß die Bürgerbewegung Demokratie Jetzt sich bereits in ihrem Gründungspapier auch mit der Wiedervereinigung befaßt hat. Damals, zu Beginn der friedlichen Revolution, war das keineswegs eine verbreitete Auffassung, insbesondere nicht unter den Oppositionsgruppen. Im Grunde hatten sich die meisten Menschen in Deutschland, in der Bundesrepublik wie in der DDR, mit der Trennung abgefunden. Viele – im Osten wie im Westen – hielten die Zweistaatlichkeit für einen stabilisierenden Faktor in Europa. Worum es ging, war die Normalisierung der Verhältnisse zwischen den beiden deutschen Staaten, die Ermöglichung und Erleichterung der familiären und menschlichen Begegnung, die militärische Entspannung und eine verbesserte wirtschaftliche Zusammenarbeit, auf die insbesondere die DDR angewiesen war. Ich erinnere mich, im Frühjahr 1989 bei einem Freund in Warschau ein gerade erschienenes Buch von Egon Bahr gelesen zu haben, in der diese Position ausdrücklich verteidigt wurde. Es war zweifellos die Haltung der meisten Politiker auch in der Bundesrepublik; an eine nahe Wiedervereinigung jedenfalls glaubte selbst unter den Einheitsbefürwortern niemand. – Wer glaubt schon an Wunder?

Auch ich hatte lange, bis Anfang der achtziger Jahre, diese Auffassung geteilt. Daß sie erschüttert wurde, habe ich zum einen Freunden in Polen, zum anderen Lothar Kreyssig zu verdanken. Die Polen, deren Land ja selbst mehrfach geteilt und deren Staatlichkeit über Jahrzehnte hin ausgelöscht war, haben es nie verstanden, daß sich die Deutschen mit ihrer Teilung und der Existenz zweier Staaten abgefunden hatten. Ihr seid doch ein Volk, hörte ich immer wieder, ihr gehört doch zusammen. Ähnlich hatte es Lothar Kreyssig gesagt, durch dessen Aktion Sühnezeichen einige der Gründer von Demokratie Jetzt geprägt waren: Ludwig Mehlhorn, Stephan Bickhardt, Michael Bartoszek, ich selbst. Wir alle hatten durch die Aktion Sühnezeichen schon seit Jahren Kontakte zu polnischen Oppositionellen.

1986 hatte ich begonnen, an einem Buch über Lothar Kreyssig zu arbeiten, das aufgrund der historischen Ereignisse mit einiger Verspätung 1998 erschienen ist. Kreyssig hatte den Gedanken an die Wiedervereinigung nie aufgegeben und den Glauben daran trotz der entgegenlaufenden Entwicklung nie verloren – wie übrigens viele seiner Generation, die vom Widerstand gegen den Nationalsozialismus geprägt waren. Im Zusammenhang mit der neuen Deutschland- und Ostpolitik der SPD, an dessen Konzipierung sein Freund Erich Müller-Gangloff wesentlich beteiligt war, hatte Lothar Kreyssig 1967 eine Denkschrift verfaßt, in der er seine Gedanken zur deutschen Frage, zur Teilung und zur Wiedervereinigung ausführlich darlegt.

Leidenschaftlich hatte er die heilsgeschichtliche Verknüpfung von deutscher Schuld und deutscher Teilung mit der Hoffnung auf Wiedervereinigung dargestellt. Er hatte die Deutschen gemahnt, die Respektierung der deutschen Teilung und den Verzicht auf nationalstaatliche Einheit nicht »als ein neues Gesetz aufzurichten, das Zorn anrichtet und Verstockung bestärkt«, sondern zu vertrauen, »Gott könne die Verstockung der Deutschen beenden und sie gerade dadurch dazu bringen zu wollen, sich zu besinnen und zu schämen, indem Er ihnen unverdientermaßen und unerwartetermaßen die Wiedervereinigung schenkte.«

Unter diesem Einfluß nun hatte ich meine Haltung zur deutschen Teilung überdacht und revidiert. Im Sommer 1989 veröffentlichte ich in der *Zeit* einen Aufsatz »Nachdenken über deutsche Einheit«, in dem ich meine Auffassung zur Zweistaatlichkeit und zu einer Wiedervereinigung darlegte. Als Voraussetzung jeden Nachdenkens über und allen Handelns für deutsche

Einheit befand ich dreierlei: Die Außengrenzen, wie sie 1945 gezogen wurden, sind unantastbar. Ein einheitliches Deutschland muß ein schwaches Deutschland sein. Die Bemühungen um deutsche Einheit müssen einhergehen mit Bemühungen um die europäische Einheit, denn eine europäische Gemeinschaft, die siebzehn Millionen Deutsche und ganz Osteuropa ausschließt, ist nur eine westeuropäische Gemeinschaft.

Mein Konzept für eine Wiedervereinigung ging von einem Friedensvertrag aus, den ich vierzig Jahre nach dem Krieg als dringlich ansah. Ich stellte mir vor, beide deutschen Staaten müßten sich um der Wiedervereinigung willen grundlegend ändern und aufeinander zu reformieren. Ein einheitliches Deutschland könne weder eine um ein Viertel vermehrte Bundesrepublik noch eine um drei Viertel gewachsene DDR sein. Ich sah vor einer staatlichen Einheit einen langwierigen Weg der Annäherung, der ins nächste Jahrtausend führe, als notwendig an. Ich schrieb: »Schon heute aber muß in beiden Deutschländern die Einheit neu als Wert erkannt und verinnerlicht werden. Ich denke, in der Bundesrepublik stärker als in der DDR, wo entgegen aller staatlichen Doktrin der Einheitsgedanke lebendiger ist. Die linken und alternativen Kräfte in der Bundesrepublik dürfen das nationale Feld nicht den Konservativen allein oder gar den rechten Nationalisten überlassen. Ein Umdenken in der nationalen Frage und das Bedenken neuer sozialer und demokratischer Modelle für Deutschland gehört auf die Tagesordnung der Linken. [...] Wir könnten, eine progressive Tradition unserer Geschichte aufgreifend, eine Deutsche Nationalversammlung einberufen, in der Bürgerinnen und Bürger beider Staaten paritätisch vertreten sind. Politiker sollten darin eine Minderheit bleiben. Diese Versammlung müßte in beiden Deutschländern durch einen breiten demokratischen Prozeß vorbereitet und begleitet werden. Am fernen Ziel dieses Prozesses sollte der Entwurf einer gemeinsamen Verfassung und ein Volksentscheid stehen, in dem die Deutschen über ihre weitere Zweistaatlichkeit oder aber ihre Einheit entscheiden können. – Bedingung, daß ein solcher Prozeß zum Tragen kommt, sind tiefgreifende Reformen in beiden deutschen Staaten.«

Im Kern gingen diese Gedanken, die ich am Gründungsabend vortrug, ins Konzept von Demokratie Jetzt ein, später sogar ins Programm. Im »Aufruf zur Einmischung in eigener Sache« vom September 1989 liest es sich so: »Als Deutsche haben wir eine besondere Verantwortung. Sie gebietet, daß das Verhältnis der deutschen Staaten beiderseits von ideologischen Vorurteilen befreit und in Geist und Praxis ehrlicher und gleichberechtigter Nachbarschaft gestaltet wird. Wir laden die Deutschen in der Bundesrepublik ein, auf eine Umgestaltung ihrer Gesellschaft hinzuwirken, die eine neue Einheit des deutschen Volkes in der Hausgemeinschaft der europäischen Völker ermöglichen könnte. Beide deutschen Staaten sollten sich um der Einheit willen aufeinander zu reformieren.«

In der Bundesrepublik stießen diese Vorstellungen keineswegs auf Gegenliebe, in der offiziellen DDR erst recht nicht. Der Chefredakteur der *Zeit*, Theo Sommer, antwortete auf meinen Artikel: Jetzt wird das Gespenst der deutschen Einheit aus dem Schrank geholt. Solche Vorbehalte waren damals wahrscheinlich vorherrschend unter den Linken. Von SED-Kadern in meinem Betrieb wurde mir schlicht bedeutet, ich liefe wohl nicht mehr ganz rund ...

Der Vollständigkeit halber will ich noch erwähnen, daß Demokratie Jetzt am 14. Dezember 1989 einen Dreistufenplan der nationalen Einigung vorgelegt und als erste Bürgerbewegung detaillierte Vorstellungen zur Wiedervereinigung entwickelt hat. Diese fußten ebenfalls auf den Überlegungen zur deutschen Einheit, wie ich sie im Sommer veröffentlicht hatte, waren zu jenem Zeitpunkt aber, ohne daß wir es erkannt hätten, von der Wirklichkeit längst überholt. Doch dieses Schicksal teilten wir mit anderen: Auch Helmut Kohl hatte Anfang Dezember 1989 allenfalls eine Konföderation beider deutscher Staaten im Auge. Wie real und nah die Einheit war, spürten die Demonstranten auf der Straße jedenfalls deutlicher und früher als Politiker und Bürgerrechtler.

Ich will noch auf eine Aktion eingehen, die vielfach mißverstanden worden ist und häufig fehlinterpretiert wird: auf den Aufruf »Für unser Land«, der am 26. November 1989 veröffentlicht und innerhalb zweier Monate von mehr als einer Million DDR-Bürgern unterzeichnet wurde. Autoren dieses Aufrufs waren jedoch nicht, wie es inzwischen allenthalben zu lesen ist, Stefan Heym oder Christa Wolf. Stefan Heym hatte den Aufruf zwar vor der internationalen Presse vorgetragen, aber nicht daran mitgeschrieben. Christa Wolf hatte die Endredaktion. Konzept und Textentwürfe kamen von anderen: von Günter Krusche, einem Theologen, von Günter Klein, einem SED-Philosophen, und von mir. Es war ein Versuch, in letzter Minute für eine eigenständige demokratische Entwicklung der DDR zu werben. Mein Textentwurf, das läßt sich unschwer belegen, ist geprägt vom Gründungsaufruf von Demokratie Jetzt. Mich bewegte vor allem die Sorge, durch eine überhastete Wiedervereinigung würde die gerade erst begonnene demokratische Erneuerung aus eigener Kraft jäh beendet. Ich wollte die DDR und die deutsche Zweistaatlichkeit nicht konserviert wissen, aber für die staatliche Einheit hielt ich die Zeit noch nicht reif.

Der endgültige Text des Appells »Für unser Land« war dann auf ein Entweder-Oder verkürzt: entweder die Eigenstaatlichkeit und die Entwicklung einer solidarischen Gesellschaft aus eigener Kraft, einer Gesellschaft, in der Menschen- und Bürgerrechte respektiert werden. Oder eine Vereinnahmung der DDR, verbunden mit dem Ausverkauf aller materiellen und moralischen Werte. Eine DDR, wie sie war, wollte niemand von den Erstunterzeichnern – davon bin ich nach den damaligen intensiven Debatten überzeugt. Ein dritter Weg jedoch mag manchem vorgeschwebt haben. Mich bewegte vor allem die Sorge, wir könnten vorzeitig in eine Wiedervereinigung stolpern und würden dadurch den Prozeß, der gerade erst begonnen hatte, unterbrechen: das Mündigwerden von Menschen, die sich in zwei Diktaturen angepaßt und gebückt hatten. Ich befürchtete, daß die Menschen, die gerade zu sprechen und zu kämpfen lernten, wieder sprachlos und mutlos würden. Und daß die ursprüngliche Aneignung und Erprobung von Demokratie, die in jenen Dezembertagen mit dem Runden Tisch gerade eine neue Qualität gewann, durch die zwangsläufige Übernahme des bewährten westdeutschen Demokratiemodells vorzeitig erschlafft. Ich wollte, daß Ostdeutsche und Westdeutsche auf gleicher Augenhöhe in die Wiedervereinigung gehen, gleichberechtigt und selbstbewußt. Und daß die Einheit der Deutschen auf ein solides Fundament gestellt wird, an dem die Ostdeutschen mitgebaut haben.

Es ist anders gekommen; ist es besser gekommen? Mein Konzept war politische Träumerei. Aber, davon bin ich noch immer überzeugt, richtiger war es – auch wenn es nicht real und kaum jemand bereit war, die Geduld und den Opfermut aufzubringen, die es erfordert hätte. Doch ist etwas falsch, nur weil viele etwas anderes wollen? Ich habe nie an die Weisheit der Massen geglaubt!

Ich müßte und könnte noch von vielen Ereignissen und Begegnungen der Jahre 1989 und 1990 berichten. Hier will ich nur noch von einem Ereignis sprechen, das mir besonders wichtig ist und das eng zu meiner persönlichen und politischen Biographie gehört. Es handelt sich um ein Ereignis, das im wiedervereinigten Deutschland übersehen wird oder verdrängt worden ist. Wie im übrigen manches aus jenem kurzen Jahr, in dem die DDR frei und demokratisch war, vergessen scheint: 1990 ist, trotz aller Erinnerungsfeiern, ein vergessenes Jahr in der deutschen Geschichte.

Ich will an die Gemeinsame Erklärung aller Fraktionen der freien Volkskammer in ihrer zweiten Sitzung am 12. April 1990 erinnern: an die Erklärung der Volkskammer zur deutschen Schuld. Mir war klar, ein demokratisch gewähltes Parlament der DDR kann seine Arbeit nicht einfach beginnen, als hätte es zuvor die beiden totalitären Regime, das nationalsozialistische und das kommunistische, nicht gegeben. So schlug ich noch vor der konstituierenden Sitzung vor, die Volkskammer möge eine politische Erklärung abgeben, in der sie Stellung zur deutschen Vergangenheit bezieht. Auch anderen Abgeordneten war dies ein wichtiges Anliegen. Ich übernahm es, einen Text zur Schuld gegenüber den Juden und dem Staat wie dem Volk Israel zu formulieren. Reinhard Höppner von der SPD schrieb, wenn ich mich recht entsinne, jenen Teil der Erklärung, der zur Schuld der Deutschen gegenüber den Russen und Osteuropäern Stellung nahm, und in dem auch das tschechische und slowakische Volk für die Beteiligung der DDR an der Zerschlagung des Prager Frühlings 1968 um Verzeihung gebeten wurde. Mir war diese Erklärung der Volkskammer ein tiefes Bedürfnis. Ich hatte immer darunter gelitten, wie schäbig sich die angeblich antifaschistische DDR gegenüber den lebenden und überlebenden Juden verhalten hatte, daß sie jegliche Verantwortung für die deutschen Verbrechen abgelehnt und jede Wiedergutmachung verweigert hatte. Insbesondere hatte mich die erbitterte Feindschaft geschmerzt, mit der die SED und alle Blockparteien Israel begegneten. Daß – angeblich im Namen aller Ostdeutschen, also auch in meinem Namen – vierzig Jahre lang neues Unrecht an den Juden geschehen war, konnte nicht einfach schweigend übergangen werden.

Ich war, wie andere in der Opposition, ja gerade durch die Auseinandersetzung mit dem Unrecht der Deutschen in der Zeit des Nationalsozialismus und durch das Vorbild von Frauen und Männern des Widerstands zum politischen Denken gekommen. 1965 besuchte ich mit der Aktion Sühnezeichen, die Lothar Kreyssig gegründet hatte, Auschwitz. Wir waren die ersten Jugendlichen aus Deutschland, die dorthin zur freiwilligen Arbeit gekommen waren. In Birkenau haben wir die Grundmauern des sogenannten Weißen Hauses, der ersten Vergasungsstätte, freigelegt. Haben sie damals, gerademal zwanzig Jahre nach dem Krieg, ausgegraben aus der zu Erde werdenden Asche der Menschen. Haben darin Knochensplitter und die Habseligkeiten der Ermordeten – Brillengestelle, Gebisse, Kinderspielzeug – gefunden. Dort in Auschwitz habe ich begriffen, was es heißt, Deutscher zu sein. Und daß ich als Deutscher, obgleich als im Krieg Geborener ohne Schuld an der Schoah, mein Leben lang eine besondere Verantwortung trage, damit keinem Juden, keinem Menschen so etwas wieder geschieht. Es ist eine Verantwortung, die uns Deutschen noch über viele Generationen hin auferlegt sein wird.

Diese Erfahrung jedenfalls hat mir geholfen, irgendwann vom leisen, heimlichen Widerspruch gegen das totalitäre Regime der DDR zum politischen Handeln zu kommen und dabei allmählich die Angst zu verlieren, die Angst, die doch das wirksamste Machtmittel der Diktatoren ist. Zu denen, die Widerstand in der DDR geleistet haben, zähle ich mich nicht. Ich hatte mich, wie die meisten, eingerichtet; hatte zwischen skeptischer Zustimmung und stummer Ablehnung geschwankt und meinen Ort gesucht. In die offene politische Konfrontation bin ich erst 1988 gegangen, als rechtsradikale Gewalttaten in der DDR zunahmen und die Kommunisten nichts gegen die immer offener agierenden Neofaschisten taten. Damals schrieb ich einen Text über »Die neue alte Gefahr«, der zuerst in der Samisdat-Zeitschrift *Kontext* veröffentlicht und auf informellen Wegen im ganzen Land verbreitet worden ist. Ich hatte mir gesagt: Du kannst dich nicht als Antifaschist verstehen, zum Wiederaufleben nationalsozialistischer Gewaltideen aber schweigen.

Der Text, den ich für die Gemeinsame Erklärung der Volkskammer geschrieben habe, die dann in der 2. Sitzung von der Präsidentin im Namen aller Fraktionen vorgetragen wurde, ist mein wichtigster politischer Text. Durch ein Zusatzprotokoll wurde die Erklärung vom 12. April 1990 Bestandteil des

Einigungsvertrages und ist somit fortdauerndes Recht im wiedervereinigten Deutschland. Darin heißt es zu Beginn:

»Das erste frei gewählte Parlament der DDR bekennt sich im Namen der Bürgerinnen und Bürger dieses Landes zur Mitverantwortung für Demütigung, Vertreibung und Ermordung jüdischer Frauen, Männer und Kinder. Wir empfinden Trauer und Scham und bekennen uns zu dieser Last der deutschen Geschichte.

Wir bitten die Juden in aller Welt um Verzeihung. Wir bitten das Volk in Israel um Verzeihung für Heuchelei und Feindseligkeit der offiziellen DDR-Politik gegenüber dem Staat Israel und für die Verfolgung und Entwürdigung jüdischer Mitbürger auch nach 1945 in unserem Lande.

Wir erklären, alles uns mögliche zur Heilung der seelischen und körperlichen Leiden der Überlebenden beitragen zu wollen und für eine gerechte Entschädigung materieller Verluste einzutreten.

Wir wissen uns verpflichtet, die jüdische Religion, Kultur und Tradition in Deutschland in besonderer Weise zu fördern und zu schützen und jüdische Friedhöfe, Synagogen und Gedenkstätten dauernd zu pflegen und zu erhalten.

Eine besondere Aufgabe sehen wir darin, die Jugend unseres Landes zur Achtung vor dem jüdischen Volk zu erziehen und Wissen über jüdische Religion, Tradition und Kultur zu vermitteln.«

Ich meine, daß die Bundesrepublik Deutschland diesen von ihr übernommenen Verpflichtungen bisher nicht in angemessener Weise nachkommt und nachgekommen ist. Wie sie sich ohnehin schwer tut, den Opfern der totalitären Regime gerecht zu werden. Zahlreiche Entscheidungen, auch der höchsten deutschen Gerichte, haben die Täter des totalitären SED-Regimes begünstigt, aber nichts dazu beigetragen, den Opfern Gerechtigkeit widerfahren zu lassen. Es genügt eben nicht, das Unrecht, das durch den SED-Staat geschehen ist, wortreich zu bedauern. Die Leiden der Opfer müssen geheilt oder doch gelindert werden. Gerechtigkeit für die Opfer der totalitären Regime sollte das Anliegen aller Demokraten sein – auch derer, die Richter sind.

In diesem Zusammenhang wird häufig Bärbel Bohley mit dem Satz zitiert: »Wir wollten Gerechtigkeit und bekamen den Rechtsstaat.« Mir scheint, Bärbel Bohley wird mit Absicht mißverstanden. Die ostdeutschen Bürgerbewegungen wollten Gerechtigkeit *und* den Rechtsstaat. Beides war aus der Erfahrung mit dem Unrechtsstaat DDR erwachsen, in dem Willkür herrschte und das Recht nicht der Gerechtigkeit, sondern der Partei zu dienen hatte. Im Gründungsaufruf der Bürgerbewegung Demokratie Jetzt wurde Rechtsstaatlichkeit ausdrücklich als die wichtigste Voraussetzung für einen demokratischen Staat benannt.

Mittlerweile gibt es zahllose Urteile, die das Rechts- und Gerechtigkeitsempfinden der meisten Ostdeutschen zutiefst beleidigen und die das Wollen der friedlichen Revolution von 1989 zunichte machen. In einigen Fällen wurde der ausdrückliche politische Wille der frei gewählten Volkskammer durch höchste deutsche Gerichte ins Gegenteil verkehrt. So, als vor einigen Jahren der Bundesgerichtshof die Telefonüberwachung, die Verletzung des Postgeheimnisses und den regelmäßigen Diebstahl von erheblichen Geldbeträgen durch den Staatssicherheitsdienst für nicht strafwürdig befand. In anderen Verfahren wurden DDR-Juristen freigesprochen, die politisch mißliebige Angeklagte willkürlich und nach dem Willen der SED verurteilt hatten. Beide Urteile gingen von der Voraussetzung aus, daß Gesetzgebung und Justiz der DDR rechtmäßig gewesen seien. Solche Entscheidungen höchster deutscher Gerichte, mit denen die totalitäre DDR im nachhinein faktisch zum Rechtsstaat erhoben wird, müssen eine verheerende Auswirkung auf das Rechtsempfinden der Ostdeutschen haben. Die Täter fühlen sich bestärkt und entziehen sich der Auseinandersetzung mit ihrer Schuld. Der Rechtsstaat verweigert ihnen damit aber auch die Gnade der Reue und Umkehr, der Wandlung. Der Gerechtigkeit dient das nicht.

Ich lasse mich davon nicht abbringen: Ein Recht, das nicht der Gerechtigkeit dient, ist kein Recht. Ein Rechtsstaat, der seine Gegner belohnt und diejenigen bestraft, die redlich und unter Opfern für ihn eingetreten sind, gefährdet seine Grundlagen, gefährdet sich selbst. Wahrscheinlich war es 1990 ein Fehler, das von der freien Volkskammer geschaffene Recht bundesdeutschen Gerichten anzuvertrauen.

Die Bürgerbewegungen und neuen Parteien haben 1989/90 manche Fehler gemacht, mit deren Nachwirken wir auch im wiedervereinigten Deutschland noch zu tun haben. Das mag häufig der politischen Unerfahrenheit oder der Unkenntnis im Umgang mit dem Recht geschuldet sein. Andere Entscheidungen zeugen durchaus von einer ideologischen Verbohrtheit, so etwa die fatale Entscheidung des Runden Tisches, die elektronischen Datenträger des Staatssicherheitsdienstes zu löschen – falls man nicht die bewußte Beeinflussung durch Dritte annehmen will, wozu ich neige, ohne es allerdings beweisen zu können.

Besonders folgenschwer und aus heutiger Sicht kaum noch verständlich aber war es, daß wir zwar die Machtinstrumente der SED – den Staat DDR, den Staatssicherheitsdienst, die Parteijustiz, die Parteimedien – beseitigt, die kommunistische Kaderpartei selbst aber nicht angetastet haben. Zumindest hätten wir darauf bestehen müssen, daß die SED aufgelöst und ihre Struktur zerschlagen wird. Statt dessen haben wir zugesehen, wie sie sich umbenannt und vorgeblich gewendet hat, in Wahrheit aber alles, Struktur, Mitglieder, Geld behalten oder allenfalls temporär deaktiviert hat. Das gilt auch für die kommunistischen Blockparteien, insbesondere die CDU. Statt diese Funktionärsparteien, die nicht besser waren als die SED, einfach zu verbieten, haben wir ihre Anbiederung an die demokratischen Westparteien hingenommen.

Unsere alles entscheidende Stärke, die Gewaltlosigkeit, war auch unsere Schwäche. Wir waren zur Vergebung und zur Versöhnung bereit, wurden aber schamlos ausgenutzt. Während wir noch am Runden Tisch um Reformen und um die Demokratisierung der DDR rangen, baute die machterfahrene Kaderpartei längst im Verborgenen ihre neuen Organisationen auf, schleuste Geld in sichere Kanäle und ließ von besonders bewährten Kadern Unternehmen gründen, aus denen sie heute ihre Kriegskasse speist. Besonders sensible Bereiche, zum Beispiel die Medien, wurden regelrecht unterwandert. Während wir noch vom Küchentisch aus unsere Organisationen und Parteien aufbauten, manchmal ohne ein einziges Telefon, liefen bei der PDS längst wieder die Drähte und Computer heiß. Zahlreiche Probleme, mit denen wir uns im wiedervereinigten Deutschland herumzuschlagen haben, resultieren aus unserer Zaghaftigkeit.

Im Grunde ist es absurd, daß ausgerechnet die Partei, die uns Ostdeutsche über vier Jahrzehnte hin entmündigt, mißachtet, geschunden hat, sich nun erfolgreich als die legitime Vertreterin ostdeutscher Interessen darstellen kann. Daß die Partei, die nie freie Wahlen zugelassen hat, als sie an der Macht war, nun von freien Wahlen profitiert. Die gestörten Erinnerungen derjenigen, die in der DDR gelebt haben und nun trotzdem die PDS wählen, sind für mich ein merkwürdiges Phänomen. Zumal doch die PDS ohne Scham und Gewissen lügt: Zu ihrer Herkunft zum Beispiel erklärt sie in ihrem Programm pathetisch, sie sei »im Wendeherbst 1989 geboren« – als hätte sie nicht seit 1946 als SED ihr Unwesen getrieben. Oder ihre politischen Konzepte, die alle mit viel modischem Beiwerk daherkommen, aber im Grunde die alten marxistischen Rezepte sind. In den Thesen des PDS-Anführers Gysi, die 1999 viel Aufmerksamkeit fanden, werden zum Beispiel als alleinige Mittel zur Überwindung der Arbeitslosigkeit der ökologische Umbau der Produktion und die Erweiterung des Dienstleistungsbereichs genannt. Selbst wer überhaupt nichts von Ökonomie versteht, dürfte erkennen, daß damit unmöglich vier Millionen Erwerbslose in Deutschland in Arbeit gebracht werden können. Trotz dieses ganz offensichtlichen Unsinns – nein, dieser verbrecherischen Demagogie – haben wenig später die Leute massenhaft PDS gewählt.

Offenbar unter dem Schock der neuerlichen Wahlerfolge der PDS kommt nun aus den demokratischen Parteien die Forderung, sich mit dieser Partei inhaltlich auseinanderzusetzen. Wie soll man sich, frage ich, mit populistischen und demagogischen Phrasen inhaltlich auseinandersetzen? Zum Beispiel mit jener Aussage im Thesenpapier Gysis, wo es heißt, es gehe der PDS nicht um den Rückfall in eine Vor- oder Anti-Moderne, sondern bloß um die Umgestaltung der Moderne – die Verbindung von Moderne und Sozialismus nämlich. Oder wo staatliche Regulierung neuerlich als Allheilmittel gepriesen wird, das Gerechtigkeit schafft.

Am folgenschwersten an der Politik der PDS erscheint, daß sie den Einigungsprozeß, der schwierig genug ist, behindert und Konflikte zwischen Ost- und Westdeutschen schürt. Dieser nationale Egoismus ist fatal. Denn die eigentliche Herausforderung, der wir uns zu stellen haben, ist nicht das kleinliche Gerangel zwischen Ostdeutschen und Westdeutschen. Es ist der Konflikt zwischen Nord und Süd, das Ärgernis, daß eine Minderheit im reichen Norden ein Übermaß der natürlichen Ressourcen für sich beansprucht. Zu diesen Reichen gehören die Deutschen, im Westen wie im Osten. Die Bürgerbewegung der DDR hatte diese Ungerechtigkeit viel stärker im Blick als das vereinigte Deutschland heute. Es würde uns Deutschen gut anstehen, wenn wir uns nun, zehn Jahre nach unserer friedlichen Revolution und Vereinigung, wieder mehr unseren Nachbarn zuwenden würden – und dies nicht nur in Krisenfällen.

Die Suche des Zweifelnden

Konrad Weiß sprach an der TU Chemnitz

Bericht in der *Freien Presse* am 28.10.1999
von Rudolf Trinks

Konrad Weiß versteht es, seine Zuhörer zu fesseln. Am Dienstagabend [26.10.1999] sprach das Gründungsmitglied der Bürgerbewegung Demokratie Jetzt im Hörsaal 201 der TU Chemnitz innerhalb der Ringvorlesung »1989/1990–1999/2000: Revolution in der DDR – und zehn Jahre danach«. Der 57jährige dozierte nicht wie ein Mitglied der ersten frei gewählten Volkskammer der DDR, nicht wie ein Politiker, der für Bündnis 90/Die Grünen vier Jahre im Bundestag gesessen hat, sondern es sprach ein Künstler, ein Mann des Wortes mit wohlüberlegten Formulierungen, kritisch, selbstkritisch, engagiert, nicht angepaßt.

Weiß »entführte« seine Zuhörer anfangs in sein Stammcafé in Berlin-Pankow. Er zeichnete dabei ein Bild des Stillstandes. Was das alles mit dem Thema, seinem Weg in die Opposition und den Vorstellungen der Bürgerbewegung in der Wendezeit zu tun hat, mag sich mancher Gast gefragt haben. Weiß erklärte: Sein tristes Bild der Wahrheit ist nur ein Teil der Wahrheit, aber nicht die ganze. Und diesem Credo stellte sich der ehemalige DEFA-Regisseur für Dokumentarfilme und heutige Publizist. Er erhob seine Gedankenwelt nicht zur absoluten Wahrheit, er stellte sich immer wieder als Zweifelnden dar, als jemand, der die DDR-Realität ändern wollte, ohne selbst die Macht zu übernehmen.

Am 12. September 1989 wurde Demokratie Jetzt gegründet. Zwölf Oppositionelle, unter ihnen Weiß, erarbeiteten ein Dokument mit ihren Forderungen: Trennung von Legislative und Exekutive, freie und demokratische Wahlen, eine unabhängige Justiz, Reisefreiheit ... Die verstaatlichten Produktionsmittel sollten vergesellschaftet in die Hände derjenigen gegeben werden, die damit produzieren. Die Hauptforderung aber war der Verzicht der SED auf den Führungsanspruch.

Zweifel kamen den Gründungsmitgliedern beim Thema Wiedervereinigung. Weiß beschreibt: Eingebunden in starke Bündnissysteme, war die Zweistaatlichkeit Deutschlands ein stabilisierender Faktor in Europa. »An eine nahe Wiedervereinigung glaubte niemand, denn wer glaubt schon an Wunder.« Weiß meinte, daß ein vereinigtes Deutschland die Außengrenzen des Jahres 1945 als unantastbar betrachten muß, selbst ein schwaches Deutschland sein solle, und daß die Vereinigung einhergehen solle mit der europäischen Einheit. Doch dann wurde die Bürgerbewegung von der Realität überrollt, der Zug in Richtung Wiedervereinigung hatte Fahrt aufgenommen, war nicht mehr zu bremsen.

Noch im November hatte Weiß als einer der Initiatoren des Appells »Für unser Land« angemahnt, durch eine übereilte Wiedervereinigung die gerade entstehende demokratische Entwicklung in der DDR nicht abzuwürgen. Menschen, die zwei Diktaturen miterlebt haben, müßten erst mündig werden, Ost und West sollen sich in gleicher Augenhöhe gegenüberstehen, wenn es zur Einheit komme. »Es ist anders gekommen – ist es besser gekommen?« fragt Weiß.

Marianne Birthler, Bundesbeauftragte für die Unterlagen des Staatssicherheitsdienstes der ehemaligen DDR seit dem 3. Oktober 2000

Marianne Birthler

»Wir hatten *diese* DDR satt!«

Heute vor zehn Jahren ist Margot Honecker zurückgetreten. Allein das wäre eine Veranstaltung wert. Bildungs- und Jugendpolitik der DDR werden meines Erachtens viel zu selten thematisiert – dabei gehörten sie zu den wichtigsten Säulen des Systems. Ich werde im Verlauf meiner Ausführungen noch darauf zurückkommen. Sortiert habe ich das Ganze nach den Stichworten Motive – Momente – Modelle – Minderheiten – Mentalitäten – Morgen. Wenn Ihnen das nicht genügt, könnte ich noch Gedanken über Männer, Macht, Moral und Medien anfügen.

Zuerst zu den *Motiven*: Wodurch bin ich geprägt worden? Zuerst durch das Elternhaus: Ich hatte das Glück, in einer politisch aufgeschlossenen Familie groß zu werden – insbesondere bei einer Mutter, die regelmäßig und mit großem Interesse die Nachrichten verfolgte und an politischen Ereignissen lebhaften Anteil nahm. Sie forderte meine Schwester und mich dazu auf, mit ihr die Bundestagsdebatten im Fernsehen zu verfolgen (»Seht Euch das an, Kinder, das ist Demokratie«). Und wenn wir mit ihr diskutierten, was wir in der Schule über den Westen gelernt hatten, über Arbeitslose, Drogen und Neonazis, dann seufzte sie: »Tja, Kinder, leider wißt ihr nicht, was Freiheit ist. Da kann eine Regierung nicht einfach alles verbieten, was ihr nicht paßt.« Unseren Fragen nach der NS-Zeit wich sie nicht aus, sondern erzählte uns von ihrer Scham darüber, daß sie geschwiegen hatte. Ich erinnere mich dunkel an die verzweifelte Stimmung der Erwachsenen, als die Panzer im Juni 1953 vor unserem Fenster entlangfuhren. Drei Jahre später dieselbe Verzweiflung, diesmal waren es die Nachrichten aus Budapest.

Als Konfirmandin und danach in der Jungen Gemeinde begegnete ich der Welt des Glaubens. Das pietistisch geprägte Gemeindeleben faszinierte und prägte mich. Ich war ergriffen von den Geschichten über Sophie Scholl, Martin Luther King und Dietrich Bonhoeffer. Wir schrieben als Junge Gemeinde ein sehr dramatisches Stück gegen den Hunger in der Welt und führten es auf. Die Gemeindemitglieder waren beeindruckt und spendeten reichlich für »Brot für die Welt«.

Mein Vorbild war Manfred, der ein paar Jahre älter war und schon vierzehn Monate im Gefängnis gesessen hatte. Sein Vergehen: Er hatte Freunden erzählt, daß er nicht zur Wahl gehen würde. Einen Freund wie Manfred haben – das gebot Entschiedenheit und Klarheit. Ich trat aus der FDJ aus. Das war ein ziemlich spektakulärer Schritt, und meine Mutter und meine wohlmeinende Klassenlehrerin, die sich zu einer Krisensitzung getroffen hatten, rauften sich die Haare und hatten Angst, »daß sich das Mädel alles verbaut«. Es ist aber nichts passiert, auch muß der Ehrlichkeit halber gesagt werden, daß ich sechs Jahre später wieder Mitglied geworden bin, aber das ist eine andere Geschichte.

Der Zusammenhang zwischen christlichem Glauben und politischem Engagement ist mir wichtig geblieben, auch dann, als die Enge pietistischer Prägung ebenso hinter mir lag wie meine Teenagerzeit. Mit der Freiheit des Evangeliums war für mich nie nur ein innerlicher Zustand gemeint, sondern auch der persönliche und politische Anspruch, Freiheit zu leben.

Wie kommt es, daß die einen Zivilcourage entwickeln, sich einmischen und engagieren, und die anderen zu Hause bleiben? Es war ein allmählicher Weg bis hin zu der Entschiedenheit, mit denen in den Basisgruppen der DDR (so nannten sich die Gruppen damals) politisch gearbeitet wurde. Ich habe später nicht nur mich, sondern auch Freunde befragt, was sie dahin gebracht hat, wo sie nun waren. Es war selten so, daß zuerst die politische Überzeugung da war, der dann die entsprechenden Handlungen und Konsequenzen folgten. Es war eher so wie in dem einem Lied von Gerhard Schöne, in dem von einem jungen Mann erzählt wird, der die Autofahrer davon abhalten wollte, die Kröten totzufahren, die an einer bestimmten Stelle die Straße überquerten. Also stellte er ein Warnschild auf: Autofahrer, achtet auf die Kröten, fahrt vorsichtig. Da kam der ABV (Abschnittsbevollmächtigte der Volkspolizei) und verbot ihm das Aufstellen von Schildern gegen das Totfahren von Kröten. Und der junge Mann hatte ein neues Thema.

So ging es vielen von uns. Die engen Grenzen der DDR führten schnell dazu, daß wir uns nicht nur auf unsere eigenen Themen beschränkten, sondern schnell auch die Grenzen thematisierten, die uns von Polizei, Partei, Staat oder Lehrern gesetzt wurden. Bis wir auf andere Menschen trafen, die ursprünglich für die Umwelt, für die Rechte von Schwulen und Lesben, für die Dritte Welt, für den Frieden, für Reformpädagogik, für Straßenmusik waren und inzwischen ganz andere – und gemeinsame – Fragen hatten: Uns fehlten Meinungs- und Redefreiheit, Versammlungs- und Demonstrationsrecht, es ging uns um den Mangel an Demokratie und Rechtsstaatlichkeit.

Der Wunsch nach Selbst-Verteidigung und Selbst-Behauptung, die Lust am Widerspruch und nicht zuletzt auch der Reiz des Abenteuers haben uns stimuliert, Vorbilder und Freunde waren sehr wichtig, natürlich auch Bücher. Und damit bin ich wieder bei Margot Honecker. Es gehört zu den schlimmsten vom DDR-System verursachten Schäden, daß Zivilcourage und Individualität systematisch abtrainiert wurden – zugunsten konformen Denkens und Lebens. Dies hat zum Glück nicht durchgängig funktioniert – wie ja leider auch demokratische Rahmenbedingungen keineswegs Garantien dafür sind, daß in den Schulen demokratische Tugenden wachsen können.

Auf der Suche nach dem, was Heranwachsende zu Zivilcourage befähigen könnte, komme ich immer wieder an einen wichtigen Punkt: Nur wer als Kind ein Gefühl für die eigene Würde und Integrität entwickeln konnte, ist in der Lage, seine Würde zu verteidigen und die der anderen zu respektieren. Und es gibt eine Reihe von Erfahrungen, die Kinder und Jugendliche günstigenfalls machen können:

Wer Erfahrung darin hat, auch mal eine Minderheitenposition durchzuhalten, fühlt sich nicht fortwährend dahin gezogen, wo die sicheren Mehrheiten sind.

Wer ausreichend üben durfte, wie eigene Interessen und die der anderen fair verhandelt werden, hat die wichtigste Spielregel von Demokratie verstanden.

Wer Fehler machen durfte, hat mehr Mut als Menschen, die jeden Irrtum als Niederlage empfinden.

Wer gelernt hat, Mißerfolge zu verkraften und Widerstände zu überwinden, ist nicht so schnell entmutigt wie die, denen jeder Wunsch von den Augen abgelesen wurde.

Jetzt zu den *Momenten*: Welche Ereignisse, welche Begegnungen waren für mich so eindrücklich, daß ich sie nie vergessen werde? Rocco Pagel zum Beispiel. Siebzehn Jahre alt, aus behüteten Verhältnissen, der Großvater ein hoher Funktionär. Rocco hatte mit angesehen, wie brutal Polizei und Sicherheitskräfte gegen friedliche Demonstranten vorgegangen waren. Was er da gesehen hatte, stellte alles auf den Kopf, was er bis dahin gelernt und geglaubt hatte. Er beschloß, sich der kleinen Fastengruppe anzuschließen, die seit Tagen im Altarraum der Gethsemanekirche Tage und Nächte verbrachte. Aber er hatte nicht mit Mutter und Großvater gerechnet, die ihm befahlen, nach Hause zu kommen und drohten, ihn notfalls mit polizeilicher Gewalt aus der Kirche holen zu lassen. Ich bot ein Vermittlungsgespräch an, und schließlich durfte er in dieser Nacht in der Kirche bleiben.

Ich werde die Auseinandersetzung zwischen Großvater und Enkel nicht vergessen, den Vorwurf des Jungen, siebzehn Jahre lang betrogen worden zu sein, und den hilflosen Zorn des Funktionärs, der in der eigenen Familie erlebt, wie seine Macht zerrinnt. Eine Woche später, am 15. Oktober 1989, fand in der Erlöserkirche in Berlin-Lichtenberg eine Veranstaltung »Rock gegen Gewalt« statt. Wenige hundert Meter entfernt befand sich die Stasizentrale, und etliche von den vor einer Woche Festgenommenen waren noch in Haft.

Das Konzert war auf Initiative von Rockmusikern und Liedermachern zustande gekommen und wurde zu einem leidenschaftlichen Protest gegen Enge,

Bevormundung, Gewalt und Lüge. Lehrer und Gewerkschaftler meldeten sich zu Wort, eine Großdemonstration für Meinungsfreiheit am 4. November wurde angekündigt. Es war an den Gesichtern, an den Körperhaltungen, an den Augen in der völlig überfüllten Kirche zu sehen: Immer mehr Menschen verließen die Deckung. Es war Frühling geworden – mitten im Herbst.

Am 4. November waren es 500 000 Menschen auf dem Alexanderplatz in Berlin. Wir wissen heute, daß es Bemühungen seitens der SED gab, die Sache »in den Griff« zu bekommen. Vergebens. Die Revolution war nicht mehr aufzuhalten.

Nun zu den *Modellen*: Was haben wir damals erhofft? Welche Zukunftsbilder hatten wir in den Köpfen? Und ist es wirklich so, wie es heute manchmal zu hören ist, daß unsere Hoffnungen vom Herbst 1989 zunichte geworden sind? Diese Fragen sind nicht leicht zu beantworten. Was die Menschen auf die Straße getrieben hatte und was sie verband, waren ja nicht gemeinsame Zukunftsbilder. Nicht wofür, sondern wogegen wir waren, einte die Menschen: Wir hatten *diese* DDR satt.

Von der deutschen Einheit war zunächst nicht die Rede. Keines der Transparente und Plakate am 4. November auf dem Alexanderplatz kündete davon, obwohl doch sonst kaum ein Thema ausgelassen wurde. Aber läßt sich daraus schließen, daß die DDR-Bevölkerung die Einheit nicht wollte? Wahrscheinlicher ist, daß die deutsche Einheit einfach noch kein Thema war, jedenfalls nicht in Berlin vor der Maueröffnung. Es war die DDR, die uns herausgefordert hatte, die wir verändern wollten, die den Rahmen für unsere Diskussionen und unsere Willensbildung abgab.

Nur wenige Wochen später war die Perspektive »deutsche Einheit« eine Selbstverständlichkeit, und Differenzen gab es lediglich darüber, welcher Weg zur Einheit eingeschlagen und wie schnell er gegangen wird. Die Volkskammerwahlen waren nicht zuletzt eine Volksabstimmung über diese Fragen. Ich selbst gehörte zu denen, die für eine allmähliche Annäherung waren, dafür, zuerst »das Haus DDR« zu bestellen und danach die deutsche Einheit in Angriff zu nehmen. Für diese Haltung gab es ernstzunehmende Gründe, aber sie war illusorisch. Die übergroße Mehrheit der DDR-Bevölkerung wollte die DDR nicht reformieren, auch nicht für eine Übergangszeit, sondern sie abschaffen. Ich erinnere mich gut an Wahlkampfveranstaltungen, in denen Diskussionsteilnehmer unser Werben freundlich, aber nachdrücklich damit kommentierten, daß sie gerade einen vierzigjährigen Irrtum hinter sich hätten: Zugegeben, sagten sie, im Westen ist auch nicht alles Gold, was glänzt – aber die real existierende Bundesrepublik sei ihnen da immer noch lieber als ein weiteres Experiment. Nein, zum schnellen Weg in die deutsche Einheit gab es keine demokratische Alternative.

Anders allerdings beurteile ich die Frage, ob es hinsichtlich der Art und Weise, wie die Einheit vollzogen wurde, eine Alternative gegeben hätte. Eine deutsch-deutsche Vereinigung, auch im Sinne eines Reformanstoßes für die alte Bundesrepublik, wäre für alle – in Ost und West – ein Gewinn gewesen: Die Westdeutschen hätten von der Einheit profitiert und würden heute nicht in dem Gefühl leben, daß sie ihnen nichts gebracht hätte als Kosten, und den Ostdeutschen wäre das beschämende Gefühl erspart geblieben, dauerhaft alimentiert, »ausgehalten« zu werden und selbst mit leeren Händen in die Einheit gegangen zu sein.

Auch wenn ich der DDR keine Träne nachweine – ich bin bis heute der Überzeugung, daß hier eine große Chance verpaßt wurde. In einer einzigen Frage, der von Schwangerschaftskonflikten, wurde ein anderer Weg gegangen, indem für eine Übergangszeit zweierlei Recht galt. Zwei Jahre später wurde nach gründlicher und öffentlicher Diskussion ein Kompromiß gefunden, der für Ost und West eine Veränderung bedeutete. Wäre dies nicht ein Weg auch in anderen Fragen, beispielsweise des Familienrechts gewesen?

Und die Enttäuschungen? Es gibt sie, und das ist gut so, denn eine Ent-Täuschung ist ja nichts anderes als das Verschwinden einer Täuschung. Ich will mich nicht mokieren über Menschen, deren Hoffnungen von 1989 sich nicht erfüllt haben, aber ich will so etwas wie ein Loblied auf die Täuschung singen. Ich halte Täuschungen nämlich nicht nur für unvermeidbar, sondern auch für nützlich. Große Veränderungen brauchen immer so etwas wie einen Hoffnungsüberschuß. Ohne einen solchen Überschuß von Hoffnungen machen sich Menschen nicht auf den Weg, wagen sie nicht, das Bestehende und Vertraute zu verlassen. Dies gilt nicht nur für Revolutionen. Und wir kennen es alle. Wie viele Ehen würden nicht geschlossen, wie viele Kinder nicht geboren werden, wenn Menschen immer ganz genau wüßten, was auf sie zukommt! Dieser Überschuß von Hoffnung – gelegentlich nennt man ihn auch rosarote Brille – ist offenbar eine notwendige Begleiterscheinung von Aufbrüchen. Visionen sind nicht dafür da, daß sie in Erfüllung gehen, sondern dafür, daß sich Menschen auf den Weg machen.

Kommen wir zu den *Minderheiten* und *Mentalitäten*: Nicht selten wird – übrigens vornehmlich aus dem Westen – die Frage gestellt, warum denn die Bürgerbewegung so an Einfluß verloren hat. Die Bürgerbewegung der DDR war sehr klein und nie einflußreich. Weder durch Themen noch durch Personen hat sie größere Teile der Bevölkerung erreicht oder dort gar große Resonanz gehabt. Einzig während weniger Wochen im Herbst 1989 konnte sie für sich in Anspruch nehmen, für eine Mehrheit der DDR-Bevölkerung zu sprechen.

Was die vielen Menschen, die auf den Straßen und in den vollen Kirchen demonstrierten, verband, war die Ablehnung der SED. Schon wenige Wochen später, als diskutiert wurde, wofür man denn war, gingen die Meinungen weit auseinander. Deshalb macht mich die Frage, was denn aus den Visionen von 1989 geworden sei, immer etwas ratlos. Worin bestanden diese Visionen denn?

Was mich persönlich betrifft und die proklamierten Forderungen der Oppositionsgruppen, ist die Bilanz durchaus positiv: Parteienpluralität, Gewaltentrennung, Rechtsstaatlichkeit, freie und geheime Wahlen, Versammlungs-, Rede-, Presse- und Meinungsfreiheit: All das haben wir gefordert, und es ist Wirklichkeit geworden.

Aber ich wiederhole: Diese Gruppen haben nie für eine Mehrheit der Bevölkerung gestanden. Deshalb ist es, erst recht für die oppositionellen Kräfte, schier unmöglich, für »die Ostdeutschen« zu sprechen. Die geringe Repräsentanz der Ex-Oppositionellen auf der bundespolitischen Bühne liegt allerdings eher daran, daß Ostdeutsche dort insgesamt wenig vertreten sind.

Die Behauptung, die Ost- und die Westdeutschen lebten in verschiedenen Kulturen, wird häufig und vehement bestritten. Mit dem Hinweis darauf, daß es zwischen Kiel und Passau schließlich auch mentale und kulturelle Unterschiede gäbe und daß das so ganz in Ordnung sei, werden Wahrnehmungen, Erfahrungen und auch Kränkungen ignoriert. Für die Erfahrung getrennter Kulturen lassen sich unzählige Beispiele nennen. Oder wie soll ich die freundliche und als Kompliment gedachte Bemerkung verstehen: Man merkt gar nicht, daß Du aus dem Osten bist!?!

Der Osten braucht den Ausgleich struktureller Benachteiligungen und die Anerkennung kultureller Besonderheiten. Es gibt einen gemeinsamen Vorrat an Symbolen, Geschichten, Liedern und Zeichen, die alle im Osten kennen und niemand im Westen versteht. Und es gibt ein gemeinsames Defizit an Selbstwertgefühl, Selbstbestimmung und Selbstverantwortung. Nach wie vor empfinden sich die Ostdeutschen als Bundesbürger zweiter Klasse, als Benachteiligte, in ihrer Würde Verletzte. Der Westen dagegen reagiert wie ein gekränkter Ehemann auf die Klagen seiner Frau. Da hat er gearbeitet und gezahlt und gezahlt – und sie liebt ihn nicht mehr und beklagt sich. Liebling, fragt er kopfschüttelnd bis aggressiv, warum bist du nicht einfach glücklich?

Es gibt erstaunliche Analogien zwischen der Geschlechterfrage und der Ost-West-Frage: Frauen (Ostdeutsche) leben in einer Männergesellschaft (Westgesellschaft), mit Regeln und Gesetzen, an deren Zustandekommen sie nicht beteiligt waren. Der Anteil von Frauen/Ostdeutschen am Privateigentum ist lächerlich gering. Die Definitionsmacht für das, was wichtig ist, auf der Tagesordnung steht, liegt bei Männern (bei den Westdeutschen), Frauen (Ostdeutsche) haben zu wenig Erfahrung darin, sich in Konkurrenzen zu behaupten; dafür sind sie anpassungsbereiter und -fähiger. Und so wird auch die eigene Schwäche von den Ostdeutschen vornehmlich mit vor-emanzipatorischen Reaktionen eher beklagt als bekämpft: Ihr nehmt uns nicht wichtig, ihr gebt uns nicht genug Geld, ihr seid eine Westpartei, eine Westzeitung, ein Westverein.

Das deutsch-deutsche Thema ist ein Thema der gesellschaftlichen Emanzipation. Es muß deshalb raus aus der Befindlichkeitsecke und als politisches

Thema anerkannt und verhandelt werden. Nach zehn Jahren gilt für die Bundesrepublik immer noch: Macht ohne Ostdeutsche, Ostdeutsche ohne Macht. In den machtvollen politischen Positionen der Bundesrepublik sind Ostdeutsche ebenso unterrepräsentiert wie in Führungsetagen von Wirtschaft, Wissenschaft und Medien. Leistung, Konkurrenz, öffentliche Selbstdarstellung oder Konflikt hatten in der DDR-Gesellschaft eine andere Wertigkeit als in der Bundesrepublik. Der eloquente Typ mit politischer Erfahrung und Sachverstand, mit Lust an Öffentlichkeit und Macht, der gleichzeitig über Integrationsfähigkeit verfügt und Führungsqualität besitzt, ist im Osten, vorsichtig gesagt, eher selten anzutreffen. Abgesehen davon, daß es in der Vergangenheit ungünstige Wachstumsbedingungen für derlei Qualitäten gab, gibt es im Osten eine Unterrepräsentanz dieser sogenannten Alphatypen. Wer Lust auf Macht hatte, wer führen und gestalten wollte und einen Hang zum Generalmanagement verspürte, hatte nur zwei Möglichkeiten: die Partei oder den Westen.

Welchen Abschied von der vertrauten Kultur es für Ostdeutsche bedeutete, für die Bewerbung um politische Ämter oder herausgehobene Funktionen in die öffentliche Konkurrenz zu gehen, möglicherweise sogar gegen Freunde zu kandidieren, ist für Westdeutsche nicht auf Anhieb verständlich. Monatelang um Verbündete zu werben, den Konflikt und nicht den Konsens zu akzentuieren, sich öffentlich sichtbar zu machen, anstatt darauf zu warten, daß man gerufen oder berufen wird, eine Niederlage zu riskieren – all das sind Befähigungen, die in der ostdeutschen Kultur weder hoch bewertet waren noch trainiert wurden. Natürlich sind in diesem Zusammenhang auch die intakten Netze der Bundesrepublik von Bedeutung, die es Ostdeutschen schwer machen, sich zu etablieren.

Im Verhältnis zur Demokratie und ihren Institutionen zeigen sich politische und kulturelle Differenzen zwischen Ost und West besonders deutlich. Nur etwa ein Viertel der ostdeutschen Bevölkerung identifiziert sich mit parlamentarischer Demokratie als der besten Regierungsform. Sicherheit und Gleichheit rangieren als Werte vor Freiheit und Selbstbestimmung. Für einen großen Teil der ostdeutschen Gesellschaft ist Demokratie kein positiv besetzter Begriff, und Menschenrechte werden höchstens mit Blick auf die eigene Person, die eigene Familie, das eigene Volk geltend gemacht. Die kulturellen Frustrationen der vergangenen neun Jahre haben die Attraktivität einer demokratischen Gesellschaft nicht eben erhöht, und die enormen Anpassungsleistungen Ostdeutscher waren ein erheblicher Streßfaktor.

Allerdings konnte die Demokratie auch in der Bundesrepublik erst gegen Ende der fünfziger Jahre als gesichert in dem Sinne angesehen werden, daß sie von der großen Mehrheit der Deutschen akzeptiert wurde. Und in diesem Prozeß hat das Wirtschaftswunder eine nicht unerhebliche Rolle gespielt. So gesehen, befinden sich die ostdeutschen Bundesländer in gewisser Weise im

Jahr 1954. Diktaturen werfen lange Schatten. Es hat in der DDR nichts gegeben, was auch nur annähernd dem Entwicklungssprung der Bundesrepublik nach 1968 vergleichbar wäre. Während die meinungsbildenden Schichten in den westlichen Bundesländern, also Pädagogen, Journalisten, Wissenschaftler, entscheidend durch den 68er-Aufbruch geprägt wurden, entstammen diese Berufsgruppen im Osten den besonders angepaßten und SED-konformen Schichten und sind deshalb heute mehrheitlich Exponenten von anti-emanzipatorischen Traditionen.

Es war nicht nur die Dominanz des Westens, sondern auch dieser gesellschaftliche Modernisierungsrückstand, der eine eigenständige und selbstbewußte Entwicklung im Osten behinderte. Ein Beispiel dafür bietet die Reform der Schulen – einem Politikfeld mit großen Gestaltungsspielräumen. Zwischen Herbst 1989 und Herbst 1991 war es in der ostdeutschen Öffentlichkeit zu einem gravierenden Wechsel in den Erwartungen an die Schulreform gekommen. Standen zuvor besonders Fragen der inneren Schulreform, der Demokratisierung der Schule, der Entideologisierung des Unterrichts im Vordergrund, verlagerte sich die öffentliche Debatte nun auf die Strukturen. Eltern, die in der Zwischenzeit in ihrer Arbeitswelt eine Ahnung davon bekommen hatten, was Leben und Arbeiten in einer leistungsorientierten Marktwirtschaft bedeuten würde, erwarteten von der Schule vor allem, daß sie die Kinder »fit für diese Leistungsgesellschaft« macht, und zwar schnell. Der Vorschlag, sich für solche Strukturentscheidungen Zeit zu nehmen, löste bei Teilen der Eltern Protest und Panik aus. Es ging nicht mehr darum, die DDR-Schulen zu öffnen, sondern sie zu schließen und möglichst schnell alles genauso zu organisieren, wie man es aus dem Westen kannte.

Dies läßt sich verallgemeinern: Der Erfahrungsvorlauf des Westens brachte es mit sich, daß es immer näher lag, in den alten Bundesländern erprobte Verfahren und Lösungen anzuwenden. Für eine politisch notwendige Emanzipation der ostdeutschen Länder wäre es gut gewesen, nach neuen Wegen zu suchen, zu experimentieren und sich eigene Irrtümer zu leisten. Aber Ideen, Initiativen, Experimente, Selbstbehauptung hatten gegen geronnene Erfahrungen aus vierzig Jahren Bundesrepublik kaum eine Chance. Diese Erfahrungen allerdings, Kultur und Know-how, die in Jahrzehnten demokratischer Entwicklung im Westen gewachsen waren, standen den Ostdeutschen zur Verfügung und wurden in den letzten zehn Jahren genutzt, zusammen mit erheblichen finanziellen Mitteln für den Aufbau der Infrastruktur. Trotz der erwähnten Probleme, die durch die Abhängigkeit vom Westen politisch und mental bestehen, zögere ich nicht, die ostdeutschen Bundesländer insgesamt als Gewinner der deutschen Einheit zu bezeichnen.

Zuletzt zum *Morgen*: Die Frage nach dem deutsch-deutschen Binnenverhältnis wird solange ungenügend beantwortet bleiben, wie die Entwicklungsherausforderung nur im Osten gesehen wird. Der Osten wird erforscht, untersucht, verglichen, bewertet. »Wie weit seid Ihr denn schon?« fragt man freundlich und mißt daran, welchen Weg der Osten noch zurückzulegen hat, bis sich von »innerer Einheit« reden läßt.

Aber Veränderungsbedarf, und damit komme ich auf einen vorhin geäußerten Gedanken zurück, besteht auch im Westen schon lange – und seit 1989 ist diese Herausforderung eher größer geworden. Eine einfache Angleichung des Ostens an den Westen wäre ein äußerst bescheidenes und eher rückwärtsgewandtes Ziel. Die Zukunft in Ost und West und damit auch vergleichbare Lebensverhältnisse und -chancen werden vielmehr davon abhängen, ob die notwendigen und überfälligen Reformprozesse auf wirtschaftlichem, ökologischem, sozialem, finanz- und haushaltspolitischem Feld in Gang kommen und ob es gelingt, durch die Weiterentwicklung demokratischer Strukturen und die Stärkung zivilgesellschaftlicher Kräfte die Attraktivität der Demokratie zu erhalten.

Zum »Morgen« gehört zunächst auch ein Blick auf das »Gestern«. Daß in weniger als elf Monaten nach dem Fall der Mauer die Einheit vollzogen wurde, war von den Ostdeutschen gewollt und wäre nur gegen den Willen großer Mehrheiten aufzuhalten gewesen. Mit dem Beitritt nach Artikel 23 des Grundgesetzes allerdings wurde eine wichtige Chance demokratischer Entwicklung im Osten vertan. Und der Bonner Republik blieb auf diese Weise der Blick nach innen erspart. Dabei stand das Land bereits 1989 unter einem erheblichen Reformdruck, der jetzt, zehn Jahre später, schmerzhafter und drängender zu spüren ist. Die Idee, die deutsche Einheit als Reformimpuls für die alte Bundesrepublik zu nutzen, hatte keine Chance. Die Mehrheiten im Bundestag und die Haltung der Bundesregierung waren so eindeutig, wie Bundeskanzler Kohl am 3. Oktober 1990 verdeutlichte: »Bei uns muß sich nichts ändern.«

Nach meinem ersten Spaziergang durch die Stadt Bonn konnte ich ihn ein wenig verstehen. Ich stand neben einem sorgfältig restaurierten Kirchenportal, sah den gepflegten Passanten einer gepflegten Innenstadt zu, deren Wohlstand in Jahrzehnten gewachsen war. Der Osten schien Lichtjahre entfernt, und ich begriff, was das Wort »Standpunkt« meint: Der Ort, an dem ich mich befinde, entscheidet über meine Perspektive. Und Deutschland sieht von Bonn und von Berlin aus betrachtet sehr verschieden aus.

Hinzu kommt: Die Stadt Bonn war hinter der Bundeshauptstadt Bonn kaum wahrzunehmen, sie diente nicht einmal als Kulisse. Kein Abgeordneter oder Ministerialbeamter mußte von Amts wegen die Innenstadt betreten, die meisten Beamten pendelten täglich zwischen Regierungsviertel und der Idylle der umliegenden Ortschaften. So klein die Stadt, so klein die Zahl der Orte, an denen man sich abends traf: Presseclub, die Parlamentarische Gesellschaft, die jährlichen Feste der Landesvertretungen. Man kennt sich seit Jahrzehnten. Man ist eingebunden und nimmt Rücksicht.

Richtig heimisch sind die aus dem Osten in Bonn nicht geworden. Natürlich waren sie willkommen – solange sie sich um den Osten gekümmert haben. Als Bundessprecherin einer Partei konnte ich bisweilen eindrückliche Erfahrungen machen: Für Journalisten war es völlig in Ordnung, wenn mein Kollege (West/Mann) sich zu Leipzig oder Thüringen äußerte – er war ja Bundespolitiker. Andersherum gab es irritierte Gesichter, wenn ich (Ost/Frau) die Wahlen in Hamburg kommentierte: Was versteht die denn davon?

Daß das große Jubiläum – fünfzig Jahre Bundesrepublik Deutschland – mit dem Abschied von Bonn zusammenfiel, hat Symbolwert. Als hätte sich etwas erfüllt und müßte jetzt etwas Neues kommen. Und so ist es ja auch. Im Rücken der Bonner Republik befand sich immer das häßliche Deutschland, die DDR. Beide gehörten viel mehr zusammen, als sie je wahrhaben wollten. Dieses Doppeldeutschland existierte weit über das Jahr 1990 hinaus. Die in Bonn: Für die Ostdeutschen war das immer ein Ort jenseits einer nur äußerlich nicht mehr existierenden, aber mental immer noch vorhandenen Grenze.

Die »Bonner Republik« war nicht die der Ostdeutschen, konnte es niemals werden. Nicht so sehr, weil die »Bonner Ultras« noch in unseren Köpfen herumspukten, obwohl das für manche Köpfe durchaus eine Rolle spielen mag. Vielmehr hatten wir Jahrzehnte den Westen und »die in Bonn« immer als etwas außerhalb der eigenen Grenzen gesehen. Bonn war »drüben«, und der Osten wurde von drüben aus regiert. Wie sollte also von Bonn aus je die Grenze zu den Köpfen und Herzen der Ostdeutschen überwunden werden? Nein, Bonn ist nie wirklich die Hauptstadt der Ostdeutschen geworden, konnte es nie werden.

Daß die Bundesrepublik Deutschland zu ihrem 50. Geburtstag mit so großer Aufmerksamkeit bedacht wurde, daß es Vorträge und Podiumsdiskussionen ohne Ende gab, hatte weniger mit dem Jubiläum und mehr mit dem Ende dieser zehnjährigen Übergangszeit zu tun. Wir könnten sie die Wechseljahre der Bundesrepublik nennen.

Ihr im Westen und wir im Osten: Es ist, als ob wir nach Jahren einer nur juristisch existierenden und gelegentlich ziemlich anstrengenden Beziehung nun endlich Ernst machen und eine gemeinsame Wohnung beziehen. Deshalb habe ich nichts gegen den Begriff der »Berliner Republik«, im Gegenteil: Er könnte den Beginn einer gesamtdeutschen inneren Verfaßtheit markieren und damit den endlich auch für Westdeutsche spürbaren Abschied von der alten Bundesrepublik.

Unbequeme Ansichten finden Zustimmung

Marianne Birthler nimmt in ihrem Chemnitzer Vortrag über Wende und Einheit kein Blatt vor den Mund

Bericht in der *Freien Presse* am 4.11.1999
von Andreas Fettig

Man muß den Leuten nicht nach dem Mund reden – auch als Politiker nicht. Man kann die Menschen auch mit unbequemen Ansichten konfrontieren – wenn daraus Bemühen um Wahrhaftigkeit spricht. Marianne Birthler hat bei ihrem Vortrag zur Ringvorlesung an der TU Chemnitz »Revolution in der DDR – und zehn Jahre danach?« am Dienstagabend [2.11.1999] kein Blatt vor den Mund genommen, hat bei ihrer Analyse der sogenannten Befindlichkeiten weder ostdeutsche Larmoyanz noch westdeutsche Selbstüberschätzung unerwähnt gelassen. Und doch wurde sie am Ende mit einer Beifallswelle der Sympathie verabschiedet. Denn ihre Analyse war von Humor geprägt, der dem Wissen um die menschlichen Schwächen entspringt, von Ehrlichkeit, die vor der eigenen Person nicht haltmacht.

Und das Ringen um diese Ehrlichkeit ist scheinbar der rote Faden, der sich durch Birthlers Leben zieht. Ihre Oppositionskarriere begann, wie sie erläuterte, bereits in sehr jungen Jahren: Ihre politisch aufgeschlossenen Eltern hätten ihr als Kind Selbstbewußtsein und Zivilcourage vermittelt – sie habe früh gelernt, aufrecht ihre Position zu vertreten. Eine Eigenschaft, die die junge Frau später prompt in Konflikt mit dem Staat bringt.

Birthler, die 1992 wegen der massiven Stasivorwürfe gegen Ministerpräsident Manfred Stolpe (SPD) ihr Amt als Bildungsministerin in Brandenburg niederlegte, berichtet jedoch auch, daß die meisten Oppositionellen praktisch in diese Rolle geschlittert sind, daß die Politik am Anfang nicht im Mittelpunkt stand. »Man engagierte sich, um einen ganz alltäglichen Mißstand abzustellen – aber der Staat reagierte fast immer restriktiv.« Das habe dazu geführt, daß sich schließlich viele Menschen die gleiche Frage stellten: »Warum verbietet der Staat mir, vernünftige Dinge zu tun?« Und wer sich solche Fragen konsequent beantwortete, der befand sich automatisch in der Opposition. Und da immer mehr Leute sich diese Fragen konsequent beantworteten, war das Ende der DDR eingeläutet.

Daß mit dem Fall der Mauer und der Einheit bei weitem nicht alle Hoffnungen der Menschen erfüllt wurden, hält Birthler für normal: »Es gab ›Ent-Täuschungen‹, was bedeutet, daß zuvor Täuschungen existiert haben müssen.« Ohne einen solchen »Hoffnungsüberschuß« wäre jedoch die Revolution wohl nie in Gang gekommen, glaubt Birthler. Und nun sei man in der harten Realität angekommen: »Alles ist schlimm, und man kann nicht einmal einen Ausreiseantrag stellen«, beschreibt sie witzelnd die Seelenlage vieler Ostdeutschen. Dabei habe deren große Mehrheit 1990 doch die schnelle Einheit gewünscht. Trotz dieses Seitenhiebs auf eine gewisse Inkonsequenz in der Bewertung der Geschehnisse gibt Birthler den Klagen über die Defizite im Einigungsprozeß durchaus Recht: In erster Linie seien den Ostdeutschen enorme Anpassungsleistungen abverlangt worden: »Bezeichnenderweise wird der Stand der Einheit immer daran gemessen, inwieweit sich die neuen Länder in ihrer Entwicklung den alten angenähert haben.«

Der Erfahrungsvorsprung des Westens in Sachen Verwaltung und Demokratie habe dazu geführt, daß die meisten Gesetze und Regelungen – obwohl zum Teil selbst reformbedürftig – einfach auf den Osten übertragen wurden. Raum für eigene Gestaltungsvorstellungen des Ostens blieb zu selten. Ein Grund, weshalb sich Neubundesbürger nur schwer mit dem System identifizieren und sich in ihrer kulturellen Identität, in ihren politischen Ansprüchen ignoriert fühlen, meint Birthler, die damit auch die Wahlerfolge der PDS erklärt.

Die Frage der Einheit sei letztlich eine Frage der politischen Emanzipation des Ostens, so Birthlers Fazit, das trotz allem optimistisch ausfällt: Der Blick in die Geschichte der Altbundesländer zeige, daß es dort bis in die fünfziger Jahre erhebliche Demokratiedefizite in der Gesellschaft gab. Und erst später habe sich eine bewußt demokratische, emanzipierte Bürgergesellschaft entwickelt. Und auf diesem langen, beschwerlichen Weg befinde sich nun der Osten.

Vera Lengsfeld, CDU-Bundestagsabgeordnete

Vera Lengsfeld

»Der Stalinismus ist eine Entzerrung des Kommunismus zur Kenntlichkeit«

»In einer Weise, wie es die Weltgeschichte noch nicht gesehen, hat das Volk in Deutschland seine Revolution gemacht.« Robert Blum, der mit diesen Worten auch die weitgehende Gewaltlosigkeit der bürgerlich-demokratischen Revolution von 1848 pries, fand selbst ein gewaltsames Ende: Er wurde am 9. November 1848 hingerichtet. Der traurige Monat November scheint der Schicksalsmonat der Deutschen zu sein. Und von allen Novembertagen ist der 9. November der geschichtsträchtigste. Er ist das Leitmotiv der Spaltung unserer Nation. Am 9. November 1918 rief Philipp Scheidemann vom Reichstag die bürgerliche Republik aus, während Karl Liebknecht vom Eosander-Portal des Berliner Stadtschlosses, das Honecker in das Staatsratsgebäude integrieren ließ, die sozialistische Republik verkündete und damit die Teilung Deutschlands antizipierte. Der 9. November anderer Jahre steht für das dunkelste Kapitel deutscher Geschichte: Zwar scheiterte Hitlers Putsch am 9. November 1923 vor der Münchner Feldherrnhalle, aber genau zwei Jahre später wurde die SS gegründet. Die »Reichskristallnacht« vom November 1938 war der Beginn eines Vernichtungsfeldzuges der Nationalsozialisten gegen die europäischen Juden. Eine Politik, deren Ähnlichkeit mit der stalinistischen Vernichtungspolitik schlaglichtartig deutlich wurde, als in der unterdessen geschlossenen Wehrmachtsausstellung Fotos von exhumierten Opfern des stalinistischen NKWD* als »Beweise« für Verbrechen der Wehrmacht instrumentalisiert wurden. – Bietet ausgerechnet der 9. November kurz vor Ende dieses Jahrhunderts einen Ausweg aus der komplizierten deutschen Geschichte?

Der Fall der Mauer 1989 war der Anfang vom Ende des kommunistischen Systems in Osteuropa und der Beginn einer neuen Zeit. Eines der blutigsten Terrorsysteme der Geschichte fiel zusammen. Und anders als Robert Blum blieben die Akteure der Revolution am Leben. Ein Grund zur Freude, sollte man meinen. Ein hoffnungsvolles Zeichen kurz vor Beginn des neuen Jahrtausends, daß die Geschichte der Menschheit doch ein Weg zum Besseren

---

* Sowjetische Geheimpolizei

sein könnte. Aber zehn Jahre nach diesem Ereignis, vor dem alle Beschreibungen kapitulierten, sind die Gefühle der Deutschen sehr gemischt. Die politische Klasse zeigt mit ihrer Neigung zu getragenen Gedenkreden von Staatsmännern und politischen Beamten, die allesamt von den Ereignissen überrascht wurden, ihr anhaltendes Unverständnis darüber, was vor zehn Jahren eigentlich passiert ist.

Der 9. November 1989 war nicht die Stunde der Politik, sondern die Stunde des Volkes. Es war die Stunde der Menschen, die beschlossen, die ihnen zustehende Freiheit und Selbstbestimmung einzufordern. Für die Politbürokraten hätten die Bürger der DDR nach Schabowskis Verkündung, daß allen Bürgern ab sofort die Grenzübergangsstellen offen stünden und Reisedokumente ohne die bisher geltenden »besonderen Reisegründe« ausgehändigt werden sollten, am nächsten Tag vor den Revieren der Polizei Schlange stehen sollen, um ihre Pässe zu erhalten. Statt dessen machten sie sich auf und brachten die Mauer zum Einsturz. Ohne die Trümmer der Mauer hätte es keinen Architekten der Einheit geben können. Eine wichtige Rolle beim Abbruch der Mauer kam der DDR-Bürgerrechtsbewegung zu. Aber die politische Rolle der Bürgerrechtsgruppen während des Untergangs der DDR ist nicht unumstritten. Waren diese Gruppen Auslöser der politischen Krise, Schrittmacher während der Umwälzung im Herbst 1989? Oder haben die Dissidenten vor der nationalen, der ökonomischen und der real-politischen Aufgabe versagt? Waren wir nicht tief verwurzelt in linken Idealwelten und basisdemokratischen Ritualen, abhängig von reformsozialistischen Ideen des dritten Weges und dem Dogma der Zweistaatlichkeit Deutschlands?

Tatsächlich wurde nie eine fundamentale Veränderung des Systems verlangt, diese Forderung kam von Straßen in der mitteldeutschen Provinz, nachdem die »Ausreisebewegung« die DDR politisch unmöglich gemacht und destabilisiert hatte. Es gab zweifelsfrei ein Mißverhältnis zwischen realer Macht und öffentlicher Präsenz der Bürgerrechtler. Aber schadet diese nüchterne Einsicht? Es gibt keinen Grund, die oppositionelle Leistung zu verkleinern. Erst die Anerkennung eigener Befangenheit öffnet den Raum für politische Gegenwärtigkeit. Zur moralisierenden Ikone zu erstarren, das Objekt von unverbindlichen moralischen Lippenbekenntnissen zu sein, das wäre das Ende jeder politischen Relevanz. Es gab Unterschiede zwischen Art und Dynamik des Umsturzes in Berlin auf der einen Seite und in der sächsischen und thüringischen Provinz auf der anderen, es gab aber auch programmatische Unterschiede innerhalb der Bürgerrechtsgruppen. Mittlerweile sind ehemalige DDR-Bürgerrechtler auf nahezu das gesamte Spektrum deutscher Parteien verteilt, dort assimiliert oder als eigenständige Gruppierungen marginalisiert – und diese Vielfalt war in der Zeit der Opposition bereits angelegt.

Gleichwohl dürfen diese Unterschiede nicht überinterpretiert werden. Es dominierten tatsächlich – neben antitotalitärer inner- und pseudomarxistischer

Dissidenz – linksprotestantisch geprägte Sozialethik, antiautoritäre Entwürfe, ökologische Bedenklichkeit, ein Dritte-Weg-Sonderbewußtsein und rebellische Vorstellungen alternativer Subkulturen. (Die Gruppe der 20 in Dresden, die sich von jedem Reformsozialismus entfernt zu halten bemüht war, muß als Ausnahme bezeichnet werden.) Insofern war die späte DDR-Opposition von ihren politischen Prämissen her links, der politischen Form nach basisdemokratisch. Paradoxien, meist undurchschaut, waren prägend: das Eintreten für westliche Bürgerrechte etwa bei Kritik am Westen, also die Hinwendung zu einer »offenen Zivilgesellschaft« bei gleichzeitiger Abwendung von deren realer ökonomischer Verfassung. Der antikommunistische Protest mußte den Weg der Ausreise wählen und spielt in der nachträglich geschriebenen Geschichte der DDR-Opposition eine unverhältnismäßig geringe Rolle.

Für die im Kern reformsozialistische Orientierung der politischen Opposition gab es Gründe. Nach der sozialen, ökonomischen und auch physischen Liquidierung oder Vertreibung des Bürgertums sowie der Ausschaltung der vereinigungsunwilligen Sozialdemokraten, etwa ab Mitte der fünfziger Jahre, existierte in der DDR jenseits von Flucht, gelegentlicher »Hetze« und seltener »Sabotage« kaum noch antikommunistische Opposition – auf der »intellektuellen« Ebene so gut wie gar nicht. Um Verhaftung, Ausweisung, Ausreise zu vermeiden, meist aber aus linker Überzeugung artikulierte sich die Opposition systemimmanent. Deshalb fehlten im Herbst 1989 eigene radikal-bürgerliche, beispielsweise wirtschaftsliberale Alternativen zum Sozialismus auf ideologischer, propagandistischer, politischer und organisatorischer Ebene.

Politisch isoliert und intellektuell abgeschirmt, mit den Mühen des alltäglichen Widerstehens und Durchhaltens ausgefüllt, fiel es der späten DDR-Opposition schwer, eigene Orientierungen zu entwickeln. Sie lehnte sich in den Grundsätzen an die westliche Linke an, adaptierte unangemessene linkssozialistische, »grüne« Alternativmodelle. Diese echte oder eingebildete Affinität war ein Hauptgrund für das Scheitern in der Realpolitik 1989, für die fehlende Akzeptanz im Volk, für die Unfähigkeit zur Machtausübung. Das Wohlwollen der politischen 68er-Generation im Westen gegenüber dem Realsozialismus hatte die Opposition in der DDR gelähmt und ideologisch eingeschnürt.

Was aber ist nun? Welche politische Bedeutung hat die Bürgerrechtstradition der DDR heute? Es gibt darauf keine pauschale Antwort, da jeweils verschiedene, gegensätzliche Traditionsbestände aktualisiert werden können. Einen Anspruch auf Alleinvertretung besteht nicht. Mittlerweile sind nicht wenige ehemalige DDR-Oppositionelle in der CDU politisch zu Hause. Dieser Weg war für mich folgerichtig, er war sogar zwangsläufig, wenn eine bestimmte Motivation für die Opposition gegen die SED, nämlich das Primat der Freiheit und schließlich die Absage an den Sozialismus als Diktatur des Egalitären, politisch weitergedacht wird. Am 6. Dezember 1989 habe ich, damals noch Mitglied der jungen »Grünen Partei der DDR«, auf einer der späten Montagsdemonstrationen in Leipzig für eine eigenständige Entwicklung der DDR geworben. Der Beifall war dünn, die Ablehnung überwältigend. In den folgenden Monaten fand ich zu der Überzeugung, daß der DDR jede Existenzgrundlage entzogen war. Die während meines Studiums in Cambridge einsetzende Annäherung an den klassischen Liberalismus führte in der Folge zu einer Trennung von der Linken, zu einem Durchbruch zum Denken einer neuen Realität der Freiheit. Sich von eingetrichtertem Sozialismus und Reformsozialismus, sich von linker Utopie zu entfernen, von angstbestimmter Politik, ideologischer Depression und verinnerlichtem Antikapitalismus zu lösen, war schwer. Aber es war für mich ein fortschreitendes Entdecken des offenen und skeptischen Denkens, ein Prozeß der politischen Emanzipation, es war eine intellektuelle Entwicklung, die ich für mich als konsequent bezeichnen darf.

Was haben ehemalige, heute in der CDU angelangte DDR-Bürgerrechtler nun in die deutsche Politik einzubringen? Wir waren Opposition, das obskure Objekt unseres Widerstandes ist jedoch untergegangen. Oder? »Der größte Feind der neuen Ordnung ist, wer aus der alten seine Vorteile bezog«, heißt es bei Machiavelli. Natürlich werden wir weiterhin eine besondere Aufgabe in der Auseinandersetzung mit der PDS, der umbenannten SED, übernehmen. Es geht um juristische Fragen, um Entschädigung, um Wiedergutmachung. Wir müssen klarmachen, daß wir nicht zum Selbstzweck von der Vergangenheit nicht lassen wollen, sondern um der politischen Machtverteilung willen heute und künftig. Die offene Gefahr, die von einer radikalen Linken ausgeht, besteht nach wie vor – und mehr denn je. Die PDS breitet sich auch im Westen aus, hat laut neuesten Umfragen die Grünen deutschlandweit bereits überholt. Unter dem Deckmantel Godesberger Begrifflichkeit (»demokratischer Sozialismus«) verbirgt sie ihre Absichten.

Die Auseinandersetzung mit der PDS, die ich – auch zum Erstaunen einiger Parteifreunde – unverdrossen führe, ist ganz gegenwartsbezogen: Es geht um das Aufdecken verborgener Strategien der radikalen Linken. Zu den unerträglichsten Versuchen der Kommunisten, sich zu etablieren und politisch koalitionsfähig zu geben, gehören nicht nur die Verharmlosung von Unterdrückung, die Ignoranz gegenüber den roten Verbrechen, sondern »schicke« demagogische Verdrehungen: »demokratische Sozialisten« als Verteidiger des Grundgesetzes und der Menschenrechte, als die wahren Liberalen, die PDS als originärer Hort der Friedensbewegung. Die Kommunisten haben die Kunst des Relativierens immer beherrscht, und nun wird eben zeitgemäß die angebliche Preisgabe »sozialer Sicherheit« in der freiheitlichen Gesellschaft mit der Unterdrückung der Freiheit im Ostblock gleichgesetzt. Die Linke koppelt sich von ihrer realen Geschichte ab und wäscht sich rein durch flottes Distanzieren von ihrer verbrecherischen Vergangenheit.

Der Stalinismus ist eben keine Verzerrung des Kommunismus zur Unkenntlichkeit, sondern seine Entzerrung zur Kenntlichkeit. Ich warne vor alten

Bildern und öden Deutungsmustern in neuen Kleidern. Die Faszination der Weltanschauungsstaaten auf die Massen, aber vor allem auf die Intelligenzija ist wohl nur mit Begriffen der Heilsgeschichte zu erklären. Alexander Sinowjew hat in seinem 1980 erschienenen Buch *Kommunismus als Realität* erkannt, daß die »soziale Auslese der anpassungsfähigsten Individuen« eine wichtige Grundlage für die Existenz der Ostblockstaaten gewesen ist. Die SED-Eliten waren eine Negativauslese. Sie haben einen Staat ruiniert und kaputt-administriert. Welchen Grund gibt es, sie wieder pauschal für einen demokratischen Staat als Diener zu gewinnen?

Der rote Sündenfall bestand darin, Ideen zu Ideologien gemacht, abstrakte Prinzipien höher als das wirkliche Leben bewertet und zur gesellschaftlichen Verwirklichung freigegeben zu haben. Darin lag und liegt die Gefahr des Totalitarismus. Die Wirklichkeit der Utopie hieß notwendigerweise GULag und Bautzen. Der Kommunismus war der Versuch, von einem sich quasi-religiös legitimierenden Zentrum her Staat, Wirtschaft, Kultur, die ganze Gesellschaft einer Säuberung zu unterziehen. Seine Dynamik gewann er daraus, daß er sich als Verwirklichung uralter Menschheitsträume, der paradiesischen Nachgeschichte darstellte. Theoretische Gleichheit zählte mehr als gelebte Freiheit und Vielfalt. Und der Wahn lebt noch.

Der DDR-Sozialismus wurde jenseits von Werra und Elbe von Leuten relativiert, die heute zum politischen Establishment gehören. Während die Last des kommunistischen Feldversuches jahrzehntelang auf dem Osten Deutschlands ruhte, palaverten die 68er beim temperierten Chianti von der deutschen Schuld und der Zweistaatlichkeit als Buße und notwendiger Friedensfaktor.

Wir stehen vor der Auseinandersetzung mit den geistigen Grundlagen einer westlichen, die politische Kultur Deutschlands dirigierenden Linken, die sich allerdings seit dreißig Jahren Mühe gibt, den Anschein von Liberalität zu erwecken. Aber davon ist sie das Gegenteil. Die 68er-Tabubrecher haben sich als Meister im Erteilen von Denkverboten erwiesen. Die Affinität der sogenannten Progressiven zu ideologischer Verblendung und freiheitsfeindlichen Systemen ist noch lange nicht genügend diskutiert. Der Zeithistoriker Arnulf Baring hält es für sehr unwahrscheinlich, daß gegenwärtig eine Bedrohung der deutschen Republik von rechts drohe: »Viel eher könnte es heute zu einer populistischen, undemokratischen Partei oder Bewegung am extrem linken Rand kommen.« Ist die deutsche Gesellschaft blind für die Gefährdung von links? Oder ist sie schon so sozialistisch, daß ihr der linke Rand vertraut erscheint? Und korrespondiert die Blindheit mit der intellektuellen Furchtsamkeit und stupiden Scheinmoralität, die unser Land dominieren? Hat die 68er-Ideologie als Soft-Variante der alten Linken die deutsche Befindlichkeit nachhaltig verändert? Dort, wo die Unfreiheit langhin abwesend ist, wo der Wohlstand politische Verantwortungslosigkeit gebiert, pflegen die Vorteile der Freiheit zu verblassen. Diese Gleichgültigkeit gegenüber den Freiheitswerten ist die größte Gefahr für die »innere Einheit« Deutschlands.

Die DDR war natürlich nie so, wie sie heute beschönigt auftaucht. Sie ist zwangsläufig verschwunden. Ich darf in Erinnerung rufen: Schon Ende 1981 bahnte sich ein Kreditstopp westlicher Banken für die DDR an. Die Investitionseffizienz halbierte sich im kurzen Zeitraum von 1981 bis 1984. Ab Mitte der achtziger Jahre gab es kein reales Wirtschaftswachstum mehr. Die Innovationsschwäche der DDR war evident. Die internationale Wettbewerbsfähigkeit verschlechterte sich rapide, zumal der technologische Rückgang in den exportträchtigen Bereichen Maschinenbau und Elektrotechnik weiter voranschritt. Der Versuch, die Mikroelektronik weltmarktfähig zu entwickeln, scheiterte völlig. Der im Jahr 1988 von der DDR hergestellte 256-Kilobit-Chip kostete 534 Mark je Stück, auf dem Weltmarkt war er für zwei Dollar zu bekommen. Starke Importdrosselungen schränkten den Lebensstandard der Bevölkerung immer merklicher ein. Das Bruttoinlandsprodukt pro Kopf in der DDR stieg 1985 bis 1989 nur noch unwesentlich an und fiel relativ zum bundesdeutschen von 36 Prozent 1985 auf 33 Prozent 1989. Die Produktivität der DDR-Wirtschaft lag 1989 bei rund 16 bis 20 Prozent der bundesdeutschen Produktivität. Im April 1988 forderte der SED-Planungschef Gerhard Schürer starke Einschränkungen im sozialen Bereich und eine Senkung des Lebensstandards. Im Laufe des Jahres 1989 verschlechterte sich die Lage sichtbar. Schürer prognostizierte im Mai 1989 – selbstredend intern – die Zahlungsunfähigkeit der DDR für 1991. Der Verschleißgrad in sensiblen Bereichen der Industrie, so schätzte das MfS im Oktober, lag bei 50 Prozent, für landwirtschaftliche Anlagen bei 65 Prozent: Am 27. Oktober 1989 trug Generalleutnant Kleine, Leiter der MfS-Hauptabteilung XVIII (Volkswirtschaft), seinen Abteilungsleitern eine Krisenanalyse vor. Nach seiner Einschätzung wären mindestens 500 Milliarden erforderlich, um den Anschluß an die westlichen Länder auf dem Gebiet der industriellen Produktion nicht zu verlieren. Dies hätte zwei vollen jährlichen Nationaleinkommen der DDR entsprochen. Die AG Zahlungsbilanz der Partei-Plankommission kam zu einem ähnlichen Ergebnis: In einem dem Politbüro am 30. Oktober 1989 vorgelegten Papier schrieb Schürer, das Jahr 1990 prognostizierend: »Allein das Stoppen der Verschuldung gegenüber dem NSW (dem nichtsozialistischen Wirtschaftsgebiet) würde eine Senkung des Lebensstandards um 25–30 Prozent erfordern und die DDR unregierbar machen.«

Die Menschen, die im Herbst 1989 auf die Straße gingen, haben die Lage erkannt und forderten die Vereinigung ohne Wenn und Aber. Die schnellen politischen Entscheidungen waren von der Straße und den außenpolitischen Umständen gefordert worden. Die Chance eines dritten Weges hat für die DDR nie bestanden. Weil die Bürgerrechtsbewegung aber an dieser Vision festhielt, entzog das Volk ihr in der ersten freien Volkskammerwahl die Unterstützung. Zur schnellen Vereinigung gab es keine Alternative. Aber natürlich wurden bei der Vereinigung Fehler gemacht. Der größte Fehler war, die Eröffnungsbilanz zu verschönen. Die Deutschen wurden mit dem Ausmaß des wirtschaftlichen Bankrotts, der ökonomischen und sozialen Verwüstung, die das SED-Regime hinterlassen hatte, nicht ernsthaft konfrontiert. Das gab der umbenannten SED bald die Möglichkeit, den flächendeckenden Umbau der alten Wirtschaftsstrukturen, die daraus resultierende Arbeitslosigkeit, die Probleme der in Unselbständigkeit gehaltenen Menschen mit der offenen Gesellschaft zu Fehlern der Vereinigung zu erklären. Die CDU allein leistete der PDS-Propaganda Widerstand, allerdings auch nur halbherzig: Früher oder später stimmten alle demokratischen Parteien in das Lamento über die mißlungene innere Einheit ein. Sie ließen es zu, daß die PDS-Slogans von den »Bürgern zweiter Klasse«, deren »Biographien« abgewertet würden, die Meinung beherrschten, daß die Rede vom angeblichen »Abbau Ost« oder Plattmachen der Demokratisierung die Atmosphäre vergifteten. Bis heute wird es den Figuren der PDS erspart, in den Talkshows mit ihren Kritikern oder mit den Opfern der SED-Politik zusammenzutreffen.

Die PDS ist auch ein Medienphänomen. Obwohl sie etwa zwanzig Prozent der Wähler in den neuen Bundesländern repräsentiert, beherrscht sie achtzig Prozent der Berichterstattung über die dortigen Parteien. Dafür ist eine Publizistik verantwortlich, die in ihrer Mehrheit die Vereinigung nicht gewollt hat und zu deren Trauerarbeit über die verlorene DDR es gehört, die Nach-Wende-SED zu hofieren.

Die Folgen der Zerschlagung der bürgerlichen Eigentumsordnung in der DDR, die fortgeschrittene Entbürgerlichung wurden unterschätzt. Die Überführung eines hochorganisierten Unrechtsstaates in die demokratische Rechtsordnung bereitete große Probleme. Zu den Versprechen des Einigungsprozesses gehörte, die SED-Eliten zu schonen. Das deckte sich mit den Intentionen der friedlichen Revolution. Die Eliten der DDR sind fast vollständig auf die Füße gefallen. Zum Dank bilden sie heute das feste Wählerpotential der PDS.

Die sogenannten Protestwähler in den neuen Ländern sind ohnehin keineswegs die einzigen, die infolge der Wiedervereinigung »Benachteiligung« schmerzt. Viel realer ist die Entscheidung der Bundesregierung, das zwischen 1945 und 1949 in der Sowjetzone geraubte Gut zu verkaufen, statt es den rechtmäßigen Eigentümern zurückzugeben. Dies hat mehr als nur materielle Bedeutung. Es ist vorenthaltene Gerechtigkeit. Auch die zögerliche finanzielle Entschädigung der Opfer von Stalinismus und Kommunismus ist unverständlich. Die Wirkungen der sich aus solchen Entscheidungen ergebenden Veränderungen im Wesen des Staates zeigen sich langfristig. Die Bevorzugung des politisch Opportunen zu Lasten dessen, was die Gerechtigkeit gebietet, trägt zur inneren Entfremdung der Bürger von ihrem Gemeinwesen erheblich bei. Wolfgang Schäuble hat kürzlich von einer schleichenden Auszehrung der Demokratie durch die wachsende Distanz der Bürger gegenüber dem Gemeinwohl gesprochen, von abnehmender Bindung an und allgemeinem Vertrauensschwund in die demokratischen Institutionen.

Im Oktober 1972 schon schrieb Ernst Jünger an Carl Schmitt: »An dem absurden Wahlkampf dieser Tage fällt mir auf, daß die Parteien sich in einer Weise ähnlicher werden, die es ihnen immer schwieriger macht, sich glaubwürdig gegeneinander abzusetzen. Alle wollen ›Demokratie, Stabilität, Fortschritt‹ (was sich ausschließt), alle wollen ›links‹ sein, mit geringen Schattierungen. [...] Alle haben dieselben Schimpfwörter, mit Vorliebe ›Faschist‹. Die Tenne wird mit ein und demselben Besen gefegt. Bald ist sie leer.«

Wie rasch sind der Gesellschaft nach »1968« durch offene oder subtile intellektuelle Gewalttätigkeit linke Grundmuster aufgezwungen worden. Der Fall der Mauer aber bedeutete das Ende einer Ideologie der Bequemlichkeit. Im Westen gab es starke Widerstände gegen die Vereinigung. Selbstverleugnung war beinahe zu einem nationalen Reflex geworden. Die Realität anerkennen hieß immer seltener, den deutschen Status quo eigentlich verändern zu wollen. Die Wiedervereinigung galt als »Illusion« (Egon Bahr), als »Mythos« (Walter Momper), als »Gefahr für den Frieden« (Peter Glotz) und als »Lebenslüge« der Bonner Republik (Willy Brandt). Heiner Geißler wollte 1988 die »Wiedervereinigung« als Zielbestimmung aus dem Grundsatzprogramm der CDU streichen lassen. Antje Vollmer sagte noch am 8. November 1989: »Dabei ist die Rede von der Wiedervereinigung – das ist mir jetzt sehr wichtig – historisch überholter denn je.« Der Osten hatte zu büßen, um westdeutschen Intellektuellen und Politikern ein reines Gewissen gegenüber der vorgeblich nur düsteren nationalen Geschichte zu verschaffen. Die DDR wurde schöngeredet, und die osteuropäischen Dissidenten wurden als Gefahr für die Entspannung betrachtet. Vaclav Havel schrieb: »Ich erinnere mich noch, wie zu Beginn der 70er Jahre einige meiner westdeutschen Freunde und Kollegen mir auswichen aus Furcht, daß sie durch einen wie auch immer gearteten Kontakt zu mir, den die hiesige Regierung nicht gerade liebte [...], die zerbrechlichen Fundamente der aufkeimenden Entspannung bedrohen könnten. [...] Nicht ich war es, sondern sie, die freiwillig auf ihre Freiheit verzichteten.«

1989 war ein weltgeschichtlich bedeutsames Jahr. Es war ein revolutionäres Jahr. Der 1917 ausgebrochene Krieg der Ideologien fand sein Ende. Die bipolare Ordnung verschwand, die Sowjetunion zerfiel. Der Mauerfall war das sichtbarste Zeichen des Endes von Jalta. Wir befinden uns in einer Zeit des Umbruchs. Die »Jalta-Generation« ist politisch abgetreten. Die 68er sind konzept- und perspektivlos. Deutschland benötigt nun eine politische Generation, die zur Anerkennung der aktuellen Tatsachen und Entwicklungen bereit ist. Der Historiker Karlheinz Weißmann hat unser geistiges Interregnum diagnostiziert: »Die meisten politischen und intellektuellen Auseinandersetzungen, die uns beschäftigen, sind Gespensterdebatten, im schlechten Sinne vergangenheitsorientiert. Sie [...] verzögern nur die Konzentration auf die eigentlichen Probleme. Man scheut die notwendige Debatte und möchte mit alten Konzepten weitermachen. Verschleierungsversuche und Attentismus sind aber nicht geeignet, die Situation zu meistern, und man darf freilich keine friedliche Plauderei erwarten, wenn es um wichtige Dinge geht. Hier ist Streit notwendig«.

Wir brauchen mehr Dissens, weniger Konsens. Runde Tische sind das Ende einer politischen Kultur, nicht deren Höhepunkt. Der Untergang des Staatskommunismus und die Wiedervereinigung Deutschlands waren revolutionäre Vorgänge. Und sie waren demokratische Vorgänge. Das Volk handelte, ohne seine »Vordenker« zu befragen. Der »Phantomschmerz«, wie Martin Walser die deutsche Teilung nannte, ist 1989 gewichen. Große Teile der politischen und kulturellen Elite in beiden deutschen Staaten hatten sich erlaubt, den nationalen Willen des Volkes zu ignorieren. Daher die Überraschung über die Dynamik des nationalen Vereinigungsprozesses. In zwölf Monaten war hinweggefegt, was bis dahin zu den »unverrückbaren« Wahrheiten der veröffentlichten Meinung in Deutschland gehört hatte.

Erklärtes Ziel der deutschen Linken war und ist die »postnationale Gesellschaft« (Jürgen Habermas). Eine Bewegung, die sich die Losung »Wir sind ein Volk!« auf die Fahnen schrieb, mußte auf diese »progressiven« Geschichtsphilosophen verstörend wirken. Joschka Fischer sagte eine Woche nach der Maueröffnung: »Die Geschichte ist in unseren bundesrepublikanischen Alltag eingebrochen.« Er traf den Kern des Problems. Die Normativität des Faktischen hatte über die Ideologie gesiegt. Die 68er haben zwar viele Positionen besetzt, die »kulturelle Hegemonie« errungen, aber 1989 mußten sie eine starke Niederlage hinnehmen. Brigitte Seebacher-Brandt schrieb: »Die Geschichte hat sie überlistet und – abgewählt. Auf geschichtlichen Wandel war die Generation der 68er nicht vorbereitet und nicht einmal darauf, daß das eigene Weltbild Risse erhielt. So versagten sie in jenem Augenblick, der zur Epoche wurde.« Die Überheblichkeit, der Snobismus, die Rede von einer gescheiterten inneren Einheit sollen die historische Niederlage verdekken, sie sogar in einen Sieg umwandeln. Den Status quo ante aber wird es nicht mehr geben.

Die meisten deutschen Hoch- und Halbintellektuellen mögen das Volk nicht, die linke politische Klasse ist von seinem Volk 1989 tief enttäuscht worden. Der Münchner Literat Maxim Biller erklärte mit der typisch linksintellektuellen Attitüde moralischer Überlegenheit und Intoleranz, daß Demokratie hierzulande nur demjenigen gebühre, der die Deutschen daran hindert, deutsch zu sein. Nach dem Krieg habe nur die »Herrschaft der wenigen Klugen über die vielen Dummen« das Schlimmste verhindert. Die Linke liebt die Differenz nicht, die ökonomische, kulturelle, ethnische, sogar die sexuelle nicht. Sie haßt die Geschichte – und verachtet eigentlich die Menschen.

Der Leitbegriff der DDR-Bürgerbewegung hieß Freiheit, Befreiung aus der politischen Unmündigkeit. Vielleicht haben diejenigen, die aus der DDR-Opposition und ihren Verführungen ernüchtert hervorgegangen sind, eine eigene Sensibilität für totalitäre Gefährdungen unserer Gesellschaft entwickelt. In Ernst Jüngers *Waldgang* geht es um die Bewahrung der Freiheit des Einzelnen in Zeiten der verborgenen Gewalt: Der Gegner nämlich trägt nun selbst die Maske der Freiheit. Worin liegt das Bedrohliche? In Hannah Arendts *Vita activa* heißt es, die Bedrohung der Freiheit in der modernen Gesellschaft komme nicht mehr vom Staat, sondern von der Gesellschaft selbst. Die Inhumanität liebt den Schein der Humanität. Diese Situation zu erkennen, intellektuellen und politischen Widerstand zu leisten, ist eine große bürgerliche Herausforderung unserer Zeit. Botho Strauß schrieb im *Anschwellenden Bocksgesang*: »Der Widerstand ist heute schwerer zu haben, der Konformismus ist intelligent, facettenreich, heimtückischer und gefräßiger als vordem, das Gutgemeinte gemeiner als der offene Blödsinn [...].« Tatsächlich ist das Land von einer Verkrampfung erfaßt, die Professor Habermas ganz unironisch »ethische Vergewisserung« nennt – und mit der jeder »andersdenkende« Diskurs in Nischen zurückgedrängt worden ist.

Eine der verborgenen egalitistischen Attacken auf die westlichen Freiheitswerte ist die grassierende *political correctness*. Diese pseudo-libertäre Form der Unmündigkeit ist eine eifernde Form der Manipulation, eine biedere Tabuisierung des Allzumenschlichen und Nicht-Egalitären. Geistige Freiheit, lebendige Überlieferung werden zugunsten abstrakter gesellschaftlicher Vorstellungen eingeschränkt. Der intellektuelle Diskurs in Deutschland ist beinahe erstarrt. Bei jeder Gelegenheit wird die »Faschismuskeule« hervorgeholt. Evidenterweise ist der subtile Druck des Zeitgeistes auf die bürgerliche Existenz nicht viel geringer als der in Diktaturen, zumindest was die Kraft betrifft, Permissivität zu erzwingen. Haben wir mithin einen wirklichen geistigen Pluralismus? Oder einen Scheinliberalismus mit totalitären Tendenzen? Lea Rosh sagte angesichts der deutschen Vereinigung: »Diese Deutschen sind verloren. Sie wissen es nur noch nicht. Aber ich weiß es. Ich habe Angst vor denen. Immer.« Der wirtschaftliche Erfolg Westdeutschlands, die Wiedervereinigung sollen sündhaft sein. Eine politische Sündentheologie wird zur eigenen moralischen Erbauung genutzt. Aber Hypermoralisierung ist von der Entmoralisierung eben nicht weit entfernt.

Bedenklich ist der zugrundeliegende Begriff von Politik. Es ist das bekannte Problem der Ideologie: Das Gewünschte wird mit der Realität verwechselt. Die Deutschen hatten verdrängt, daß Politik notwendig mit starken Interessenkonflikten, auch solchen, die nicht im Konsens oder auch nur friedlich zu lösen sind, zusammenhängt. Der Glaube an eine universale *civil society*, die ohne Repression wohltätig wirkt, signalisiert eine tiefsitzende antipolitische Einstellung. Wir sind aber vor zehn Jahren in das Reich des

Politischen zurückgekehrt – und darin müssen wir uns bewähren. Das heißt, wieder Freund und Feind zu definieren, Interessen zu klären. Die Substanz der gesellschaftlichen Ordnung in Deutschland scheint mir bereits angegriffen. Ich meine etwa die Folgen der nach wie vor das Bildungssystem prägenden Leistungsfeindschaft, ich meine beispielsweise die Veränderung des Staatsvolkes durch ein neues Staatsbürgerschaftsrecht, das traditionelle und emotionale Bindungen an unser Gemeinwesen durch rationale und ökonomische ersetzt. Eine freiheitliche Gesellschaft aber bedarf emotionaler Bindekräfte. Sie benötigt eine einheitsstiftende Geschichte. Das neue Deutschland in Europa muß eine normale Nation sein. Normalität heißt Verantwortung – und zwar auch für die eigene Existenz. Mit der Beseitigung der bipolaren Ordnung hat keine Epoche des universalen Friedens eingesetzt, sondern eine Phase neuer Unübersichtlichkeit und neuer Interessenkonflikte.

Ein bürgerliches Gemeinwesen ist eine Schicksalsgemeinschaft und kein abstraktes Gebilde. Zum demokratischen Staat gehören überrationale und nicht bloß zweckrationale Identifikationen. Die Willensbildung in der parlamentarischen Demokratie ist kein nebensächliches Problem – und sie vollzieht sich nie völlig transparent. Die deutsche Demokratie hat sich zwar fünfzig Jahre bewährt, aber es waren Jahre der Prosperität. Demokratische Konzepte sind die Grundlage für Wohlstand, sie sind aber auch von diesem Wohlstand abhängig. Ich warne vor einer neuen politischen Verantwortungslosigkeit von oben – wie sie die DDR geprägt und ruiniert hat.

Angesichts verschiedener Krisensymptome in Deutschland könnte der Begriff des Bürgerrechtlers bald neue Bedeutung gewinnen: unbezahlbare Sozialsysteme, Staatsausgaben weit über fünfzig Prozent des nominalen Bruttosozialprodukts, Abgabenquote für Steuern und Sozialbeiträge höher als vierzig Prozent, ein überlastetes Rentensystem, ein ineffizientes ideologiegesteuertes Bildungswesen. Wendet sich dieser Staat zunehmend gegen seine Bürger? Konrad Adam von der *FAZ* bejaht das deutlich: »Der Staat belastete die Zukunft, um der Gegenwart gefällig sein zu können. [...] Es gibt keine zweite Epoche, in der es die Gegenwart gewagt hätte, sich auf Kosten derer, die später kommen, so hemmungslos zu bereichern.« Der Totalzusammenbruch einer Volkswirtschaft und eines Staates, wie im Falle der DDR, zeigt: Das Ende kommt nur scheinbar plötzlich, und zwar weil man in Delegierung der Verantwortung alle Anzeichen des Niedergangs – wie klar sie auch sein mögen – bis zur offenen Krise zu ignorieren geneigt ist.

Auch wenn die alten bürgerlichen Tugenden und der preußische Sinn für das *bonum commune* nicht gefragt sind, auch wenn heute eher Selbstbestimmung und Kreativität als Pflicht und Gehorsam im Vordergrund stehen: Ohne bürgerliches Staatsbewußtsein ist Freiheit gefährdet. Gesellschaft wie Staat werden ausgehöhlt, wenn der Bürger nur noch als Steuerzahler gefragt ist. Politik in der offenen Gesellschaft muß auf den Zusammenhang von

Freiheiten und Bindungen bezogen bleiben. Der freiheitliche Staat gehört neben Familie, Gemeinde, Tradition, Heimat, Kirche und nationaler Identifikation zu den Orientierungspunkten oder Institutionen des verantwortlichen Bürgersinns. Es geht um das Besondere, Einmalige, Unverwechselbare – um Kultur, also um die Bindekräfte der bürgerlichen Gesellschaft, die sonst in ein gleichgültiges, unpolitisches Nebeneinander zerfällt.

Die staatsbürgerliche Freiheit ist gegenwärtig durch gegenläufige Tendenzen bedroht: einerseits durch ein Zuviel an Staat, das individuelle Freiheit und Unternehmertum einschränkt und Kreativität lähmt. Andererseits durch eine gesellschaftliche Wendung gegen einen verantwortungslosen Obrigkeitsstaat, der Sozialpartnerschaft gesetzlich erzwingt. Haben die Deutschen kein ausgeglichenes Verhältnis zum Staat? Er soll für alles sorgen, im Ernstfall will man ihm aber nicht dienen müssen. Der Deutsche will keine Steuererhöhungen, aber das Lebensrisiko auch nicht selbst tragen. Gefordert werden Straffreiheit für Abtreibungen, aber zugleich möglichst drakonische Strafen wegen sexueller Belästigung. Es herrscht eine lähmende nationale Selbstgeißelung, in Sonntagsreden aber wird ein kreativer »Ruck« gefordert. Jeder Hinweis auf die Probleme durch den Zuzug von Ausländern wird mit Verweis auf den Nationalsozialismus abgetan und als Fremdenfeindlichkeit gebrandmarkt.

Es gibt aber auch ein Menschenrecht auf Heimat. Die Nation ist nicht das Gegenteil von Republik und Demokratie, sondern deren Ermöglichungsgrund. Während man sich betreuend irgendwelchen Minderheiten zuwendet, bröckelt das Fundament, das solches erst erlaubt. Die entstehende Staatsverdrossenheit ist verständlich. Der Mittelstand etwa, der fast siebzig Prozent aller Arbeitnehmer beschäftigt, achtzig Prozent aller Lehrlinge ausbildet, hat seit Jahren keine durchsetzungsfähige politische Lobby mehr. Die Staatsverdrossenheit aber führt zu einer radikalen Kritik nicht nur am gegenwärtigen Zustand unseres Staates, sondern am Staat überhaupt. Damit stehen das politische Prinzip als solches und das bürgerliche Axiom der Freiheit auf dem Spiel.

Die Staatsquote belegt, wie stark sich die hoheitlichen Organe in das Leben der Bürger einmischen. Im Kaiserreich lag diese Quote unter zehn Prozent, heute haben wir bald sechzig Prozent und nähern uns damit der vollständig entmündigten und entbürgerlichten Gesellschaft: In der DDR lag die Staatsquote bei weit über neunzig Prozent. Doch das Unbehagen am überzogenen und unbezahlbaren sozialen Obrigkeitsstaat darf nicht zur Fundamentalkritik am bürgerlichen Staat schlechthin werden – und deshalb muß unser Staat dringend umgestaltet werden. Wir brauchen ein richtiges Maß an Staatlichkeit, eine klare und einsehbare Trennung von öffentlichen Aufgaben und privater Initiative.

Eine Kultur- und Gesellschaftskritik aus dem Geist der Bürgerrechtsbewegung darf sich keine Tabuisierungen leisten, wenn es um die Bewahrung des politischen, des bürgerlichen Prinzips geht. Das setzt Einsicht in eigenes

Irren, in eigene Fehler voraus. Dann aber haben wir in den aktuellen politischen Diskurs den Mut zur Unvollkommenheit und die nüchterne, offene Denkform, die das Absolute im Politischen scheut, einzubringen. Für ein offensives bürgerliches Denken kann nur die skeptische Klugheit und das Postulat der individuellen Freiheit entscheidend sein. Dieses Denken ist nicht links, weil es gegen das sozialistische Postulat der Egalität und Gleichmacherei steht, und es ist nicht bloß »wirtschaftsliberal«, weil es an urdemokratische soziale Tugenden glaubt, die eine agonale, selbstbewußte Gesellschaft aus sich regenerativ hervorbringt.

Wie soll der deutsche Sozialstaat ohne »sekundäre« Tugenden bestehen? Durch noch stärkeren Wohlfahrtsetatismus? Die Synthese von Wettbewerb und Solidarität ist das Erfolgsrezept der sozialen Marktwirtschaft gewesen. Solidarität darf aber nicht einseitig gesehen werden: Es ist ein Gebot der Solidarität, daß die Vermögenden den Bedürftigen helfen. Dem Grundsatz der Solidarität entspricht es aber auch, daß Hilfeempfänger, die zu eigener Leistung fähig sind, diese der Gemeinschaft nicht verweigern dürfen.

Politik verlangt vorausschauende Selbstbeschränkung, Verantwortung für die kommenden Generationen, ein Abwägen zwischen individuellen Rechten und allgemeinen Notwendigkeiten. Wo immer diese Politik als soziales Ausgleichen und Sichern der Freiheit bedroht ist, sind – wie latent auch immer – Bürgerrechte in Gefahr. Die Unübersichtlichkeit der Massendemokratie täuscht über die enorme Herrschaft neuer Systeme und ihrer sozialen Anonymität sowie die Dominanz weniger »Meinungsmacher« hinweg. Hier aber ist der Platz einer neuen kritischen Intellektualität.

Von der Linken ist vorerst keine geistige Offensive zu erwarten. Sie, die Linke, wird, wie Botho Strauß erkannt hat, »sich damit begnügen, an der Organisation des gesellschaftlichen Lebens beteiligt zu sein, und schlimmstenfalls dessen Zerfall in Form der politischen Korrektheit vorantreiben«. Die Linke hat die Deutungshegemonie über bestimmte Begriffe verloren, ihr Vorrecht auf das Humanum und die Moralität verwirkt, ihr ersatzreligiöser Wahrheitsbegriff wird immer deutlicher als dogmatische Verflachung kenntlich. Die Kritische Theorie war alles mögliche, aber nicht selbstkritisch. Über nichts haben diese Kritiker so wenig reflektiert wie über die eigenen Vorurteile.

Als das »Schwarzbuch des Kommunismus« in Berlin von den Autoren vorgestellt wurde, enthüllten jugendliche »Antifa«-Störer ein Plakat mit der Aufschrift: »Es lebe der Kommunismus« und skandierten: »Scheiß Aufklärung!« Kant sagte einmal, in schwierigen Situationen gebe es eine »Pflicht zur Zuversicht«. Auch wenn die Überwindung der Folgen von vierzig Jahren Teilung und Sozialismus mehr Zeit in Anspruch nimmt, als viele vor zehn Jahren erwartet haben: Ein vereintes und geeintes Deutschland wird seinen Platz in der Welt einnehmen als souveräne, demokratische und selbstbewußte Nation.

Mauerfall als Bankrott der Linken

Vera Lengsfeld erklärt in Chemnitz, warum soziale Gleichheitsutopien im Totalitarismus enden mußten

Bericht in der *Freien Presse* am 11.11.1999
von Andreas Fettig

Konvertiten stehen unter dauerndem Rechtfertigungsdruck. Die Frage nach dem Grund für den Frontenwechsel begleitet den, der ihn vollzogen hat, stets und ständig. Erst recht in der Politik. Und vielleicht ist dieser Rechtfertigungsdruck – auch gegenüber sich selbst – der tiefere Grund dafür, warum Konvertiten es oft besonders ernst meinen mit ihrem Gesinnungswandel. Vera Lengsfeld bildet da keine Ausnahme, wie bei ihrem Vortrag [9.11.1999] im Rahmen der Ringvorlesung der TU Chemnitz zum Thema »1989/90: Revolution in der DDR – und zehn Jahre danach« sehr deutlich wurde.

In ihrem streitbaren Vortrag, der eine mitunter lautstarke Debatte nach sich zog, berichtete Lengsfeld über ihren Lebensweg, vor allem darüber, wie aus dem überzeugten SED-Mitglied eine der führenden Bürgerrechtlerinnen wurde und warum sie 1996 den Bruch mit den Bündnisgrünen vollzog, um in die CDU einzutreten, die sie nun im Bundestag vertritt. Eine ihrer Kernthesen erklärt, warum sie heute eine entschiedene Gegnerin jeglicher »linken« Politik ist: Die Anziehungskraft des Kommunismus besonders auf die Intelligenzija liege in dessen quasi-religiöser Heilslehre, die die Verwirklichung alter Träume verspricht. Die Ideologie dieser Heilslehre setze das abstrakte Prinzip der Gleichheit höher als die Freiheit und die Vielfalt und widerspreche damit dem wirklichen Leben – darin, so Lengsfeld, liege jedoch auch der »Kern des Totalitarismus«. Der Stalinismus sei mithin keine Verzerrung des Kommunismus zur Unkenntlichkeit, sondern eine Entzerrung zur Kenntlichkeit der Gefahren des Gleichheitsprinzips.

Ihr Schlüsselerlebnis, das sie dann letztlich zum Bruch mit jeglichen linken Ideologien bewog, war, wie sie berichtete, die friedliche Revolution 1989: Die Bürgerrechtsbewegung sei anfangs Schrittmacher der Proteste gewesen. Aber die meisten der Systemkritiker hätten jedoch höchstens einen Reformsozialismus angestrebt, was nach der heutigen Ansicht Lengsfelds nur die Verfolgung neuer Utopien bedeutet hätte. Das Volk habe dagegen realistisch eingeschätzt, daß das System ökonomisch und moralisch so marode war, daß ihm schnellstens ein Ende gesetzt werden mußte. Während viele Dissidenten westliche Bürgerrechte forderten, aber zugleich an deren ökonomischer Grundlage, dem Kapitalismus, herbe Kritik übten und nach dem dritten Weg suchten, hätten die Hunderttausende auf den Straßen längst das Ende der DDR eingeläutet und die Einigung mit der Bundesrepublik vollzogen.

Und auch mit den linken Eliten in Westdeutschland geht Lengsfeld hart ins Gericht: Diese hätten gerne abends »bei einem Glas Chianti« mit der sozialistischen Alternative kokettiert, die DDR schöngeredet und sich dem SED-Regime angebiedert, während das Volk in Ostdeutschland die realen Lasten des realexistierenden Sozialismus zu tragen hatte. Und nun würden SPD und Grüne die PDS hofieren und salonfähig machen, die sich – ihre Vergangenheit und wahren Ziele verleugnend – in demagogischer Verdrehung als Hort der Friedensbewegung und sozialen Sicherheit preise. »Die Gleichgültigkeit gegenüber der Freiheit ist deshalb derzeit die größte Gefahr für die Demokratie«, warnte Lengsfeld.

Mit dem Mauerfall habe die Normativität des Faktischen über ideologische Träumereien gesiegt. Die politische Linke habe damit ihre gesellschaftliche Deutungshoheit, die sie in den vergangenen Jahrzehnten beanspruchte, endgültig verloren. Die von ihr geprägten obrigkeitsstaatlichen Sozialsysteme müßten nun unter dem Postulat der bürgerlichen Freiheit und Selbstbestimmung reformiert werden – ohne weitere »Gespensterdebatten um Konzepte, die nichts mehr taugen«.

Günter Nooke, CDU-Bundestagsabgeordneter

Günter Nooke

»Wir trauten uns nicht, die auf der Straße liegende Macht aufzuheben«

Ich weiß eine solche Ringvorlesung sehr wohl zu schätzen, denn ich bin in dieser illustren Runde der Jüngste. Ich habe als jüngster Redner nur dreißig Jahre DDR erleben müssen, und das Wort von der »Gnade der späten Geburt« scheint in gewissem Sinne auch für diesen Teil deutscher Geschichte eine Berechtigung zu haben. Vielleicht müßte es auch richtiger heißen: »Die Gnade der *späteren* Geburt.« Dazu später mehr. Ich bin zutiefst davon überzeugt, daß es in Zukunft eher mehr als weniger auf den einzelnen Menschen ankommen wird, der für eine Sache Partei ergreift oder für die Sache einer Partei redet. Und Glaubwürdigkeit ist so ziemlich genau das Gegenteil von »Gut-rüber-kommen« beim TV-Statement. Sie entsteht langsam und ist auf die Kenntnis persönlicher Geschichten und Entwicklungen angewiesen. Auch so verstehe ich dieses Unternehmen Ringvorlesung. Ich werde versuchen, zur eigenen Motivation und zu den damaligen Positionen ausführlicher zu sprechen. Die heutige politische Position und die allgemeine politische Einordnung kommen dagegen knapper weg.

Zur eigenen Person: Ich bin nicht in den Kindergarten gegangen. Das war Anfang der sechziger Jahre nicht so außergewöhnlich wie in den siebziger und erst recht in den achtziger Jahren, aber doch schon unüblich. Bei der Schulanmeldung verweigerten meine Eltern meinen Eintritt in die Pioniere. Bei Fragen der Lehrer, warum ich denn nicht Mitglied der Pionierorganisation werden möchte und an den schönen Mittwochnachmittagen teilnehme, hatte mir mein Vater gesagt, solle ich die Lehrer bitten, mit meinen Eltern darüber zu reden.

Fängt so unselbständig Opposition an? Ja! Und ich kann mich an keinen Zeitpunkt erinnern, zu dem ich dies nicht so gesehen hätte. Später haben mich meine Eltern darin bestärkt und unterstützt, nur zur Konfirmation und nicht auch zur Jugendweihe zu gehen. In der »Darstellung meiner Entwicklung«, die jeder in der DDR in der elften Klasse schreiben mußte, hieß es etwas verklausuliert, meine Eltern »erzogen mich zur Wahrhaftigkeit und Gerechtigkeit«. Es war ein christliches Elternhaus. Die Mutter war gelernte Bankkauffrau und zu Hause, der Vater arbeitete als Steuerbeamter beim – wie es damals hieß – Rat des Kreises Forst. Meine evangelische Heimatgemeinde in der Lausitz in Forst-Noßdorf gehörte im Dritten Reich zur Bekennenden Kirche. Meine Mutter ist bei Günter Jacob, einem Mitstreiter Niemöllers, zum Konfirmandenunterricht gegangen und war Kirchenälteste. Mein Vater ist 1954 sehr schnell wieder aus der SED aus religiösen Gründen ausgetreten. Anlaß war das Ansinnen, für die SED Spitzeldienste in Begleitung seiner beruflichen Arbeit zu leisten; nach SED-Lesart wurde er vierzehn Tage später ausgeschlossen.

Je älter ich wurde und je mehr ich in den Augen meines Vaters politisch wagte, desto öfter fragte er, ob ich mir das gut überlegt hätte und nicht vielleicht doch den einen oder anderen Kompromiß eingehen sollte. »Man soll sich nicht mehr Feinde als unbedingt nötig machen.« Nach meiner tiefen Überzeugung war es genau das, was ich tat. Das heißt, es ging immer und zuerst um das rechte, verantwortbare Maß. Ende der achtziger Jahre klang es bei meinem Vater oft so: »Ihr seid ja alt genug und müßt wissen, was ihr macht.« Und meine Mutter, glaube ich, hat viel öfter für uns gebetet, als wir wußten.

Meine Frau Maria war ebenso engagiert wie ich. Wir bekamen 1988 unsere dritte Tochter. Wir trugen also selbst Verantwortung: nicht nur für uns, sondern auch für unsere Kinder. Eine mögliche Ausweisung aus der DDR, der ich mich mangels sozialistischer Ideale wahrscheinlich nicht widersetzt hätte, bedeutete auch, Eltern, Grundstück, Heimat, Freunde und vieles mehr auf nicht absehbare Zeit zu verlassen.

Es gab für mich keinen anderen ausschlaggebenden Grund für die oppositionelle Haltung gegenüber dem SED-System als den, den meine Eltern gelegt hatten, auf dem ich aufbauen konnte und den ich ausbaute. Diesen Grund zu verbreitern und zu vertiefen, gab es auch in der DDR viele Möglichkeiten. In den siebziger Jahren prägte mich die Arbeit in der Jungen Gemeinde meines späteren Schwiegervaters und das sonntägliche Lesen der Epistel. In den achtziger Jahren waren es die Kontakte unter Studiengefährten in Leipzig; Kontakte, die sich über die kirchliche Ausbildung meiner Frau in Radebeul und Dresden ergaben; mit der offenen Jugendarbeit in Leipzig-Mockau, wo wir von 1982 bis 1985 wohnten, die Studentengemeinde oder ein Seminarbesuch, den ich mir als Physikstudent bei den Theologen leistete. Es waren die vielen Gesprächs- und Hauskreise, wo wir uns trafen, um über Gott und die Welt zu diskutieren: Philosophie, Christ sein, Wissenschaft. Politisch war daran oft nicht viel mehr als unser Anspruch auf Unabhängigkeit.

Natürlich waren die politischen Möglichkeiten verglichen mit einer freien Gesellschaft extrem eingeengt, aber zumindest in den achtziger Jahren hatten wir doch immer mehr gute (West-)Bücher, die es sich zu lesen lohnte. Karriere war kein Ziel, konnte kein Ziel sein in einem System, in dem Kader alles entschieden. Wir hatten nicht die Chancen bürgerlicher Bildung wie im

Westen, aber wir wußten um diesen Schatz und bemühten uns, Stück für Stück davon zu heben. Und in einem Umfeld totaler ideologischer Verblendung von einer Seite gab es genügend gute Gründe, dieses Wissen so unideologisch wie möglich zu verarbeiten. Der Sozialismus hatte in jeder Hinsicht schon damals abgewirtschaftet. Die Versuchung, ihn zu verteidigen, war gering. Das ist es, was ich mit der Gnade der späteren Geburt andeuten will.

Einen großen Denker dieses Jahrhunderts, von dem ich mir einbilde, ihn etwas verstanden zu haben, und der mich sicher auch geprägt hat, möchte ich hier besonders nennen: Es ist der Physiker und Philosoph Carl Friedrich von Weizsäcker. Der Begriff der Komplementarität, der zur philosophisch sauberen Interpretation der Quantentheorie herangezogen wird und das nicht triviale Verhältnis von Wirklichkeit und Theorie interpretiert, ist meines Erachtens weit über das Feld der Physik hinaus von Bedeutung.

Natürlich kann auch ich viele Ereignisse aus DDR-Zeiten nennen, die mich zu Widerspruch herausforderten. Im Jahr 1968 – und das hieß in der DDR nicht Studentenprotest, sondern Niederschlagung des Prager Frühlings – war ich allerdings erst neun Jahre alt. Ich wachte um vier Uhr morgens auf und sah, als ich durch die Jalousien schaute, direkt vor meinem Schlafzimmer auf der Dorfstraße eine Kolonne sowjetischer Panzer. Es war unheimlich, sehr konkret; und die Gespräche der Älteren kreisten um Krieg und Frieden. Daß für viele damals eine sozialistische Hoffnung zusammengebrochen war, lernte ich erst später. Ich war zu jung für die Diskussionen in den philosophischen Zirkeln der siebziger Jahre. Als Wolf Biermann ausgewiesen wurde, war ich Maurerlehrling in der Cottbusser Provinz; darüber geredet haben wir in einem ökumenischen Gebetskreis in Forst. Da wurden aber keine Protestbriefe formuliert, obwohl wir uns in der politischen Bewertung einig waren. Wirklich politisches Engagement begann für mich erst nach meiner Armeezeit 1980, während der ich das SED-System noch einmal von seiner schlimmsten Seite erlebte.

Bei allem gab es eine immer wiederkehrende Überlegung, die auch daher rührte, daß wir ja unser Bleiben in der DDR irgendwie rechtfertigen mußten. Wir trugen Verantwortung für unsere Kinder. Als meine dritte Tochter geboren wurde, sagte ich: Dreißig Jahre sozialistische Schule überlebe ich nicht. Auch wenn wir, meine Frau und ich, das vielleicht halbwegs heil überstanden hatten, so war es doch mit klarem Verstand betrachtet eine Zumutung für die Kinder, die Eltern im Grunde nicht verantworten konnten. Was sollten wir auf die Frage unserer Kinder antworten, ob wir denn damals nicht gemerkt hätten, was in der DDR ablief, und warum wir nicht auch ausgereist seien. Die eine Antwort: Wir wußten nicht, wie schlimm es ist, verbat sich aus intellektueller Redlichkeit; ich habe der SED sowieso wohl weit mehr Schweinereien und Morde zur Sicherung ihrer Macht zugetraut als andere. Die andere Antwort: Wir wußten um den Charakter der DDR und haben dagegen aktiv etwas getan.

Für mich war dieses Engagement immer wohlüberlegt. Ich wollte an der Innenseite der Legalität »beulen«. Den Vorwurf rigoroser Gewissensethik, der uns Bürgerrechtlern manchmal gemacht wird, lasse ich für mich nicht gelten. Wir haben in der DDR kaum über etwas so lange geredet und gestritten wie über die Folgen unseres Handelns. Ein Handeln aber, das seine Folgen bedenkt, ist ein genuin verantwortungsethischer Ansatz.

Manchmal hatten wir auch Angst, aber wohl weniger als die meisten vermuteten. Zumindest traf das auf meine Frau und mich zu mit unserem im Grunde doch bescheidenen Protest. Schwierig, weil meines Erachtens wirklich gefährlich, war die kurze Zeit nach der ungarischen Grenzöffnung und nach dem Aufruf des Neuen Forums bis zum 9. Oktober 1989. Wir haben am 22. September 1989 – wie viele andere damals – eine Erklärung von unserem Pfarrer mit Kirchensiegel bestätigen lassen (staatlich anerkannten Notaren war nicht wirklich zu trauen), in der wir im Falle unserer Abwesenheit meine Schwägerin und meine Eltern beauftragten, »die Betreuung und das Sorgerecht über unsere Kinder Tobias, Martha und Antonia wahrzunehmen.« Im Grunde hatte das weniger mit Angst als mit politischer Einsicht und Verantwortung zu tun. Wir kannten nicht Begriffe wie Internierungs- oder Isolierungslager, die später in den Akten der Staatssicherheit auftauchten. Aber daß im Ernstfall die »feindlich-negativen Kräfte« weggefangen werden sollten, lag in der Logik einer Diktatur und staatlichen Terrors.

Im Herbst 1989 haben mich dann wohl am meisten die sich überschlagenden Ereignisse geprägt. Nach dem jahrelangen, oft zaghaften Kampf weniger gegen die Negation des Lebens in einer Diktatur konnten wir fast binnen Wochenfrist die Lebensfreude und Kreativität von Hunderttausenden erleben. Für mich persönlich und für viele Oppositionelle in der DDR war der 9. Oktober 1989, die friedlich verlaufene Montagsdemonstration in Leipzig, das entscheidende Revolutionsdatum. Als ich am Abend im Radio hörte, daß 70 000 Menschen auf dem Leipziger Ring friedlich demonstrierten und die bewaffneten Organe nicht eingriffen, da war die Angst weg. »Es blieb friedlich, nicht obwohl es so viele waren, sondern weil es so viele waren«, notierte ich an diesem Abend als Fußnote zu einem anderen Text. Das heißt, wir verdanken jeder und jedem, die hingegangen sind und den Mut hatten, sich einzureihen, diese friedliche Revolution. Wichtig war die Tatsache, daß die Staatsmacht einer Diktatur nicht gewagt hatte, einzugreifen. Eine Diktatur ist wie ein Vakuum: Wer einmal Luft hinein läßt, hat unter normalen Bedingungen keine Chance mehr, es neu abzudichten und leerzupumpen. Insofern war Honecker der weitsichtigste Diktator des Ostblocks in den achtziger Jahren. Glasnost, nicht Perestroika, hieß der Virus aus Moskau. Man kann zurückbauen, aber man kann einmal gewährte Offenheit nicht wieder einfangen.

Am 4. November 1989 fand in Berlin die größte Demonstration dieses revolutionären Herbstes 1989 statt. Sie war mehr oder weniger offiziell angemeldet und geduldet. Von Kunst- und Kulturschaffenden vorbereitet, sollte es um Presse- und Versammlungsfreiheit gehen. Es war der letzte Versuch der Partei- und Staatsführung, sich noch einmal an die Spitze der Erneuerungsbewegung zu stellen. Ihre Redner, Markus Wolf und Günter Schabowski, hatten nicht damit gerechnet, welch eine Aufbruchstimmung und welch eine Kreativität in der Bevölkerung herrschten. Es war viel zu spät für Markus Wolf, der 1986 den Geheimdienst als langjähriger Chef der Außenspionage HV A* verlassen hatte und sich fortan nach dem Vorbild Gorbatschows als Reformer und undogmatischer Genosse dem Volk als neue Führungspersönlichkeit anbot. Er wurde ausgepfiffen, nicht ernst genommen. Ähnlich widerfuhr es Schabowski.

Es ging bei dieser Demonstration nicht wie vorgesehen zuerst um Presse- und Versammlungsfreiheit, sondern um die Macht – auch wenn das nur wenige sagten. An diesem Tag wurde die führende Partei der Arbeiter und Bauern samt ihrer Repräsentanten ausgelacht. Manch einer von Ihnen mag sich an die Plakate erinnern oder hat sie wieder gesehen bei den zahlreichen Rückblenden auf diese Ereignisse in den Medien. Was kann einer Diktatur Schlimmeres passieren, als von den eigenen Untertanen ausgelacht zu werden. Als ich an diesem Sonnabend mit feuchten Augen inmitten der Menschenmasse auf dem Berliner Alexanderplatz stand und den Rednern lauschte, wußte ich: Das, was hier geschieht, ist unumkehrbar. Der Mauerfall war der Moment, als der Machtverlust der SED für alle Welt offensichtlich wurde und das SED-Regime den eigenen Bankrott zugeben mußte. Genau einen Monat hat es gedauert von dem Zeitpunkt, als die Angst verflog, bis zum Fall der Mauer! Keiner hat gedacht, daß es so schnell gehen würde. Aber stabiler war der real existierende Sozialismus in der DDR nicht; er hatte keine Massenbasis und Legitimation. Doch irgendwie muß es in der Luft gelegen haben. Als meine Frau und ich Mitte September für Ende November 1989 eine Westreise anmeldeten und wir überlegten, wie es trotz unserer drei Kinder gehen könnte, daß wir jeweils die Hälfte der zehn möglichen Tage Zeit nutzen können, sagte ich damals: »Beantrage so, daß sich ein drittes Wochenende anschließt und ich länger bleibe. Bis dahin ist die SED-Führung froh, wenn man überhaupt noch zurückkommt.« Ich habe nie Tagebuch geführt, aber solche Momente, auf der Straße vor unserer Wohnung in Forst etwas flapsig im Vorübergehen zugerufen, haben wir nicht vergessen.

Bewegt hat mich auch, als ich einen Tag vor dem Besuch des Bundeskanzlers auf einer Montagsdemonstration in Dresden erlebte, wieviel mehr schwarz-rot-goldene Fahnen im Süden – verglichen mit der Lausitz und Berlin – getragen wurden. Ich war darüber nicht begeistert, aber mir wurde hier klar, was die Massen bewegte.

---

* Hauptverwaltung Aufklärung des Ministeriums für Staatssicherheit der DDR

Wir alle sind geprägt vom Herbst 1989. Ich habe Mühe, Vergleichbares in jüngster Zeit zu finden. Aber wenn es danach noch sehr Bewegendes in meinem politischen Leben gab, dann war es die Arbeit im Stolpe-Untersuchungsausschuß und die Reaktion der Menschen auf die einfache Mitteilung eines Sachverhaltes: »Die Akten sind belastend, teilweise schwer belastend.« Erst seit jenen Tagen im April 1992 werde ich übrigens Bürgerrechtler genannt. Die Verteidiger des SPD-Ministerpräsidenten brauchten die Eingruppierung in diese Schublade, um meine Politikunfähigkeit zu verdeutlichen. Wie allein ich stand, merkte ich auch am Wahlergebnis für das BürgerBündnis 1994 in Potsdam, mit dem ich zu den Landtagswahlen angetreten war und eine verheerende Wahlniederlage erlebte. Das Ergebnis reichte nicht einmal für die Wahlkampfkostenrückerstattung. Auch das hat mich geprägt und wohl dazu geführt, daß ich heute abgeklärter und skeptischer wirke, wenn vom mündigen Bürger die Rede ist. Wie wenig Interesse bestehen kann, Dinge zu hören, die einem nicht passen, das hat mich zutiefst verwundert.

Damalige Position: Implizit habe ich dazu bereits manches gesagt. Die DDR war das System, in dem wir lebten. Wir liebten es nicht, wir wußten nicht, wie wir ihm entfliehen können, wir wollten es verändern, öffnen für neue, freie Entwicklungen. Die politische Ordnung der Bundesrepublik war die des Westens, westlicher Freiheiten und westlichen Wohlstands. Ich habe damals – heute würde ich sagen in einem Anflug von Idealismus – so argumentiert: »Wenn wir einen Ausreiseantrag stellen, gelangen wir irgendwann in den Westen. Dann suche ich mir einen guten Job, verdiene gutes Geld und wir alle leben besser. Doch mehr Wohlstand und besser leben ist doch auch nicht alles?!«

Im Vorfeld der friedlichen Revolution gab es einen Diskussionsprozeß innerhalb der Kirchen, der von nicht zu unterschätzender Bedeutung war. Im Rahmen des internationalen konziliaren Prozesses für Gerechtigkeit, Frieden und Bewahrung der Schöpfung wurde zum Jahreswechsel 1987/88 zu einer Ökumenischen Versammlung in der DDR aufgerufen. Doch das Verhältnis zwischen kirchlichen Gruppen – gerade wir in unserer Forster Gruppe verstanden uns sehr bewußt als Christen – und Kirchenoberen war oft äußerst gespannt. Zu oft wurden staatliche Erwartungshaltungen unreflektiert oder, was schlimmer war, angereichert mit falschen theologischen Argumenten weitergegeben. Vieles wird heute behauptet. Deshalb möchte ich ein paar Sätze vom Jahreswechsel 1987/88 zitieren. Sie sind in unserem Infoblatt *Aufbruch* am 6. Februar 1988 abgedruckt:

»Für eine Weltversammlung der Christen könnte es hilfreich sein, daß die Vertreter der DDR und des Ostens nicht nur das sozialistische System verteidigen und nur von ihrer Situation aus reden, die Vertreter des Westens das ihre anpreisen. Christen sollten es mit Gottes Hilfe verkraften, hier Staatsfeinde und dort Kommunisten genannt zu werden; es geht um die Überwindung von Schubladendenken. Und wenn es im Westen wirklich Kommunisten gibt, warum darf dann hier keiner sagen, daß er das sozialistische System für das schlechtere von den beiden konkret realisierten hält. (Das kann als Aufruf zu einer differenzierteren Betrachtung der Ausreiseproblematik in Kirche und Staat gesehen werden.) Der freie Meinungsaustausch findet erst statt, wenn man sich von diesem ›was wird man dann von mir denken‹ oder ›was handele ich mir damit ein‹ befreit. Eine Weltversammlung der Christen, wo das Meinungsspektrum quer durch die Reihen der Kirchen wie der Blöcke und Welten geht, wäre in ihrer Glaubwürdigkeit weit überzeugender.«

Zur Rolle der Kirchen notierte ich damals: »Wer wird in einer solchen DDR-Versammlung sich in Szene setzen, den Ton angeben. Werden sich alle bemühen, um nicht durch allzu klar formulierte Aussagen die Regierenden zu verschrecken und gar das (leicht gelittene) ›gute Verhältnis‹ von Staat und Kirche zu gefährden? Wem geht es dabei wirklich um die Sache, für die er brennt und die er sachlich erörtern möchte, oder will man nur wieder auf Konferenzen (womöglich im Westen) herumsitzen (Funktionärsproblem in der Kirche)? Sind wir denn selbst innerhalb der Kirche noch zum freien Meinungsaustausch fähig oder wird nicht jede Äußerung bewußt, meist aber unbewußt auf ihre sozialistische Verträglichkeit und das in diesem Staat Machbare hin reflektiert?«

Zum Verhältnis von DDR und Bundesrepublik fand ich folgendes – ebenfalls von Ende 1987, als gerade das SED/SPD-Papier großes Aufsehen erregt hatte: »Ein bisher wohl gar nicht beachteter Gedanke liegt darin, daß es für den denkenden Staatsbürger hier fast als Zynismus erscheint, wenn von kirchlicher Seite die Formel vom ›friedlichen Wettstreit der Systeme‹ z. B. aus dem SED/SPD-Papier übernommen und ausschließlich positiv gewertet wird. Es soll nicht verkannt werden, daß darin für den einzelnen hier eine gewichtige Argumentationshilfe und Zitierbares vorliegt. Andererseits ist doch für einen ›friedlichen Wettstreit der Systeme‹ schon die erste Voraussetzung, daß jeder die Seite, auf der er streiten will, frei wählen kann, nicht erfüllt. Genauso muß dafür in jedem System die freie Kritik nicht nur der gegnerischen, sondern auch der eigenen Seite ohne Nachteile möglich sein, das heißt die Handhabung des geltenden Rechts muß vergleichbar sein. So aber hat der eine schon Mühe, bei seinem Rechtsstaatsverständnis gegen Terroristen vorzugehen, der andere organisiert schon die Entwicklung von Schulkindern nach Macht- und Einordnungsprinzipien, ganz zu schweigen davon, was beim friedlichen Tragen von Kerzen geschieht. Das gleiche gilt für Informations- beziehungsweise Kommunikationsmöglichkeiten. Die eben geäußerten Gedanken treffen natürlich auf den Dialog der Supermächte genauso zu. Nur weil dort vergleichbare Waffenpotentiale – also Macht – angehäuft wurden, hat nicht jede Seite von vornherein und ohne Prüfung das Recht auf gleichen Wahrheitsanspruch. (Hier sollte von der Kirche, die sonst in geschichtlichem

Denken und Analysieren geübt erscheint, mehr erwartet werden.) Schon die Frage, wer auf welcher Seite sein Leben lassen möchte und ob überhaupt, muß gestellt werden.«

Insgesamt hat diese »Ökumenische Versammlung für Gerechtigkeit, Frieden und Bewahrung der Schöpfung« wesentlich zur Veränderung der DDR beigetragen. Viele Akteure an den Runden Tischen und in den neuen Parteien lernten sich hier kennen, machten hier ihre ersten Erfahrungen mit Demokratie und wurden sich bewußt, daß trotz aller Einigkeit, wogegen man war, unterschiedliche Meinungen zu wesentlichen inhaltlichen Fragen bestanden. Anfang Juni 1989 schrieb ich einen Text mit der Überschrift »Sterbehilfe für ein überlebtes System«. Er kennzeichnet besser als meine Erinnerung, was ich 1989 über die DDR dachte:

»Wie lange müssen lebensverlängernde Geräte in Betrieb bleiben, wenn nach allem menschlichen und medizinischen Verständnis damit die Agonie nur länger dauert. Und was ist, wenn ein (womöglich jüngerer) Patient seine volle Vitalität wieder erhalten könnte, wenn das einzig vorhandene Beatmungsgerät für ihn genutzt würde. Geschieht dann Unrecht an dem älteren Menschen oder ist das einfach Verantwortung für das Leben. [...] Jede nicht getroffene Entscheidung bedeutet ein Weiterlaufen der alten Therapie – die in bestimmten Fällen Leben nicht wiederherstellt, sondern Sterben verlängert. [...]

Sterben ist ein natürlicher Vorgang. Das wird oft vergessen, wenn vom Wachsen des Neuen die Rede ist. Da braucht es frischen Boden, Luft und Sonne, einfach etwas Platz im Schatten verknöcherter oder abgestorbener Bäume. Manchmal entsteht auch der Eindruck, als seien nur beliebig verrückbare Kübelpflanzen gefragt oder gar nur Bonsai (erst die dritten Blättchen dürfen bleiben). Lebensfähig ist nur ein Ökosystem als Ganzes. Eine Gesellschaft, in der nicht wahrgenommen wird, daß Volk und Regierung, Bischof und Gemeinde, Wissenschaftler und Arbeiter nicht gegeneinander, sondern nur miteinander vorankommen, ist zum Untergang verurteilt. Sterben ist ein leidvoller Prozeß.

Das Bild ist wie jedes Bild nicht einfach übertragbar. Aber in Kommentaren aus Ungarn spricht man von der Abenddämmerung des Kommunismus. Die Polen haben immer weniger Pillen genommen, und zwar risikoreicher, aber mehr gelebt und sprechen offen vom Übergang in ein anderes System. In der Sowjetunion erfolgte eine radikale Therapieänderung. Nur Rumänien verleitet zu der Vermutung, daß der wahnwitzige Patient selbst eine Behandlung befiehlt, die ihn allein in seinem Wahn bestätigt. Wie mag da aus der Sicht des Arztes unsere Gesellschaft – der Sozialismus in der DDR –, die Regierenden und Regierten erscheinen?

Wie gesagt, das Bild des sterbenden Patienten ist natürlich nicht ohne Vorbehalte und Inkonsistenzen auf so andere Dinge wie politische Systeme und Gesellschaften übertragbar. Aber es scheint legitim und hilfreich, wenn nicht sogar notwendig, aus der gleichen Verantwortlichkeit heraus wie der Arzt für die Patienten unser Handeln an und in diesem Staat zu hinterfragen und damit bewußtzumachen.

Die Probleme sind hinlänglich bekannt, einige seit Jahrzehnten, andere seit Jahren. Der diesmal besonders offenkundig gewordene Wahlbetrug hat wohl die letzten ehrlichen Gläubiger verunsichert.

Wir leben in einem Staat, in dem das offene und öffentlich ausgetragene Gespräch aller, der Streit der Bürger und Gruppen untereinander und mit der Regierung weitgehend unmöglich ist. Die gemeinsame Wahrheitssuche wird behindert. Die Partei hat nicht nur die Macht, sondern auch immer recht. Viele Bürger fühlen sich damit nur noch für ihren Privatbereich zuständig, das heißt verantwortlich. Nischenexistenz und politisches Desinteresse wird gefördert mit Schrebergärten und Satellitenfernsehen.

Es gibt keinen rechtsstaatlichen Rahmen, und unabhängige, an die Verfassung gebundene Gerichte fehlen. Wir leben in einem Staat, dessen Regierung sich in außenpolitischen Erklärungen für Abrüstung, Sicherheitspartnerschaft und gemeinsame Vernunft einsetzt, nach innen aber jede freie Meinungsäußerung und Kreativität planmäßig und teilweise mit brutaler Gewalt verhindert. Wenn dann noch die Souveränität des Staates, sprich der Machthaber, bei der Lösung innerer Angelegenheiten betont wird, auch wenn es eklatante Menschenrechtsverletzungen und sogar Massenmorden wie soeben in China betrifft und die DDR damit in der internationalen Arena fast allein bleibt, so diskreditiert dieses nicht nur ihre außenpolitischen Äußerungen, sondern es kann darin sogar die selbst gegebene Legitimation für das Vorgehen im eigenen Land gesehen werden.

Dies alles ist wahrgenommene oder erkannte Realität vieler Menschen hierzulande und wird vielerorts kritisch analysiert. Es ist leider wenig Neues zu sagen, und das Alte wirkt um so überkommener, je lauter auch in Osteuropa die entscheidenden Fragen und Probleme diskutiert werden und zu Veränderungen führen.

Es besteht der Eindruck, um ins medizinische Bild zurückzukehren, daß die hier nur ganz grob aufgenommenen Probleme nicht den jährlichen Heuschnupfen oder normale Entwicklungsstörungen kennzeichnen, sondern besser mit Krebs oder Multipler Sklerose zu diagnostizieren sind. Kein unspezifisches Unwohlsein ist das. Wer nur ein paar Befunde genauer kennt, weiß, die Werte liegen weit außerhalb der Norm. Und die offiziellen Beteuerungen von der prinzipiellen Intaktheit aller Funktionen, die den Eindruck erwecken sollen, als würde ›man‹ noch ›ewig‹ leben, sind oft genug einfache Lügen. Eine mögliche Diagnose könnte sogar lauten: Unheilbar krank, das Krebsgeschwür ist längst viel zu groß für einen operativen Eingriff, die Metastasen haben fast alle Organe erreicht.

Es wirkt als spezifisches DDR-Trauma, sich vor dieser Diagnose zu scheuen (sie muß ja nicht richtig sein), das heißt, die Systemfrage oder, anders ausgedrückt, die Machtfrage überhaupt zu stellen.
(Die Kritik gilt hier weniger der älteren Generation, die viel Mühe und Kraft beim Aufbau des Sozialismus und der DDR investiert hat, als vielmehr den Jüngeren, die wider besseren Wissens die jetzigen Verhältnisse und Unrecht dulden oder gleichgültig hinnehmen. Es ist aus menschlicher Sicht sicher verständlich, wenn es heute 60- oder 70jährigen schwerfällt, all das, was sie einst mit bestem Willen begannen, einer radikalen Kritik zu unterwerfen. Weniger Verständnis findet da die Haltung der 30- oder 40jährigen, die, um der nächsten Gehaltserhöhung willen, nun wirklich bewußt dabei sind, ihr Leben zu verfehlen.)
Diese Bestandsaufnahme mag, wenn nicht total falsch, vernichtend wirken. Und es zeugt nicht gerade von diplomatischem Geschick oder von der Liebe des Arztes, sie so dem Patienten zu sagen.
Und dennoch hat jeder Arzt, der die Menschen liebt, den Wunsch, daß der Patient nach der Wahrheit fragt und er ehrlich antworten darf.
Ja, es kann eine menschliche Art der Hilfe sein, ein baldiges Sterben zu wünschen. Aber dazu braucht man eine eigene Identität, eine unverwechselbare Biographie, ein selbstgelebtes Leben. Dieser Mangel macht alles um so schwerer. Sterben ist ein leidvoller Prozeß. Und wer kennt den Tod aus eigener Erfahrung?«
Ich glaube, auf eine Kommentierung verzichten zu können. Aber deutlich wird, wie viele Probleme, die uns seit der erfolgreichen Revolution von 1989 in Ostdeutschland beschäftigen, hier schon angedeutet sind. Unser Verhältnis zur deutschen Einheit war ambivalent, teilweise auch ablehnend, was den konkreten Weg dahin betraf. Dennoch war für viele und mich immer klar, daß die Teilung Deutschlands keine historisch ewig andauernde Strafe ist und überwunden werden kann. So notierte ich am 17. Juni 1989:
»Die Frage nach dem Weg des deutschen Volkes sollte bei aller Skepsis diesem Tag gegenüber und den dazu schon gehaltenen Reden auch den Deutschen diesseits von Werra und Elbe nicht verlorengehen. [...] Freilich sind die billigen Träume der fünfziger Jahre auf eine baldige Wiedervereinigung ausgeträumt. Aber heißt das, daß wir als Deutsche keine gemeinsamen Träume mehr haben dürfen, sollten? Die Zukunft der Deutschen sollte nicht nur mit den Namen der BRD und DDR gedacht werden. Dabei sollte keineswegs das stabilisierende Moment aus der Existenz von zwei deutschen Staaten in Mitteleuropa für den Frieden in den letzten Jahrzehnten in Abrede gestellt werden. Aber in historischen Dimensionen erscheint das absurd.«
Auch ich habe damals nicht geahnt, wie nah diese »historische Dimension« schon war. Was war an öffentlicher politischer Verlautbarung in der DDR möglich? Ich wirkte maßgeblich an einer Erklärung von etwa 150 Teilneh-

merinnen und Teilnehmern des Kirchentagskongresses in Leipzig vom 6. bis 8. Juli 1989 mit. Darin heißt es:

»Die von uns geforderte Umkehr zu einem von der Menschlichkeit Jesu Christi geprägten Handeln beinhaltet immer eine persönliche und gesellschaftliche Umkehr. Nach unserer Überzeugung dürfen in unseren Kirchen – und auch auf diesem Kirchentag – persönlich evangelikal verstandene Bekehrung und gesellschaftlich-politisches Engagement nicht auseinanderklaffen. Wenn wir aber aus christlicher Verantwortung die gesellschaftliche Umkehr praktizieren wollen, stoßen wir auf deutliche Grenzen. Eine grundlegende Umgestaltung politischer und ökonomischer Strukturen ist vonnöten. Entscheidend hierfür sind die Entwicklung von wirklicher Demokratie und Rechtsstaatlichkeit sowie die Kontrolle und Begrenzung von Macht. [...] Die Wahrnehmung unserer Mitverantwortung in politischen und ökonomischen Fragen, genauso wie die Entscheidungsbefugnis von Fachleuten, darf nicht durch das Machtmonopol irgendeiner Partei verhindert werden.«

Es gab zwar eine heiße Diskussion um diesen Text. Spitzel und staatstreue Kirchenleute waren immer dabei. Sie konnten aber eine Abstimmung nicht verhindern. Der Text fand eine große Mehrheit unter den versammelten Christen. Leider – aber nach damaliger Gemengelage natürlich – wurde er nicht, wie vorgeschlagen, auf der Abschlußveranstaltung erwähnt oder bekanntgegeben. Einige Wochen später erschien ein Ausschnitt daraus in der Kirchenzeitung, denn immerhin war hier bei einer staatlich genehmigten kirchlichen Veranstaltung die Machtfrage gestellt und mehrheitlich gegen die führende Partei entschieden worden – im Juli 1989. Ich habe diesen Text dann auf dem sogenannten »Statt-Kirchentag« in der Leipziger Lukasgemeinde bei Pfarrer Wonneberger vorgetragen.

Im Herbst 1989 habe ich keinen dritten Weg angestrebt, ich kannte den Begriff gar nicht. Wir haben gehandelt, nicht theoretisiert. Mir war nicht klar, wie schnell es mit der DDR zu Ende gehen würde, ich dachte schon, noch einiges in diesem Land selbst gestalten zu können. Den Aufruf für unser Land habe ich nicht unterschrieben. Vielmehr haben wir vom Demokratischen Aufbruch Ende November 1989 einen Text veröffentlicht, in dem der Autor – Ehrhart Neubert – die Einberufung einer deutschen Nationalversammlung aus Ost und West zum 18. März 1990 forderte. Das fand ich vernünftig.

Zwischen dem 9. November und Weihnachten 1989 lag die Macht auf der Straße. Wir wußten es und trauten uns nicht, sie aufzuheben. Wir hatten ein starkes Bewußtsein von Verantwortung und ein ambivalentes Verhältnis zur Macht. Später kamen andere, bei denen war es umgekehrt. Nachdem ich heute weiß, mit wie wenig Wissen und wie wenig Konzepten sie begannen, würde mir das nicht noch einmal passieren.

In der Volkskammer saß ich für das Bündnis 90 und war Mitglied des Wirtschaftsausschusses. Ein Mitarbeiter von mir ging noch in den Finanzausschuß, so daß ich als Oppositionsabgeordneter zu diesen Fragen doch halbwegs im Bilde war. Auf die Arbeit bin ich ein wenig stolz. Während Ministerin Regine Hildebrandt die Paragraphen des DDR-Arbeitsgesetzbuches umschreiben ließ, beschäftigten uns die Schulden bei der Währungsumstellung, später Altschulden genannt, das Treuhandgesetz, die Eigentumsfragen, Kommunalvermögen und die Energiewirtschaft. Alles Themen, an denen sich die vereinigte Nation noch Jahre danach die Zähne ausbeißen sollte. Zumindest aus meinem – damaligen wie heutigen – Verständnis heraus würde es sich lohnen, eine unabhängige und unparteiische Aufarbeitung dieser Geschichte zu versuchen. Das hatte viel mit Liberalismus und fast nichts mit dritten Wegen zu tun.

Heutige Position: Gerade bei den eben aufgezählten Themen hätte man, ohne den immensen Zeitdruck und ohne die vielen Stereotypen (»das hat sich in vierzig Jahren Bundesrepublik bewährt«), einigen Herausforderungen der deutschen Einheit angemessener begegnen können. Das hätte aber ein stärkeres Bewußtsein bei allen Abgeordneten der Volkskammer vorausgesetzt, Interessenvertreter des Ostens zu sein.

Ich stehe auch heute noch dazu, am 17. Juni 1990 gemeinsam mit Wolfgang Ullmann, Konrad Weiß und Joachim Gauck einen Antrag für den Beitritt der DDR zur Bundesrepublik Deutschland unterzeichnet zu haben. Nach dem Urteil des Bundesverfassungsgerichtes zum Grundlagenvertrag von 1974 war klar, daß die alte Bundesrepublik sich gar nicht in Abhängigkeit begeben durfte von demjenigen, der beitritt. Damit hatte aber ein im unsicheren Rechtsrahmen ausgehandelter Einigungsvertrag keine so grundsätzliche Bedeutung mehr. Es sei denn, er regelte, worauf die DDR-Bürger bei kollektiver Ausreise bereit waren, freiwillig zu verzichten.

Die letzte frei gewählte Volkskammer hat auch die Möglichkeit gehabt, die SED-PDS zu verbieten. Das wäre sicher problematisch gewesen, hätte aber Schaden vom Land abgehalten. Mut zu einem einfachen Steuersystem, die grundsätzliche Fortgeltung von DDR-Recht über den Tag der deutschen Einheit hinaus, eine schon damals mögliche Liberalisierung der Energiewirtschaft, Entschädigung vor Rückgabe, mehr Anreize zur Eigenverantwortung, nicht nur Geld, sondern Vermögen in die Hände der DDR-Bürger – all diese Forderungen scheinen mir heute immer noch sinnvoll. Allerdings bin ich heute viel unsicherer, wenn ich mir die Probleme vor Augen führe, die damit verbunden gewesen wären. Angesichts der ersten gesamtdeutschen Wahlen schon im Dezember 1990 war aber die Bereitschaft des Westens, grundsätzliche Veränderungen oder gar unsichere Experimente im Osten zuzulassen – vorsichtig gesprochen –, nicht sehr ausgeprägt. Ich trauere dem nicht nach. Ich verspüre auch wenig Neigung, die verlorenen Schlachten von einst noch einmal nachzustellen.

Alle wesentlichen Erwartungen vom Herbst 1989 sind erfüllt worden. Ich habe mir in letzter Zeit angewöhnt, auf diese Frage eine einfache Antwort zu geben: Ja! Unser Ziel, Freiheit, Demokratie, Rechtsstaatlichkeit und Menschenrechte für alle Ostdeutschen zu sichern, ist erreicht worden. Meist kommt in dieser suggestiven Frage ohnehin eher ein Problem des Fragenden zum Ausdruck: »Sind Sie etwa der Meinung, daß sich viel geändert hat?« Das bin ich in der Tat – grundsätzlich und in vielen, vielen konkreten Dingen. Wir haben allen Grund zur Zufriedenheit, ja zur Freude!

Um nur ein Beispiel zu nennen, verweise ich auf den Bereich, in dem ich vor meiner Mitgliedschaft im Deutschen Bundestag von 1995 bis 1998 selbst tätig war: die Sanierung der Altlasten der Braunkohlenindustrie in der DDR. Über hundert Großprojekte in vier neuen Bundesländern gehören zu diesem größten Umweltsanierungsprogramm Europas: Rekultivierung von Tagebauen und Restlöchern, Sanierung der riesigen Veredlungsstandorte Schwarze Pumpe, Lauchhammer und Espenhain. Zwischen Görlitz und Zittau – in einer strukturschwachen Region – wird die Wiedernutzbarmachung eines einzigen Tagebaus allein fast eine Milliarde D-Mark kosten. Ich stamme selbst aus einer Region, die von der Umweltzerstörung durch Braunkohlentagebau schwer betroffen war. Wir haben in unserem Ökumenischen Friedenskreis in Forst gegen die unverantwortbare Energieverschwendung in der DDR gekämpft. Wir haben nicht davon zu träumen gewagt, daß einmal mit soviel Westgeld diese Umweltschäden beseitigt werden könnten. Insgesamt sind für dieses Programm schon zehn Milliarden Mark von Bund und Ländern bereitgestellt worden. Hier, wo auf tertiären Böden nicht einmal Unkraut wuchs, entstehen die blühenden Landschaften Helmut Kohls sogar im wörtlichen Sinne. Hingegen lag das größte Versäumnis in der schäbigen Behandlung der Opfer des SED-Regimes.

Allgemeine politische Einordnung: Für einen aktiven Politiker ergibt sich dies aus dem, was er sagt und wofür er sich einsetzt. Ich bin seit 1996 Mitglied der Christlich-Demokratischen Union Deutschlands, und da ich mir das sieben Jahre lang gut überlegt habe, bin ich damit sehr zufrieden. Es ist trotz der unterschiedlichen Etiketten, unter denen ich schon politisch agierte, übrigens das erste Mal gewesen, daß ich einer etablierten Partei der alten Bundesrepublik beigetreten bin. Ich war nie Mitglied der Grünen. Und wenn andere in ein und derselben Partei mehrmals ihre Meinung wechselten, dann nehme ich für mich in Anspruch, mir die eigene, zum Teil unveränderte Meinung in verschiedenen politischen Vereinigungen, so im Demokratischen Aufbruch oder im Bündnis 90, bewahrt zu haben.

Zum Abschluß möchte ich hier in Chemnitz das gleiche sagen, was ich kürzlich sinngemäß auch den westdeutschen Kollegen im Deutschen Bundestag in der Debatte zum Stand der deutschen Einheit gesagt habe: Ich halte es für falsch, wenn wir bei der Beurteilung bestimmter »östlicher« Verhaltensweisen jeden zutage tretenden Unterschied gegenüber den Westdeutschen gleich dramatisieren. Ist es verwunderlich, wenn Menschen, die meinen, in einer unsicheren Zeit zu leben, die in viel stärkerem Maße von Arbeitslosigkeit betroffen sind, auf eine entsprechende Frage soziale Sicherheit als nächstliegenden Wunsch angeben? Das muß nicht zwangsläufig eine Mißachtung des Grundwertes »Freiheit« sein. Wer vom theoretischen Standpunkt aus sagt, wer die Freiheit geringer schätze als die soziale Sicherheit, der sei noch nicht in der Demokratie angekommen, macht es sich meiner Meinung nach zu einfach.

Das politische System im Westen wurde zu einem Zeitpunkt akzeptiert, als durch Wohlstand das Gefühl sozialer Sicherheit hergestellt werden konnte. Mehrheitlich anerkannt wurde das politische System in der alten Bundesrepublik von der dortigen Bevölkerung erst etwa fünfzehn Jahre später, zu Beginn der sechziger Jahre. Würde jemand ernsthaft behaupten, den Westdeutschen der fünfziger Jahre sei deshalb die Freiheit nicht wichtig gewesen? Wenn man das in Rechnung stellt, so wird man nicht umhin können, heute, zehn Jahre nach dem Mauerfall, eine durchaus gute Bilanz im Hinblick auf die innere Einheit zu ziehen. Die Leipziger Volkszeitung veröffentlichte am 9. November 1999 eine Umfrage, wonach 87 Prozent der Ostdeutschen mit ihrem Leben zufrieden seien, im Vergleich 1994 waren es 67 Prozent und 1996 72 Prozent.

Das Verhältnis von Freiheit und sozialer Sicherheit ist nicht einfach. Wäre das der Fall, dann müßte ja auch die Prioritätensetzung hinsichtlich notwendiger Reformen in unserer Gesellschaft viel leichter durchzusetzen sein. Und das bezieht sich dann insbesondere auch auf die westdeutsche Bevölkerung. Die demokratischen Parteien brauchten dann nur zu sagen: »Leute, wir müssen aus zwingenden Notwendigkeiten heraus Reformen des Rentensystems, der Sozial- und Arbeitslosenversicherung und des Gesundheitssystems durchführen. Ihr werdet dabei als Individuen etwas mehr in die Pflicht genommen, weil der Staat nicht mehr alles leisten kann. Aber bitte schön: Ihr habt ja die Freiheit, soziale Verantwortung und das, was unter sozialer Sicherheit zu verstehen ist, unter veränderten Rahmenbedingungen vor Ort und in euren Familien selbst zu regeln.«

Wenn es tatsächlich so wäre, daß in unserer Gesellschaft Freiheit losgelöst von sozialer Verantwortung der alleinige Maßstab für gute Demokraten wäre, dann müßten Reformvorschläge ohne größeren Widerstand auf schnellstem Wege durchgesetzt werden können. Aber machen wir nicht gerade die Erfahrung, daß dies eben nicht so einfach ist? Machen wir nicht gerade die Erfahrung, daß beispielsweise soziale Sicherungssysteme, deren Grundlagen in den fünfziger, sechziger und siebziger Jahren geschaffen wurden, für die moderne Gesellschaft des ausgehenden Jahrhunderts nicht mehr hundertprozentig geeignet sind?

Ich rede nicht der Abschaffung der Prinzipien einer Sozialen Marktwirtschaft das Wort. Aber die Diskussion und der politische Meinungsstreit um das »Wie« sozialpolitischer Reformen zeigt, daß unser Gemeinwesen vom engen Zusammenhang »Freiheit und soziale Verantwortung« geprägt ist. Ich halte es nicht für anmaßend, die Frage nach der Zukunftsfähigkeit und Weiterentwicklung unserer Demokratie auch den Westdeutschen zu stellen. So gesehen, haben auch die in Freiheit und Wohlstand sozialisierten Westdeutschen Ballast in die deutsche Einheit mit eingebracht. Denn auch sie müssen sich fragen, ob der Halt, den sie in nunmehr fünfzig Jahren wohl funktionierender Strukturen gefunden haben, auch unter den Bedingungen globalen Wettbewerbs für die Zukunft genügt, um weiterhin Freiheit und Verantwortung füreinander zu praktizieren.

Vielleicht ist die Freiheit, die sich die Ostdeutschen erkämpft haben, sogar konsequenter und radikaler als die Gewöhnung der Westdeutschen an das Bewährte und Vertraute ihrer alten Bundesrepublik. So gesehen, halte ich es nicht für unwahrscheinlich, daß die Ostdeutschen bereits in einer Zukunft leben, die den Westdeutschen erst noch bevorsteht – und damit kommt vielleicht auch eine Art Westnostalgie nach der alten Bundesrepublik zum Vorschein.

Die Gnade der späten Geburt
Das Gefühl der Dankbarkeit begleitete
Bürgerrechtler Nooke ins geeinte Deutschland

Bericht in der *Freien Presse* am 18.11.1999
von Johannes Fischer

»Nooke, Günter. Diplom-Physiker. CDU« – so steht er zwischen Nolting und Obermeier in einem Nachschlagewerk unter der Rubrik »Bundestag, Mitglieder«. Einer von vielen Parlamentariern. Einer aus dem Osten. Geboren in der Lausitz. Aber keiner mit ständigem Hang, den Ostdeutschen herauszukehren. Aber einer, der sich seiner Vergangenheit bewußt ist. Stand und steht der Kirche ziemlich nah. Familienbewußt. Erwähnt mehrmals seine drei Kinder und die Verantwortung, sich vor ihnen für sein Leben rechtfertigen zu müssen. Dankt seinen Eltern: Sie hätten den Grund gelegt, daß er dem DDR-System niemals sonderlich nahestand. Vater Nooke trat aus religiösen Gründen frühzeitig aus der SED aus, »die Mutter hat für uns Kinder wohl öfters gebetet, als wir das geahnt haben«. Nookes Kindheit: »Ich bin nicht in den Kindergarten gegangen. Bei der Schulanmeldung verweigerten meine Eltern die Mitgliedschaft bei den Pionieren. Sie haben mich dabei unterstützt, nicht zur Jugendweihe zu gehen.«

Den jungen Nooke trieb's fast zwangsläufig in die Arme der Bürgerrechtler. »Der Sozialismus hatte in den achtziger Jahren schon in jeder Hinsicht abgewirtschaftet. Ihn zu verteidigen, war nicht sonderlich attraktiv.« Der Bürgerrechtler erinnert sich an ein geflügeltes Wort: die »Gnade der späten Geburt«. Münzt es in seinem Sinne um. Ja, wer weiß? Vielleicht hätte dieser Sozialismus für ihn mehr bedeutet, wäre er zehn oder zwanzig Jahre früher geboren worden. Der CDU-Politiker nimmt es den Älteren nicht übel, die das System verteidigten. Schließlich hätten sie es ja mit aufgebaut. Aber seltsam das Verhalten der 30- bis 40jährigen. Wegen einer Gehaltserhöhung durch den Parteiapparat strampeln, das war nichts für ihn: »Karriere ist kein Ziel.«

Die große Oktoberdemonstration in Leipzig – der Wendepunkt. Nooke notierte viel. »Es blieb friedlich«, kritzelte er, »weil es so viele waren.« Die Staatsmacht wagte nicht einzugreifen. Das Resultat: »Die Angst war weg.« Die Diktatur – ein undichter Vakuumbehälter. Luft kommt rein, und »man bekommt die Luft nicht mehr raus.« So war es: Wenige Wochen später stürzte die Mauer zusammen. »Was geschah, war unumkehrbar.«

War nie ein Verfechter des sogenannten dritten Weges, der Nooke. Die Entscheidung mußte fallen zwischen Diktatur und Demokratie. Sie fiel, und Nooke ist zufrieden: »Zehn Jahre nach dem Mauerfall haben wir eine durchaus gute Bilanz der deutschen Einheit.« Schönredner? Nein, kann man nicht sagen. Er erinnert sich an sein Engagement für die Umwelt in der DDR. »Wo früher nicht mal Unkraut wuchs, entstehen die blühenden Landschaften Helmut Kohls – sogar im wörtlichen Sinne.«

Wolfgang Templin, Publizist

Wolfgang Templin
»Nicht nur staatliche Wiedervereinigung, sondern auch gesellschaftliche Neuvereinigung«

Im Rahmen einer Ringvorlesung zu sprechen, in der namhafte Vertreter der DDR-Opposition über das Selbstverständnis der Akteure von 1989 und ihre weitere Entwicklung referieren, stellt eine besondere Herausforderung dar. Die größte Schwierigkeit dabei sehe ich in der Aufgabe, als Teil für das Ganze zu sprechen, das individuelle Profil der Beteiligten, die gruppenspezifischen Besonderheiten und den gemeinsamen Rahmen, in den man die späte DDR-Opposition, die zur Bürgerbewegung wurde, nun einmal einordnet, aufeinander zu beziehen und gegeneinander abzusetzen. Als ehemaliger Marxist und Gründungsmitglied der Initiative Frieden und Menschenrechte (IFM) will ich versuchen, die besondere Entscheidungs- und Arbeitssituation unserer Gruppe und die eigenen Erfahrungen, die nach einigen Umwegen zur offen politischen Opposition führten, detailliert zu beschreiben und zu erklären.

Für die große Mehrzahl der Beteiligten läßt sich die unabhängige Gruppenszene der späten DDR, die in den achtziger Jahren in die Rolle einer unabhängigen Opposition hineinwuchs, als Generationenphänomen charakterisieren. Es waren zum überwiegenden Teil in die DDR hineingeborene dreißig- bis vierzigjährige Frauen und Männer, deren biographische Erfahrungen nicht mehr mit der Gründungsphase dieses Staates und dem frühen Widerstand in der SBZ/DDR verbunden waren. Ein beträchtlicher Teil von ihnen hatte sich für kürzere oder längere Zeit mit den sozialistischen Entwicklungszielen der DDR verbunden und dafür eingesetzt. Die östlichen und westlichen Erfahrungen mit dem historischen Einschnitt von 1968 wurden zum biographischen Schlüsselerlebnis dieser Generation. Nicht alle rückten mit dem Erlebnis der Panzer in Prag bereits von der Hoffnung auf einen »Sozialismus mit menschlichem Antlitz« ab. Für mich selbst, ich war im Sommer 1968 knapp zwanzig Jahre alt, hielt die kritische Identifikation mit der »DDR als besserem Staat auf deutschem Boden« bis Mitte der siebziger Jahre an. Es war, wie für viele andere meiner Generation, die in der DDR durch Namen wie Wolf Biermann, Robert Havemann und Rudolf Bahro charakterisierte linke Kritik am Realsozialismus, die mich aus der universitären Elitensituation in immer stärkere Zweifel und Identitätskrisen stürzte.

Wenn man die durch dieses Jahrhundert gezogene Kette individueller und intellektueller Zuwendung und Lösung vom marxistisch-sozialistischen Welterklärungs- und Erlösungsanspruch verfolgt, zeigen sich biographisch spezifische Grundmuster.

Es gibt einen Typus Gläubiger und Verführter, der nach seiner Abkehr von kommunistischen Heilsgewißheiten mit konvertitenhaftem Eifer den festen Boden konträrer politischer oder religiöser Gewißheiten sucht und verteidigt.

Es gibt den durch keine Realerfahrung zu beirrenden »ideellen Dauerlinken«, der bei all seiner späteren Kritik und Distanz zum stalinistischen und sozialistischen Verbrechenspotential und all seiner Opposition dagegen an der sozialistischen Systemutopie festhält. Für Deutschland mögen hier die Namen von Ernst Bloch oder Hans Mayer stehen.

Und es gibt die ehemaligen Marxisten und Kommunisten, die diesen utopischen Kern einerseits als ideologisches Opiat erkannt haben, denen andererseits aber das Mißtrauen und die Distanz gegenüber neuen Gewißheiten und Vollkommenheiten, ob nun konservativer, marktliberaler oder religiöser Art, eingegraben bleibt. Als erfahrungsbelehrte Demokraten verteidigen sie die Vorzüge von Rechtsstaat, Demokratie und offener Gesellschaft, stellen sich aber deren Defiziten und Mängeln. Was sie festhalten und verteidigen, sind nicht Reste der alten Heilsgewißheiten, sondern einen Veränderungsanspruch, der über den bürgerlichen *common sense* des »So war die Welt schon immer« hinausgeht.

Wolf Biermann, Robert Havemann und Rudolf Bahro drücken auf ihren Wegen in die DDR-Opposition solche Muster prototypisch aus. Ihre Haltung ist ähnlich – und doch verschieden.

Biermann gerät mit den Erfahrungen seiner Familie im NS-Widerstand als überzeugter Jungkommunist in die DDR und bleibt bis in die sechziger Jahre ein »systemtreuer Rebell«. Als oppositioneller Kommunist geißelt er Funktionärsbürokratie, miefige Spießeratmosphäre und den DDR-Unterdrückungsapparat. Nach seiner ungewollten Ankunft in der Bundesrepublik fühlt er sich vom »Regen in die Jauche« befördert und braucht weitere Jahre, um die Suche nach dem »roten Stein der Weisen« aufzugeben. Der unangepaßte kritische Zeitgenosse wechselt nicht die Seiten, sondern bleibt sich als Libertin und Nonkonformist treu.

Robert Havemann, als Naturwissenschaftler und kommunistischer NS-Widerständler eine prominente Vorzeigefigur in den Aufbaujahren der DDR, schafft es in den frühen sechziger Jahren, den Bruch mit seiner stalinistischen Mittäterschaft nicht nur öffentlich zu erklären, sondern die Konsequenz eines Lebens in der Opposition auf sich zu nehmen. Er weigert sich, die DDR zu verlassen – nur die Widerstandsbiographie und seine Prominenz schützen ihn vor der Verhaftung – und nimmt als oppositioneller Kommunist alle Drangsalierungen und Repressionen auf sich. Der Robert Havemann der Schriften und Texte bleibt bis zu seinem Tode Anfang der achtziger Jahre ein überzeugter Kommunist. In seiner Öffnung zu anderen Personen und Überzeugungen, in seinen Kontakten in den Kirchenraum der DDR, in seinem Einfluß auf jüngere, undogmatische Anhänger nimmt er den Übergang zur demokratischen Opposition bereits vorweg. Durch die Konsequenz des Bruchs mit seiner stalinistischen Vergangenheit und die Bereitschaft, den existentiellen Preis oppositionellen Lebens in der DDR zu zahlen, wird er zu einer der entscheidenden Leitfiguren der unabhängigen Gruppenszene.

Rudolf Bahro drückt eine andere Facette oppositionellen Vorläufermilieus für die Neunundachtziger aus. Seine in tiefster individueller Konspiration geschriebene und 1977 in der Bundesrepublik erschienene »Alternative« ist ein Lehrstück der Kritik des DDR-Systems auf ideell-kommunistischer Grundlage. Einer bestechenden und plausiblen Analyse der Blockaden und Dysfunktionalitäten des DDR-Systems, dem kritischen Teil seines Buches, folgt der utopische »Wunschanbauplan« einer neuen perfekten Gesellschaft. Weit über die Mühe erhaben, sich mit den Mängeln westlicher Demokratie und den Chancen einer offenen Gesellschaft herumzuplagen, gibt er das probate Rezept einer Erziehungsdiktatur durch kompetente Eliten aus, an ihrer Spitze den »Bund der Kommunisten«. In den Westen geworfen und zum Anhänger der Grünen geworden, die er wenig später enttäuscht wieder verläßt, wechselt Bahro die Namen und Details für seine späteren Gesellschaftsutopien, bleibt aber bis zum Ende ein radikaler Verächter der westlichen Demokratie. Sein Werk und seine Person stehen für die Annäherung und Vermittlung von marxistischem und protestantischem Utopiepotential.

Mich selbst hätte man in Diskussionen zu Anfang der achtziger Jahre irgendwo zwischen den durch diese Namen und Positionen markierten Feldern gefunden. An Havemann imponierte mir die Konsequenz seines Suchens, denn mein eigener Weg im Milieu der protestantisch geprägten Gruppenszene war noch lange nicht abgeschlossen. Bei Bahro war mir der Bruch zwischen seiner stimmigen Analyse und der kommunistischen Sackgasse seines Alternativvorschlages schnell bewußt geworden. Dennoch blieb mir »der Westen« noch immer fremd und inakzeptabel.

Meine wichtigste Lektion hatte ich einige Jahre zuvor in Polen erhalten. Durch einen einjährigen Studienaufenthalt in Warschau 1976/77 wurde ich mit dem Vorboten der späteren Solidarność-Bewegung, dem gerade gegründeten »Komitee zur Verteidigung der Arbeiterrechte« (KOR), konfrontiert und bekam eine Ahnung davon, wie demokratische Opposition in einem diktatorischen System aussehen konnte und mußte. Im KOR saßen uralte polnische Nationalkonservative, die noch den Kriegs- und Nachkriegswiderstand verkörperten, neben Leuten meines Alters, die vor einigen Jahren noch die

Internationale gesungen hatten. Im KOR saßen Kleriker und Laizisten, Arbeiter, Angestellte und Intellektuelle. Was sie verband und verbündete, war die Überzeugung, daß nur durch offenen Widerstand, durch eine breite gesellschaftliche Opposition und Gegenkraft, die Diktatur zu überwinden sei.

In der Auseinandersetzung mit dem sozialistisch drapierten diktatorischen System wurden die Werte von Demokratie und offener Gesellschaft gemeinsam verteidigt, mochten die Meinungen und Standpunkte über die wünschenswerteste aller Gesellschaften, über die Vorzüge und Nachteile des Westens, noch so weit auseinandergehen. Von diesen Erfahrungen, die nicht nur ich aufnahm, stand einiges Pate, als sich nach ersten Höhepunkten und Depressionsphasen in der Entwicklung der unabhängigen DDR-Friedensbewegung um 1983 herum neue Konflikte und Entscheidungen innerhalb der Gruppen abzeichneten. Längst als Oppositionelle und Systemfeinde eingestuft, hatte sich für viele Gruppenbeteiligte unter dem Dach der Kirche immer noch kein oppositionelles Selbstverständnis und Selbstbewußtsein durchgesetzt. Die Kritik am DDR-System verlief sich allzu häufig in Reform- oder Verständigungshoffnungen; Konfrontationen wurden abgelehnt, die »linke« und utopische Seite der Einflußpersonen Biermann, Havemann und Bahro sowie zahlreicher westlicher 68er wurde gegen die Chancen und Zumutungen einer demokratischen Opposition gewendet. Dementsprechend gespalten war das Verhältnis zahlreicher Gruppen und Personen zur osteuropäischen Opposition und zu Westkontakten, die nicht in das linke Akzeptanzmuster oder das protestantische Friedfertigkeitsraster paßten.

Im Ungenügen an diesen Grenzen und Selbstbeschränkungen, die zunehmend lähmend wirkten, kam es Ende 1985 zur Gründung der Initiative Frieden und Menschenrechte (IFM) als erster kirchenunabhängiger oppositioneller Menschenrechtsgruppe. Unter den über zwanzig Gründungsmitgliedern waren mit Gerd und Ulrike Poppe, Bärbel Bohley, Werner Fischer, Katja Havemann, Antje und Martin Böttger, Ralf Hirsch, Lotte und Wolfgang Templin einige bereits bekanntgewordene Personen. Nahezu jedes Gründungsmitglied und die Vielzahl der später Dazustoßenden hatte längere Erfahrung in anderen Gruppen hinter sich und blieb auch später anderen Gruppen verbunden.

Daß der Gründung folgende bewußte und immer heftigere Überschreiten von Tabuzonen für die unabhängige Arbeit außerhalb des Dachs der Kirche brachte der IFM sehr schnell den Status eines Staatsfeinds Nummer eins ein. Die entsprechenden Abteilungen des Ministeriums für Staatssicherheit konzentrierten ein immer größeres Repressionspotential auf die Gruppenmitglieder. Mit der Herausgabe einer illegal gefertigten, aber namentlich gezeichneten und offen vertriebenen eigenen Zeitschrift »Grenzfall«, mit der Sammlung und Weitergabe von Informationen über Menschenrechtsverletzungen, Unterdrückungspolitik und Repressionen, mit gezielten Oppositionskontakten nach Ost- und Westeuropa und in die Bundesrepublik, mit der Veröffentlichung namentlich gezeichneter Protestbriefe und Erklärungen, mit der Vorbereitung von Demonstrationen stieß die IFM in einen politischen Handlungsraum vor, der für DDR-Verhältnisse gar nicht existieren durfte und erst 1989 massenhaft besetzt wurde.

Bei allem linken Grundverständnis der meisten Mitglieder, ob sie nun als kritische Gemeindechristen, Ex-Marxisten oder Alternativkünstler zur IFM stießen, waren die Offenheit für verschiedene mögliche Überzeugungen und der gemeinsame Handlungsbezug in der Einforderung verweigerter Menschenrechte prägend für die Gruppe und für ihre Ausstrahlung. In Teilen des Kirchenraumes als Individualisten und profilsüchtige Abenteurer verschrien und von Linksoppositionellen als »bürgerliche Abweichler« und »Diskussionsdemokraten« abgestempelt, wurden die Mitglieder der Gruppe in den Jahren vor 1989 mit entscheidenden Erfahrungen der osteuropäischen Opposition konfrontiert. Vaclav Havels »Versuch in der Wahrheit zu leben«, das Ethos und die Werte der von polnischen und ungarischen Dissidenten propagierten »zivilen Gesellschaft« bestimmten die Diskussionen und die Handlungsansätze der IFM weit stärker als DDR-spezifische linke bzw. protestantische Vorbilder.

Vor diesem Hintergrund wird ein differenzierter Blick möglich auf das weit auf- und auseinandergezogene Spektrum von Erfahrungen, Positionen und Mentalitäten, welches die oppositionelle Gruppenszene der DDR im Moment ihres Einmündens in eine wirkliche Bürgerbewegung im Spätsommer 1989 verkörperte. Die Frage nach der Durchsetzung oppositioneller Ziele beziehungsweise nach dem Scheitern der Opposition läßt sich dann auch nicht so generalisierend beantworten, wie dies immer wieder versucht wird.

Wer mit dem Hintergrund eines unabhängig-kirchlichen Konsens- und Versöhnungsdenkens in die letzte Phase der DDR-Geschichte geriet, meldete einen anderen Veränderungsanspruch an als eingefleischte linke Dissidenten oder menschenrechtlich orientierte Oppositionelle. Wenn zum Beispiel Mitglieder und Vertreter des kirchlich orientierten Pankower Friedenskreises und der Initiative Frieden und Menschenrechte zusammensaßen, brachte Hans Misselwitz, einer der Wortführer des Pankower Friedenskreises, immer wieder das Argument ein, wir müßten stärker unsere Rolle als »Vermittler« wahrnehmen. »Vermitteln wo zwischen?« – so fragte ich dann verblüfft und abwehrend. Zwischen der uneinsichtigen und jegliche Öffnung verweigernden DDR-Führung und der immer unzufriedeneren Bevölkerung, die mit Ausreisedruck und Resignation reagierte, wollten Teile der Kirchenkreise Glasnost und Perestroika befördern. Natürlich plädierten die Vertreter der IFM dafür, sich der unvermeidlichen Gegnerschaft zum System und der Oppositionsrolle zu stellen, statt dort auf Einsicht zu setzen, wo keine mehr zu erwarten war.

Für dominierend linksorientierte Gruppen wie die Berliner Umweltbibliothek und den Friedrichsfelder Friedenskreis galt ein Oppositionsverständnis, das sich gegen den Staat aussprach, aber gleichermaßen deutlich von allem, was der Westen bedeutete, abgrenzte und die in den Westen strebenden Teile der DDR-Bevölkerung als privatisierende Abtrünnige und Verräter betrachtete. In den ebenfalls kontroversen und aufreibenden Auseinandersetzungen innerhalb der IFM setzte sich – relativ spät, aber noch vor der Zusammenbruchsphase der DDR – die Einsicht durch, daß der Westen in Sachen Freiheitsrechte und Demokratie einen mindestens relativen Fortschritt bot und mit dem Verständnis einer oppositionellen Menschenrechtsgruppe das elementare Recht auf Freizügigkeit nicht einfach diskreditiert oder heruntergestuft werden konnte.

Am Verständnis des Wortes Sozialismus lassen sich die gravierenden Unterschiede zwischen den einzelnen Gruppen und Positionen in der Endphase der DDR gut beleuchten. Im protestantischen und linksoppositionellen Utopiehorizont wurde die mangelhafte und mißratene Realisierung des Gegenentwurfes zur kapitalistischen Moderne, also der diktatorische Realsozialismus, angeprangert und in verschiedener Weise eine dem westlichen Entwicklungsmodell entgegengesetzte Alternative, der demokratische Sozialismus, angestrebt und eingefordert. Ob reformbereite Teile der SED für einen solchen Weg zu gewinnen seien, ob er unter der Dominanz einer sich öffnenden und reformierenden SED zu gehen sei oder diese Partei letztlich hinter sich lassen müsse, blieb im linksalternativen Spektrum umstritten.

Eine mit dem gleichen Wort »demokratischer Sozialismus« verbundene, ganz andere Option läßt sich bei den späteren Mitbegründern der SDP und Vertretern der IFM finden. Ähnlich wie in der bundesdeutschen Sozialdemokratie nach Bad Godesberg wird am Wertehorizont sozialer Gerechtigkeitsvorstellungen festgehalten, jedoch kein systemischer Gegenentwurf zur liberalen Demokratie als Ziel akzeptiert. Die IFM insgesamt, die das Wort Sozialismus auch noch positiv verwandte, stellte die Durchsetzung grundlegender politischer Freiheitsrechte und gesellschaftlicher Pluralität in den Mittelpunkt ihres Oppositionsansatzes.

Nicht die Fixierung auf die positiven Seiten der untergehenden DDR, nicht die Reformillusionen in Bezug auf die SED und nicht die fehlende Oppositionsbereitschaft ließen Gruppen wie die IFM hinter dem politischen Zug, der zur Einheit raste, zurückbleiben, sondern eine Haltung, die ich mit »demokratischem Idealismus« umschreiben würde. Bis in die unmittelbare Nähe der Ereignisse von 1989 hinein waren alle Oppositionellen mit ihrer gesellschaftlichen Isolation konfrontiert und standen einer Bevölkerungsmehrheit gegenüber, die zwischen aktiver Einordnung, Apathie und Resignation schwankte. Vorzeichen einer Änderung gab es spätestens von 1988 an. Ab dem Frühsommer 1989, der Auseinandersetzung um die Wahlfälschungen, nahmen die gesellschaftlichen Proteste Massencharakter an. In der Euphorie darüber, daß ihre Botschaft endlich angekommen war, ihre Vorarbeit Früchte trug und sie aus ignorierten und gemiedenen Außenseiterpositionen an die Spitze einer demokratischen Massenbewegung getragen wurden, schätzten die Gründungsmitglieder des Neuen Forum und die anderen Bürgerrechtler der ersten Stunde den Charakter der Proteste falsch ein. Sie deuteten die Energie der Auflehnung, die den Untergang der DDR beförderte und die Mauer aufbrach, in den Willen und die Bereitschaft zur demokratischen Selbstgestaltung um.

Spätestens mit der Öffnung der Mauer, der massenhaften Konfrontation mit dem Entwicklungsvorsprung der Bundesrepublik und der tatsächlichen Zerfallssituation der DDR wurde klar, daß für den selbstbestimmten und selbstgestalteten Weg in die Einheit keine Mehrheit existierte. Zwischen der notwendigen Kompromißsituation am Runden Tisch, den inneren Auseinandersetzungen und den schnell dominierenden parteipolitischen Optionen anderer Teile der Opposition zerrieben, geriet der Anspruch einer bürgerbewegten gemeinsamen Übergangskraft sehr schnell ins politische Aus. Nach den Maßstäben politischen Machtkalküls müßte man von einem Scheitern sprechen, nach dem Anspruch einer demokratischen Opposition, die nicht primär die Macht, sondern die Entscheidungsfähigkeit der Gesellschaft anstrebte, fällt die Bilanz differenzierter aus.

Der britische Historiker Timothy Garton Ash, einer der kundigsten und differenziertesten Chronisten der östlichen Dissidenzszene, sieht hier ein Phänomen in nahezu allen Ländern, welche die Befreiungsrevolution von 1989 erfaßte. Wegbereiter und subjektive Träger der Ereignisse, von den Idealen der demokratischen Zivilgesellschaft erfaßt und von ihrer Rolle als Oppositionelle geprägt, waren sehr oft nicht diejenigen, die sich unter demokratischen Verhältnissen dem Habitus und dem Rollenverhalten professioneller Politiker annähern oder angleichen konnten und wollten. Sie finden in sozialen, ökologischen oder menschenrechtlichen Projekten und Initiativen weit eher ihren Platz; sie sind den Aufgaben von kritischen Intellektuellen weit mehr verbunden als der Sphäre der Berufspolitik.

Es bleibt die Frage möglicher Alternativen im oder zum tatsächlichen Vereinigungsprozeß. Auch hier gibt Timothy Garton Ash einen wertvollen Hinweis. Er warnt als Historiker vor einem »retrospektiven Determinismus«, der mit dem Hinweis auf die Gründe für eine tatsächliche Entwicklung jede, aber auch jede real mögliche Alternative verwirft beziehungsweise für absurd erklärt. Immer wieder zu hörende Wünsche nach einem Reformweg für die DDR, nach einem Erhalt ihrer (vermeintlichen) Vorzüge oder nach einem Vereinigungsweg, der alle Beteiligten zufriedenstellte, sind tatsächlich illusorisch, irreal und gehören ins Reich der blühenden Phantasien. Lutz Rathenow und Christian von Ditfurth, beides begabte Satiriker, haben unlängst Szenarien solch einer lebensverlängerten DDR vorgestellt – sie sind als Parodien und Persiflagen angelegt.

Ernsthaft und dringlich muß jedoch die Frage gestellt werden, ob es beim klar begründeten Wunsch nach schneller Vereinigung durch die meisten DDR-Bürger und bei einer vorauszusetzenden und unabänderlichen westlichen Dominanz in diesem Vereinigungsprozeß Gestaltungsmöglichkeiten und -chancen gab, die verpaßt wurden und die deutsch-deutsche Vereinigungssituation zehn Jahre danach als Hypothek belasten.

Hier fällt meine Antwort eindeutig mit Ja aus und setzt am politischen Klima und der gesellschaftlichen Situation der alten Bundesrepublik vor 1989 an. Neue Ostpolitik und Entspannungsdenken prägten von den siebziger Jahren an die bundesdeutsche Außen- und Deutschlandpolitik. Vor allem in ihrer zweiten Phase, nach Willy Brandt, setzte sich immer stärker eine Status-quo-Fixierung und eine Verdrängungsmentalität durch, die das häßliche Gesicht der Diktatur im zweiten deutschen Teilstaat schönredete und im »erträglichen Miteinander« das langfristige Optimum erblickte.

Was für die DDR galt, prägte auch die politischen Konzepte gegenüber den ostmitteleuropäischen Staaten. Organisierte Opposition und gesellschaftliche Aufbruchsbewegungen wie die Solidarność in Polen wurden nicht als Hoffnung genommen und wirksam unterstützt, sondern als Risiko und entspannungspolitischer Störfall betrachtet. Die Art und Weise, in der zum Beispiel Bundeskanzler Helmut Schmidt die Ausrufung des Kriegsrechts in Polen im Dezember 1981 und die damit verbundene Unterdrückung der Solidarność-Bewegung rechtfertigte, hat sich für immer in das Gedächtnis der Osteuropäer eingegraben.

Dem Realitätsverlust gegenüber den wichtigsten Veränderungspotentialen im Osten entsprach für die deutsch-deutschen Beziehungen eine gehörige Portion bundesdeutscher Ignoranz. In den achtziger Jahren hatte sich die bundesdeutsche Gesellschaft gut mit sich selbst eingerichtet. Zahlreiche Achtundsechziger hatten ihren Frieden mit dem vorher so ungeliebten System gemacht, die Anteilnahme für das Schicksal der Brüder und Schwestern jenseits des eisernen Vorhangs wurde in die Sonntagsreden verbannt. Politische Gestaltungsbemühungen galten dem Ausbau der offenen und diskreten Kontakte zu den Machthabern der anderen Seite oder ihren Emissären vom Schlage Alexander Schalck-Golodkowskis.

In vielen publizistischen Beiträgen und öffentlichen intellektuellen Debatten wurde ein DDR-Bild entwickelt und gepflegt, das den Diktaturcharakter des zweiten deutschen Staates ausblendete und dem DDR-System demokratische Entwicklungsmöglichkeiten zuschrieb, die illusorisch waren. Zur Rechtfertigung dieser Verzeichnungen wurde in Debatten nach 1989 häufig erklärt, man habe es angesichts der Informationslage und der positiven Außenwirkung der DDR nicht besser wissen können. Das ist schlichtweg falsch. Es gab in dieser ganzen Zeit bundesdeutsche Wissenschaftler, Publizisten und Zeitzeugen, die – wenn auch als ungeliebte Minderheit – an einer realistisch-kritischen Sicht auf die DDR festhielten. Es gab die zahlreichen

Berichte und Aussagen von Flüchtlingen und freigekauften Gefängnisinsassen aus der DDR. Es gab zahlreiche internationale Stimmen, die davor warnten, den hochdestruktiven Charakter kommunistischer Systeme schönzureden und vor den Realitäten der östlichen Diktaturen zu kapitulieren. Welches Bild hätte ein möglicher realistischer Blick auf die DDR in der Mitte der achtziger Jahre ergeben – bezogen auf die Aufgaben und Herausforderungen eines künftigen Vereinigungsprozesses?

– Am diktatorischen Grundcharakter des DDR-Systems hat sich trotz Helsinki-Kosmetik und Entspannungsrhetorik nichts geändert. Das erbittert verteidigte Machtmonopol der SED, der immer intensiver ausgebaute, wirksame Sicherheits- und Repressionsapparat und viele andere Faktoren schließen eine Liberalisierung oder Reformperspektive aus.

– Anders als in der Entstehungszeit und der Aufbauphase der DDR unter Ulbricht ist es der SED gelungen, nicht nur ihren Machtanspruch relativ dauerhaft zu sichern, sondern auch tief in die Gesellschaft hinein gestaltend und prägend zu wirken. Der Kampf gegen die Grundlagen der bürgerlichen Kultur und Lebensweise, die Schaffung neuer staats- und parteiergebener Eliten, die hohe Intensität »sozialistischer« Erziehungsarbeit haben ihre Früchte getragen.

– So sehr der DDR der Anschluß an die industrielle und technologische Moderne mißlingen mußte, weil das Scheitern planwirtschaftlicher Modelle und Experimente unausweichlich war, so sehr ist sie in anderer Weise eine relativ moderne Gesellschaft geworden, in der trotz des Gleichschaltungsdrucks der Diktatur soziale und biographisch-individuelle Ausdifferenzierungsprozesse vorher ungeahnten Ausmaßes stattgefunden haben. Den Eliten- und »Täter«-Schichten des Systems steht eine gesellschaftliche Majorität gegenüber, in der es einen hohen aktiven Mitläuferanteil gibt, in der aber auch zahlreiche Formen individueller Distanzierung, passiven Protestes und aktiver Verweigerung – bis hin zur offenen Opposition – gelebt werden. Die klassische Aufteilung nach dem Täter-Opfer-Schema reicht bei weitem nicht aus, um die Spanne gesellschaftlichen Verhaltens und individueller Dispositionen ausreichend zu erfassen.

– Gesamtwirtschaftlich und sozialökonomisch, aber auch von der ökologischen Dimension her, konnte ein realistischer bundesdeutscher Blick erhebliche Zeit vor dem Untergang der DDR nur zu einer verheerenden Bilanz kommen. Raubbau an allen vorhandenen Ressourcen, infrastrukturelle Rückstände immer größeren Ausmaßes, verzweifelte Bemühungen zur Erschließung neuer Devisenquellen dokumentieren den Ausverkauf einen ganzen Landes.

Die Konsequenzen solcher möglichen, aber verdrängten und verweigerten Einsichten liegen auf der Hand. Im besten Falle bereits vorher, aber mindestens mit dem Einsetzen der »Gestaltung des Vereinigungsprozesses« hätte man der altbundesdeutschen Gesellschaft wie den DDR-Bürgern reinen Wein darüber einschenken müssen, welche schier unglaubliche, jedoch nicht zu umgehende Zumutung in verschiedener Weise auf sie zukommt. Eine Zumutung West, die als Lastenausgleich und gesellschaftliche Öffnung an die Substanz gewonnener Sicherheiten und Besitzstände gegangen wäre, und eine Zumutung Ost, die den DDR-Bürgern nicht die Illusion schnell blühender Landschaften und eines läßlichen Umgangs mit den Sünden der Diktatur genannt hätte.

Der westdeutschen Seite konnte und mußte klar sein, daß die größte Chance und das wichtigste »Kapital« des Vereinigungsprozesses darin lag, den relativ großen Teil der DDR-Gesellschaft, der sich individuell und biographisch nicht unrettbar mit dem System verklammert und infiziert hatte, für die demokratische Mitgestaltung einer gemeinsamen neuen Gesellschaft zu gewinnen. Das hätte auf der anderen Seite aber bedeutet, die Auseinandersetzung mit den belasteten Tätern und den systemtreuen Eliten der DDR ernst zu nehmen und zu führen. Die Verweigerung dieser Auseinandersetzung – vom Wunsch nach einer Schließung der Akten über den ständigen Verweis auf die Grenzen des Rechtsstaates bei der Verfolgung von Tätern einer Diktatur bis zur mehr als glimpflichen Ankunft großer Teile der DDR-Funktionseliten in der neuen Wirklichkeit – mußte nicht nur die zahlreichen Opfer der DDR-Diktatur verprellen und erneut ins Abseits stellen, sondern auch zahlreiche DDR-Bürger, die sich dem System verweigert hatten, in die Distanz treiben.

Gerade bei der Elitenfrage wird von westdeutscher Seite immer wieder nach den Alternativen zur Übernahmepraxis gefragt. Mit dem vorher skizzierten DDR-Bild mußte klar sein, wie sehr zum Beispiel der größte Teil der Lehrer und Staatsfunktionäre dem System nicht nur äußerlich verpflichtet war, sondern auch ideologisch und inhaltlich willig »funktionierte«, das System »in sich selbst« hineingenommen hatte. Es konnte nach 1989 nicht darum gehen, ihnen allen eine Weiterbeschäftigung zu verweigern, wohl aber darum, eine offenere Situation zu schaffen, die denjenigen, welche in der DDR unter Berufsverbot standen, ihre Ausbildung nicht beenden oder sie gar nicht erst beginnen konnten, eine wirkliche Chance bot. Für alle Bereiche des öffentlichen Dienstes und vergleichbare Tätigkeiten hätten einige Jahre lang Anstellungen nur unter Vorbehalt erfolgen dürfen, um in der gleichen Zeit durch Förderprogramme, Neu- und Zusatzqualifikationen und gezielte Angebote einen personellen Neuanfang zu erleichtern. Eine solche Praxis hätte nicht rigoristisch alle Altkader vertrieben, aber ihnen mindestens keinen Sicherheitsscheck gegeben, ein Minimum an Chancengleichheit hergestellt und den wichtigen Neuzugängen aus dem Westen die Risiken eines Provisoriums zugemutet.

Der tatsächliche Prozeß hat nahezu alle Beteiligten enttäuscht und die damit verbundenen westlichen Hoffnungen auch nicht erfüllt. Den glimpflich bis gut davongekommenen Altkadern ist die Demokratie zumeist nicht näher gerückt: Sie hadern mit ihrem Statusverlust und wählen weiter die PDS. Die früher Benachteiligten und Opfer sehen sich in den Regen gestellt und verlieren ihr Zutrauen in die Verantwortung der Demokratie. Viele Dazwischenstehende fühlen sich in ihren Ressentiments und ihrer Politikverdrossenheit bestätigt.

An diesem Ausschnitt wird das Dilemma der Gesamtsituation deutlich. Es fehlte grundlegend an der altbundesdeutschen Bereitschaft, die Tatsache zu akzeptieren, daß nach Jahrzehnten der Teilung und einer wie auch immer problematischen, aber mindestens seit den sechziger Jahren gewachsenen eigenen gesellschaftlichen Identität in der DDR der gewollte Vereinigungsprozeß *staatlich* zwar eine Wiedervereinigung bedeutete, *gesellschaftlich* jedoch nur als *Neuvereinigung* gelingen konnte. Ein großer Teil der mit der DDR-Opposition und späteren Bürgerbewegung verbundenen demokratischen Impulse ging in diese Richtung und war eben nicht auf Vereinigungsverweigerung oder Lebensverlängerung der DDR gerichtet. Das Beharren auf einem verfassungsgebenden Prozeß als demokratischem Fundament der Neuvereinigung, für den Personen wie Wolfgang Ullmann mit ihrer ganzen Kraft eingetreten sind, war alles andere als ein überflüssiger Luxus oder der Versuch, gar nicht vorhandene »Errungenschaften« der DDR in die neue Wirklichkeit hinüberzuretten.

Es war im Gegenteil das Bewußtsein dafür, daß nach der kurzen Phase der politischen und gesellschaftlichen Selbstbefreiung der DDR-Bevölkerung ganz verschiedene, sich überlagernde oder auch konträre Bedürfnisse und Interessen sichtbar wurden. Lautstark artikuliertes Grundbedürfnis einer Mehrheit war der schnelle und möglichst schmerzarme Übergang, das Dazustoßen zum erfolgreichen und überlegenen System der Bundesrepublik. Für zum Teil die gleichen Menschen, aber auch für viele andere war es mindestens ebenso wichtig, diesen mit hohem Tempo zu beschreitenden Weg als Partner und mit aufrechtem Gang zurückzulegen und dabei die Frage stellen zu können, welches Maß an Veränderung die andere Seite für sich sieht und sich zutraut.

Wer diese Bedürfnisse und Fragen vorschnell als Rütteln am bewährten System der Bundesrepublik abtat, wer in vielen damit verbundenen Forderungen und Vorschlägen nur überflüssige symbolische Zutaten sah, verkannte die wichtigste Aufgabe im Vereinigungsprozeß. Bei aller Bedeutung von Wirtschaftskraft und starker DM für die Bundesrepublik, bei aller Hochschätzung der demokratischen Institutionen und ihres realisierten Transfers: Es war falsch, nur diese Seiten in den Mittelpunkt zu stellen. Die schwierigste und zugleich vorrangige Frage mußte sein, wie das »demokratische Kapital« als wichtigster Wert der Bundesrepublik eingesetzt werden konnte, wie das Problem gelebter Demokratie – von Demokratie als Lebenshaltung – an Menschen herangetragen werden konnte, die lange Jahrzehnte in einer unseligen diktatorischen Kontinuität gelebt hatten.

Hier das eine zu tun und das andere nicht zu lassen, die notwendige Aufbauhilfe und die institutionellen Transfers zu organisieren und zugleich die gesellschaftliche Auseinandersetzung zu fördern anstatt zu behindern, den Tätern auf den Leib zu rücken und den Opfern das Bewußtsein ihrer Würde zurückzugeben – das ist nur nach einer Seite hin und insgesamt unzureichend gelungen. Die demokratische Herausforderung im Vereinigungsprozeß als sekundären Faktor zu behandeln, hat sich gerächt. Es hat die politischen Verwerfungsprozesse zwischen den alten und neuen Bundesländern befördert.

Anscheinend oder auch nur scheinbar kleinere Fragen, wie die Diskussion über eine neue gemeinsame Hymne oder die Wahl des richtigen Vereinigungsfeiertages und erstrangige Probleme wie die Auseinandersetzung über den Regierungssitz verweisen auf die gleichen Defizite. Bei aller Zustimmung zum Vereinigungsprozeß und bei aller Unterstützung dominierte in der alten Bundesrepublik das Bedürfnis, möglichst in alter, »bewährter« Weise weitermachen zu wollen und den schon vor 1989 sichtbaren Reformstau mit dem Blick auf andere Prioritäten vor sich herzuschieben.

Zehn Jahre nach 1989 markieren eine wechselvolle und zwiespältige Zwischenbilanz. Das Gesamtabenteuer »Vereinigungsprozeß«, das sich immer stärker mit den Grundfragen gesamteuropäischer Integration verbindet, wird eine ganze Generation in Anspruch nehmen.

Kritik am Prozeß der Vereinigung
Wolfgang Templin hielt Vorlesung in Chemnitz

Bericht in der *Freien Presse* am 25.11.1999
von Rudolf Trinks

Wolfgang Templin ging sehr kritisch mit der Wiedervereinigung um. Der 1948 geborene Philosoph nannte am Dienstagabend [23.11.1999] in seiner Vorlesung an der TU Chemnitz die Punkte, die vor knapp zehn Jahren hätten anders gemacht werden müssen. Die Hauptstadtfrage: Nach zehn Jahren hat Deutschland mit Berlin noch immer keine richtig funktionierende Metropole. »Das ist das größte Versäumnis im Vereinigungsprozeß«, sagte Templin.

Er sieht weitere Kritikpunkte bei der Vereinigung: Das Abwürgen der Verfassungsdiskussion, weil viele dies als einen Angriff auf das Grundgesetz und nicht als Angebot zur Diskussion betrachtet hätten. Auch die Frage nach einer neuen Nationalhymne und einem neuen Nationalfeiertag – für den Templin den Tag der ersten großen Wendedemonstration in Leipzig, den 9. Oktober, vorgeschlagen hätte – stellt sich für den Bürgerrechtler.

Templin, der als Mitarbeiter am Zentralinstitut für Philosophie der DDR-Akademie der Wissenschaften Mitte der siebziger Jahre an der »marxistischen Philosophie« zu zweifeln begann, knüpfte während eines Studienaufenthaltes in Polen erste Kontakte zur dortigen Opposition. Nach seiner Rückkehr arbeitete er in verschiedenen Friedensgruppen mit und zählte Ende 1985 zu den Mitbegründern der Initiative Frieden und Menschenrechte. 1983 trat Templin aus der SED aus, wurde daraufhin mit Berufsverbot belegt und von der Stasi bespitzelt und drangsaliert.

Laut Templin war die Bürgerbewegung von links-marxistischen Ansichten geprägt; ein menschlicher Sozialismus erschien den Bürgerrechtlern wichtig. Durch den Raum und den Boden, die die Kirche den Bewegungen bot, machten sich auch andere

Erfahrungen breit. Zudem kamen eine Vielfalt ganz persönlicher Ansichten der einzelnen Mitglieder hinzu, die ebenfalls die inhaltliche Diskussion beeinflußten. »Für DDR-Verhältnisse war in den Gruppen ein großes Potential an Widerborstigkeit und Individualismus vorhanden.« Mit der Gründung der Initiative traten die Bürgerrechtler ganz bewußt aus dem schützenden Dach der Kirche hervor an die Öffentlichkeit, im vollen Bewußtsein, damit den Haß und die Wut der in der DDR Herrschenden auf sich zu konzentrieren. Man rechnete damit, daß die Stasi vor einer Verhaftung zurückschrecken würde, weil dies wegen der Bekanntheit der Oppositionellen im Westen eine Welle des Protestes hervorrufen würde.

Templin, der in seinem Vortrag auf philosophische Breite und gedankliche Tiefe setzte, warnte die Anwesenden vor dem Irrglauben, in der DDR habe es soziale Rechte gegeben. Es gab nur soziale Zuteilungen. Denn es bestand keine Möglichkeit, beispielsweise das Recht auf Arbeit oder das Recht auf Bildung einzuklagen.

Markus Meckel, SPD-Bundestagsabgeordneter

Markus Meckel

»Für eine Einmischung in die eigenen Angelegenheiten«

In diesen Wochen begehen wir in vielen Veranstaltungen den zehnten Jahrestag der friedlichen Revolution in der DDR vom Herbst 1989. Unmittelbar daran schließen sich die zur deutschen Vereinigung an, endend mit dem 3. Oktober 2000. Für die meisten in Deutschland, in Ost wie West, fallen in der Erinnerung die Ereignisse dieser vierzehn Monate zu einem Ereignis zusammen, das zumeist »Wende« genannt wird. Dabei sind für diesen Umbruch mindestens drei Phasen zu unterscheiden:

Erstens: Am Anfang stand die friedliche Revolution in der DDR. Im Laufe des Sommers 1989 besetzten Tausende die Botschaften in Ungarn, der Tschechoslowakei und Polen, und es wird schließlich möglich, die DDR zu verlassen. Am 11. September öffnete Ungarn die Grenzen nach Österreich. Oppositionelle Gruppen und Parteien formierten sich, Hunderttausende gingen auf die Straßen und schufen den Druck, der nötig war, um den oppositionellen Gruppen zum Erfolg zu verhelfen. Honecker stürzte, kurz darauf Egon Krenz, der geglaubt hatte, das System retten zu können. Das glaubte anfangs ebenfalls Modrow, der sich als Reformer auch im Westen Achtung erworben hatte. Im Herbst 1989 wurde die Macht der SED gebrochen. Die SED wollte unter dem Druck der Ereignisse die Reisemöglichkeit in den Westen freizügiger gestalten, doch schon die Nachricht führte dazu, daß die Mauer regelrecht überrannt, von innen aufgedrückt wurde. Der Weg für Demokratie und Einheit war offen.

Zweitens: In der Zeit des Runden Tisches vom Dezember 1989 bis zur freien Wahl am 18. März 1990 sortierten sich die politischen Kräfte. Der Runde Tisch zwang Modrow zum Einlenken und bereitete das Wahlgesetz vor. Von vielen im Osten als eigentliche Form der Demokratie gefeiert, konnte (und sollte) er aber natürlich nur eine Krücke auf dem Weg zur Demokratie sein. Christdemokraten und Liberale der alten Bundesrepublik verbanden sich mit den entsprechenden alten Blockparteien in der DDR und sicherten sich so Geld, Mitglieder und Infrastruktur in Vorbereitung auf die Wahlen. Die in der DDR neugegründeten Sozialdemokraten arbeiteten ebenfalls mit der SPD zusammen. Die anderen aus der Opposition hervorgegangenen Gruppen und Parteien blieben dagegen ohne Partner, denn die Grünen in der Bundesrepublik, aber auch nicht wenige im oppositionellen Spektrum der DDR, standen dem Einheitsprozeß sehr skeptisch gegenüber.

Drittens: Die Zeit zweier demokratischer deutscher Staaten, welche die deutsche Vereinigung gestalten, zog sich bis September 1990 hin. Nach der freien Wahl wurde die deutsche Einheit zwischen beiden deutschen Regierungen ausgehandelt, im Zwei-plus-Vier-Prozeß außenpolitisch abgesichert und am 3. Oktober 1990 durch Beitritt der DDR zum Geltungsbereich des Grundgesetzes nach Artikel 23 des Grundgesetzes vollzogen.

Natürlich kann an dieser Stelle keine ausführliche Analyse dieser differenzierten Prozesse erfolgen, doch soll einmal – entgegen einem weitverbreiteten Urteil in Ost und West – der Weg in die Einheit als selbstbestimmter Weg der Ostdeutschen beschrieben werden. Im Osten wird eine solche Bezeichnung zuerst einmal auf viel Kritik stoßen, fühlen sich doch viele vom Westen kolonisiert, überrannt und nicht ernstgenommen. Leider ist diese Haltung auch durch manche Erfahrung begründet. Doch man muß unterscheiden. Auch ich selbst habe schon vor neun Jahren vielen Entscheidungen in diesem Prozeß sehr kritisch gegenübergestanden und bewerte manches auch heute noch als falsch. Was ich meine, wenn ich von einem selbstbestimmten Weg der Ostdeutschen rede, ist jedoch nicht die einzelne inhaltliche Entscheidung im Einigungsvertrag, sondern der gesamte institutionelle Ablauf: Über das wichtige Hilfsmittel des Runden Tisches kam es zur freien Wahl, zur parlamentarischen Demokratie. Eine frei gewählte Regierung der DDR organisierte in Verhandlungen mit der Bundesregierung den Einigungsprozeß. Eine frei gewählte Volkskammer beschloß die Verträge zu Währungsunion und deutscher Einheit und erklärte den Beitritt zur Bundesrepublik Deutschland.

Auch im Westen haben sich die Erinnerungen vielfach verschoben. Hört man doch immer wieder, daß die Deutschen im Osten Freiheit und Demokratie der deutschen Einheit verdanken – dabei ist der Zusammenhang genau umgekehrt: Weil in der DDR Freiheit und Demokratie zum Durchbruch kamen, war die Einheit möglich!

Erinnern wir uns an die Konstellation von 1989: Im Sommer 1989 gärte es in Europa. Gorbatschow – Gast der SED bei den offiziellen Feierlichkeiten zum 40. Jahrestag der DDR – sprach seine denkwürdigen Worte: »Wer zu spät kommt, den bestraft das Leben!« Er selbst hatte in der Sowjetunion mit Reformen von oben begonnen und glaubte, auf diese Weise das Sowjetsystem erhalten zu können. Er drängte die SED-Führung in die gleiche Richtung. In Wirklichkeit war dieses System längst am Ende. Augenfällig war das in Polen, wo seit August mit Tadeusz Mazowiecki der erste nichtkommunistische Ministerpräsident regierte. In Ungarn war die kommunistische Partei schon längst auf Abwege geraten. Mit Gorbatschow löste sich die eiserne Klammer, die den Ostblock zusammenhielt. Die Kräfte der Veränderung sprengten dann auch den Rahmen, den kommunistische Reformer wie Gorbatschow setzen wollten. In der DDR waren selbst solche Reformer nicht zu sehen. Im Gegensatz zu vielen Landsleuten im Westen sahen wir keine Möglichkeit, auf Reformen aus dem Inneren der SED zu setzen oder gar zu warten. Diese Hoffnung war, wenn man sie bis dahin etwa noch gehabt hatte, spätestens seit 1987 als gescheitert anzusehen.

Mehr und mehr in den oppositionellen Gruppen Engagierte waren im Frühjahr 1989 zu der Überzeugung gelangt, daß es galt, neue Strukturen der Opposition zu finden. Eine wichtige Aktion war die Beobachtung der Wahlen im Mai 1989, bei welcher der Nachweis des Wahlbetrugs gelang. In einem Aufruf zur Gründung einer sozialdemokratischen Partei in der DDR schrieben Martin Gutzeit und ich im Juli 1989: »So warten viele darauf, daß die herrschende Partei sich ändert, oder man wartet auf einen Mann wie Gorbatschow. Eine solche Haltung bleibt im Passiven und spricht sich letztlich eine Zuständigkeit und Verantwortlichkeit für diese unsere Wirklichkeit ab. Doch auch und gerade wenn die Partei sich verändert, braucht es Bürger, die selbständig ihre Verantwortung für unsere Wirklichkeit erkennen und bereit sind, sie wahrzunehmen.«

Ich kann hier, wie erwähnt, keine Gesamtdarstellung geben. Statt dessen werde ich versuchen, einige wichtige Konstellationen aus meiner persönlichen Sicht und Erfahrung darzustellen. Der Weg, der für uns, für meinen Freund Martin Gutzeit, ebenfalls evangelischer Pfarrer, und mich, zum Plan der Gründung der Sozialdemokratischen Partei in der DDR führte, ist lang. Wichtig waren dafür zum einen die Auseinandersetzung mit den geistigen Grundlagen des Systems, in dem wir lebten, und zum anderen Erfahrungen mit dem Alltag in der DDR. Nach Jahren der politischen Arbeit innerhalb der evangelischen Kirchen und mit den vielfältigen oppositionellen Gruppen und insbesondere nach dem Weggang von Oppositionellen nach der Luxemburg-Demonstration Anfang 1988 (statt einer Verurteilung) reifte in uns in verschiedenen Stufen der Plan zur Gründung dieser Partei. Wir wollten verbindliche Strukturen für die Opposition und hielten eine grundsätzliche Bestreitung des absoluten Wahrheits- und Machtanspruchs der SED sowie die Arbeit an einer konkreten politischen Alternative für nötig. So faßten wir im Januar 1989 den Plan zur Gründung der sozialdemokratischen Partei in der DDR. Das wegen der großen Stasi-Unterwanderung der Opposition notwendigerweise vorsichtige Werben für dieses Vorhaben unter Freunden und anderen Oppositionellen blieb jedoch erfolglos – nicht nur, weil es so gefährlich schien, sondern weil man in den Kreisen der Opposition keine Parteien wollte. Zu einem grundsätzlichen Dissens führte auch unser Streben nach einer parlamentarischen Demokratie westlichen Musters.

Dabei erwarteten auch wir von dieser Demokratie kein Paradies auf Erden.

Doch wir wußten: Sie ermöglicht Freiheit, Rechtsstaatlichkeit und Selbstbestimmung. Das bedeutete selbstbestimmtes Wahrnehmen von Verantwortung für die eigene Wirklichkeit in der Pluralität der Interessen und Meinungen sowie die Gültigkeit gesetzten Rechts, auch gegenüber den staatlichen Institutionen selbst. Diese Demokratie hat feste Spielregeln, gesellschaftliche Konflikte gewaltfrei zu lösen. Die Probleme der Gegenwart, in diesem Land wie weltweit, würden nur bewältigt werden können, wenn die Menschen nicht paternalistisch verwaltet werden. Sie sollten zu politischen Subjekten werden, die ihre Verhältnisse selbst in die Hand nehmen. Einmischung in die eigenen Angelegenheiten – das war damals unsere Absicht. Es galt, dies aber nicht nur zu fordern, sondern entsprechende Strukturen zu schaffen. Mit der Initiative wollten wir auch diejenigen, die unsere inhaltlichen Ziele nicht teilten, herausfordern, ihre Ziele und so auch ihr Handeln klarer zu definieren. Gerade so würde die Möglichkeit zu gemeinsamer Aktivität konkreter, weil man besser als bisher wüßte, wo Gemeinsamkeiten und wo Unterschiede bestehen.

Im August 1989, am 200. Jahrestag der Erklärung der Bürger- und Menschenrechte der Französischen Revolution, machten wir den Aufruf zur Parteigründung öffentlich. Kurze Zeit später – im September – traten das Neue Forum, Demokratie Jetzt und andere an die Öffentlichkeit. Als am 9. Oktober in Leipzig, Magdeburg und anderswo nicht auf die Demonstranten geschossen wurde, waren wir überzeugt, daß der Durchbruch geschafft ist und sich wirklich etwas ändern würde. Alles ging dann sehr schnell. Am 8. November beschloß der geschäftsführende Vorstand der SDP eine Erklärung über die Bildung eines Runden Tisches. Am 10. November übernahm die Kontaktgruppe der Opposition diese Forderung – nach Vermittlung durch die Kirchen trat er dann am 7. Dezember 1989 zum ersten Mal zusammen. Mit dem Runden Tisch sollte die Möglichkeit geschaffen werden, die Regierung zu kontrollieren und so stabile Verhältnisse zu schaffen, um die freie Wahl vorbereiten und durchführen zu können.

Als sich nach dem Mauerfall die Perspektive der deutschen Einheit öffnete, war uns von Anfang an wichtig, daß das Aufeinanderzugehen der Deutschen nicht paternalistisch von West nach Ost geschehen dürfe. Am 3. Dezember 1989 beschloß der Vorstand der SDP eine Erklärung zur deutschen Einheit. Darin waren folgende Momente von Bedeutung:
– Wir wollten die Einigung als wohlorganisierten Prozeß zwischen zwei demokratisch legitimierten, gleichberechtigten deutschen Staaten, in dem die Interessen des schwächeren Teils, der Bevölkerung der DDR, angemessen vertreten und berücksichtigt werden.
– Die deutsche Einigung sollte nicht auf Kosten der sozial Schwachen geschehen.
– Sie sollte den europäischen Einigungsprozeß fördern, die Sicherheit in Europa nicht gefährden und den Deutschen volle Souveränität geben.

– Die Nachbarn Deutschlands sollten sich der endgültigen Anerkennung ihrer Grenzen und der Solidarität Deutschlands auf ihrem Weg der Demokratisierung sicher sein.

Im Februar 1990 gab es dann vor dem Hintergrund der Debatte um den Artikel 23 auch in der SPD (Ost) intensive Auseinandersetzungen über den Weg zur deutschen Einheit. Einige wollten – wie ein Großteil der Bevölkerung – die sofortige und unmittelbare Vereinigung per Beitrittsbeschluß. Ihnen waren der internationale Zusammenhang wie die konkreten Bedingungen, die nach unserer Meinung vorher geregelt sein mußten, eher zweitrangig. Ich erinnere mich an eine Sitzung unseres SPD-Vorstandes am 14. Februar 1990, in der wir anhand erster Entwürfe darzustellen versuchten, was alles zu regeln wäre, wenn zwei so unterschiedliche Gesellschaften zusammenkommen. Unser Ziel war ein Stufenplan zur deutschen Einheit. Fazit: Wenn es eine Vereinigung ohne einen Vertrag gibt, wird das alles allein im Westen entschieden, und wir sind als politisch Mitentscheidende draußen. So entstand Konsens darüber, daß wir zuerst handlungsfähige demokratische Strukturen brauchten, Parlament und Regierung, die dann die Einigung zu organisieren hatten. Nur so würde sich die Einheit Deutschlands im aufrechten Gang vollziehen lassen! An diesem Tag wurde auch ein Beschluß über die erstrebte Einführung einer Währungs-, Wirtschafts- und Sozialunion gefaßt.

Im ganzen Wahlkampf zur ersten freien Wahl in der DDR ging es dann nur noch um die Frage der deutschen Einheit. Wir wollten einen ausgehandelten Weg, bei dem die Interessen der Bürgerinnen und Bürger der DDR angemessen berücksichtigt werden. Gleichzeitig spürten wir – angeheizt durch die Bundesregierung – einen immer stärkeren Druck in der Bevölkerung der DDR, die den Versprechungen aus Bonn glaubte und meinte, mit »DM und Einheit sofort« seien alle Probleme gelöst und man würde schnell auf der Sonnenseite des Lebens stehen. Jeder, der Probleme benannte, wurde schnell als Gegner der Einheit denunziert.

Das Wahlergebnis am 18. März 1990 war dann eindeutig: Die Menschen wollten die schnelle Einheit. Wir Sozialdemokraten beteiligten uns an der Koalitionsregierung, um diesen historisch einmaligen Prozeß mitzugestalten und dem größeren Koalitionspartner in den anstehenden Verhandlungen den Rücken zugunsten ostdeutscher Interessen zu stärken. Es war dann jedoch immer weniger möglich, gemeinsame Positionen für die Verhandlungen vorzubereiten und zu vertreten. Dabei wären wir oft stärker gewesen, als viele dachten, denn auch Bundesregierung und Bundestag hätten so leicht einen Einigungsvertrag nicht an einzelnen inhaltlichen Bestimmungen scheitern lassen können!

Ein Beispiel ist die Notwendigkeit von Strukturanpassungskonzepten für die ostdeutsche Wirtschaft. Sowohl im Staatsvertrag zur Währungsunion als auch im Einigungsvertrag hätte es entsprechender Regelungen bedurft. Die

Forderung solcher Konzepte wurde angesichts des anhaltenden Widerstands der Bundesregierung schließlich aufgegeben, weil man glaubte, sie nicht durchsetzen zu können. Daß sie fehlten, stellte sich später als schwerer Fehler heraus, wobei die alte Bundesregierung immer wieder behauptete, man habe die Schwierigkeiten nicht vorhersehen können. Ich bezweifle das, wurden doch viele Probleme von uns damals konkret benannt. Die eigentliche Ursache für diese Haltung lag meines Erachtens tiefer: Man war nicht bereit dafür, daß es durch die Vereinigung Innovationen in ganz Deutschland geben sollte. Der Glaube herrschte vor, der Markt und genügend Kapitalzufluß würden es schon richten.

Der Einigungsprozeß wurde immer mehr zum Wahlkampf. Um nur ein Beispiel zu geben: Als Koalitionspartner erhielt ich den ersten Entwurf für den Einigungsvertrag aus dem Hause de Maizière nicht von diesem selbst, sondern durch eine Indiskretion aus dem Bundeskanzleramt in Bonn! So sah dann die Verhandlungspraxis aus ...

Wie dem auch sei: Unbestreitbar bleibt, daß frei gewählte Organe der DDR den Einigungsprozeß mitgestalteten und verabschiedeten. Die DDR und ihre Bürger fielen nicht wie ein fauler Apfel in den Schoß der Bundesrepublik, sondern gelangten dort durch eigene Initiative und in einem klar geregelten Prozeß an. Die Mehrheit der Bevölkerung hat gewiß vieles nicht überblickt, den Weg, der da gegangen wurde, aber gewollt und selbst bestimmt. Und wer hätte zu Zeiten des Kalten Krieges auch nur zu hoffen gewagt, daß er die deutsche Einheit erleben würde! Sie wurde erreicht, weil die Menschen es so wollten, und dafür können wir dankbar sein, trotz aller Probleme, die wir im Gefolge dieser Prozesse heute zu lösen haben.

Diese geschichtliche Erfahrung der Deutschen, eine Einheit in einem demokratischen Gemeinwesen, die in einem konstitutiven Akt der Selbstbestimmung ihre Voraussetzung hat, ist bis heute vielen noch nicht bewußt. Doch wird sie zur Folge haben müssen, daß die demokratische Selbstbestimmung für das Selbstverständnis der Deutschen als Bürgernation eine grundlegende Bedeutung hat. Freiheit und Demokratie gehören damit – und eben nicht nur als Geschenk der Alliierten – fest zur nationalen Identität und zum Erbe des deutschen Volkes.

Wie die Diskussionen um die Veranstaltung am 9. November 1999 zeigen, haben wir bis heute nicht gelernt, das Gedenken an diese Ereignisse angemessen zu gestalten. Solches Gedenken macht schließlich das Selbstverständnis eines Gemeinwesens deutlich – und es ist gut, daß wir die Diskussion darüber führen. Das Problem bestand dabei nicht allein im Fehlen eines ostdeutschen Redners, sondern im fehlenden Bewußtsein für die gesamte damalige Konstellation – mit dem Ergebnis, daß viele Ostdeutsche sich in den Feierlichkeiten nicht wiederfanden. Denn Helmut Kohl und George Bush wurden vor zehn Jahren vom Fall der Mauer genauso überrascht wie alle anderen. Sie haben dazu nichts beigetragen. Wir haben faktisch die Feiern zum 3. Oktober 2000 vorweggenommen. Eigentlich hätten wir den 9. November mit den Polen, Ungarn, Tschechen und Slowaken feiern müssen – denn der Fall der Mauer ist Teil der friedlichen Revolution des Herbstes 1989, die eben eine europäische Revolution war. Gleichzeitig haben wir nun die eigentlich sinnvolle Gestaltung des 3. Oktober 2000 unmöglich gemacht. Wir brauchen dafür nun eine völlig neue Idee. Ich schlage vor, am 3. Oktober im nächsten Jahr die Regierungschefs aller unserer Nachbarn einzuladen, der kleinen wie der großen Nachbarn, und mit ihnen diesen Freudentag zu feiern – als europäisches Familienfest im Zentrum Europas.

Die Revolutionen und Veränderungen des Jahres 1989 brachten nicht nur in den betroffenen Ländern, sondern auch für die westliche Welt viele alte und neue Fragen auf die Tagesordnung, die politisches Handeln dringend erforderlich machten. Es mußte Ziel der westlichen Staaten sein, nach den schwer lenkbaren Umbruchprozessen des Herbstes 1989 die Initiative erneut in die Hand zu bekommen. Für die Vereinigten Staaten etwa stand viel auf dem Spiel, nämlich nicht weniger als ihre künftige Rolle in Europa. Daß die deutsche Vereinigung kommen würde, war Anfang 1990 klar, offen waren Zeitraum und Rahmenbedingungen. Von zentraler Bedeutung war für die USA die NATO-Zugehörigkeit des vereinten Deutschland. Sie war das wichtigste Instrument der amerikanischen Führungsrolle in Europa. Ein Austritt Deutschlands hätte die Bedeutung der NATO stark herabgesetzt und den Einfluß der USA in Europa wesentlich eingeschränkt. So unterstützte Präsident Bush Helmut Kohls Konzeption einer möglichst schnellen Vereinigung – unter den eigenen Bedingungen. Möglich geworden war dies durch eine lange gewachsene Partnerschaft mit der Bundesrepublik, dem »partner in leadership«, wie Präsident Bush dies nannte. Die Zwei-plus-Vier-Gespräche waren *das* Beispiel dafür, wie sehr damit auch wirklich gemeinsames Handeln intendiert war, das sich hier bestens bewährte.

Anders Frankreich und Großbritannien. Die mit der deutschen Einheit verbundenen Ängste in diesen Ländern vor einem »Großdeutschland« sind bekannt. Frankreich konnte insbesondere durch das glaubwürdige Engagement der Bundesrepublik für eine weitergehende Vertiefung der Europäischen Gemeinschaft hin zu einer Europäischen Union für die Einheit gewonnen werden. Helmut Kohl versprach Präsident Mitterrand das deutsche Engagement für die europäische Wirtschafts- und Währungsunion und gewann seine Zustimmung. Somit wurde die deutsche Vereinigung auch zum Motor für den (west-!)europäischen Integrationsprozeß. Für Großbritannien war es wichtig, daß Außenminister Douglas Hurd anders als seine Chefin Margaret Thatcher persönlich die Vereinigung unterstützte.

Als ich nach der ersten freien Wahl in der DDR am 12. April 1990 zum Außenminister gewählt wurde, waren wichtige Konstellationen bereits festgelegt. Der Zwei-plus-Vier-Mechanismus war erfunden und beschlossen. Die genaueren Hintergründe erklärte mir Hans-Dietrich Genscher gleich nach meiner Wahl bei einem Besuch in seinem Privathaus. Noch im Herbst 1989 war ich in meinem programmatischen Vortrag zur Gründung der Sozialdemokratischen Partei in der DDR (SDP) für einen Friedensvertrag zur Lösung der deutschen Frage eingetreten. Genscher machte deutlich, weshalb eine solche Terminologie und jedes daran erinnernde Prozedere unbedingt zu vermeiden sei: Knapp fünfzig Jahre nach Kriegsende dürfe die zwischen dem Zweiten Weltkrieg und der Gegenwart liegende Geschichte nicht ausgeblendet werden. Deutschland dürfe nicht wieder zum bloßen Objekt von Viermächtegesprächen werden. Vielmehr sei zu berücksichtigen, daß die Bundesrepublik nunmehr ein angesehener Partner unter den Demokratien des Westens sei. Und nicht zuletzt müsse ausgeschlossen werden, daß mehr als fünfzig ehemalige Kriegsgegner bei der deutschen Vereinigung mitreden wollen und die Hände aufhalten. Genscher setzte auch durch, daß zunehmend von »Zwei-plus-Vier-Gesprächen« gesprochen wurde, daß die beiden deutschen Staaten gleichberechtigte Verhandlungspartner waren, deren Zustimmung Voraussetzung für Entscheidungen war.

Diese Intention wurde von mir vollständig geteilt, zumal wir mit Stolz darauf verweisen konnten, die Demokratie in der DDR selbst erkämpft zu haben. Zudem war es uns wichtig gewesen, in der ersten Sitzung der frei gewählten Volkskammer am 12. April 1990 ein deutliches Bekenntnis zu der Verantwortung auszusprechen, die uns Deutschen aus unserer Geschichte erwächst. Wir als Ostdeutsche, die aus ihrer Geschichte gelernt haben, wollten nicht nur mit Selbstbewußtsein an der Gestaltung der deutschen Einheit, sondern auch der europäischen Zukunft mitwirken.

Diesem mit moralischer Legitimation versehenen Gestaltungswillen standen jedoch die realen Möglichkeiten entgegen. Ziel der frei gewählten DDR-Regierung war die Herstellung der deutschen Einheit. Mit dem Wahlsieg der CDU stand fest, daß die Vereinigung nach Artikel 23 des Grundgesetzes erfolgen würde. Unsere Aufgabe war es, die Selbstauflösung der DDR vorzubereiten und durchzuführen, bei rechtlichem Fortbestehen der Bundesrepublik als vereintem Deutschland. Das allein verdeutlicht schon – unabhängig von dem Unterschied an politischer Erfahrung bei den Akteuren – die Verteilung der Gewichte zwischen beiden deutschen Staaten in diesem Prozeß.

Meine Aufnahme in den Kreis der Außenminister war überaus freundlich. Trotz mancher gegenteiligen Äußerung rechnete man im Grunde jedoch nicht damit, daß mit der demokratischen DDR ein zusätzlicher echter Akteur ins Spielfeld trat. Das wollte man auch nicht, was sich schon daran zeigte, daß nach den Festlegungen von Ottawa im Februar 1990 nicht gewartet wurde, bis es eine durch demokratische Wahlen legitimierte Regierung der DDR gab. Das erste Beamtentreffen der Zwei-plus-Vier-Verhandlungen, das die

Aufgabe hatte, das erste Treffen auf Außenministerebene vorzubereiten, fand vier Tage vor der Volkskammerwahl in der DDR statt.

Trotz dieser denkbar schlechten Voraussetzungen für eine eigenständige Rolle bei den Verhandlungen entwickelten wir unsere Konzeptionen. Die wichtigsten Positionen waren schon in den Koalitionsvereinbarungen mit der CDU niedergelegt worden. Zu ihnen gehörten:

Erstens: Wir wollten den Prozeß der deutschen Einheit als Katalysator für die europäische Einigung gestalten. Dies war ebenfalls Ziel der Bundesregierung. Doch hatten die westlichen Staaten einschließlich der Bundesrepublik dafür einen anderen Ansatz als wir. Sie wollten vor allem die Zustimmung der Sowjetunion zur deutschen Vereinigung, zur Ablösung der Rechte der Vier Mächte sowie die Akzeptanz der NATO-Mitgliedschaft des vereinigten Deutschland erreichen, ansonsten aber möglichst wenig regeln. Für die Zukunft sollten alle Optionen offen gehalten werden, denn es war klar, wo künftig in Europa das Machtzentrum liegen würde.

Wir dagegen hielten es für wichtig, zentrale Fragen nicht nur der deutschen, sondern auch der europäischen Einigung und Entwicklung zumindest ansatzweise festzulegen. Daraus folgte, daß wir in verschiedenen Fragen für Übergangsregelungen plädierten, um so für die Zukunft den Prozeß im Fluß zu halten und wenigstens die Richtung vorzugeben. Gerade solche Übergangsregelungen wurden von westlicher Seite – aus oben genannten verständlichen Gründen – mit aller Entschiedenheit abgelehnt. Wir hofften, daß es nach dem Ende der Konfrontation der zwei Blöcke im Kalten Krieg möglich wäre, diese Blöcke schrittweise zu überwinden. Daher strebten wir neben drastischen Abrüstungsschritten auch Übergangsregelungen für künftige gesamteuropäische Sicherheitsstrukturen an. Die Stärkung der KSZE hatte für uns Priorität. Gemeinsam mit Polen und der Tschechoslowakei entwickelten wir beispielsweise eine Initiative zur Institutionalisierung der KSZE (die sogenannte trilaterale Initiative). Bevor wir – für eine Übergangszeit – einer (abzusehenden) NATO-Mitgliedschaft zustimmen würden, wollten wir alles zur Veränderung ihrer Funktion und Strategien tun (Aufgabe von Vorneverteidigung,[*] »flexible response«[**] und nuklearem Ersteinsatz).

Zweitens: Wir fühlten uns unseren östlichen Nachbarn, die mit uns unter der Diktatur gelitten und sich ebenfalls davon befreit hatten, tief verbunden. Das schloß auch die Völker der Sowjetunion mit ein. Wir erkannten die Verdienste Gorbatschows um die Demokratisierung des Sowjetsystems an. Es

---

[*] Im Kontext der Auseinandersetzung im Kalten Krieg war damit das Bemühen der NATO umschrieben, einen Angriff auf das Bündnisgebiet möglichst dicht hinter der Grenze zu stoppen.

[**] Das Prinzip der »flexiblen Erwiderung« ersetzte die Doktrin der »massiven Vergeltung« mit Nuklearwaffen; die NATO läßt dabei offen, wie sie auf einen Angriff – beispielsweise mit konventionellen Waffen – reagieren wird, und behält sich das Recht vor, den Konflikt durch den Einsatz von taktischen oder strategischen Nuklearwaffen zu eskalieren.

schien uns nicht nur aus moralischen, sondern grundsätzlichen politischen Gründen unerläßlich, mit der Sowjetunion zu einer für sie wirklich tragbaren Lösung zu kommen. Eine nur aus augenblicklicher Schwäche abgerungene Zustimmung der Sowjetunion, die dort das Gefühl hinterlassen würde, den Zweiten Weltkrieg nun nachträglich doch noch verloren zu haben, würde für das Europa der Zukunft ein bleibender Unsicherheitsfaktor sein. Wir wollten auf jeden Fall ein »Versailles« für die Sowjetunion vermeiden. Die Berücksichtigung der sowjetischen Interessen lag aus unserer Sicht im eigenen Interesse – nicht nur für Deutschland, sondern für ganz Europa. Daher war uns wichtig, daß die Sowjetunion auch nach dem zu vereinbarenden Truppenabzug aus Deutschland fest mit Europa verbunden bleibt – und zwar auf bessere Weise.

Für die Sowjetunion war es unter anderem ein Problem, daß mit der Anerkennung der deutschen Souveränität der vollständige Abzug ihrer Truppen bevorstand, für die westlichen Alliierten sich jedoch nicht viel ändern würde. Schließlich – insbesondere durch die NATO-Mitgliedschaft – war die Bundesrepublik mit diesen inzwischen auf vielfältige Weise verbunden. Um wenigstens an einer Stelle alle vier Alliierten gleich zu behandeln – was für die Sowjetunion von großer psychologischer Bedeutung war –, machte ich während des zweiten Zwei-plus-Vier-Außenministertreffens in Berlin den Vorschlag, daß alle vier Siegermächte möglichst bald Berlin räumen sollten. Das hätte sicherheitspolitisch nichts gekostet, wäre für die Sowjetunion aber ein wichtiges Symbol gewesen.

Drittens: Nach unserem Verständnis sollte die Wiedererlangung der deutschen Souveränität damit einhergehen, daß wir Deutschen uns gerade darin als frei und souverän erweisen, ohne Zwang und in freier Selbstbestimmung bestimmte Beschränkungen zu akzeptieren, die ein wichtiger Beitrag zu einer europäischen Friedensordnung sein sollten. Dazu gehörte zum Beispiel der Verzicht auf Herstellung, Besitz und die Stationierung sowie die Verfügungsgewalt über atomare, biologische und chemische Waffen. Am liebsten hätten wir diese Beschränkung im Einigungsvertrag oder im Grundgesetz festgeschrieben.

Auch für die konventionelle Abrüstung und die Herabsetzung der Truppenstärken in Europa wollten wir Impulse geben. Die Truppen des vereinten Deutschland sollten radikal verringert werden. Als ich im Juni beim Zwei-plus-Vier-Außenministertreffen in Berlin diesen Vorschlag unterbreitete, wurde er noch als Singularisierung Deutschlands vehement abgelehnt. Wenig später ist er dann doch umgesetzt worden: Ende August 1990 erklärten die beiden deutschen Staaten vor der Wiener Abrüstungskonferenz zum KSZE-Vertrag, daß das vereinte Deutschland seine Truppen auf 370 000 Mann begrenzen werde. Diese Erklärung wurde auch in den Zwei-plus-Vier-Vertrag aufgenommen (Artikel 3.2).

Viertens: Die Anerkennung der polnischen Westgrenze an Oder und Neiße hatte für uns eine hohe Priorität. Die Grenze sollte so schnell und so unkompliziert wie möglich, aber völkerrechtlich verbindlich und dauerhaft anerkannt werden. Nur so konnten wir erwarten, daß unsere Nachbarn die deutsche Vereinigung begrüßen und die mehr oder weniger latenten Befürchtungen in der polnischen Bevölkerung ausgeräumt würden. Diese Anerkennung sollte aus unserer Sicht völlig freiwillig geschehen. Jeden Eindruck, daß wir Deutsche dazu gedrängt werden müßten, hielten wir für schädlich. Niemand sollte uns sagen müssen, wo Deutschland liegt. Die Reife der Deutschen sollte sich gerade in der freien Anerkennung der territorialen Integrität ihrer Nachbarn erweisen. Auch die später häufig gebrauchte Rede davon, daß die Anerkennung der Grenze oder – wie es hieß – die Abtretung der früheren deutschen Ostgebiete der Preis für die Wiedervereinigung gewesen sei, führt in die falsche Richtung. Die Gebiete waren in der Folge des verbrecherischen Krieges durch Nazideutschland längst verloren, und es galt, dies endlich wahrzunehmen und dauerhaft anzuerkennen.

Daher strebten wir einen Grenzvertrag an, der völkerrechtlich verbindlich die bestehende deutsch-polnische Grenze bestätigen sollte, wie sie 1950 im Görlitzer Vertrag zwischen der DDR und Polen und 1972 im Warschauer Vertrag zwischen der Bundesrepublik und Polen beschrieben war. Im Verfahren schlossen wir uns einem Vorschlag des polnischen Ministerpräsidenten Mazowiecki an, denn wir wollten alles tun, um auf polnischer Seite Zweifel und Unsicherheiten über das deutsche Verhalten zu vermeiden. Entsprechend sollte unserer Meinung nach der Vertrag zwischen den beiden deutschen Staaten und Polen ausgehandelt und paraphiert, sofort nach der Vereinigung von der gesamtdeutschen und der polnischen Regierung unterschrieben und anschließend von den beiden Parlamenten ratifiziert werden.

Helmut Kohls lang währende Weigerung, die deutsch-polnische Grenze völkerrechtlich verbindlich anzuerkennen, erweckte nicht nur bei uns Vorbehalte, sondern sorgte auch innerhalb der Bundesregierung für Streit und schuf international Irritationen und Unverständnis. Im Hintergrund stand bei ihm offensichtlich das Kalkül, bestimmte Wähler nicht verprellen zu wollen. Franzosen wie Amerikaner versuchten, die Polen zu beruhigen und vorsichtig auf Kohl einzuwirken. Später stimmte der Bundeskanzler einer identischen Erklärung des Deutschen Bundestages und der Volkskammer (17. Juni) zu, in der der Bestand der deutsch-polnischen Grenze garantiert wurde. Bald danach konnte beim Zwei-plus-Vier-Außenministertreffen in Paris (Juli 1990) eine für alle Seiten akzeptable Lösung gefunden werden. Die Schwierigkeiten und Verwicklungen auf dem Weg zur endgültigen Bestätigung der polnischen Westgrenze erfüllten uns mit Sorge, die sich glücklicherweise in den Jahren darauf nicht bestätigt haben.

Die Veränderung der DDR-Positionen im Laufe der Verhandlungen nachzuzeichnen, kann hier nicht der Ort sein. Der unmittelbare Einfluß auf die Ergebnisse war gering, nicht nur wegen mancher Fehler und Unerfahrenheit, sondern auch wegen der oben angesprochenen Rahmenbedingungen. Das »schmale«, auf wenige Verhandlungspunkte angelegte Konzept des Westens war strategisch auf einen schnellen Verlauf aus und hatte Erfolg. Dieser schnelle und erfolgreiche Abschluß des Zwei-plus-Vier-Vertrages öffnete das Tor zur deutschen Einheit. Er war für Deutschland und seine europäischen Nachbarn ein großer Gewinn! Der »Vertrag über die abschließende Regelung in bezug auf Deutschland« vom 12. September 1990 machte jedoch nicht nur den Weg frei für die deutsche Einheit, sondern mündete auch in die »Charta von Paris für ein neues Europa« vom November 1990. Wer diese Texte heute liest, spürt noch etwas von der Vision eines neuen Europa, die uns und viele Menschen in ganz Europa damals erfüllte.

Heute haben wir – insbesondere in Bosnien und im Kosovo – schlimme Erfahrungen gemacht. Aber auch Tschetschenien wäre zu nennen. Der Optimismus ist gewichen. Die europäische Landschaft hat sich gründlich verändert. Die NATO hat sich auf die neue Situation eingestellt, inzwischen hat sie auch neue Mitglieder, die früher dem Warschauer Pakt angehörten. Das ist gut so. Die Aufgabe, Freiheit für Europa zu sichern und Frieden zu gewährleisten oder erst zu schaffen, ist nicht geringer geworden. Gerade nach dem Krieg im Kosovo sind damit für die Zukunft viele Fragen verbunden. Das wäre jedoch das Thema eines neuen Vortrags.

Mit Feierlichkeiten nicht glücklich geworden

Markus Meckel schlägt europäisches Familienfest für den 3. Oktober 2000 vor

Bericht in der *Freien Presse* am 1.12.1999
von Peter Bretschneider

Mit dem Begriff »Wende« hat Markus Meckel so seine Schwierigkeiten. Jenen, die diesen Terminus für die historischen Ereignisse von vor zehn Jahren benutzen, sei gar nicht bewußt, daß dieses Wort aus dem Sprachgebrauch von Egon Krenz stamme. Doch der habe die Entwicklung ja nun wirklich nicht nach vorn getrieben. Für den ehemaligen Bürgerrechtler und letzten Außenminister der DDR ist es auch nicht korrekt, so einfach von der Maueröffnung zu sprechen. Dies werde der tatsächlichen Dramatik der Entwicklung einfach nicht gerecht. Die Mauer sei doch vielmehr durch die Kraft der Volksmassen regelrecht aufgedrückt worden.

Den Weg in die deutsche Einheit sieht Meckel, der am 7. Oktober 1989 gemeinsam mit Martin Gutzeit die Sozialdemokratische Partei in der DDR gründete, insgesamt als gelungen an. Das heutige SPD-Mitglied, das am Montagabend [29.11.1999] an der Technischen Universität in Chemnitz im Rahmen der Ringvorlesung »1989/1990–1999/2000: Revolution in der DDR – und zehn Jahre danach« sprach, legt dabei jedoch Wert auf Differenzierung: Vom institutionellen Ablauf her gesehen, sei die Vereinigung wirklich nahezu optimal gelaufen. Diese Einschätzung läßt der jetzige Bundestagsabgeordnete für inhaltliche Fragen allerdings nicht gelten. »Hier ist auch manche falsche Entscheidung getroffen worden.« Ausführlich schilderte er die Zeit und das Wirken des Runden Tisches, den er als »wichtige Krücke auf dem Weg in die Demokratie« bezeichnete.

In diesem Zusammenhang findet es Meckel bedauerlich, daß so manche Ostdeutsche, die erhobenen Hauptes in die Einigung gegangen seien, sich heute im politischen Prozeß nicht wiederfinden. Vehement widerspricht der 47jährige der weitverbreiteten These, die Ostdeutschen hätten die Freiheit durch die

Einheit quasi als Geschenk erhalten. Richtig sei, daß sich das Volk durch sein Aufbegehren die Freiheit erzwungen habe. Dabei räumt Meckel durchaus ein, mit seinen politischen Freunden zu Beginn der achtziger Jahre nicht daran geglaubt zu haben, das herrschende System in der DDR verändern zu können. Derartige Überlegungen hätten erst mit dem politischen Aufstieg Gorbatschows in der Sowjetunion an Realitätskraft gewinnen können.

Mit Befremden hat Meckel die jüngsten Feierlichkeiten in Berlin zum 10. Jahrestag des Mauerfalls aufgenommen. Das Hickhack um die Rednerliste im Reichstag sei völlig unverständlich gewesen. Die Einladung für Gorbatschow könne er ja noch nachvollziehen. Doch warum Bush und Kohl zu derartigen Ehren gekommen seien, bleibe ihm ein Rätsel. Natürlich habe sich der frühere Bundeskanzler bleibende Verdienste um die Einheit Deutschlands erworben. Doch dieser 10. Jahrestag werde schließlich erst am 3. Oktober 2000 begangen. »Die Feiern am 9. November hätte ich mir anders gewünscht, auf jeden Fall zusammen mit den Polen, Tschechen, Ungarn und Rumänen als Teil der europäischen Revolution. Dann hätten sich wohl auch die Ostdeutschen stärker wiedergefunden.« Deshalb sein Vorschlag: Ein europäisches Familienfest für den Oktober 2000 ausrichten.

Ehrhart Neubert, Fachbereichsleiter beim Bundesbeauftragten für die Unterlagen des Staatssicherheitsdienstes der ehemaligen DDR

Ehrhart Neubert

»Der Kommunismus in mir ist endgültig gestorben«

Die Versuchsanordnung dieser Vorlesungsreihe mit Zeitzeugen und Beteiligten aus der früheren Opposition in der DDR scheint relativ eindeutig. Menschen präsentieren eine Mischung aus Wahrnehmung der Zeit, Selbstwahrnehmung und ihren eigenen Deutungen und Reflexionen von geschichtlichen Vorgängen, in die sie selbst involviert waren. Dieses Gebräu ist geeignet, aus den politischen Unzulänglichkeiten der Akteure politische Theorien abzuleiten, die sich am Objekt sogleich verifizieren lassen. Aber möglicherweise ist es auch eine Methode, den schwierigen und umständlichen Weg Oppositioneller vom bloßen Widerwillen gegen die Diktatur zur Politik zu erkennen.

Seit vielen Jahren versuche ich, als Chronist der Opposition eine gewisse kritische Distanz zu mir, meinen früheren Positionen und meinen Wahrnehmungen zu halten. Ich kann nicht verhehlen, daß ich, einmal auf diesem Wege, dabei für mich interessante Entdeckungen gemacht habe. Dazu gehört, daß die politische Rolle, die ich spielen wollte, eine andere ist als die, die ich tatsächlich spielte. Auch waren die Absichten und Ziele andere als die tatsächlich eingetretenen Wirkungen. Dazu kommt, daß sich frühere Vorstellungen verändert und manche verflüchtigt haben.

In meinen Tagträumen habe ich die Ereignisse von 1989 oft noch einmal durchgespielt. Dabei konnte ich meine Fehler revidieren und jedesmal die Revolution siegreich zu Ende führen. Nur gut allerdings, daß es so etwas in der Realität nicht gibt. Die Versuchung, die Erinnerung zu retuschieren, bleibt aber.

Erzählte politische Biographien erklären wenig. Sie spiegeln eigentlich nur die Situation, in der sich ein politisch Handelnder befindet. Die Entscheidungen, die in Situationen und Konstellationen getroffenen werden, sind das Wichtige. Sie zu erklären ist kaum möglich. Angesichts des gewaltigen Machtpotentials der Kommunisten konnten politische Handlungen ihrer Gegner nicht nur von sozialen und kulturellen Interessen und nicht allein durch psychische Prädispositionen bestimmt und motiviert sein. Die Vernunft flüsterte jedem unentwegt ein, daß Aufbegehren umsonst ist und nur unnötig Kraft verschleißt. Fliehen, abducken oder sich unauffällig in den privaten Zirkeln drehen, das war immer auch eine Möglichkeit.

Gewolltes gegnerisches politisches Handeln in der extremen Situation einer Diktatur verlangt nach individuellen Entscheidungen in Situationen, in die Menschen durch Zufall geraten und in denen sie notwendige – not-wendende – Handlungsmöglichkeiten entdecken und erkennen. Solchen Entscheidungen haftet etwas Unerklärbares an. Jürgen Fuchs hat in einem Gedicht, das er nach seiner Entlassung aus der Haft in den Westen im Jahr 1978 schrieb (»Jetzt bin ich raus, jetzt«) angedeutet, was nur zu beschweigen ist:

»Zum Beispiel
Daß ich am 17.12.1976 in meiner Zelle saß
Mit dem Rücken zur Tür
Und weinte
Weil ich am Vormittag das Angebot abgelehnt hatte
Mit ihnen zusammenzuarbeiten«

Doch einmal getroffene Entscheidungen sind selten zurückzunehmen, sie haben Folgen. Was ich trieb, trieb mich. Was ich unterließ, lähmte mich. Doch das wußte man nie vorher. Nachträglich betrachtet, habe ich »Glück gehabt«. Allerdings: Was heißt schon »Glück gehabt«. Als Theologe weiß ich etwas anderes. Das fühle ich auch.

Als 1976 die Stasi kam und mich als IM werben wollte, zitterte ich wie Espenlaub und mußte meine Hände am Tisch festhalten, damit sie nicht sahen, wie ich zitterte. Angst hatte ich, daß sie eines meiner Geheimnisse herausbekommen hatten. Ich hatte damals im Westen unter Pseudonym geschrieben und dafür Geld bekommen. Das war strafbar. Doch als ich merkte, daß sie das nicht wußten und mir »bloß« eine Zusammenarbeit anboten, fiel mir ein Stein vom Herzen. Warum ich schließlich ablehnte, ist mir heute noch unklar. Sie kannten meine Eitelkeit und meine Hybris. Sie sagten: »Sie sind doch im Kirchenkreis der beste Theologe! Wir brauchen ab und zu einmal ihre Beratung, um Konflikte auszuräumen.« So wichtig war ich also, daß die Stasi zu mir kam. Ganz nahe daran »Ja« zu sagen, sagte ich »Nein«. So war es oft.

Als die politischen Kämpfe härter wurden, hielten sich Angst und Mut die Waage. Alles, was damals bedrängend und befreiend war, war Alltag. Nie wäre ich auf die Idee gekommen, daß es Gegenstand der Geschichte sein könnte. Nur 1989 war mir sofort klar, daß unsere Bemühungen historische Dimensionen hatten.

Vor zehn Jahren begann ich, dankbar zu werden. Bis heute hält diese Dankbarkeit an – über das Ende der DDR, das Ende von Demütigungen, das Ende von Feigheiten, den Beginn des normalen Lebens. Über den langen Weg dorthin will ich einiges erzählen: über die Erfahrungen mit den Kommunisten, die Revolution 1989, die geistigen Voraussetzungen der damaligen Opposition und schließlich über meine Sicht auf die gewonnene Einheit.

Zuerst zu meinen Erfahrungen mit den Kommunisten: Ich habe »sie« nie gemocht, und immer waren sie aufdringlich nahe. »Sie« (oder »oni«, wie dies in allen slawischen Sprachen hieß) waren immer da, jene bevormundend-fürsorgliche Funktionärsschicht der SED, die »Sieger der Geschichte«, die in dem gewaltigen weltanschaulichen Gebäude »Sozialismus« wohnten.

Man machte mit ihnen politische Erfahrungen. Als Kind erlebte ich, wie mein Bruder im Jahr 1953 von der Oberschule flog, weil er zur Jungen Gemeinde gehörte. Er floh in den Westen. Ich durfte ein Jahr später auf die Oberschule, weil sich inzwischen der 17. Juni abgespielt hatte. In der Schule wurde ich zum Lügen gezwungen. Jeder Aufsatz über Faustens Gretchen oder Effi Briest endete mit dem Protest gegen die amerikanischen Atombomben. Meine Eltern sahen das als notwendiges Übel an.

Als Student war ich zufällig in Saßnitz auf Rügen Zeuge, wie 1961 eine Gruppe der Schmöckwitzer Jungen Gemeinde verhaftet wurde. Als die Wehrpflicht 1962 eingeführt wurde, verweigerte ich den Dienst. 1964 wurde ich Vikar und bald darauf Pfarrer. Damals hatte ich einen Freund und Kollegen, der mir von seiner siebeneinhalbjährigen Haft in Bautzen erzählte. Mit ihm betrieb ich eine blühende kirchliche Jugendarbeit. Und wir waren stolz, daß sich in unseren Gemeinden die jungen Leute für die FDJ nicht interessierten. 1968 war ich in der Tschechoslowakei, weil ich mir dort den »Sozialismus mit menschlichem Antlitz« anschauen wollte. In dieser Zeit verweigerte ich alles, was nur zu verweigern war. Ich ging nicht zu den Pseudowahlen und stimmte gegen die Verfassung der DDR, die den Führungsanspruch der SED festschrieb. »Sie« waren tief gekränkt, beschimpften mich als Faschisten, setzten meinen jungen Leuten in der Gemeinde zu und drangsalierten die christlichen Kinder, auch meine, in der Schule.

An »ihnen« störte mich nicht nur das Politische. Die Benachteiligungen von uns Christen nahm ich hin. Wie ungleich härter hatte es Menschen in der NS-Zeit getroffen. An »ihnen« störte mich etwas anderes. Eine unüberwindliche ästhetische Barriere baute sich auf. Es war ihre Sprache und ihre verkürzte primitive Symbolik. Diese Kultur- und Traditionslosigkeit war mit einer dummdreisten Überheblichkeit gepaart. Sie haben stets ihr Unwissen als höheren Grad des Wissens ausgegeben – besonders in religiösen Angelegenheiten. Sie antworteten auf alle Fragen, waren sich sicher, daß dies die Wahrheit sei, wenn sie auch bloße dialektische Torheiten verkündeten. Erinnern wir uns nur an die Vorhaben »Ohne Gott und Sonnenschein bringen wir die Ernte ein« oder: »Überholen ohne Einzuholen«. Oder: »Den Sozialismus in seinem Lauf hält weder Ochs noch Esel auf.« Die höheren Funktionäre hatten den schnarrenden Ton der Schalmeien, und die intelligenten äfften in Metaphern ihre Leitideologen nach. Sie forderten Disziplin und predigten Haß als Ersatz für Moral und Ethik. Radio DDR erregte Ekel, und die Zeitungen erzeugten nur Langweile. »Sie« sprachen nicht die Sprache der kleinen und einfachen

Leute, es war nicht die Sprache des freien Geistes, es war das »Neusprech«, von dem George Orwell in seinem Buch *Neunzehnhundertvierundachtzig* redete, eine Sklavensprache. (An all diesem erkenne ich »sie« bis heute!)

Trotz dieser unüberwindlichen Antipathien, trotz einer verzweifelten Wut auf »sie«, ging in mir Anfang der siebziger Jahre – übrigens ebenso bei vielen kritischen Freunden und, wie ich erst später erfuhr, auch bei solchen Leuten wie Jürgen Fuchs – eine merkwürdige Wandlung vor sich. Es war zugleich eine Krise wie der Versuch, einen Neuansatz für die festgefahrene eigene Position zu finden. Es mußte eine Lösung und einen Ausweg aus dieser Stagnation geben. Ich wollte neue Konzepte und einen neuen Handlungsrahmen finden. So war ich auf der Suche nach einer Legitimation für ein verändertes politisches Handeln. Ich befand mich in einer Zerreißprobe und geriet in Widersprüche, von denen ich erst 1989 ganz befreit wurde. Von der Widersprüchlichkeit der Situation will ich einiges in Stichworten markieren.

Damals besuchte ich Robert Havemann, mit dem ich weitläufig verwandt bin. Er riet, in die Partei zu gehen, um Veränderung von innen zu fördern. In die SED konnte ich nicht, so ging ich in die Blockpartei CDU. Das veranlaßte einen vermeintlichen Amts»bruder« der Stasi zu schildern, wie fortschrittlich ich geworden wäre. Was dieser IM nicht wußte: Gleichzeitig veröffentlichte ich verbotene Dinge im Westen.

Damals lasen wir fasziniert Texte des Erfurter Propstes Heino Falcke, der zur »kritischen Solidarität« aufrief und Hoffnung auf einen »verbesserlichen Sozialismus« machte. Zugleich gingen die Texte von Bischof Joachim Fränkel um, der den DDR-Sozialismus mit der Menschenrechtsfrage attackierte. Damals gehörte ich auch zu einer Gruppe in Thüringen, die sich des Themas Menschenrechte angenommen hatte. Ich schwärmte von Havemanns »Dialektik ohne Dogma« und war davon überzeugt, daß der wahre Sozialismus noch kommen würde. Das vertrug sich merkwürdigerweise mit der Lektüre des in die DDR geschmuggelten Werkes von Alexander Solschenizyn.

Ich fuhr 1973 zu den Weltfestspielen und diskutierte dort mit westlichen Jugendlichen, als wäre ich ein überzeugter Sozialist. Ich fuhr wieder in meine Studentengemeinde und auf meine Dörfer und verteidigte unsere alten religiösen Traditionen, die Volkskirche, renovierte schöne bäuerliche Barockkirchen und pflegte die alte Kirchenmusik. Weil die IM-Berichte 1974 und 1975 über mich so positiv waren, glaubte die Stasi mich anwerben zu können. Kurz bevor sie kamen, fuhr ich zur Beerdigung von Oskar Brüsewitz, weil ich dessen Handlung – die Selbsttötung – als einen Durchbruch ansah. Anschließend beteiligte ich mich an den Protesten gegen die Verunglimpfung dieses Widerständlers.

Wenn ich eine Überschrift für diese Jahre der Widersprüche suchen müßte, würde ich den Titel eines meiner Hörspiele wählen, das 1976 erstmals im Bayerischen Rundfunk unter meinen Pseudonym »Christian Joachim« gesendet wurde: »Ein Hund namens Hegel«. Im Stück suchte ich nach dem historischen Kompromiß zwischen dem Christentum, meiner Identität, dem Sozialismus, der Identität meines Landes. Anhand der Hegelschen Dialektik von Zufall und Notwendigkeit, Wirklichkeit und Möglichkeit deklinierte ich rauf und runter, wie dies praktisch aussehen könne. Mein Held hieß sinnigerweise »Albert Ohnestuhl«. Beim Schreiben suchte ich nach einer Lösung, nach einem Kompromiß. Ich fand keinen. Nach vielen Anläufen mußte ich »Albert Ohnestuhl« sterben lassen. Er vergiftete sich selbst, weil er dies als historische und gesetzmäßige Notwendigkeit einsah.

Erst später wurde mir klar, daß »Albert Ohnestuhl« etwas mit mir zu tun hatte. Allerdings vergiftete ich mich nicht. Dazu liebte ich Gott und den billigen DDR-Wein zu sehr. Aber »Albert Ohnestuhl« war mein Trauma. Das Unverbindbare wollte ich zusammenhalten und daraus auch noch Kraft gewinnen. Weil dies nicht ging, neigte sich langsam die Waagschale zugunsten einer radikaleren Kritik am DDR-Sozialismus. Biermanns Ausbürgerung und Reiner Kunzes Vertreibung taten das ihre.

Ende der siebziger Jahre gab es doch noch so etwas wie einen historischen Kompromiß zwischen Sozialismus und Protestantismus. Ich meine nicht jenen unsäglichen Bundesschluß zwischen der Stolpe-Kirche und Honecker am 3. März 1978, als sich die Bonzen beider Seiten im *Neuen Deutschland* anstrahlten und hinter den Kulissen die Stasi die Orden verteilte – was wir natürlich nicht wußten. Ich meine die oppositionelle Friedensbewegung. Von Anfang an habe ich alle Aktionen der Friedensbewegung in Weimar mitgemacht und mitorganisiert. Die Friedensbewegung stellte uns auf die Legitimationsgrundlage der DDR, daß nämlich Frieden der höchste Wert sei. Zugleich entsprach dies meinen protestantischen sozialethischen Gerüsten, nach denen Frieden eine göttliche Verheißung und eine politische Orientierung war. Und die Friedensbewegung gab die Gelegenheit, den realen Militärsozialismus beziehungsweise Kriegskommunismus der SED mit der allumfassenden Disziplinierung und Militarisierung aufs Korn zu nehmen. Darum strömten uns damals auch viele junge Menschen zu, die nichts anderes wollten als mehr Freiheit. Und oft wollten sie zugleich Christen werden.

Eine Alternative zur DDR bot die Friedensbewegung nur bedingt. Aus dem »Friedensstaat DDR«, wie dies die SED für sich in Anspruch nahm, sollte eine friedliche und freie DDR werden. Die gewählten politischen Methoden waren darauf ausgerichtet, möglichst unterhalb der Schwelle strafrechtlicher Relevanz zu bleiben, also legalistisch vorzugehen. Das schützte nicht immer vor Verfolgungen, erschwerte sie aber. Schließlich war nicht nur Opposition verboten, sondern auch der politische Raum als solcher war von der SED besetzt. Selbst für Oppositionelle ist die Politik die Kunst des Möglichen. Opposition konnte darum nur verwirklicht werden, wenn ihre Subjekte erst einmal die Voraussetzungen schufen, politischen Handlungsraum zu erschließen.

Eine solche Voraussetzung war die verbreitete semantische Chiffrierung des Politischen – eine Methode, die allgemein verbreitet war und derer sich auch die Künstler bedienten. Häufig wurde sogar aus Texten mehr Kritisches herausgelesen, als in ihnen überhaupt verborgen war. Von der kryptischen politischen Wahrnehmung war selbst das *Neue Deutschland* nicht verschont. Es wurde so lange gelesen, bis man etwas zwischen den Zeilen fand. So wurde allein schon der Begriff »Opposition« bis Ende der achtziger Jahre gemieden, wenngleich er von den siebziger Jahren an, etwa bei Havemann, belegt ist und in der mündlichen Tradition stets präsent war. Ersatzbegriffe waren etwa »Unabhängige Friedensbewegung« oder »Reformbewegung«. Mangels öffentlichen Handlungsraumes wurden von den Gruppen soziale und subkulturelle Gegenwelten aufgebaut oder vorhandene politisiert. Allein das Verweigern von abverlangten politischen und ideologischen Standards reichte nicht. Es mußte ein politischer Gestaltungswille und auch eine politische Theorie zur Selbstverständigung hinzukommen.

Verbreitet waren basisdemokratische Ansätze, die über die Mitbestimmung aller die Unabhängigkeit von staatlichen und kirchlichen Institutionen sichern sollten. Auch anarchistische Ideen wurden später noch in den angesehenen, auflagenstarken Berliner Umweltblättern propagiert. Der rationale Kern dieser Ideologien lag im Versuch, eine Art »Kontergesellschaft« aufzubauen, um die Staatsgesellschaft »von unten« zu verändern. Für mich selbst waren solche Ansichten nicht besonders attraktiv, da ich vielleicht etwas zu autoritär war und zu schnellen Entschlüssen neigte.

Wichtiger erschienen antizipatorische Strategien. So zu leben, als sei man frei, als wären die Menschenrechte schon verwirklicht, hat die in Verlegenheit gebracht, die sich Mühe gaben, die Freiheit des Individuums zu begrenzen. Das antizipatorische Element radikalisierte pazifistische und ökologische Einstellungen. Im Mangel der gesellschaftlichen Kommunikation und der Kommunikation zwischen oppositionellen Gruppen ermöglichte ein moralischer Konsens, der den programmatischen überlagerte oder gar ersetzte, eine Verständigung. Überall gab es Leute, die ähnlich dachten und handelten. Wir brauchten kein Programm, um uns zu verstehen.

So finden sich in der Opposition reichlich politische Symbole, Metaphern, Gedichte und Lieder. Die kirchliche Sprache und die vielen Liedermacher haben die Widerstandsethik in eine Widerstandsästhetik verwandelt. Und manchmal wurde das Häßliche schön. Denken wir nur an »Schwerter zu Pflugscharen«. Dieser unästhetische, martialische Muskelprotz im stalinistischen Stil wurde zur Hoffnungsgestalt einer mit Parka und Jeans gekleideten, antimilitaristischen, freiheitsliebenden Generation.

Die wirksamste Chiffrierung war die religiöse. Die enge Verquickung religiöser, sozialethischer und politischer Themen war durch die Beheimatung der Opposition in den Kirchen möglich und unausweichlich geworden. Damit hing auch unser Verständnis zusammen. Unsere evangelische Tradition ließ eine scharfe Abgrenzung zwischen politischen und religiösen Aspekten nicht zu. Aus dem sozialethischen Fundus, vor allem der protestantischen Tradition, konnte für Oppositionelle eine moralische Legitimation erwachsen, die durch den Mangel an Ethik im Sozialismus geradezu systemsprengend wirkte. Die Sozialethik ließ sich als Grundlage kritischer Theorien verwenden, wie aus ihr auch Verhaltensweisen abgeleitet wurden, um die DDR-Wirklichkeit zu konterkarieren.

Die kirchliche Sozialethik hat aber nicht nur den DDR-Sozialismus kritisch bedacht. Sie war auch prinzipiell zivilisations- und kapitalismuskritisch angelegt und traf ebenso die »kapitalistische BRD« mit ihrem Bannstrahl. Alles in der Welt war schlecht, und es galt, zu neuen Ufern einer neuen Welt aufzubrechen. Dieses war das Land Utopia, das in wunderbaren, asketisch lustvollen Visionen jenseits von DDR und BRD zu ahnen war. So sehr aber die systemsprengende Potenz der sozialethischen Entwürfe zu sehen ist, so waren doch schon damals ihre Nachteile in politischer Hinsicht offenbar. Die Interessen anderer Bevölkerungsgruppen konnten nur schlecht wahrgenommen werden, weil diese nicht dem eigenen moralischen Maß entsprachen.

Nachteilig war auch, daß der politische Gehalt von Utopien ins Irrationale abgleiten kann. Wolf Biermann wollte 1976 bei einem Auftritt in der Prenzlauer Kirche ein visionäres Gedicht von Florian Havemann vortragen, der die künftige schöne DDR mit den Zeilen beschwor:

»Zu uns fliehen dann in Massen
die Menschen, und gelassen
sind wir darauf vorbereitet«

Biermann kam ins Stottern. Er hatte den Text vergessen. Er »konnte den allzu utopischen Text nicht mehr«, wie er danach schrieb. Ja, angesichts einer realen DDR, aus der sich Tausende absetzten und Millionen mit dem Westfernsehen hinausträumten, war wohl die Vision von einer attraktiven DDR politischer Schwachsinn.

Die Chiffrierung des Politischen in subversiven Theorien und Praktiken, in sozialethisch aufgeladenen Utopien hat den Kommunisten schwer zu schaffen gemacht. Aber die versteckte und überhöhte Sprache ist kein Selbstzweck. Immer wieder zeigte sich, daß Politik Klartext und ebenso Pragmatismus braucht. Freilich, das gab es auch. Konsistent waren die politischen Entwürfe, die Recht und Menschenrecht thematisierten und die Aufklärung von Herrschaftsmechanismen betrieben.

Von 1984 an lebte ich in Berlin und arbeitete als Soziologe in einer kirchlichen Dienststelle. Jetzt hatte ich Gelegenheit zu schreiben. Meine damals wichtigste Schrift war: »Die Reproduktion von Religion in der DDR – Ein Beitrag zu den sozialisierenden Gruppen und ihr Verhältnis zu den Kirchen«. In ihr untersuchte ich die politisierten Friedens- und Umweltgruppen. Ich fand, daß sie mehr Religion als Politik betrieben. Aber es war eine kritische und dem politisch-ideologischen Anspruch der SED entgegengesetzte Mischung aus

Religion und Politik. Viele Berliner Oppositionelle kannte ich schon aus den Vorjahren. Meine Kontakte zu Rainer Eppelmann, Rudi Pahnke, der Initiative Frieden und Menschenrechte und der Umweltbibliothek wurden nun enger. Bärbel Bohley imponierte mir mächtig, nicht immer mit dem, was sie sagte, aber immer mit dem, was sie tat. Für mich ist sie die Jeanne d'Arc der Revolution. Ich schrieb im Samisdat und beriet Gruppen im ganzen Lande.

Für mich kam die Revolution, der Zusammenbruch des SED-Staates, nicht unverhofft. Aber ich wußte nicht, ob wir nicht möglicherweise unter den Trümmern des einstürzenden Gebäudes mitbegraben würden. Von Ende 1988 an wurde immer wieder in der Szene von einem politischen Neuanfang gesprochen. Die Gruppenstruktur der achtziger Jahre schien ungeeignet, die Herausforderung der SED zu wagen. Doch das Ganze kam zunächst über Planungen noch nicht hinaus. Ende Mai 1989 konnte ich an einer DDR-Forschertagung in Bonn teilnehmen. Hubertus Knabe war nach langem Einreiseverbot wieder in die DDR gekommen und hatte mich zu dieser Tagung eingeladen. Eigentlich war es aussichtslos. Doch er organisierte eine fiktive kirchliche Einladung, auf deren Ticket ich fahren konnte. Die Staat-Kirche-Bürokratie merkte nichts. Auf der DDR-Forschertagung hatte ich nicht nur meinen Text, sondern auch meine Rückreise im Sinn. In Bonn traf ich die DDR-Exulanten Roland Jahn und Wolfgang Templin. Ich selbst sprach euphorisch von den »Gruppen«, die nach meiner Meinung längst zum politischen Faktor geworden waren. Templin stimmte unter Vorbehalten zu. Jahn wollte nur noch in der Ausreisebewegung eine politische Kraft sehen. Wir hatten alle Recht, wie sich später herausstellte. Weil ich in die DDR zurückmußte und wollte, habe ich manche verschraubte Formulierung gewählt. So redete ich von der »Abwanderung der Macht«, weil ich nicht wagte, vom Machtverlust der SED zu sprechen. In einer Zeitung in Hannover stand später, daß bei dem Referenten wohl der Wunsch der Vater des Gedankens gewesen wäre und die DDR-Forscher höflich geschwiegen hätten. Das fand ich später in den Akten des MfS wieder.

Ab Sommer 1989 begann die schönste und auch eine irre Zeit, die Vorbereitung der Revolution. Über die Tragweite unserer Unternehmungen waren wir uns im Klaren. Zielgerichtet ging es uns um die Entmachtung der SED. Meine Versuche scheiterten, einen breiteren Konsens in Berlin herzustellen. Bärbel Bohley wollte auf keinen Fall mit Wolfgang Schnur zusammenarbeiten. Sie verdächtigte ihn als Stasimann. Ich war damals empört. Schon ein halbes Jahr später mußte ich einsehen, daß ihre Wahrnehmung richtig war.

So gründeten verschiedene Gruppen ihre eigenen Bewegungen. Ich war an der Gründung des Demokratischen Aufbruchs beteiligt. Die Planung von Demonstrationen, die Informationsveranstaltungen im ganzen Lande, die programmatische Arbeit und die Mitarbeit in Untersuchungskommissionen, die Installierung einer Kontaktgruppe zwischen allen oppositionellen Bewegungen und Parteien, die schließlich den Runden Tisch erzwang, und vieles andere nahm unsere ganze Kraft in Anspruch.

Bevor ich etwas Selbstkritisches zur Opposition sage, will ich die wichtigsten Erfolge, und ich glaube auch Verdienste, der Opposition benennen, die wohl zum bleibenden Erbe der Revolution gehören. Das sind: die Organisation der Gewaltfreiheit; die Zurückweisung des »Dialoges«, der zur Reintegration der Opposition in das politische System der DDR führen sollte; der Aufbau neuer demokratischer Institutionen, besonders der Bewegungen und Parteien; die Erzwingung des Runden Tisches mit dem erklärten Ziel baldiger Neuwahlen; die Zerschlagung der wichtigsten Repressionsorgane wie des MfS. Natürlich, das ist nachträglich besonders deutlich, manchmal auch schmerzhaft, haben wir viele Fehler gemacht. Die interessieren eigenartigerweise besonders, und ich will sie auch ohne Beschönigung benennen.

1989 war nur sehr oberflächlich gesehen das Ende des Kommunismus. Sein Zerfall geht weiter, nicht nur in Rußland und nicht nur in Südosteuropa. Dort nimmt der Zerfall des Kommunismus destruktive Formen an, weil nichts da ist, was an die Stelle des Kommunismus gesetzt werden kann. Aber auch der Zerfall seiner Ideologie, seiner geistigen Fesseln geht weiter. Das betrifft besonders die deutsche Situation, ebenso die der ehemaligen Oppositionellen. Die totale Herrschaft über Bildung, Medien und jede Form der Informationsaufbereitung wurde von den Kommunisten genutzt, um ihre »wissenschaftliche Weltanschauung« zu verbreiten und um zwei Generationen zu suggerieren, ihre Ideologie wäre eine vernünftige Grundlage zur Gestaltung und Steuerung der Gesellschaft. Bei den Herrschenden erzeugte dies Allmachtsphantasien. Die unpolitischen Untertanen gerieten in den Zustand der geistigen Ohnmacht und wurden in die privaten Nischen getrieben. Diese Ideologie führte zu einer organisierten Massenparanoia, die nicht nur gläubige Täter und Angepaßte, sondern auch nicht wenige der politischen Gegner des Regimes befiel.

Die geistige Vorbereitung auf die Revolution war deswegen oft ungenügend. Der von mir schon erwähnte legalistische Ansatz für oppositionelles Handeln in den achtziger Jahren hatte Grenzen. Auch die Chiffrierung des Politischen in sozialethischer und religiöser Sprache schränkte die Handlungsmöglichkeiten allzusehr auf die Lizenzen der SED und ihre Selbstlegitimierung ein. Immer wieder gab es schwerwiegende Zielkonflikte. Wer die Demokratisierung der DDR in der DDR forderte, stellte nicht direkt deren Existenzrecht in Frage. Wer aber die Demokratisierung der DDR forderte, stellte direkt die Herrschaft der SED in Frage und damit indirekt auch deren deutschen Staat. Doch dies zu sagen, vielleicht es auch konsequent als Folge oppositioneller Politik zu bedenken, wurde versäumt.

Zwar war die demokratische Alternative zur DDR die westdeutsche Bundesrepublik. Aber die westdeutsche Politik hat die DDR-Opposition kaum als einen politischen Faktor gesehen. Die SED behauptete, daß die Opposition aus dem Westen gesteuert, finanziert und gefördert würde. Doch diese Förderung beschränkte sich auf humanitäre Hilfe im Falle von Inhaftierungen. Als politische Größe schien die Opposition für viele Politiker eher ein Störfaktor der Deutschland- und Entspannungspolitik zu sein. So war die Opposition bis in den Oktober 1989 auch vom Westen isoliert. Vom Westen war für Oppositionelle oft nicht viel zu lernen. Das Demokratieverständnis der DDR-Opposition war nicht schlechter als das vieler Westdeutscher, die gerade 1989 lange brauchten, den Zusammenbruch des Kommunismus überhaupt wahrzunehmen. Große Teile der politischen Klasse der alten Bundesrepublik haben überdies in der DDR, die immerhin eine Diktatur war, eine legitime Alternative zum westdeutschen Staat gesehen.

Im Herbst 1989 habe ich, wie viele meiner Freunde, darum zunächst noch an den Methoden und Zielen der Opposition der achtziger Jahre festgehalten: also »demokratischer Sozialismus« in der DDR, deren Existenz ich für längere Zeit als selbstverständlich ansah. Erst die Ausweitung der politischen Möglichkeiten veränderten meine politischen Ziele. Der 9. November war ein einschneidendes Erlebnis. Bei meinem ersten Besuch in Westberlin konnte ich die Tränen nicht zurückhalten. Trotzdem verbanden sich mit dem Ereignis auch Sorgen: Würden die DDR-Bürger bei offenen Grenzen weiter demonstrieren? Am 10. November war ich darum mit anderen in der Kontaktgruppe daran beteiligt, nun möglichst rasch ein brauchbares Verfahren zur Entmachtung der SED zu finden. Wir schlugen an diesem Tag offiziell die Einrichtung des Runden Tisches vor. Am gleichen Abend besuchte mich ein bekannter und geschätzter Oppositioneller, der mit mir überlegen wollte, ob nicht die Grenze wieder geschlossen werden müßte, weil sonst die DDR »verblutete«. Das lehnte ich ab. Auch er sah ein, daß es nun mit der DDR zu Ende gehen würde.

Ende November gehörte ich im Demokratischen Aufbruch zu den Einheitsbefürwortern, die allerdings auch nicht schneller als der damalige Bundeskanzler Helmut Kohl die Einheit für möglich hielten. Anfang Dezember verabschiedete ich mich in einem Artikel vom Sozialismus. Beides hat mir den Zorn von Freunden in Ost und West eingebracht. Ich glaube, mancher bedauert heute, was er mir damals für wütende Briefe geschickt hat. Dennoch bin ich Ende Januar 1990 aus meinem geliebten Demokratischen Aufbruch ausgetreten. Ich wollte die »Allianz für Deutschland« nicht mitmachen. Zum einen wollte ich nicht mit der Ost-CDU zusammengehen, die ich aus früherer Zeit kannte. Zum anderen merkte ich, daß wir nichts dem starken politischen Willen der West-CDU entgegenzusetzen hatten. (Erst nach einem langen Umweg über das Bündnis 90 bin ich 1996 in die CDU eingetreten.)

Anfang 1990 schrieb ich ein kleines Buch: *Eine protestantische Revolution*. In ihm habe ich die Ambivalenz der protestantischen Revolution des Jahres 1989 beschrieben und gedeutet. Einmal lag in ihr das starke zivilisationskritische und kapitalismuskritische Element seitens der Akteure. Andererseits lief aber die Revolution unaufhaltsam auf das westlich-kapitalistische System zu. Am letzteren übte ich barsche Kritik. Wenn ich heute zehn Jahre später das Büchlein in die Hand nehme, muß ich an der Theorie wenig ändern. »Nur« in meinen Wertungen habe ich mich verändert: Heute stehe ich den kapitalismuskritischen protestantischen Revolutionären sehr kritisch gegenüber. Für mich sind sie immer noch nicht angekommen und schleppen die Lasten der achtziger Jahre mit sich herum. Ich selbst habe mich innerlich davon lösen können und viele ideologischen Blockaden abgeräumt. Der Kommunismus in mir ist endgültig gestorben. Jetzt bin ich dazu bereit, durch mein Engagement die gewonnene Demokratie im vereinten Deutschland zu stützen.

Zum Schluß komme ich zur deutschen Einheit: Sie brachte die institutionelle Angleichung an die Standards der alten Bundesrepublik, deren Verfassung, Justiz- und Verwaltungssystem, die Wirtschaftsordnung und viele andere Bereiche. Das führte zu einem Freiheitsgewinn und auch zu einem Wohlstandsgewinn. Eine Differenz zur Lebenswirklichkeit in Ostdeutschland ist aber schon dadurch gegeben, daß es sich bei den komplexen westdeutschen Standards um das Ergebnis einer langen Entwicklung handelt. Da in Ostdeutschland durch die Kommunisten eine homogenisierte, entstrukturierte und enttraditionalisierte Gesellschaft geschaffen wurde, fehlen vielfach die Voraussetzungen für die erfolgreiche Installierung der westdeutschen Ordnung.

Zusätzlich hat sich gezeigt, daß die Modernisierung und Transformation, vor allem im wirtschaftlichen Bereich, die Menschen weithin überfordert hat. Zwar »blühen die Landschaften«, zumindest im Vergleich zur DDR-Einöde. Aber trotz der sozialen Netze sind Teile der Bevölkerung tief verunsichert, da die alten Lebensstrategien, informellen Beziehungen oder Berufsprofile außer Kraft gesetzt wurden. Der »sozialistische Gang«, nach dem alles auf sehr niedrigem Niveau geregelt war, der kaum Abweichungen vom Pfad der sozialistischen Tugenden zuließ, war in der Sackgasse vollends steckengeblieben. Die Untertanen von gestern müssen nun in ihrer Lebensplanung Chancen und Risiken selbständig kalkulieren, und der gestrenge bevormundende und fürsorgende Vater Staat hat sich davongemacht.

Damit hat sich im Osten eine Mentalität aus DDR-Zeiten verfestigt. Aus dem Mangel an Freiheit wurde eine lähmende Unfähigkeit zur Freiheit als Nachwirkung der Unfreiheit. Eine Reaktion ist die verbreitete DDR-Nostalgie, die »Ostalgie«. Sie hat durchaus auch sympathische Züge. Immer aber besteht die Gefahr der Instrumentalisierung der Mentalitätsdifferenzen zwischen Ost und West. Dies hat bisher meisterlich die PDS genutzt.

Sie hat sich als authentische Vertreterin ostdeutscher Interessen aufgespielt. Sie hat die Legenden von einer angeblichen ostdeutschen Identität wesentlich gefördert und die Vergangenheitsaufarbeitung als ein – angebliches – Instrument« des Westens gegen den Osten disqualifiziert. Sie nutzt dabei auch die nichtkommunistischen und korrumpierten Teile der ostdeutschen Gesellschaft. Ich erinnere nur an Manfred Stolpe, der den Vorwürfen wegen seiner Stasibelastung mit dem Argument entgegentrat, er solle als »gelernter DDR-Bürger« vom Westen abgewickelt werden. Die PDS hat erfolgreich die Verantwortung für die kommunistischen Verbrechen an ein paar einzelne Altstalinisten verschoben. Sie hat ihre Verantwortung für die ökonomische und soziale Krise der DDR vergessen gemacht und die Schwierigkeiten beim »Aufbau Ost« einem – angeblichen – westdeutschen Kolonialismus angelastet. Die Erfolge der postkommunistischen Partei im Osten wären nicht möglich, wenn sie nicht aus der westdeutschen Gesellschaft entscheidende Schützenhilfe bekäme. Ihre Unterstützer sind unter den 20 000 teilweise noch unbekannten IM des Ministeriums für Staatssicherheit im Westen zu suchen. Darüberhinaus aber spielen zwei andere Faktoren eine Rolle.

Zum einen gibt es eine ideologische Affinität zu den Postkommunisten. Dazu zähle ich nicht nur die linke Semantik der PDS, die den Westlinken wie Musik in den Ohren klingt. Vielmehr ist es die auch im Westen in weiten Kreisen verbreitete Demokratiefremdheit, die aufgeschlossen ist gegenüber der Systemkritik der PDS. Hier wären ebenso Teile der Kirchen und viele Intellektuelle zu benennen. Zum anderen ist die politische Kultur in Deutschland traditionell auf den Täter fixiert. Auch der Westen hat sich nie am Opfer der Diktaturen orientiert. Das harte Wort von der deutschen »Tätergesellschaft« hat hier seinen Kern. Die Entschädigung der NS-Opfer kommt nur in Gang – viel zu spät und halbherzig –, weil die deutsche Wirtschaft Gegenmaßnahmen aus den westlichen Industrieländern fürchtet. Die Opfer des Kommunismus haben keine so mächtige Lobby wie die NS-Opfer. Wohl aber bemühen sich um die kommunistischen Täter fast alle Parteien in Deutschland. Voran ging die SPD. Nach den verlorenen Bundestagswahlen 1998 entbrannte in der CDU eine Diskussion um die Normalisierung der PDS. In der Amnestiefrage überschlagen sich die Gutmenschen in allen politischen Lagern. Die deutsche politische Klasse, Multiplikatoren im Bildungswesen und in den Medien haben die PDS längst normalisiert.

Nur ein Beispiel: Am Sonntag, dem 5. Dezember 1999, räumte der Deutschlandfunk am Morgen Angela Marquardt, die im PDS-Vorstand sitzt, eine Rede zum Rechtsextremismus in Deutschland ein. Frau Marquardt kommt selbst aus dem gewaltbereiten autonomen Flügel der PDS. Ihre Botschaft war klar: Der Rechtsradikalismus kommt aus der Mitte der Gesellschaft. Er wird durch die CDU indirekt gefördert. Er ist Folge der Einheit und der mit ihr verbundenen großdeutschen Rhetorik. Mit der Einheit hat die Gewalt gegen Ausländer eingesetzt. Unterschlagen hat sie, daß Rechtsradikalismus zum Alltag der DDR gehörte, in den Schulen, in der Armee, sogar beim Ministerium für Staatssicherheit. Dieses setzte alles daran, daß nichts bekannt werden sollte. Unterschlagen hat sie, daß ein Anschlag auf das Leben eines Mosambikaners, den Rechtsradikale aus der Straßenbahn hinauswarfen, schon 1988 in Dresden stattfand. Ausländerfeindlichkeit war ein breites Phänomen in der DDR, obwohl es kaum Ausländer gab. Unterschlagen hat sie auch, daß Rechtsradikale 1988 unter Duldung der Volkspolizei die Zionskirche in Ostberlin überfielen. Der Rechtsradikalismus ist im Osten, besonders in Brandenburg, überdurchschnittlich hoch. Das alles ist ein Versäumnis in der Aufklärung des »antifaschistischen« Staates DDR. Nur Oppositionelle haben damals auf diese Erscheinungen aufmerksam gemacht. Der Deutschlandfunk setzte der nachholenden SED-Propaganda noch eins drauf. Er räumte dem ehemaligen führenden LDPD-Politiker Manfred Gerlach anschließend ein Interview von einer halben Stunde ein, in dem dieser all seine Legenden über die verkannte DDR anbringen konnte.

Die politische Klasse der Bundesrepublik hat in großen Teilen vor 1990 mit der SED und deren Staat als Alternative zur westlichen Demokratie geliebäugelt. Das setzt sich einfach fort. Hinter der demokratischen Rhetorik stehen keine Demokraten. Deutschland hat seit 1990 einen Staat, der Nation und Demokratie vereint. Nur in der kurzen Weimarer Republik war dies schon einmal erreicht. Diese Republik zerbrach, weil sie eine Demokratie ohne Demokraten war. Das kann in Deutschland wieder geschehen.

Zur Konsolidierung des deutschen Verfassungsstaates ist die Vergangenheitsaufarbeitung beider Diktaturen eine unverzichtbare Voraussetzung. Zu den unmittelbaren Zielen der politischen, juristischen und ethischen Aufarbeitung der kommunistischen Diktatur gehören einerseits die Neustrukturierung der ostdeutschen Gesellschaft (Elitentausch, Herausbildung eines Mittelstandes, Stärkung der gewerkschaftlichen und sozialen Interessenvertretung, vermögensrechtliche Wiedergutmachung) und andererseits die Verankerung der demokratischen Idee und demokratischer Verhaltensweisen (Stärkung des Pluralismus, Stärkung des Prinzips der Verantwortung, Entwicklung einer Kultur der Freiheit, Förderung des Subsidiaritätsprinzips, Entideologisierung staatlicher Institutionen, Rehabilitierung der Opfer und Würdigung von Opposition und Widerstand gegen die Diktatur). Von der Verwirklichung dieser Ziele ist man teilweise noch entfernt. Die Aufarbeitung sollte nicht nur durch staatliche Institutionen, sondern vor allem auch durch gesellschaftliche Träger, Vereine und Initiativen, Kirchen, Gewerkschaften und Parteien getragen werden. Vieles davon ist in Angriff genommen. Im Vergleich zu den meisten osteuropäischen Staaten ist in Deutschland der Aufarbeitungsprozeß gut vorangekommen. Insgesamt aber ist vieles mißglückt und steckengeblieben. Das, was steckengeblieben ist, verweist darauf, daß die Demokratie keine Selbstverständlichkeit ist. Ich selbst bin in diese Prozesse vielfältig integriert: durch meine wissenschaftlichen Arbeiten, durch meine politische Arbeit, durch die Pflege bürgerrechtlicher Tradition (wie das »Bürgerbüro e. V. zur Aufarbeitung von Folgeschäden der SED-Diktatur«) und nicht zuletzt durch mein religiöses Engagement. In allem sehe ich biographische Kontinuität und zugleich heftige Brüche. So bin ich gespannt, wie es mit mir weitergeht.

Keine Fehler mehr in den Wachträumen
Ein Theologe [Ehrhart Neubert] zur Wende

Bericht in der *Freien Presse* am 9.12.1999
von Babette Klemm

»Natürlich haben wir viele Fehler gemacht. Wenn ich heute, zehn Jahre später, die friedliche Revolution in meinen Wachträumen nochmals ablaufen lasse, passieren diese natürlich nicht mehr«, sagt Ehrhart Neubert, ohne jedoch auf die Fehler konkret einzugehen. Im Rahmen der Ringvorlesung »1989/1990– 1999/2000: Revolution in der DDR – und zehn Jahre danach« legte der Bürgerrechtler am Dienstagabend [7.12.1999] in der Chemnitzer Universität seine Gedanken zur Wende dar, beschrieb seinen Weg in die DDR-Opposition.

Die Kommunisten, so der Theologe, habe er nie leiden mögen. Schon früh habe er seine Erfahrungen gemacht, »mit denen, die doch angeblich nur Gutes wollten«. So sei sein Bruder aufgrund seines Glaubens von der Oberschule geflogen. Ihm sollte das nicht passieren. »Ich durfte bleiben, aber begann zu lügen.« So hätten dann auch seine Aufsätze – ob zu Effi Briest oder anderen Werken – irgendwie immer mit dem Protest gegen die amerikanischen Atombomben geendet.

Trotz seiner Antipathie und Wut sei in den siebziger Jahren eine Wandlung in ihm vorgegangen: »Ich suchte nach Konzepten und wollte einen Handlungsrahmen finden.« So aber sei er in einen Widerspruch geraten, von dem er letztlich erst 1989/90 befreit wurde. Noch am Jahresanfang '89 habe er zu den Befürwortern eines demokratischen Sozialismus in der DDR gehört. Doch die demokratischen Möglichkeiten änderten das Ziel. Den 9. November 1989 bezeichnet Neubert als ein einschneidendes Erlebnis. »Als ich in dieser Nacht durch Berlin lief, wurde mir klar, die DDR ist am Ende, es gibt nichts anderes als die Einheit.« Eine der Konsequenzen dieser Erkenntnis war im Januar 1990 sein Austritt aus dem Demokratischen Aufbruch, zu dessen Mitgründern er noch im Sommer zuvor gehörte. Doch auch mit der Ost-CDU konnte er zum damaligen Zeitpunkt noch nicht zusammengehen. Erst über einen Umweg – Neubert arbeitete von 1992 bis 1994 für das Bündnis 90 im Stolpe-Untersuchungsausschuß des Brandenburger Landtags mit – gelangte er schließlich 1996 doch zu den Christdemokraten. Heute leitet er die Abteilung Bildung und Forschung der Gauck-Behörde.

Über Ostalgie kann Neubert meist schmunzeln. Bedenken hat er allerdings im Hinblick auf die unterschiedlichen Mentalitäten in Ost und West, wobei er auf die Gefahr einer Instrumentalisierung hinweist. Deswegen, meint Neubert, ist die Vergangenheitsaufarbeitung wichtig, nicht nur im Osten, sondern auch im Westen. Als Ziel steckt Neubert die Verinnerlichung demokratischer Verhaltensweisen ab. Und das, so meint er, könne nicht der Staat allein umsetzen. Gefordert seien dabei alle gesellschaftlichen Institutionen und natürlich auch die Kirche. »Denn Demokratie ist keine Selbstverständlichkeit. Aber sie ist in Deutschland recht stabil. Und das ist ein Ergebnis von 1989, an dem so viele mitgearbeitet haben.«

Freya Klier, Autorin und Filmemacherin

Freya Klier

»Stapelweise Modrow, Gysi, Kant und Genossen«

Zehn Jahre liegen Montagsdemos und Mauerfall nun zurück – jener Umsturz, in dem wohl zum ersten Mal in der Geschichte europäischer Revolutionen Kerzenwachs floß statt Blut und in dem die Bürger der meisten osteuropäischen Staaten Regierungen zum Abtritt zwangen, die ihr Land in den Bankrott getrieben haben – den politischen, moralischen und wirtschaftlichen Bankrott. Zehn Jahre sind eine lange Strecke. Die »neuen Bundesländer« (die ich von nun an – da sie so neu nicht mehr sind – die östlichen Bundesländer nennen will) hatten in dieser Dekade einen Prozeß des gesellschaftlichen Umbruchs zu bewältigen, dem der Begriff »Demokratisierung« bei weitem nicht gerecht wird. Denn im Osten Deutschlands fielen ja zwei historische Umwälzungsprozesse zeitlich zusammen:

Erstens: Die DDR wurde 1990 nicht in eine Bundesrepublik der florierenden Prosperität – mit kontinuierlichem Wachstum, breitem gesellschaftlichem Wohlstand und einer vergleichsweise niedrigen Arbeitslosenquote – integriert, wie sie die siebziger und achtziger Jahre beherrschte. Die DDR stieß zu einem Zeitpunkt dazu, welcher der Beginn einer großen technologischen und strukturellen Umbruchphase in Westeuropa war – ein Prozeß, der den Kontinent auch heute in Atem hält und den ich hier der Kürze halber mit dem Verständigungsbegriff »Globalisierung« umschreiben möchte. Von diesem Prozeß waren und sind noch immer beide Teile Deutschlands betroffen.

Zweitens: Ausgerechnet dieser europäische Prozeß aber, der ein Umdenken in völlig neue Arbeitskategorien und -zusammenhänge erfordert, überlagerte jenen Umbruch, den man je nach Blickwinkel »Aufschwung Ost« oder »Aufbruch in die Demokratie« nennen kann und dem in Deutschland ausschließlich die östlichen Bundesländer ausgesetzt waren.

Ein doppelter Aufbruch also. Den innerhalb von zehn Jahren einigermaßen bewältigt zu haben, halte ich für eine enorme Leistung. Denn trotz Euphorie und der großen Bereitschaft vieler DDR-Bürger waren die Bedingungen für diesen Aufbruch alles andere als günstig. Lassen Sie mich dafür ein paar Punkte berühren, die – trotz ihres hohen Wirkungsgrades – in den öffentlichen

Debatten bisher erstaunlich unterbelichtet blieben. Zuerst komme ich zu den fehlenden Auffangnetzen beim Bewältigen psychischer Berg- und Talfahrten.

Um die Dimension dieses doppelten Umbruchprozesses, der kaum eine Familie im Osten verschonte, zu erfassen, habe ich mal das Bild des Teppichs geprägt, der den DDR-Bürgern plötzlich unter den Füßen weggerutscht war – es mag ein schäbiger gewesen sein, doch hatten sie immerhin mit beiden Beinen drauf gestanden. Die Tiefe des Sturzes fiel bekanntermaßen unterschiedlich aus – und dort, wo nicht nur die Arbeitsplätze weg-, sondern auch die Familien auseinanderbrachen, ist er zum Teil bis heute nicht bewältigt.

Insgesamt erinnern die Amplituden des Umbruchs in ihren Schwankungen an eine Achterbahn, an deren Ende nach heftigen Erschütterungen das Gleiten in eine neue Normalwelt steht. Mit Mauerfall und Währungsunion auf den Gipfel der Euphorie katapultiert, geriet zunächst der halbe Osten in eine Art Ausnahmezustand: Nach den Tränen der Freude und Fassungslosigkeit, den leidenschaftlichen Montagsdemos und ersten Erkundungsfahrten gen Westen stürzte die Republik der Trabis und Kittelschürzen in einen Kaufrausch, in dem die Freßwelle nahtlos in die Möbel- und Pkw-Welle überging. Viele waren benommen vom Ende ihres Haftdaseins. Ihr Glücksgefühl mündete in die schwindelerregende Kreditaufnahme. Die Begeisterung über die liebevoll aufgemachte Postwurfsendung, auf der sogar der eigene Name prangte, war so groß wie die Arglosigkeit, mit der mancher sich windige Versicherungen aufschwatzen ließ. Die Reisebüros verzeichneten Rekordumsätze.

Kein Rausch hält ewig. Die Katerstimmung setzte ein, als das Ausmaß, in dem Arbeitsplätze wegbrachen, die Mehrheit ostdeutscher Familien erreicht hatte. Feste Bezugskreise rissen plötzlich auseinander, weil Freunde und Bekannte auf der Suche nach neuer Arbeit die Stadt verließen. Ein Existenzkampf setzte ein, auf den niemand vorbereitet war; drückte auf die Familie und ließ sowohl die Scheidungs- als auch die Abtreibungsquote in die Höhe schnellen. Erst jetzt haben wohl viele gespürt, daß nicht nur der historische, sondern auch der existentielle Einschnitt ein gewaltigerer ist, als in der Euphorie vorausgesehen – all das Bekannte und Gewohnte war plötzlich außer Kraft gesetzt. Erste depressive Stimmungen machten sich breit und Angst, den Anforderungen der neuen Gesellschaft nicht gewachsen zu sein. Dabei wollten die meisten endlich ankommen und ihren Platz finden – aber wo? Und wie?

Allein die Terminologie der neuen Welt war eine fremde. Und empfand man schon die DDR-Bürokratie als ätzend, so hatte man sich nun durch einen bürokratischen Wust zu ackern, der den Verdacht nährte, eine riesige Beamtenschar müsse sich täglich neuen Schwachsinn ausdenken, um ihre Unersetzlichkeit nachzuweisen. Man rannte auf Ämter, wo niemand durchblickte; Seelsorger wurden rar, weil viele von ihnen ihr Herz für die Politik entdeckt hatten. Ein staatliches Beratungsnetz aber für die vielen, einander überlagernden psychischen und sozialen Probleme gab es schon zu DDR-Zeiten nicht – in einem Land, in dem es psychische und soziale Probleme nicht geben durfte. Wo es in westlichen Bundesländern seit langem ein breitgefächertes Netz von Beratungs- und Anlaufstellen gibt, waren diese im Osten 1989 so extrem ausgedünnt, daß die meisten Bürger mit ihren Fragen, persönlichen Irritationen und psychischen Berg- und Talfahrten allein zurandekommen mußten.

Nicht ganz. Denn in diese Lücken stießen ausgerechnet jene vor, die sie zuvor selbst geschaffen hatten und denen die Nöte und Befindlichkeiten der Bürger bis dahin reichlich gleichgültig gewesen waren. Nun nicht mehr – die in PDS umbenannte SED entdeckte, sich uneigennützig gebend, das Heer der Ratsuchenden als Wählerklientel zum Wiederaufstieg ihrer Partei. Von einem Wendetag zum anderen wurden Mieter plötzlich nicht mehr angeblafft, sondern freundlich beraten. Bereits im März 1990 hatten ranghohe DDR-Kader, unter ihnen ein Oberst des Ministeriums für Staatssicherheit, den Arbeitslosenverband gegründet, der wiederum kurz darauf ein Netz von Schuldnerberatungsstellen initiierte. Die PDS – dein Freund und Helfer.

Zugute kam der Partei die eigene Vorarbeit, eine Vorarbeit von Jahrzehnten. Denn über ihre Sortiermaschinen hatte sie längst diejenigen kaltgestellt, denen es bereits zu DDR-Zeiten – und ohne eigenes Vorteilsdenken – um die Bedürfnisse der Bürger gegangen war (was zwangsläufig mit Kritik am Unterdrückungssystem und seinen Funktionären einherging).

Auf verhängnisvolle Weise rächt sich zudem in der »Nachwendezeit« der Exodus von drei Millionen DDR-Bürgern, unter denen sich ein großer Teil der kritischen Intelligenz befand. Hier sind ganze Generationen abgetragen worden – von Ernst Bloch bis zu Armin Mueller-Stahl oder Reiner Kunze; die Vaclav-Havel-Generation der DDR ist kaum noch auffindbar. Damit aber ist eine Schicht ausgedünnt, die ich die »Hefe einer jeden Gesellschaft« nenne und ohne deren Glaubwürdigkeit und Engagement der Wechsel von einer Diktatur in die Demokratie nur schwer zu leisten ist. Nicht, daß wir uns falsch verstehen – solche Menschen gibt es noch immer, auch im Osten. Doch es sind zu wenige, um diesem zigtausende zählenden und optimal plazierten Genossenheer mit Aufklärung und Widerstand erneut entgegenzutreten. Beides ist nötig, wenn ein Unrechtsregime von Jahr zu Jahr mehr verklärt wird. Dazu ein persönliches Beispiel:

Im Frühjahr 1991, als jene Einrichtung absehbar war, die heute Gauck-Behörde heißt, betrat in meiner Heimatstadt Dresden plötzlich eine ältere Dame das Atelier meines Vaters. Zitternd stellte sie sich als Staatsanwältin vor, die Mitte der sechziger Jahre sieben junge Männer aus Dresden ins Gefängnis gebracht hatte. Es war die Zeit nach dem Mauerbau, die Zeit, in der das Wort »Individuum« aus dem Vokabular der DDR gestrichen wurde, Autos mit Richtantennen durch die Städte fuhren, um die Hörer westlicher »Hetzsender« aufzuspüren und Polizisten eine schon hysterische Präsenz in den Straßen demonstrierten.

Die Sache begann harmlos: Die Dresdner Jungs hatten zunächst verbotene Beatles-Texte getauscht und weigerten sich nun, den Inhalt ihrer Taschen dem »abschnittsbevollmächtigten« Polizisten herauszurücken. Der hielt sie daraufhin in Schach und funkte ein Überfallkommando der Polizei herbei. Dann eskalierte der Vorgang: Die Jungs wurden kurzerhand zusammengeschlagen, einem jedem von ihnen der rechte Arm ausgekugelt; sie versuchten, sich zu wehren und schrien vor Schmerz und Wut »Ihr Nazischweine!«. Unter den Jungs war damals mein Bruder, keine achtzehn Jahre alt. Die sieben Jungs wurden zu Haftstrafen zwischen vier und elf Jahren verurteilt; die Delikte: Rowdytum, Besitz verbotener Texte, Widerstand gegen die Staatsgewalt und Staatsverleumdung (»Nazischweine«). Das Strafmaß wurde willkürlich verteilt, nach einem Muster, bei dem stets einer zum »Rädelsführer« erklärt wird. Mein Bruder hatte »Glück«, er war nicht Rädelsführer und kam mit vier Jahren »davon«. Es handelte sich um eines jener zahlreichen Abschreckungsurteile nach dem Mauerbau, die Jugendlichen signalisieren sollten: »Schaut her, so geht es jedem, der hier noch aus der Reihe tanzt!« Denn es war üblich, derartige Urteile in Zeitungen zu veröffentlichen – selbstverständlich nicht, was tatsächlich passiert war, sondern eine propagandistische Variante, die Lesern den Eindruck vermittelte, hier hätten »negative Elemente« versucht, den Staat zu stürzen.

Was aus den anderen Verurteilten geworden ist, entzieht sich meiner Kenntnis. Ich weiß nur, was aus meinem Bruder geworden ist: Da es in der DDR politische Gefangene prinzipiell nicht gab, steckte man ihn unter Schwerkriminelle. Weil aber Häftlinge mit politischen Delikten aus »erzieherischen Gründen« stets eine miesere Behandlung erfuhren als Kriminelle, kam er in die Mecklenburger Haftanstalt Bützow, wo Sachsen von den Zellenmitbewohnern schon mal aus Gründen des fremden Dialektes mit Prügeln empfangen wurden. Aus dieser Haft kam mein Bruder seelisch zerstört zurück. Er fand sich in der Gesellschaft nicht mehr zurecht und nahm sich mit dreißig Jahren das Leben.

Nun also kam die damals verantwortliche Staatsanwältin, um sich zu entschuldigen. Sie zeigte ein Unrechtsbewußtsein für ihre Taten. Mein Vater erinnerte sich, sie sei furchtbar aufgeregt gewesen, hatte von schweren Zeiten gesprochen und ungerechten Urteilen. Das traf zu. Auch gehörte zum Unrechtsregime DDR, daß Polizisten prinzipiell nie vor Gericht standen und daß Prozesse gegen Andersdenkende von der herrschenden Partei über ein ausgewähltes juristisches Personal dirigiert wurden. Wie häufig in solchen Fällen, lief auch der Prozeß gegen die Dresdner Jugendlichen unter Ausschluß der Öffentlichkeit, bekamen meine Eltern kein schriftliches Urteil ausgehändigt. Das kannten wir bereits – auch als mein Vater 1953 für ein Jahr in Haft kam, gab es nichts Schriftliches in die Hand, nichts, womit verzweifelte Familien den westlichen »Klassenfeind« hätten informieren können.

Nach diesem merkwürdigen Besuch war unsere Familie sich einig, daß wir die Frau nicht zur Verantwortung ziehen würden: Das Wort »Rache« ist uns fremd, und mein Bruder würde davon nicht wieder lebendig, daß wir eine alte Frau hinter Gitter brächten. Und hatte sie nicht ein Schamgefühl offenbart und begriffen, was sie und ihr Justizsystem Menschen angetan hatten? In gewisser Hinsicht waren auch wir nach der »Wende« naiv: Mitte der neunziger Jahre tauchte die alte Dame plötzlich in einer Dresdner Zeitung auf, als PDS-Veteranin, mit kleinen roten Söckchen am Revers. Dort gab sie kund, wie menschlich und sozial die DDR war, bevor sie vom Westen annektiert wurde. Sie hatte meinen Vater aus einem einzigen Grund aufgesucht: Die Angst im Nacken, nun von der westlichen »Siegerjustiz« für ihre Untaten belangt zu werden, zielte sie auf eine Art »Persilschein«.

Derartige »Wendebiographien« sind mir seit dem Mauerfall mittlerweile zuhauf begegnet. Und ganze Kompanien von Richtern, Lehrern, Stasispitzeln und SED-Funktionären haben der gesamtdeutschen Öffentlichkeit inzwischen chorisch bekundet, sie hätten »niemandem geschadet«, garniert von den Sätzen, Westler könnten »sowieso nicht mitreden, sie hätten nicht in der DDR gelebt«, und »DDR-Biographien sollte man endlich als gleichwertig anerkennen«. DDR-Biographien? Hat denn eine ganze Bevölkerung gespitzelt, im Polizei- und Justizapparat gesessen oder in hohen Parteifunktionen?

Aufklärung scheint mir auch nötig zu sein, damit nicht länger Sätze nachgeplappert werden, die fern der Realität lagen, doch so lange in die Öffentlichkeit gestanzt wurden, bis der halbe Osten sie nachsang, zum Beispiel den Satz »Die DDR war sozial«. War sie das wirklich?

In der DDR, in der ich gelebt habe, bekam meine Großmutter, die vierzig Jahre lang als Köchin gearbeitet hat, also zur »Arbeiterklasse« gehörte, und nebenbei noch allein zwei Kinder großzog, mit sechzig Jahren eine Rente von 178,30 Mark. Das reichte nicht einmal für Bohnenkaffee – ein Rentner, der sich solchen Luxus leisten wollte, mußte einfach weiterarbeiten. Und was ist daran sozial? Was war sozial daran, Behinderten nicht einmal eine Schräge zum Einkaufen zu bauen? Und was sozial, die Bürger einer Umweltverpestung auszusetzen, daß in manchen Gebieten fast alle Kleinkinder an Bronchialerkrankungen litten?

Oder nehmen wir den Satz »In der DDR hatte jeder Arbeit«. Er ist einer der zynischsten, die mir je untergekommen sind. Ich erwähnte bereits die drei Millionen Arbeitskräfte, die aus dem Land geekelt wurden (und die, das nebenbei, der westdeutsche Arbeitsmarkt verkraften mußte). Bei einer Bevölkerung von siebzehn Millionen führt ein solcher Aderlaß in reziproker Logik zu Arbeitskräftemangel – eines der Hauptprobleme der DDR, was übrigens auch den steten Kampf um die Geburtenrate erklärt, der die Familienrechtler der SED schon 1972 an die »sozialistische Familienmoral« appellieren ließ, wie der »Neuen Justiz« zu entnehmen war: »Der dauernde Verzicht auf Kinder, auch die gewollten Beschränkungen auf ein Kind, ist moralisch in der Regel nicht gerechtfertigt und allzu oft Ausdruck einer kleinbürgerlichen Haltung.«

Das Arbeitskräfteproblem hat die Genossen derart gebeutelt, daß sie schließlich ihre Grundaversion gegen alles Fremde und Exotische überwanden und Kontingente von Vietnamesen und Mosambikanern für niedere Arbeiten ins Land holten. Erinnern wir uns doch daran, unter welchen Bedingungen diese Ausländer leben mußten: Sie waren streng kaserniert, durften keine Gaststätte aufsuchen, und ihre Frauen mußten schon im Heimatland unterschreiben, in der DDR keine Kinder zur Welt zu bringen; sie standen unter Abtreibungszwang. Der heimliche Traum der Rechtsradikalen – in der DDR war er Wirklichkeit geworden. Soviel zu einem Staat, dessen Verteidiger sich heute so »links« gebärden.

Übertragen wir die Bedingungen des Satzes »In der DDR hatte jeder Arbeit« (bei denen ich gnädigerweise weggelassen habe, daß man sich seinen Arbeitsplatz nicht aussuchen konnte, sondern – je nach politischer Haltung – auf Arbeitsfeldern »plaziert« wurde) mal auf das heutige, vereinte Deutschland. Hier haben wir es mit einer Achtzig-Millionen-Bevölkerung zu tun. Ekeln wir zunächst die »politischen Quertreiber« raus (die drei Millionen hochgerechnet ergibt für das gesamte Deutschland knapp fünfzehn Millionen). Sodann fliegen alle Ausländer raus – die Kontingente derer aber, die wir für niedere Arbeiten noch brauchen, werden kaserniert, ihre Frauen unter Abtreibungszwang gestellt. Wer würde es wagen, sich hinzustellen, die soziale Wärme in diesem Land zu loben, den fröhlichen Satz auf den Lippen, in Deutschland habe jeder Arbeit (was dann garantiert stimmen würde)?

Ich habe diese beiden – durch andere austauschbaren – Beispiele aufgegriffen, um Ihnen deutlich zu machen, daß der kritische Diskurs, ohne den Demokratie weder aufzubauen noch zu verteidigen ist, in den östlichen Bundesländern lahmt – nicht zuletzt, weil Scharen von kritischen Geistern aus dem Land getrieben wurden.

Vor lauter Freude, mit den Brüdern und Schwestern im Osten wiedervereinigt zu werden, haben westliche Politiker verpaßt, eine genaue Analyse der Situation und Gemengelage im Osten zu erstellen. Unbestritten haben sie eine enorme Hilfeleistung für den Osten in Gang gesetzt. Und ich werfe den Einheitsschmieden um Helmut Kohl und Theo Waigel nicht ihre im Schwung der Geschichtsfreude etwas zu großzügig versprochenen »blühenden Landschaften« vor, sondern die Vernachlässigung eines Faktors, dessen Folgen sie – bei genauem Hinschauen und nüchterner Vorausschau – hätten erkennen können: des Faktors, daß keineswegs alle in dieser Umbruchzeit am Gelingen der Demokratie mitzuwirken gedachten.

Das Markenzeichen des »Mantels der Geschichte« zum Beispiel, der 1990 in den Osten flatterte, hieß »Buschzulage« – und leider war das Programm. Denn von den wenigen, wirklich glaubhaften Pionieren abgesehen, die sich mit Herzblut und Hintergrundwissen in die Arbeit stürzten, machten sich vor allem zwei Arten von Westlern über die Zone her:

Diejenigen, die man schon immer gern loswerden wollte und die nun mit besagter Buschzulage über die Elbe geschoben wurden. Meist ohne Kenntnis von der Problemlage vor Ort, doch nicht selten mit der stolz geschwellten Brust des Mittelmaßes, zeigten sie den Brüdern und Schwestern im Osten nun, wie man eine Schubkarre richtig anfaßt. Keineswegs alle haben Modell gestanden für den Begriff »Besserwessi« – und als positives Gegenbeispiel sei der demokratische Umbau des Sächsischen Justizwesens erwähnt. Doch waren es zu viele »Besserwessis«, als daß sie spurlos an der entwurzelten Ostseele hätten vorübergehen können. Und: Sie waren die ersten – wenn auch unfreiwilligen – Helfer einer Kaderpartei, die sich nun nicht mehr SED nannte, die jedoch jede Gelegenheit nutzte, um ihren Standardsatz »Seht ihr, liebe Ostler, wir haben es doch gleich gesagt!« unters Volk zu streuen.

Geradezu harmlos wiederum nahm sich der »Besserwessi« gegen einen Typus aus, den wir gesamtdeutsch »Konjunkturritter« nennen und der über Ländergrenzen hinweg stets einen Riecher dafür hat, wann und wo sich ein Haufen Indianer findet, dem man glitzernde Glasperlen andrehen kann. Das nun war ein Typus, den man im Osten nur aus Filmen kannte – deutliche Warnungen, Aufklärung und notfalls juristische Vorschaltungen wären hier vonnöten gewesen statt des Köhlerglaubens, es werde sich schon richten, wenn alle nur das Beste wollen. Schutzmaßnahmen für die ersten marktwirtschaftlichen Gehversuche im Osten sind leider auch dort unterblieben, wo die Interessenlage westlicher Industriehaie berührt war: Ich erinnere an den ersten FCKW-freien Kühlschrank der Firma Foron, dessen Entwicklung von Managern solange torpediert wurde, bis auch Siemens in der Lage war, diesen Kühlschrank zu bauen.

Ein ebenso schwerer Einheitsfehler wie die Unterschätzung der kriminellen Energie jenseits der Elbe war die Unterschätzung der kriminellen Energie im »Beitrittsgebiet« selbst. »Wissen Sie«, sagte mir kürzlich ein ehemaliger Mitarbeiter des Bonner Innenministeriums, »wir haben damals geglaubt, ein Funktionär im Osten, das ist in etwa dasselbe wie ein Beamter bei uns oder in Holland oder Belgien.« »Herzlichen Glückwunsch«, konnte ich da nur entgegnen, »daß Ihnen der Irrtum inzwischen aufgegangen ist. Leider etwas spät, die Genossen bedanken sich!« Diesen Irrtum müssen seit zehn Jahren die Ostler selbst ausbaden. Denn die eklatante Fehleinschätzung hat zu Weichenstellungen geführt, die schon bald bei der Besetzung öffentlicher Ämter, in Personalabteilungen und Arbeitsämtern, in der Wirtschaft und in Schulen des Ostens griffen. Sie lieferten die Basis für eine erneute, fast problemlose Besetzung wichtiger Schaltstellen durch die PDS und ihre Zuarbeiter in anderen Parteien. Für die Genossen war es eine der ersten, sich noch oft wiederholenden Erfahrungen, daß Demokratie etwas ist, wo die anderen vor allem schlafen.

Eine zweite Erfahrung der Genossen mit der Demokratie war, daß man sie komfortabel für eigene Zwecke nutzen kann oder nötigenfalls darüber hinwegsteigt. Als eine Art Muntermacher möchte ich daher an die stets etwas unterbelichtete Wirtschaftskriminalität Ost erinnern:

Am 31. Mai 1990 beschließt die Volkskammer der (Noch-)DDR, das Vermögen von Parteien und Massenorganisationen unter treuhänderische Verwaltung zu stellen. Als Stichtag für die Vermögensübersicht gilt der 7. Oktober 1989, die treuhänderische Verwaltung wird durch Ministerpräsident de Maizière einer sogenannten »Unabhängigen Kommission« übertragen – eine Kommission, die zunächst wenig durchschaubar ist. So fehlt gerade in der chaotischen Umbruchzeit jeder demokratische Kontrollmechanismus – ein guter Vorlauf für jenes schwer überschaubare Netz von Kadern und Funktionären, das den Unrechtsstaat DDR zusammenhielt und das nun Wirtschaftskriminalität auf »Weltniveau« zu heben beginnt.

Eine führende Rolle unter den Geldwäschern nimmt die (sich über Nacht mit einem »Links«-Etikett versehende) SED ein. Am 17. Dezember 1989, dem Tag ihrer Umbenennung in SED/PDS, verfügt die Partei über einen Bargeldbestand von 6 100 Millionen Mark der DDR, dazu einen umfangreichen Immobilienbestand und zahlreiche parteieigene Betriebe. Dieser aus dem SED-Monopol und der Repression einer Bevölkerung erzielte Reichtum soll in Sicherheit gebracht werden – und möglichst bevor sich eine tatsächlich unabhängige Kommission an die Überprüfung macht.

Während sich die Genossen schon in der Wendezeit propagandistisch zum Vorkämpfer der DDR-Bürger aufschwingen, schreiben sie ein letztes Kapitel zum Thema »Internationale Solidarität«: In atemberaubenden Transaktionen passieren Gelder Deutschlands Grenzen, die später nur noch mühsam aufzuspüren sind, wenn überhaupt. Zügig und großzügig gehen Finanzmanager an die Verteilung: Einen Batzen von 75 Millionen Ostmark samt Immobilien in erstklassiger Lage erhält ein palästinensischer Waffenschieber, Millionenbeträge verschwinden in einem griechischen Telekommunikationskonzern. Im Herbst 1990 wird der PDS-Schatzmeister Pohl wegen eines 105-Millionen-Transfers via Moskau verhaftet, und die 500 Millionen DM, die von der Firma Novum mit krimineller Professionalität quer durch Europa verschoben wurden, halten noch heute die Justiz in Atem. Parallel zum Millionenpoker schafft sich die PDS zwei Superreißwölfe zum Vernichten von Originalakten an, die am Ende 2 000 Papiersäcke füllen.

Zur Geldwäsche kommt die Bilanzfälschung. Bei einem Parteibetrieb wurde im Frühjahr 1990 – von aus dem Ausland angereisten Buchhaltern –

gleich die komplette Buchhaltung umgeschrieben. In diesem Fall spürt die »Unabhängige Kommission« später noch 400 Millionen DM auf. Als die Bundesregierung im März 1991 zu dem bis dahin noch immer fast geschlossenen Kreis von Genossen, der sich »Unabhängige Kommission« nennt, die ersten sechs wirklich unabhängigen Mitglieder hinzuberuft, sind große Teile des gewaschenen Geldes bereits auf Nimmerwiedersehen versickert. Der »Treuhand« – der bis zu ihrer Auflösung 70 Prozent Ostökonomen angehören – wird nun ein mit der Materie vertrauter Westchef vorgeschaltet, der kurz nach Amtsantritt erschossen wird. Im Berliner Polizeipräsidium wird eine »Zentrale Ermittlungsstelle für Regierungs- und Vereinigungskriminalität« (ZERV) eingerichtet – ausgestattet mit entschieden zu wenig Personal und zu geringen Mitteln angesichts einer mafiosen Verschiebe- und Verschleierungskultur, die in ihrer Totalität dem Staat gleicht, der diese Kräfte hervorbrachte.

Dennoch beginnt – wenn auch fast zu spät – nun eine ernsthafte Phase des Aufspürens von unrechtmäßig erworbenem Vermögen – konterkariert von theatralischen Auftritten der PDS, die mal einen »Hungerstreik« inszeniert, mal eine Medienkampagne über die Ausplünderung von Ostbürgern. Die Wut der scheinsozialistischen Genossen ist nicht ganz unbegründet. Denn nicht nur die Partei selbst, sondern auch ihre zahlreichen Massen- und Nebenorganisationen müssen einen Großteil ihrer meist noch in der Wendezeit erworbenen Millionen herausrücken, um sie erstmals wirklich der Bevölkerung im Osten zukommen zu lassen. Die losgeeisten Gelder kommen nun vor allem dem Erhalt östlicher Kultursubstanz zugute. Hilflos zunächst stochern sich ZERV und Unabhängige Kommission durch ein undurchdringliches Genossen- und Aktendickicht, nicht selten stochern sie im Nebel. Denn nicht nur die PDS selbst hat Bilanzen gefälscht oder gleich ganz verschwinden lassen (wobei sich ihre Führer stets und in jeder Hinsicht ahnungslos geben!), auch ihre zahlreichen Nebenorganisationen wie Parteigewerkschaft, Jugendverband, Deutsch-Sowjetische Freundschaft, Gesellschaft für Sport und Technik, Journalistenverband der DDR oder der Zentrale Ausschuß für Jugendweihe vertuschen und verschleiern in sozialistischer Geschlossenheit.

Und das ist die Crux dieses gigantischen Erbe-Pokers: Nicht einzelne sind hier am Werk, sondern ganze Bataillone der Einheitspartei sowie zuverlässige Kader aus dem Parteienspektrum der Nationalen Front. Daß diese gewaltige Personaldecke von demokratischen Politikern über Jahre hinweg ebenso sträflich unterschätzt wurde wie die russische Gemengelage von westlichen Kreditgebern, war für das ostdeutsche Genossenkartell geradezu ermutigend.

Zu diesem gehört selbstverständlich auch das Ministerium für Staatssicherheit. Erst im Januar 1991 beauftragt Innenminister Schäuble das Kölner Bundesverwaltungsamt, das Vermögen des ehemaligen Ministerium für Staatssicherheit zu erfassen und zu sichern – auch hier mehr als ein Jahr Vorlauf für die mit mafiosen Tricks bestens vertrauten Genossen.

Dennoch liegen der ZERV bereits 1993 mehr als ein halbes Tausend Fälle vor, in denen Ex-Stasileute sich in Höhe von mindestens 200 Millionen Mark aus schwarzen MfS-Konten bedient haben. Dazu wurden der halbe MfS-Fuhrpark verscherbelt, Grundstücke und konspirative Wohnungen, verwandelten sich marode Stasifirmen über Nacht in florierende GmbHs. Die sogenannten »Abschaltprämien«, die an knapp achtzig Spione der Hauptverwaltung Aufklärung für die Gesamtheit ihrer geleisteten Arbeit verteilt wurden, beliefen sich pro Kopf je nach Bedeutung der Person auf Summen zwischen 50 000 und einer Viertelmillion Ostmark. Das Geld gab es *cash*, teilweise antransportiert im Schuhkarton.

Und nicht zu vergessen beim Geldwäschepoker: die Auslandsfirmen des KoKo-Imperiums, mit dem DDR-Devisenbeschaffer Schalck-Golodkowski einst der »Crème des Sozialismus« kapitalistischen Wohlstand bescherte. Auch sie werden von alten Kadern in die neue Zeit hinübergerettet – ein Schattenreich ehemaliger KoKo-Firmen entsteht, in dem Millionen in dubiosen Briefkastenfirmen zwischen Finnland und Hongkong versickern. Nun, vor der Jahrtausendwende, sind etwa 2 600 Millionen DM aus Parteienvermögen sichergestellt, vermutlich nur ein Bruchteil dessen, was Genossen mittels GmbH-Gründung noch rasch in ihre Scheuer fahren konnten. Denn zwischen Januar und April 1990, als sich die deutsche Wiedervereinigung deutlich abzeichnet, kommt es in der gesamten DDR zu einer Gründungswelle von GmbHs.

Wer aber sind die Besitzer dieser neuen Privatunternehmen? In einigen Fällen handelt es sich tatsächlich um das Eröffnen einer Boutique oder eines Blumenladens durch Bürger, die etwas angespart oder geerbt haben. Der überwiegende Teil jedoch läßt einen anderen Zusammenhang erkennen. Hier lohnt ein stichprobenartiger Blick in die Statistik der GmbH-Gründungen vom Frühjahr 1990 in Ost-Berlin: Von rund 2 800 solcher Gründungen erweisen sich bei näherem Hinsehen 2 500 als Transaktionen, in denen SED/PDS, FDJ, FDGB und Ministerium für Staatssicherheit auf legale Weise Volkseigentum in ihre privaten Taschen umschaufelten. Allein in Berlin wurden von ehemaligen MfS-Mitarbeitern mehr als 400 GmbHs gegründet, mit so effektvollen Namen wie Effect Vermögensverwaltungs GmbH oder Oktogon Immobilien Vermittlung GmbH.

Und ein ähnlicher Privatisierungsboom zieht sich durch die gesamte Ost-Landschaft. Der GmbH-Coup reicht von Busunternehmen über Hotels und Verlage bis hin zu Buchläden: Die bisherigen leitenden Mitarbeiter werden über Nacht zu Chefs einer GmbH – und jeder DDR-Bürger weiß, wer zu DDR-Zeiten leitende Posten innehatte. Vor dieser Folie wirkt die Nachwendesorge einiger westdeutscher Politiker, die sogenannten DDR-»Eliten« würden ins Nichts gestoßen, geradezu beschämend. Das Startkapital für die neue Zeit in die »richtigen Hände« gelegt, verfügen die scheinbar gewendeten Genossen jedoch nicht nur über einen finanziellen Vorteil, sie behalten damit auch einen Großteil ihres politischen Einflusses.

Dafür ein kleines Beispiel, welches bisher noch nicht einmal ein Debattenthema hergab: Über die gesamten neunziger Jahre hinweg konnte, wer durch die ehemals staatlichen Buchläden des Ostens (also die überwiegende Mehrheit der Buchläden) streifte, neben den umsatzfördernden Koch- und Reisebüchern oft eine sichtbare Überpräsenz von PDS-Autoren im Sortiment ausmachen – stapelweise Modrow, Gysi, Kant und Genossen, dazu Sympathisanten wie Schorlemmer ... PDS-kritische Autoren dagegen werden dem lesewilligen Kunden weitaus weniger angeboten – er soll die DDR-Vergangenheit und das vereinte Deutschland wieder so sehen wie Modrow, Gysi oder Kant. Das ist eine subtilere Art von Gehirnwäsche als zu DDR-Zeiten.

Diese wenigen Beispiele mögen die Schieflage in der Wahrnehmung eines komplizierten historischen Prozesses deutlich machen. Eine Schieflage, die sich auch darin zeigt, daß die bundesdeutsche Wirtschaft die Auslandsschulden der DDR in zweistelliger Milliardenhöhe zu verkraften hatte – jene Partei jedoch, die diese Misere angerichtet hat, 1990 wie Phönix aus der Asche steigt, nun im Kostüm der Demokratie, um über eine zehnjährige, facettenreiche Propagandaschlacht die Realität erneut auf den Kopf zu stellen. Wenn PDS-Chef Bisky zum zehnten Jahrestag des Mauerfalls lautstark die »Beendigung der Verfolgung früherer DDR-Bürger« fordert, dann sollte man sein Gespür dafür schärfen, wen er wohl damit meint. Ehemalige DDR-Bürger werden plötzlich in Kollektivhaft genommen. Tatsächlich ist der Ost-West-Konflikt ein zum Teil künstlich geschürter; er dient ausschließlich jenen, die den Keil hineingetrieben und sich selbst in die große, unverdächtige Ostmasse eingenebelt haben, damit ihnen niemand mehr auf die Finger schaut.

Zehn Jahre Mauerfall – nur ein Gruselalmanach? Keineswegs. Der Transferdschungel läßt sich heute kaum noch lichten, hier handelt es sich um ein kriminelles Erbe, von dem ganz Osteuropa betroffen ist – Besitzstandswahrung durch ein Netz alter Kräfte, die in ihrer Dimension und dem über Jahrzehnte erworbenem Know-how in nichts zu vergleichen ist mit den im Verhältnis dazu lächerlich wirkenden Seilschaften in westeuropäischen Staaten.

Während der letzten Wochen habe ich über die osteuropäische Stimmungslage mit einem Priester aus Prag gesprochen, einem Studenten aus Budapest, einem Architekten aus Sofia. Und alle beneideten die Ostdeutschen darum, ein zweites, demokratisches Deutschland zu haben, das ihnen beim Transformationsprozeß zur Seite stand. Zugegeben, dieser Vorteil wurde zu wenig genutzt und vieles ist schiefgelaufen, aus den genannten Gründen. Hier ist Nachbesserung angesagt, eine höhere politische Wachsamkeit und eine parteiübergreifende Verteidigung der im Osten noch jungen Demokratie.

Lassen wir uns dabei nicht entmutigen. Der Demokratisierungsprozeß braucht Engagement – in allen Bereichen der Gesellschaft. Ein Blick auf die

Entwicklung – gerade hier in Sachsen – zeigt, daß die Menschen auf dem richtigen Weg sind. Die Beschäftigungsquote der Frauen in meinem Heimatland Sachsen, so las ich letzte Woche, liegt mittlerweile bei 73,7 Prozent (zum Vergleich: in den westlichen Bundesländern liegt sie bei 60 Prozent). Die Fach- und Hochschulen haben einen bundesweit guten Ruf, und viele Unternehmen sind heute leistungs- und konkurrenzfähig. So erfreulich wie hier sieht es nicht überall aus im Osten. Auch deshalb komme ich gern nach Sachsen.

Bürgerrechtlerin Klier rechnet mit der PDS ab

»Atemberaubender Geldpoker« der SED-Nachfolgepartei

Bericht in der *Freien Presse* am 16.12.1999
von Annette Spickhoff

Freya Klier redet Klartext. Besonders, wenn es um die SED-Nachfolgepartei PDS geht. Wie jemand diese Partei, die die Ostdeutschen vierzig Jahre lang traktiert habe, noch wählen könne, das ist für Klier, eine der führenden Bürgerrechtler der ehemaligen DDR, schwer verständlich. »Plötzlich wird der Bürger nicht mehr – wie zu DDR-Zeiten – angeblafft, sondern die in PDS umbenannte SED gibt sich als dein Freund und Helfer.« Hier sei Aufklärung nötig, meint die gebürtige Dresdnerin, die am Dienstagabend [14.12.1999] im Rahmen der Ringvorlesung »1989/1990–1999/2000: Revolution in der DDR – und zehn Jahre danach« genau das tut: aufklären – und zwar ohne ein Blatt vor den Mund zu nehmen. Sprüche wie »Die DDR war sozial« höre sie heute immer wieder. Viele verklärten die Vergangenheit, weil die Wirtschaftsflaute den Osten zur Zeit besonders treffe. Und weil sich nur noch wenige ernsthaft mit der DDR befaßten.

Was war denn an der DDR sozial? fragt die 49jährige, die 1968 nach einem Fluchtversuch zu sechzehn Monaten Haft verurteilt worden war, 1985 als Schauspielerin wegen ihrer kritischen Haltung zur Militarisierung der DDR Berufsverbot erhielt, schließlich 1988 erneut verhaftet und einen Monat später zwangsausgebürgert wurde. – Klier: »Rollstuhlfahrern wurde noch nicht einmal eine Schräge eingebaut, in manchen Gebieten waren fast alle Kleinkinder wegen der starken Umweltverschmutzung an den Bronchien erkrankt.« Und das waren noch die harmlosen Dinge, die die Autorin und Regisseurin anprangerte. Scharen von kritischen Köpfen seien aus dem Land getrieben worden, Ausländer, etwa die Vietnamesen, lebten einkaserniert, vietnamesische Frauen unterlagen dem Abtreibungszwang. »Ausländische Babys waren im Arbeiter- und Bauernstaat unerwünscht.« Kritisch zieht sie den Bogen vom Fall der Mauer bis heute. Bei den Montagsdemos »floß Kerzenwachs statt Blut«, doch der spätere Schritt vom Mauerfall zur florierenden Bundesrepublik sei noch nicht gelungen. Dennoch ist sie der Überzeugung, daß der Umbruch einigermaßen bewältigt worden sei.

Doch zunächst herrschte in den neuen Ländern Ausnahmezustand. Die »Republik der Trabis und Kittelschürzen« stürzte sich in den Kaufrausch. Dann kam die Katerstimmung: Verschuldung, Arbeitslosigkeit, Familien brachen auseinander, die Scheidungs- und Abtreibungsquote schoß in die Höhe. Jeder wollte seinen Platz in der neuen Gesellschaft finden – aber wo? Verunsicherung und Depressionen waren die Folge. Die psychische Betreuung sei lückenhaft gewesen, sagt Klier. Und genau in diese Lücke sei die PDS gestoßen.

Verschärfend hinzu kamen zwei Arten von Westlern, die mit »Buschzulage« in die neuen Bundesländer übersiedelten. Die einen seien gen Osten geschoben worden, weil die niemand mehr im Westen haben wollte, die anderen seien die »Besserwessis gewesen«, meint die 49jährige. Frei nach dem Motto »ich schenke den Indianern Glasperlen« kamen sie. Auch das ging nicht spurlos an den ehemaligen DDR-Bürgern vorbei – und förderte nach Ansicht von Klier wiederum den Zuwachs der PDS. Die habe bereits prächtig vorgesorgt: Wichtige Schaltstellen seien von Parteimitgliedern besetzt worden. »Die führende Rolle unter den Geldwäschern übernahm die PDS.« Ein atemberaubender Geldpoker begann laut Klier: 6 100 Millionen Ostmark, dazu zahlreiche DDR-Betriebe und Immobilien – alles in vierzig Jahren DDR dem Volk abgepreßt – seien versickert. »Das meiste Geld gelangte ins Schattenreich von Briefkastenfirmen und neu gegründeten GmbH.« Nur 2 600 Millionen Ostmark aus dem Parteivermögen wurden sichergestellt.

Von einem Zuhörer auf ihre Fehde mit Gregor Gysi angesprochen, lacht Freya Klier: »Ich bin stolz darauf, daß Gysi und Bisky mit mir nicht mehr bei Diskussionen vor die Kamera treten.« Sie würden wohl ihre Argumente scheuen. Der PDS-Fraktionsvorsitzende hatte Klier bereits zwei Mal verklagt, weil sie ihn als »Handlanger des alten Systems« bezeichnet hatte, der »im Auftrag von Partei und Staatssicherheit« die Opposition bespitzelt hat. Gysi verlor beide Prozesse.

Rainer Eppelmann, CDU-Bundestagsabgeordneter

Rainer Eppelmann

»Jetzt wird dein Leben ganz anders«

Wissen Sie noch, was sich vor genau zehn Jahren in Deutschland ereignete? Da wandten sich staatliche Stellen in der DDR an die Kirche mit der Frage, ob diese bereit wäre, unter bestimmten Umständen dem ehemaligen SED-Generalsekretär, Staatsratsvorsitzenden und Vorsitzenden des Verteidigungsrates der DDR, Erich Honecker, eine Unterkunft zu gewähren. Am 30. Januar 1990 bezog dann der ehemals Allgewaltige mit Frau Margot seine Zuflucht im Pfarrhaus der evangelischen Hoffnungstaler Anstalten in Lobetal. Pastor Uwe Holmer erinnerte angesichts zahlreicher Proteste gegen diesen Akt der Barmherzigkeit an jene Mahnung, die der Gründer der Hoffnungstaler Anstalten, Pastor von Bodelschwingh, seinen Mitarbeitern immer wieder zugerufen hatte: »Daß ihr mir keinen abweist!«

Das war schon eine komische Revolution, die wir damals auf den Weg gebracht haben! »Friedlich« war sie gewiß! Aber war das eine »Revolution«? Normalerweise bezeichnet der Begriff einen gewaltsamen Umsturz, bei dem die Repräsentanten des »alten Regimes« zumeist über die Klinge springen müssen. Nichts davon fand in der DDR statt. Als es zu viele Menschen und Kerzen auf den Straßen wurden, brach das SED-Regime einfach in sich zusammen, so politisch, ökonomisch und moralisch war es verschlissen. Die Mauer, dieser »antifaschistische Schutzwall«, hat in den fast dreißig Jahren ihrer Existenz beinahe tausend Todesopfer gekostet. Ich rede hier gar nicht weiter über die Jahrhunderte an Haftstrafen, die wegen versuchter Republikflucht von DDR-Gerichten verhängt und von den Flüchtlingen zumeist auch abgesessen wurden. Das Ende des scheußlichsten sozialistischen Bauwerks war dann ein Witz der Geschichte.

Für mich war dieser 9. November 1989 ein ganz besonderer Tag! So wie es der 13. August 1961 gewesen war, der Tag des Mauerbaus, der meine Familie trennte und Schluß machte mit meinem Schulbesuch in West-Berlin. Pläne wie der, Architekt zu werden, waren damit nichts mehr wert. Jetzt durfte ich eine Lehre auf dem Bau machen. Nach Bausoldatenzeit und Militärhaft wegen Verweigerung des Bausoldateneides habe ich dann Theologie studiert und bin Pfarrer geworden. Damals wußte ich noch nicht, daß die DDR eigentlich schon im August 1961 am Ende war. Ohne den Mauerbau wären die SED-Oberen bald ohne das Volk gewesen, das sie ausbeuten und unterdrücken konnten. Mit dem Mauerbau drückten sie den Korken aber so auf die Flasche, daß eine Explosion unausweichlich wurde. Für mich und viele andere war eine Berufstätigkeit bei den großen Kirchen unter den Bedingungen der DDR tatsächlich fast die einzige Möglichkeit, in der fest verkorkten Flasche ein Stück Luft zu holen und glücklich und zufrieden zu sein.

Und dann holte die Geschichte mich und die DDR im Herbst 1989 ein: Der Fall der Mauer kam für mich völlig überraschend. Am Nachmittag des 9. November 1989 nahm ich an einer Veranstaltung in der Französischen Friedrichstadt-Kirche teil. Dabei fragte mich Lothar de Maizière, was ich von ihm als neuem Vorsitzenden der CDU halten würde. Ich stellte bei dieser Veranstaltung zusammen mit Ehrhart Neubert den Demokratischen Aufbruch vor. Es war also schon so einiges in der DDR und in Berlin in Bewegung geraten. Die Veranstaltung war am frühen Abend beendet, und ich fuhr nach Hause. Im Hausflur in der Samariterstraße begegnete mir der Berliner Stadtjugendpfarrer Wolfram Hülsemann. Der fragte mich, ob ich auch über die Medien davon gehört hätte, daß die Mauer offen sei. Das war für mich zunächst gar nicht zu fassen. Dann schauten wir uns kurz an und sagten: Das müssen wir uns ansehen! Also rein ins Auto und hin zur Bornholmer Straße. Auf dem Weg zum Grenzübergang stellten wir fest, daß immer Menschen mit uns in der gleichen Richtung liefen. Vorn an der Grenze, die noch dicht war, standen vielleicht schon hundert oder zweihundert Menschen an dem ersten Schlagbaum, an dem DDR-Bürger eigentlich nichts zu suchen hatten. Einige von ihnen versuchten sich in stotternden Kommunikationsübungen mit den Grenzern: »Nun macht doch mal auf! Wie lange sollen wir noch warten?« Wir beiden waren inzwischen in die erste Reihe vorgedrungen. Die Mauerwächter standen einigermaßen hilflos da. Da haben wir gemeinsam mit Nebenstehenden den Schlagbaum in der Bornholmer Straße hochgemacht – und es passierte wieder nichts.

Die Grenzbefestigungsanlagen vor der Bornholmer Brücke waren bestimmt 200 Meter tief. Wir liefen in dieses Gelände hinein bis zu den nächsten Grenzern. Und dann ging eine junge Frau auf einen von diesen Grenzern zu, überreichte ihm eine Rose und sagte: »Danke schön!« Das werde ich nie vergessen! Diese unbekannt gebliebene junge Frau bewies in dieser spannungsgeladenen Minute einen Mut und eine Menschlichkeit, die ganz bestimmt die Atmosphäre an diesem unvergeßlichen Abend entscheidend geprägt haben! Wir sind an diesem Abend noch nicht zum Kurfürstendamm weitergegangen. Mir war damals erst mal wichtig, in die Gesichter der Leute zu schauen, die da an mir vorbeiliefen in Richtung Westen: Fassungslosigkeit, unbegreifliche Freude, Unsicherheit! Wildfremde Menschen lagen sich in den Armen, lachten und weinten zugleich. Minuten später waren auch die ersten Westberliner da. Die waren mindestens so aufgeregt wie wir.

Am Abend des 9. November 1989 begriff ich am Schlagbaum an der Bornholmer Brücke: Egal, wie das alles weitergehen würde, eine Phase meines Lebens war an diesem Tag abgeschlossen: Jetzt wird dein Leben ganz anders! Das Ende der DDR als Staat war damals bei mir noch nicht im Kopf. Ich mißtraue allen, die behaupten, sie hätten schon immer und ganz besonders am Tag der Maueröffnung gewußt, daß die deutsche Wiedervereinigung unaufhaltsam sei. Wir waren uns doch völlig klar darüber: In unserem Land stehen viele sowjetische Soldaten. Vielleicht war die Hoffnung da, die DDR könnte etwas besser werden. Ich wußte allerdings ganz sicher: Der Knast geht auf! Dein Leben wird sich jetzt ändern. Ich weiß, daß viele die Bezeichnung »Knast« für die DDR ablehnen. Ich habe das aber immer so empfunden. Das wichtigste Merkmal jedes Gefängnisses ist doch: Du bist drin, und ein anderer bestimmt darüber, ob und wann du da raus darfst!

Das Scheitern der DDR hat für mich einen Hauptgrund, aus dem sich alles weitere ergab: Die SED-Machthaber hatten ein völlig falsches Bild vom Menschen. Ich glaube, da haben Christen ein konkreteres und wirklichkeitsnäheres Menschenbild, weil sie wissen, wozu der Mensch fähig ist – im Guten, aber auch im Bösen. Die SED war überzeugt, man muß dem Menschen nur eine Arbeit und etwas zu essen geben, dann wird er gut. So ist es nicht. Aus ihrem falschen Menschenbild rührte dann auch der Irrtum der Machthaber her, sie wüßten alles. Deshalb ließen sie keinen Meinungsstreit über die besten Wege und Konzepte zu und unterdrückten alle die Menschen, die solche Diskussionen versuchten. Die Machthaber haben sich auch niemals öffentlich gefragt: Was wird aus einem Volk, das auf Dauer eingesperrt ist?

Nach meiner Erfahrung und Überzeugung braucht der Mensch Hoffnung. Auch das hat etwas mit dem Menschenbild zu tun. Eingesperrte Menschen können keine intellektuellen und ökonomischen Höchstleistungen vollbringen. Die machen immer nur das Nötigste und offiziell Erlaubte. Warum gab es in der DDR niemals einen Nobelpreis? Man kann doch nur in einem Klima von Freiheit, Demokratie und Selbstverantwortung etwas schaffen. Viele von denen, die einen Ausreiseantrag gestellt haben und die DDR verließen, sind im Westen ausgesprochen erfolgreich gewesen. Da sind Leute weggegangen, denen ging es deutlich besser als vielen anderen DDR-Bürgern, und die haben trotzdem gesagt: Ich halte es hier nicht aus! Auch die absolute Verlogenheit und Scheinheiligkeit, welche die offizielle Propaganda in der DDR auszeichneten, hat etwas mit der Frage nach dem Menschenbild zu tun. Die DDR in der Zeitung und im Fernsehen war doch eine ganz andere als die, die wir tagtäglich erlebten. Haben die Honeckers uns für so dumm gehalten, daß sie dachten, wir kapieren das nicht? Oder war ihnen völlig egal, was wir denken, fühlen und wissen? Robert Havemann hat mal gesagt: »Die halten uns alle für Viecher – Fressen, Saufen und Bumsen. Was anderes ist nicht, und wir sagen ihnen, wo es lang geht.« Die SED-Machthaber haben offensichtlich folgenden Umstand nie begriffen: Wenn sie die »dumme Masse« ein Leben lang zum Glück zwingen, wird die »Masse« das niemals als Glück empfinden, sondern immer nur als Zwang – und vor allem daran ist die DDR kaputtgegangen.

Die heute oft beschworene »Nähe«, die die DDR-Gesellschaft gekennzeichnet haben soll, ist eine Legende, denn es hat sie so nicht gegeben. Ich weiß allerdings auch, daß mit Legenden handfeste Politik gemacht werden kann. Bleiben wir also auch hier kritisch: Die DDR war nicht der Staat der allseitig durchgesetzten Nächstenliebe und Freundschaft aller mit allen. Wenn es um Beförderungen oder Prämien ging, dann wurde da genauso getrickst, wie das überall in der Welt läuft. Wenn die Menschen in der DDR die »menschliche Nähe« pflegten, dann erklärt sich das hauptsächlich aus dem Bewußtsein: Eine Hand wäscht die andere.

Die DDR war – manche haben das heute offensichtlich schon vergessen – eine Mangelgesellschaft. Der DDR-Bürger hat gewußt: Alleine kommst du hier nicht klar. Oder: Du kommst besser klar, wenn du Interessengemeinschaften bildest: Der eine besorgt Zement, der zweite kann Obst und Gemüse organisieren, der dritte kommt an eine Autoanmeldung heran, der vierte kennt einen Klempner, und der fünfte hat Westgeld, von dem er mir zum Kurs 1:5 oder höher vielleicht etwas abläßt. Daß die »Nähe« in der DDR eine Notlösung war, wurde sofort offenbar, als die Menschen nach der Währungsunion vom 1. Juli 1990 das Westgeld in der Tasche hatten. Nun dachte so mancher: Jetzt brauchst du deine nachbarschaftliche Soli-Gemeinschaft nicht mehr. Jetzt kannst du dir alles selbst kaufen. Seien wir ehrlich: Wir waren in der DDR keine anderen oder gar besseren Menschen – allerdings auch keine fauleren, feigeren oder dümmeren als die im Westen.

Mit dem 9. November 1989 begann eine Zeit, wo schier alles möglich zu sein schien. Dinge, von denen wir jahrelang geträumt, über die wir immer wieder diskutiert hatten, die wir uns mit dem Herzen, dem Kopf und auch mit dem Bauch gewünscht haben, waren jetzt auf einmal machbar. Das ging plötzlich alles rasant schnell. Wir begriffen: Bis zur Maueröffnung waren wir Entmündigte! Für deine Ideen, wie man diese DDR menschlicher, demokratischer oder effizienter machen könnte, hatte sich keiner interessiert – allenfalls die Stasi. Da hieß es dann sogar: Konterrevolutionär! Das war was ganz Schlimmes! Du bist nicht gehört worden. Robert Havemann sprach oft vom SED-Politbüro als dem »Institut der ewigen Wahrheiten«. Wir waren aus der Sicht der Regierenden in der DDR im Stadium des Noch-Nicht-Konfirmierten, der Nichterwachsenen stehengeblieben, also unmündig – und das bis zum Lebensende. Aber jetzt konnten wir sagen: Jawohl, wir bilden politische Parteien, ob es der SED paßt oder nicht. Wir schließen politische

Bündnisse. Dabei mußten wir aufpassen, daß die politische Macht der SED endgültig zerbrochen wird. Der Anspruch auf die »führende Rolle« der SED mußte raus aus der DDR-Verfassung! Das hieß damals noch nicht, daß die SED verschwinden muß. Wir wollten nur gleichwertig dabei sein. Deshalb war es ja auch kein Zufall, wenn an den Runden Tischen die etablierten Altparteien saßen und wir dazugekommen sind. Wir wußten doch: Noch immer stehen über 300 000 sowjetische Soldaten in unserem Land. An eine Revolution haben wir überhaupt nicht gedacht. Es ging um Reformation! Ich erinnere nur an den Aufruf »Für unser Land«. Der war deshalb so interessant, weil Egon Krenz und Genossen damit versuchten, noch schnell auf den fahrenden Zug aufzuspringen. Die wollten aus der begonnenen Revolution eine »Wende« machen, bei der sie selbst an der Spitze bleiben konnten.

Bei den Aufgaben, die wir damals lösen mußten, waren die Erfahrungen wichtig, die wir in den Kirchen gemacht hatten. Bei fast allen Runden Tischen waren Kirchenleute die Moderatoren bis auf die Kreis- und die Stadtebene hinunter. Dafür gibt es einen einfachen Grund: Die Kirchen in der DDR waren der einzige Bereich, in dem man in begrenztem Umfang freie Rede und demokratische Verhaltensweisen trainieren konnte. Die einzigen freien Wahlen in der DDR waren die zu den Gemeindekirchenräten. Deshalb waren zunächst so viele »Berufschristen« dabei, als es darum ging, Versammlungen zu organisieren, freie Aussprachen zu leiten und schließlich auch zu Beschlüssen und Vereinbarungen zu kommen.

Die grundlegende Voraussetzung für den Erfolg der Opposition in der DDR war der Politikwechsel in der Sowjetunion unter Michail Gorbatschow und der Zusammenbruch der Wirtschaft in allen Staaten des Ostblocks. Die Absage an die Breschnew-Doktrin gab uns als Opposition Bewegungsfreiheit. Wir mußten nicht mehr zwingend mit einem Eingreifen der sowjetischen Armee und damit dem großen europäischen Konflikt rechnen, der unser aller Untergang hätte bedeuten können. Also hatten wir es »nur« noch mit der NVA, der Stasi und der Volkspolizei zu tun. Das reichte zwar immer noch, aber wir buchstabierten das »Von der Sowjetunion lernen heißt siegen lernen« damals ganz neu. Mit allmählich immer größerer Sicherheit nahmen wir uns die Freiheit, Glasnost und Perestroika auch für uns als selbstverständlich anzustreben und zu praktizieren. Wir forderten Öffentlichkeit bei jeder Gelegenheit. Wir forderten den öffentlichen und kritischen Dialog. Wir lehnten Geheimgespräche mit den Machthabern ab, denn dann wären wir wieder nur die Bittsteller gewesen, die gnadenvoll etwas zugestanden oder verweigert bekommen. Geholfen hat uns auch, daß die SED-Führung 1989 in der eigenen Partei an Glanz verlor und im Lager der sozialistischen Waffenbrüder weitgehend isoliert war. Überall im sogenannten Ostblock gab es spürbare Veränderungen, wehte ein neuer Wind – nur in der DDR und in Albanien sollte weiterhin totale Windstille herrschen.

Auch in der Oppositionsbewegung in der DDR gab es seit dem Ende der siebziger Jahre eine kontinuierliche Entwicklung. Besondere Probleme hatten wir damals mit den Ausreisewilligen. Die haben wir zunächst sehr kritisch gesehen. Viele von uns lehnten jeden Kontakt mit ihnen ab, weil sie meinten: Die laufen doch einfach weg! Verändern aber kann nur der etwas, der im Lande bleibt. Heute wissen wir, die Ausreiser haben – zumeist unwissentlich – erheblich zum Ende der DDR beigetragen: Sie entzogen dem SED-Staat nicht nur ihre persönliche Arbeitskraft, sondern sorgten auch mit ihren ständig wachsenden Zahlen für eine dramatische Steigerung der Delegitimierung der SED-Führung im eigenen Land und im Ausland. – Was muß das für ein Staat sein, dem die Bürger bei jeder nur passenden Gelegenheit fortlaufen? Etwa drei Millionen insgesamt! Und das, obwohl die DDR über zwei Drittel ihrer historischen Laufzeit ein zugemauertes Land war. Die sogenannte »Republikflucht« aus der DDR war die größte europäische Fluchtbewegung seit dem Ende des Zweiten Weltkrieges!

An Konzepten für eine bessere DDR, für einen »verbesserten Sozialismus«, wurde in den verschiedenen Gruppen ständig gebastelt. Ehrhart Neubert hat in seiner »Geschichte der Opposition in der DDR« fleißig alle die Papiere zusammengetragen, die damals erarbeitet wurden. Ich möchte aber ausdrücklich davor warnen, die Öffentlichkeitswirkung solcher Positionsbestimmungen zu überschätzen. Die haben den Staatssicherheitsdienst oft mehr beschäftigt als die »normalen« Menschen in der DDR. Vielleicht hat die Formel des Konziliaren Prozesses »Frieden, Gerechtigkeit und Bewahrung der Schöpfung« noch am genauesten erfaßt, worum es uns ging. Es fehlte bis zuletzt an praktischen Möglichkeiten, große theoretische Konzeptionen zur Diskussion zu stellen. Vieles lief nur auf der privaten und innerkirchlichen mündlichen Ebene. Wichtiger war für die meisten die Frage: Was tun wir morgen? Mit wem können wir etwas gemeinsam machen? Wie bringen wir Bewegung in das versteinerte Land?

Gemeinsam war uns zunächst, daß die deutsche Einheit nicht unser aktuelles Ziel war. Es gab unterschiedliche Modelle, auf welchem Wege die unnatürliche deutsche Spaltung allmählich überwunden werden sollte. Einig waren wir uns darin: Zunächst machen wir mit allen, die mitarbeiten wollen, Ordnung im eigenen Haus. Wenn das geschafft ist, dann erproben wir schrittweise, was beide deutschen Staaten gemeinsam machen können und wie das staatlich und gesetzlich organisiert werden kann. Eine vollständige staatliche Einheit in Deutschland sahen wir also als Ergebnis eines langen und beschwerlichen Weges in sehr weiter Ferne. Mir stand beim Nachdenken darüber immer die Geschichte des Volkes Israel vor Augen. Das mußte nach der wunderbaren Befreiung vierzig Jahre durch die Wüste wandern, bevor es in das »gelobte Land« einziehen konnte. Solche Zeiträume kalkulierte ich damals auch für unseren Weg ein.

Wir haben dann sehr schnell lernen müssen, daß es für Experimente überhaupt keine Zeit gab. Das wäre wirtschaftlich nicht gut gegangen, denn die DDR bot keine materielle Basis mehr für solche Versuche. Das hätte eine Massenwanderung Ost-West über die geöffneten Grenzen hinweg ausgelöst. Das hätten auch unsere europäischen Nachbarn nicht akzeptieren können, wäre damit doch die funktionierende Einbindung der »deutschen Konstruktion« in die europäischen Sicherheitssysteme praktisch unmöglich geworden. Insofern war die deutsche Einheit eine unausweichliche Folge des Zusammenbruchs der SED-Diktatur am 9. November 1989! Das haben die intelligenteren Genossen sehr rasch begriffen. Unterschiedlich waren dann allerdings die politischen Schlußfolgerungen aus dieser zwangsläufigen Entwicklung.

Die Notwendigkeit der Erarbeitung einer neuen Verfassung, eines neuen Grundgesetzes, der nun größer gewordenen vereinigten Bundesrepublik habe ich damals nicht als ein vordringliches Problem gesehen. Das Votum der Wählerinnen und Wähler in der DDR war für mich eindeutig. Ich denke an den Wahlkampf, den wir in Vorbereitung der ersten freien Volkskammerwahlen im Februar und März 1990 geführt haben. Alle Parteien, die nachher die Regierung gebildet haben, haben sich in ihrem Programm für die Einheit Deutschlands eingesetzt. Auch die Diskussionen in der ersten frei gewählten Volkskammer haben gezeigt, daß mit Ausnahme der PDS fast alle anderen der Meinung gewesen sind, der sinnvollste und einfachste Weg zur deutschen Einheit ist der Beitritt nach Artikel 23 des Grundgesetzes. Das war, wenn ich das richtig sehe, die Meinung der meisten Menschen – und zwar sowohl in den neuen als auch in den alten Bundesländern. Dagegen hat es nirgendwo eine größere Protestdemonstration gegeben. Ich weiß natürlich von Diskussionen, in bestimmten intellektuellen Zirkeln, die daraus ein großes Problem gemacht haben. Für mich waren das Tagträume, die keine breite Basis in der Bevölkerung hatten.

Der Deutsche Bundestag hat dem Wollen und der Meinung der meisten Menschen im vereinigten Deutschland entsprochen, als er sich entschloß: Jawohl, wir starten gemeinsam auf dem Boden des Grundgesetzes der Bundesrepublik Deutschland. Ich kenne keinen vernünftigen Menschen, der dem Satz widerspricht: Das Grundgesetz der Bundesrepublik Deutschland ist die beste Verfassung, die Deutschland je gehabt hat! Das haben auch die Diskussionen in der Verfassungskommission des ersten gesamtdeutschen Bundestages gezeigt. Natürlich gab es Einzelwünsche, was zusätzlich in das Grundgesetz aufgenommen werden könnte, zum Beispiel der Tierschutz. Es hat sich aber gezeigt, daß solche Ziele, die ich nur unterstützen kann, auch hinreichend durch entsprechende Gesetze oder Grundgesetzzusätze gefördert und durchgesetzt werden können. Dafür brauchen wir kein neues, sondern ein immer wieder vorsichtig aktualisiertes Grundgesetz.

Der Schutz des Grundgesetzes gilt auch für die ehemaligen SED-Kader, die sich in der PDS organisiert haben. Diese Partei ist für mich bisher eine konservative Sammlungsbewegung von der üblen Sorte. Hier haben sich die zusammengefunden, die dem gescheiterten »sozialistischen Projekt« und den Privilegien nachtrauern, mit denen sie das SED-Regime entlohnt hatte. Wir wissen ja, daß mehr als achtzig Prozent der heutigen Mitglieder der PDS ehemalige Mitglieder der SED sind. Ich rede hier überhaupt nicht über die, die zu DDR-Zeiten aus sehr unterschiedlichen Gründen in die SED eingetreten sind, weil sie meinten, das tun zu müssen um ihrer Karriere oder der beruflichen Entwicklung ihrer Kinder willen oder weil sie die Hoffnung hatten, auf diese Weise eine Dienstreise in das nicht-sozialistische Ausland machen zu dürfen. Solche SED-Genossen haben die Partei so rasch wie möglich verlassen. Ich weiß, wovon ich rede: Schon als ich im Februar 1990 Minister ohne Geschäftsbereich für den Demokratischen Aufbruch in der Regierung der nationalen Verantwortung unter Hans Modrow wurde, bin ich im Generalstab der Nationalen Volksarmee gewesen. Da gab es schon viele, die nicht mehr Mitglieder der SED waren.

Nur so läßt es sich ja auch erklären, daß eine Partei, die im Herbst 1989 über rund 2,2 Millionen Mitglieder verfügte, heute keine 90 000 hat. Übriggeblieben ist der ideologisch offensichtlich versteinerte Rest, der für sich keine Chance mehr sieht, außerhalb des »Kameradschaftsverbandes PDS« zu überleben. Neu hinzugekommen sind einige heimatlos gewordene bundesrepublikanische Alt-Linke aus dem Bestand der DKP und anderer kommunistischer Splittergruppen sowie Wählerinnen und Wähler, die der PDS ihre Stimme als Zeichen eines unberatenen Protestes geben. Das alles hat keine Zukunft! Es erinnert mich an jene Parteien, die für eine gewisse Zeit in der jungen Bundesrepublik noch versuchten, die (vermeintlichen) Ideale jener Diktatur hochzuhalten, die im Mai 1945 in Blut und Tränen untergegangen war.

Die historische Rolle der Bürgerrechtler in der DDR wird in der öffentlichen Meinung heute oft falsch eingeschätzt. Zuerst mußten wir es lernen, uns abgenommene Rechte wie Versammlungs- und Redefreiheit wieder in Anspruch zu nehmen. Dann mußten wir die Schlagbäume an der innerdeutschen Grenze hochdrücken. Schließlich kam das internationale Krisenmanagement mit den Ost-West-Verhandlungen und dem innerdeutschen Einigungsprozeß in Gang. Ohne uns hätte es das alles so nicht gegeben! Historisch wichtig war die Rolle des Volkes im November 1989. Hätten wir vielleicht 500 Bürgerrechtler alleine vor den Grenzbefestigungen gestanden, wäre die Grenze nicht gefallen. Dazu brauchte es die Hunderttausende im ganzen Land, die ihre Angst überwanden und auf die Straßen gingen. In jenen Wochen wuchs die Bürgerrechtsbewegung zur Massenbewegung heran. Marx wußte, was er sagte, wenn er von der systemverändernden Qualität einer Situation sprach, in der die Idee die Massen ergreift. Das haben wir damals erlebt. Die friedliche

Revolution in der DDR war nicht der »Putsch« einiger weniger, sondern der Aufstand des nahezu ganzen Volkes der DDR.

Diese Feststellungen mindern nicht die historischen Verdienste von Michail Gorbatschow, George Bush oder Helmut Kohl. Mir geht es nur um die richtige Reihenfolge. Die günstigsten Rahmenbedingungen hätten nichts bewirkt, wenn wir auf unserem Hintern sitzengeblieben wären. Damit die SED-Herrschaft gestürzt wurde, mußten wir DDR-Bürger aufstehen. Das wird seinen Bestand behalten auch in der Geschichte, auch in den Schulbüchern unserer Kinder und Enkelkinder. Auf das historische Konto der Bürgerrechtler kommt aber nicht nur der Sturz der SED-Diktatur. Heute wird vielfach übersehen, welche maßgebliche Rolle die Frauen und Männer aus der Bürgerrechtsbewegung danach an den Runden Tischen im ganzen Land, also nicht nur am Zentralen Runden Tisch in Berlin, gespielt haben. Das war in einem viel weiteren Sinne eine Bürgerbewegung, als man das vielleicht auf den ersten Blick meint. Das gehört an zentraler Stelle in die immer noch so kurze deutsche Demokratiegeschichte hinein.

Was ist aus der Bürgerrechtsbewegung der DDR geworden? Wo sind die »ehemaligen Bürgerrechtler«, um wenigstens einmal diesen törichten Begriff zu benutzen, denn geblieben? Unter denen, die oft Tag und Nacht an den Runden Tischen für eine bessere Zukunft gearbeitet haben, waren viele, die konnten und wollten nicht ununterbrochen Politik machen und Parlamentarier sein. Sie kehrten in ihre bürgerlichen Berufe wieder zurück, als die wichtigste Arbeit getan war. Manche taten das sehr bewußt, weil sie sich sagten: Das ist nun geschafft, hier wollte ich mich jetzt ganz bewußt engagieren, das ist für mich eine wichtige Sache gewesen, aber das ist nun vorbei. Darum höre ich hier nun auf und gehe in meinen ganz normalen Beruf wieder zurück. Andere sind den Weg in die Parteien gegangen, die sich von der Bundesrepublik her in die DDR ausweiteten.

Damit begann ein Selektions- und teilweise auch Verdrängungsprozeß, den man gewiß in vielen Einzelfällen bedauern kann. Ich weiß allerdings nicht, wie man es hätte anders machen können. Wer hätte verordnen sollen: Bürgerrechtler müssen auf jeden Fall gewählt werden? Oder noch drastischer: Diese Bürgerrechtlerin muß unbedingt gewählt werden, dieser Bürgerrechtler vielleicht. Es ist also bestimmt so, daß manche von ihnen, wenn man so will, Opfer der Demokratie geworden sind, die sie selbst mit erkämpft haben. Das hat etwas Tragisches an sich, weil es eben unvermeidlich war. Man darf allerdings nicht nur auf die Bundesebene schauen. Wie viele Bürgerrechtler sind heute in den Länderparlamenten, Kreistagen und Stadtverordnetenversammlungen aktiv? Wie viele von ihnen gehören Landesregierungen an? Wie viele sind als Bürgermeister, Landräte oder Stadträte tätig? Ich meine: Sie alle haben – von der Öffentlichkeit zu wenig wahrgenommen – in den letzten Jahren eine ungeheuer wichtige Arbeit getan, egal welcher Partei sie angehören.

Sie gehören für mich zu den Helden des deutschen Einigungsprozesses und des innerdeutschen Zusammenwachsens.

Ich will nicht verschweigen, daß es auch eine Gruppe unter den Bürgerrechtlern gab, die sich aus freier Entscheidung enttäuscht zurückgezogen hat, weil sie glaubte, das, was sie sich an Veränderungen für die DDR vorgestellt hatte, im vereinten Deutschland nicht wiederfinden zu können. Eine wichtige Rolle spielte da die Verfassungsdiskussion. Es hat eine ganze Reihe von Bürgerrechtlern gegeben, die sich dort sehr engagiert hatten und sich dann resigniert abwandten, als sie gemerkt haben, es gibt doch keine ganz neue Verfassung. Ich respektiere diese Menschen und ihre Entscheidung. Zugleich betone ich aber auch: Wenn wir als Bürgerrechtler in der DDR gleichsam freischwebend fordern konnten, was wir wollten, so müssen wir nun für unsere Auffassungen Mehrheiten finden oder Minderheiten organisieren, die nicht einfach übergangen werden können. Da müssen oft dicke Bretter gebohrt werden. Das alles spricht aber nicht gegen die Bedeutung der Bürgerrechtler oder die Demokratie, die wir uns erkämpft haben. Als Bürgerrechtler konnten und mußten wir wagen, utopisch zu denken. Je weniger man die Chance hat, solche Vorstellungen in die Tat umzusetzen, um so leichter ließen sie sich entwickeln. Die harte Begegnung mit der demokratischen Wirklichkeit war eine neue Erfahrung für uns, die erst verkraftet werden mußte.

Ich persönlich erlebte zum ersten Mal diese Realität, als ich Minister für Abrüstung und Verteidigung der DDR wurde. Ich weiß, daß es Freunde von mir gab, friedensbewegte Menschen, die erstens geschockt waren, als sie mitbekamen, der wird Minister, und zweitens den Minister »für Abrüstung« überhörten. Andere erwarteten von mir, daß ich mit dem Befehl Nr. 1 im neuen Amt die Auflösung der Nationalen Volksarmee anordne. Das wäre aber das Schlimmste gewesen, was ich hätte machen können. Das wäre keinesfalls friedensfördernd, sondern friedensgefährdend gewesen. Ich unterstelle mal, ich hätte die politische Macht dazu gehabt, die Nationale Volksarmee tatsächlich aufzulösen, dann wäre ein Chaos von internationalem Ausmaß ausgebrochen, hätte es eine Krisensituation in dem wackeligen sicherheitsstrategischen Gefüge zwischen NATO und Warschauer Vertrag gegeben. Dann hätte wahrscheinlich die Sowjetunion doch noch intervenieren müssen, und die USA hätten dafür Verständnis gehabt. Eine solche Destabilisierung war nicht möglich, wenn ich realpolitisch und verantwortlich handeln wollte. Zu einer wirklichen Verringerung der Truppenstärke auf deutschem Boden konnte es erst kommen, als die deutsche Vereinigung fest in das Geflecht internationaler Vereinbarungen eingebunden worden war. Heute ist die personelle, technische und materielle Abrüstung fast schon selbstverständlich geworden.

Inzwischen sind wir mit dem deutschen Einigungsprozeß recht weit vorangekommen. Dabei gibt es gewiß Unterschiede. Ich bin mehrmals in den letzten Jahren in den Kasernen der Bundeswehr in den alten wie in den neuen

Bundesländern gewesen. In den Kasernen im Umfeld von 150 bis 200 Kilometern beiderseits der ehemaligen innerdeutschen Grenze findet heute eine starke deutsch-deutsche Vermischung der Wehrpflichtigen statt. Dabei spielt es heute überhaupt keine Rolle mehr, ob der Wehrpflichtige aus Hessen oder Thüringen kommt, ob aus Sachsen-Anhalt oder Niedersachsen, aus Brandenburg oder Nordrhein-Westfalen. Da gibt es kaum noch Unterschiede in bezug auf Freizeitgestaltung, Lektüre, Musik oder wie Junge und Mädchen miteinander umgehen und welches Verhältnis sie zu ihren Eltern haben. Unter den heute 22jährigen und Jüngeren gibt es weithin nur noch die normalen landsmannschaftlichen oder sozialen Unterschiede, aber keine grundsätzlichen Ost-West-Unterschiede mehr.

Die *Frankfurter Allgemeine Zeitung* veröffentlicht in regelmäßigen Abständen eine Seite für die Jugend und berichtet über Besuche von Schulklassen aus den alten Ländern in die neuen Länder oder umgekehrt – für jeweils eine gemeinsame Projektwoche. Davon erzählen die Schülerinnen und Schüler dann regelmäßig nach folgendem Muster: Am Anfang gibt es die Phase des Aufeinanderzugehens. Da wundert man sich noch über unterschiedliche Dialekte und beäugt kritisch, wie die anderen leben und sich in ihrer Klasse bewegen. Darauf folgt die Phase gemeinsamer Arbeit am Projekt, in der man erkennt, so verschieden sind wir doch gar nicht. Zum Schluß heißt es dann fast einstimmig: Wir wollen und müssen wieder zusammenkommen. Die anderen waren viel netter und umgänglicher, als wir das zunächst erwartet hatten. Ich nehme auch das als einen Beweis dafür, daß die junge Generation hier verständlicherweise schon viel weiter ist als diejenigen, die sich mit ihren unterschiedlichen Biographien herumplagen.

Bei einem Menschen, der dreißig Jahre in der DDR gelebt hat und jetzt zehn Jahre im vereinten Deutschland dabei ist, sieht das ganz anders aus. Keiner kann aus seiner Biographie aussteigen, selbst wenn er das wollte. Damit muß man rechnen. Das ist normal und sollte uns nicht beunruhigen. Es bedeutet aber auch, daß das wirkliche Zusammenwachsen erst von den biographisch unbelasteten Generationen geleistet werden kann. Wir haben am Anfang eine Entwicklung durchgemacht, die wie eine Fieberkurve verlief. Ich zitiere den Satz, den Walter Momper nach Öffnung der Mauer sagte: »Wir sind heute das glücklichste Volk der Welt.« Das stimmte für die ersten Tage und Wochen nach der Maueröffnung.

Wir waren aber naiv, wenn wir dachten, dieses allgemeine Liebhaben, dieses Aufeinanderzugehen, das gegenseitige Umarmen, das wird jetzt alles bis zum Ende unserer Tage anhalten. Inzwischen sind wir von der Realität eingeholt worden und mußten feststellen: Wir sind auch Konkurrenten, wir sind nicht dazu geboren, immer nur die Wünsche anderer zu erfüllen. In unserem Sprachgebrauch gibt es auch die Worte »Nein« oder »Ich« und nicht bloß »Wir« oder »Ja«. Das hat zu Spannungen und Enttäuschungen geführt. Da wir vierzig Jahre kaum miteinander zu tun hatten und unterschiedliche Lebenserfahrungen in gegensätzlichen gesellschaftlichen Systemen gemacht haben, ist die Verständigung manchmal noch recht schwierig. Die Westdeutschen waren auf den Westen, von Frankreich bis in die USA, orientiert, während die DDR-Bürger nur mit den Ländern des Warschauer Vertrages zu tun hatten, ausschließlich nach Polen, in die Tschechoslowakei, nach Ungarn, Bulgarien und Rumänien reisen konnten.

Wahrscheinlich hat es doch nicht mehr als zehn Prozent der Deutschen gegeben, die in den langen Jahren der Spaltung Kontakte zu Bürgern im anderen Teil Deutschlands gehabt haben. Und wenn die sich begegnet sind, dann waren das im Normalfall auch nur Feiertagskontakte. Man kannte sich also eigentlich nur im guten Anzug und in festlicher Stimmung, hat sich nicht im Alltag erlebt, wo es die Chance gegeben hätte, sich möglicherweise übereinander zu ärgern. Wir sind bei den deutsch-deutschen Begegnungen in der Zeit der Spaltung rücksichtsvoll miteinander umgegangen und waren meist sehr nett zueinander. Nach der Öffnung der Mauer und den Jubelstürmen im ganzen Land, den tausendfachen Umarmungen und ungehemmten Tränenströmen hat uns dann der Alltag um so rascher eingeholt. Wir hatten keine Zeit, um Verständigungsseminare und ähnliches abzuhalten. Wir mußten jeden Tag Entscheidungen von größter Tragweite treffen und konnten nichts auf die lange Bank verschieben. Das hat bei den Ostdeutschen, die ja materiell wenig in die deutsche Einigung einbringen konnten, den Eindruck erweckt, der Westdeutsche sei im Normalfall der »Besserwessi«, der »Plattmacher«, der »Wendegewinnler«. In der Optik der Westdeutschen war der DDR-Bürger oft einer, der nicht arbeiten konnte oder wollte, der »feige« war und in den meisten Fällen mit der Stasi zusammengearbeitet hatte. Für all das, was solche Vorurteile verhindern oder ausräumen konnte, war damals keine Zeit. Das ehrliche Miteinanderreden und das Aufeinanderzugehen, das sich Füreinander-Zeit-Nehmen, Füreinanderarbeiten, Miteinanderfeiern und Miteinanderverreisen mußte im Expreßtempo absolviert werden. Da gibt es noch immer viel nachzuholen.

In einer Zeit, in der die Menschen nicht mehr spontan aufeinander zugehen, wächst den Kirchen, politischen Parteien, den Verbänden, Vereinen, der politischen Bildung und auch der Bundeswehr eine Aufgabe von überragender Bedeutung zu. Der materielle Aufbau ist weit vorangeschritten oder befindet sich doch im vollen Gang. Das Wort Helmut Kohls von den »blühenden Landschaften« beschrieb eine Vision, die jetzt jeden Tag mehr Wirklichkeit wird. Das konnte unter Einsatz von viel Fleiß und Geld verwirklicht werden. Die innere Einheit läßt sich aber nicht mit Geld erkaufen. Daran müssen wir alle arbeiten, wollen wir nicht langfristig verspielen, was wir materiell fast geschafft haben.

Bei einer Anhörung der von mir geleiteten SED-Enquete-Kommission zur »Überwindung der Folgen der SED-Diktatur im Prozeß der deutschen Einheit« hat Hans-Joachim Veen von der Konrad-Adenauer-Stiftung die berechtigte Frage gestellt: »Wieviel Zusammenwachsen, wieviel Einheit dürfen oder müssen wir eigentlich erwarten? Wann werden wir sagen können: Jetzt sind wir endlich zusammengewachsen?« Seine Antwort lautete: »Die gemeinsamen Grundlagen müssen stimmen!« Damit meinte er die grundsätzliche Zustimmung zur freiheitlichen Demokratie, zur Sozialen Marktwirtschaft und zur deutschen Einheit. Man kann das auch anders ausdrücken: Die uneingeschränkte Zustimmung zu den Werten des Grundgesetzes ist unentbehrlich! Alles andere wurde und wird in einzelnen deutschen Ländern sehr unterschiedlich gesehen und praktiziert. Auch die Bayern und Holsteiner umarmen sich ja nicht jeden Tag, sondern gehen durchaus auch ein Stück ihre eigenen Wege. Das ist die Normalität, in der wir ankommen müssen. Wer die Meßlatte viel höher legt, ist entweder ein Träumer oder will die deutsche Einheit bewußt verhindern.

An einem Punkt will ich als gelernter Pfarrer klarmachen, wie stark wir in manchen Bereichen in den Jahren der deutschen Teilung auseinandergekommen sind. Es geht um die unterschiedlichen Grade an Volkskirchlichkeit in beiden Teilen Deutschlands. Die DDR ist nicht nur säkularisiert, wie das in vielen westlichen Ländern der Fall ist, sondern die neuen Länder sind auch regelrecht entchristianisiert. Dort ist als Folge einer atheistischen Politik, besonders im Schulwesen, der kulturelle Zusammenhang mit den christlichen Traditionen so verlorengegangen, daß die meisten ehemaligen DDR-Bürger von Gott und Christus überhaupt nichts (mehr) wissen. Die Jugendweihe blüht doch vor allem deshalb in den neuen Ländern so munter weiter, weil viele Eltern einfach nicht wissen, was sie ihren Kindern sonst bieten könnten. Ich nenne die Entchristianisierung der DDR nicht nur als ein kirchliches Problem (darum müssen sich die Kirchen kümmern), sondern auch als ein politisches. Hier ist ein Stück gemeinsamer Grundlagen, die für das Zusammenleben wichtig sind, verlorengegangen. Was bedeutet es, wenn etwa ein Viertel der Menschen im vereinigten Deutschland die religiöse Eidesformel »Ich schwöre, so wahr mir Gott helfe!« nicht etwa ablehnt, sondern überhaupt nicht mehr begreift, was dieser Zusatz soll?

Ich habe als ehemaliger DDR-Bürger durch die deutsche Einheit persönlich mannigfach dazu gewonnen. Mein Leben ist in jeder Hinsicht bunter, vielfältiger, reizvoller und reicher geworden. Ich bin dabei zu lernen, daß etwas Unbekanntes nicht nur Angst machen muß, sondern auch reizvoll und bereichernd sein kann. Ich bin dabei zu lernen, daß andere Menschen, die nicht zwischen Oder und Elbe und Ostsee und Thüringen geboren sind, mir neue Kenntnisse und Einsichten vermitteln können. Im Vergleich zu früher habe ich jetzt die Erfahrung gemacht: Ich werde ernst genommen, manchmal so, daß das richtig mühselig ist. Ich muß für mich selbst sorgen, ich muß mich durchsetzen, ich muß selbst kämpfen, ich muß formulieren können, was ich will. Das alles erlebe ich als eine große und schöne, wenn auch zuweilen anstrengende Herausforderung!

Zehn Jahre nach dem Sturz der SED-Diktatur ist mir heute zweierlei besonders wichtig. Erstens: Wir sollten uns Zeit nehmen für das noch bessere gemeinsame Zusammenwachsen, Verstehen und Arbeiten! Das ist ein Prozeß, der braucht Zeit wie das Wachsen. Wir sind auch hier auf einem guten Weg und sollten uns mit illusionären Tagträumen nicht das Leben schwerer machen oder gar schon Geleistetes in Frage stellen. Zweitens: Wir sollten nie vergessen, wo wir 1989 tatsächlich standen. Damals lebten wir in der DDR in einem Staat, von dem alle wußten, daß er auf dem letzten Loch pfeift. Wir sollten uns erinnern, wie wir damals persönlich gelebt haben und was uns in den vergangenen zehn Jahren seit dem Sturz der SED-Diktatur alles möglich wurde. Da kann fast jeder eine gute persönliche Bilanz aufstellen. Da wurden und werden doch Träume am laufenden Band wahr. Wir sollten die Realitäten nicht aus den Augen verlieren.

Gewiß gibt es noch viele Probleme, die wir lösen müssen. Aber auf welchem Niveau können wir das tun? Ich bin in den letzten Jahren immer wieder auch im östlichen Europa unterwegs gewesen und habe erlebt, was dort den Menschen durch die notwendigen Veränderungsprozesse abverlangt wird. Im Vergleich dazu geht es uns allen schon heute mehr als gut. Die gemeinsame Arbeit der letzten zehn Jahre hat sich für uns gelohnt. Wir wollen diese Arbeit auch in Zukunft gemeinsam und geduldig voller Zuversicht und Elan tun!

»Eingesperrte können keine Höchstleistungen bringen«

Für Rainer Eppelmann ist die deutsche Einheit logische Konsequenz aus dem Zusammenbruch der DDR – An Revolution zunächst nicht gedacht

Bericht in der *Freien Presse* am 6.1.2000
von Peter Bretschneider

Es war ein Heimspiel für Rainer Eppelmann, als er am Montagabend [4.1.2000] im rappelvollen Hörsaal an der Technischen Universität in Chemnitz über seinen Weg in die DDR-Opposition, die friedliche Revolution und die deutsche Einheit sprach. Sein mit viel Beifall aufgenommener Vortrag war Teil der Ringvorlesung »1989/1990–1999/2000: Revolution in der DDR – und zehn Jahre danach«, die der Chemnitzer Parteien- und Extremismusforscher Professor Eckhard Jesse organisiert hat.

Schon Eppelmanns Einstieg traf den Nerv des überwiegenden Teils des Publikums: »Ich bin gern hergekommen, weil ich Sachsen mag.« Sie seien Menschen mit Herz und Wärme, die treffe man so nicht überall an. Nach dieser Reverenz an seine Zuhörer überraschte er mit der Frage, was sich im Januar vor zehn Jahren in der DDR ereignet habe. Die Antwort: Staatliche Stellen hatten sich damals an die Kirche gewandt, ob diese bereit wäre, dem gestürzten Partei- und Staatschef Erich Honecker eine Unterkunft zu gewähren. Am 30. Januar 1990 habe schließlich der einst mächtigste Mann Zuflucht im kirchlichen Pflegeheim in Lobetal bei Berlin erhalten. »Ich habe ihn dort besucht, weil ich wollte, daß er Stellung zum Wahlbetrug in der DDR nahm.« Doch dazu sei der gebrochene Greis nicht fähig gewesen. Er habe ihn nur tieftraurig darüber angetroffen, daß die eigenen Genossen nicht einmal mehr seine Briefe lesen wollten.

»Ja, es war schon eine komische Revolution, die wir auf den Weg gebracht haben«, konstatiert der bekannte frühere Bürgerrechtler. Als die Zahl der Menschen und der Kerzen auf den Straßen kaum noch zu zählen waren, sei die DDR einfach zusammengebrochen. »Dabei hatten wir ursprünglich an Revolution gar nicht gedacht, eher an Reformation.« Doch der 56jährige beharrt ausdrücklich darauf, eben von einer friedlichen Revolution zu sprechen, und nicht von der Wende. Diesen Begriff habe Egon Krenz geprägt, als er auf den längst fahrenden Zug noch schnell aufspringen wollte.

Eppelmann, der in Berlin geboren wurde und vor dem Mauerbau in Westberlin eine Schule besuchte, um dort das Abitur zu machen, schilderte mit bewegenden Worten, wie nach dem 13. August 1961 all seine schulischen und beruflichen Pläne wie Seifenblasen platzten. Architektur wollte er studieren, doch diesen Wunsch mußte er sich schnell abschminken. Statt dessen arbeitete er notgedrungen als Dachdeckerhilfsgeselle und absolvierte eine Maurerlehre.

»Damals war mir noch nicht bewußt, daß die DDR eigentlich bereits zu jener Zeit am Ende war.« Denn im Grunde sei der Korken mit derartiger Wucht auf die Flasche gedrückt worden, daß die Explosion unausweichlich kommen mußte. Eppelmann, der Mitte der sechziger Jahre sowohl den Wehrdienst als auch das geforderte Gelöbnis als Bausoldat strikt ablehnte und dafür zu acht Monaten Gefängnis verurteilt wurde, vergleicht das Land, in dem er lebte, mit einem Knast. »Mir fällt kein zutreffenderes Wort dafür ein«, auch wenn nicht alles Terror gewesen sei. Doch ein Ort, an dem man ist und aus dem man allein nicht herauskommt, wirke nun einmal wie ein Gefängnis. Und genau das sei dieser Staat gewesen. Den Hauptgrund für das Scheitern der DDR sieht der Mitinitiator des Berliner Appells »Frieden schaffen ohne Waffen« in dem völlig falschen Bild, das die Regierenden von der Bevölkerung zeichneten und sie dabei noch entmündigten. »Eingesperrte können keine Höchstleistungen vollbringen.« Und: »Ein Volk, welches man ein Leben lang zum Glück zwingen muß, wird dies nie als Segen, sondern als Zwang empfinden.«

Die heute mitunter vielbeschworene Nähe und Gemeinschaft in der DDR hält der jetzige CDU-Bundestagsabgeordnete für eine Legende. Er mahnt, kritisch zu bleiben. »Wenn es um die Beschaffung von Dingen des Alltags, um Beförderungen oder Prämien ging, wurde hier genauso getrickst wie anderswo.« Nicht umsonst habe das Motto »Eine Hand wäscht die andere« gegolten. Und eines sollte auch nie vergessen werden: Wenn es in der DDR tatsächlich so schön gewesen sei, warum haben dann insgesamt drei Millionen Menschen dieses Land verlassen? »Dies ist die größte Fluchtbewegung in Europa nach dem Zweiten Weltkrieg gewesen.«

Für Eppelmann ist die deutsche Einheit die logische Konsequenz aus dem Zusammenbruch der SED-Diktatur. Ursprünglich sei das Ziel natürlich ein ganz anderes gewesen, nämlich Ordnung im eigenen Haus zu schaffen. Doch die Zeit für Experimente habe es einfach nicht gegeben. Seine den Vortrag beendende Frage macht nachdenklich: Wo wären wir denn heute, ohne das Geschenk der deutschen Einheit?

Edelbert Richter, SPD-Bundestagsabgeordneter

Edelbert Richter

»Als hätte es 1989 nicht gegeben«

Ich beginne mit ein paar Geschichten aus der Zeit vor zehn Jahren, um Sie auf das Thema einzustimmen – denn was ist Geschichte ohne Geschichten? Außerdem erreiche ich damit vielleicht, daß Sie mir dann, wenn es abstrakter wird, besser zuhören!

Der 21. August 1989 war ein sehr heißer Tag. Ich war froh, daß Ehrhart Neubert mich im Auto nach Dresden mitnahm. In einer Dresdner Wohnung kamen Eppelmann, Neubert, Pahnke, Schnur, Schorlemmer, ich und einige andere zusammen. Allen war klar, daß die bisherige Arbeit der Gruppen und ihres Netzwerkes nicht mehr ausreichte. Sollte also eine Partei oder zunächst nur eine politische Vereinigung gegründet werden? Wenn die Gründung einer Partei in Frage kam, dann nur die einer sozialdemokratischen. Das wurde ernsthaft erwogen, aber schließlich als verfrüht verworfen. Gegen die Bildung einer Vereinigung gab es zudem nach Schnurs Auskunft weniger verfassungsrechtliche Bedenken. Wie sollte dann die Vereinigung heißen? Da es sich um eine Initiative zum öffentlichen Dialog handeln sollte – im Sinne des späteren Neuen Forums –, wurde der Name »Dialog« vorgeschlagen. Der erschien uns aber als zu wenig zündend, und so einigten wir uns auf »Demokratischer Aufbruch« mit dem Zusatz »sozial und ökologisch«. Auf die Ökologie legte besonders Friedrich Schorlemmer viel Wert. Das Wort »sozialistisch« wollten wir ausdrücklich vermeiden, weil es nach unserer Meinung durch den »real existierenden« Sozialismus in Mißkredit geraten war. Schnur wurde damit beauftragt, ein Statut auszuarbeiten, ich sollte ein Programm entwerfen. Zur Programmatik gab es allerdings nicht eigentlich eine Diskussion, sondern nur eine Art Ideenkonferenz. War im Grunde alles klar, oder war eine klare Orientierung gar nicht so wichtig?

Daß Schnur für die Stasi arbeitete, hätte keiner gedacht: Redlichkeit und Liebenswürdigkeit schienen gerade ihn auszuzeichnen! Ich erinnere mich, daß wir die üblichen Schwierigkeiten hatten, an einem so heißen Tag noch etwas zu trinken zu bekommen. Wolfgang Schnur fuhr mit uns geduldig umher bis zum Neustädter Bahnhof, wo wir endlich Wein bekamen. Und er bezahlte für alle. Am 26. September begann in Erfurt die Wende. Im Kapitelsaal des Augustinerklosters sollten sich die neuen politischen Gruppierungen zum ersten Mal vorstellen, und ich sollte die Ziele des Demokratischen Aufbruchs erläutern. Kurz vor dem angesetzten Termin kam ich an – und fand den Kapitelsaal dunkel und leer. Also doch wieder die alte Erfahrung mit den DDR-Bürgern: Sie kommen nicht »aus der Knete«! Warum hatten wir auch keine Einladungen verschickt und keine Plakate ausgehängt! Ich suchte nach den Organisatoren der Veranstaltung; da sah ich, daß die Kirche erleuchtet war und am Eingang sich die Leute drängten. Die Versammlung hatte in die Kirche verlegt werden müssen, weil über 1 000 Menschen gekommen waren! Ich war überwältigt. Jetzt wußte ich, daß endlich das begann, worauf wir jahrelang gewartet hatten. Zugleich war ich schockiert, denn auch bei Weihnachtsgottesdiensten hatte ich noch nie vor so vielen Menschen gesprochen; außerdem war das kein Weihnachtsgottesdienst! Aber es war keine Zeit, weder für meine Freude noch für meine Ängste; ich mußte sagen, was der Demokratische Aufbruch wollte.

Am 29. September erhielt ich eine dringende »Vorladung« zum Rat der Stadt Weimar für abends 18.00 Uhr, ohne Hinweis darauf, worum es gehen sollte. Nach einer beträchtlichen Wartezeit erschien Herr Beuthe, Stadtrat für Inneres in Erfurt und Stasi-Offizier, und fragte mich: »Na, wie geht es Ihnen, Herr Richter?« Ich antwortete nichtsahnend: »Ganz gut.« Er darauf: »Na also, wenn es Ihnen gut geht, was wollen sie denn da eigentlich?« Er eröffnete mir dann, den Staatsorganen sei bekannt geworden, daß am 1. Oktober in Berlin das Treffen einer illegalen Vereinigung stattfinden solle. (Es war die in Dresden geplante Gründungsversammlung des Demokratischen Aufbruch.) Mir werde hiermit dringend empfohlen, in den nächsten Tagen nicht nach Berlin zu fahren. Auf meinen Versuch, mit ihm zu diskutieren, ging er nicht ein und erklärte das Gespräch für beendet.

Dennoch traf ich mich mit Angelika, einer Studentin aus Erfurt, die schon immer Mut bewiesen hatte, am nächsten Abend auf dem Bahnhof, um nach Berlin zu fahren. Doch genau in dem Moment, als der Zug einfuhr, traten wie aus einem Kriminalfilm zwei Herren auf mich zu und baten mich, mitzukommen. Das war nun eine wirklich neue Situation in meinem Leben. Aber weil mir alles so unwirklich erschien, habe ich mich nicht gefürchtet. Ich trat gewissermaßen neben mich und schaute zu, was sich da ereignete und wie ich meine Rolle spielte. Der gewaltige Machtapparat war ja auch – wie sich ein paar Wochen später herausstellte – schon gar keine Realität mehr. Ich wurde bis in die Nacht hinein verhört. Daß ich an der Berlinfahrt gehindert wurde, war insofern nicht schlimm, als das Gründungstreffen von der Polizei verhindert wurde.

Ich stand nun in den nächsten Wochen auf allen meinen Wegen unter der fürsorglichen Beobachtung durch die Stasi. Und der Wege waren bei mir noch nie so viele gewesen! Als ich zum Beispiel am 7. Oktober, dem »Nationalfeiertag« der DDR, nach Karl-Marx-Stadt fuhr, um in der Studentengemeinde einen Vortrag über Christentum und Demokratie zu halten, begleiteten uns sogar Limousinen bis fast vor die Tür! Wir fühlten uns »geehrt«, die Studenten sprachen von einem »Staatsbesuch« und gingen, als ich wieder abfuhr, mit hinaus, um zu winken! Hans, ein Ingenieur aus Weimar, der sich bereit erklärt hatte, mich in diesen dramatischen Tagen zu fahren, hatte große Lust, die Autos »abzuhängen«. Später gestand er mir allerdings, daß die Angst doch größer war als die Lust.

Das waren ein paar Episoden aus der mehr oder weniger »heroischen« Anfangszeit des Demokratischen Aufbruchs. Das Ende – jedenfalls für mich – ist schnell erzählt, weil wenig unterhaltsam. Nach der Öffnung der Mauer begannen Schnur und Eppelmann, sich an unserem Programm vorbei an der CDU zu orientieren. Auf dem Parteitag am 16./17. Dezember in Leipzig stellte sich heraus, daß sie mit ihrer Orientierung bei der Basis Zustimmung fanden und der Demokratische Aufbruch praktisch gespalten war. Es kam zu harten Auseinandersetzungen über das neue Programm. Paradoxerweise wurde es schließlich, obwohl es immer noch eindeutig rot-grüne Farbe trug, mit großer Mehrheit verabschiedet!

Ich selbst war damals noch der Meinung, daß die Flügel zusammengehalten werden müßten, denn in welcher Partei gab es solche Spannungen nicht? Außerdem bedeutete Linkssein für mich nicht, gegen die Wiedervereinigung zu sein. Im Januar 1990 wurde jedoch endgültig klar, daß meine vermittelnde Position nicht durchzuhalten war. Zwar war Schnur nur mit knapper Mehrheit wieder Vorsitzender geworden, und die Linken hielten im Vorstand den Rechten fast die Waage, aber das führte nur zu endlosen Diskussionen und machte uns handlungsunfähig. Der Thüringer Landesparteitag des Demokratischen Aufbruchs am 20. Januar 1990 – gekrönt durch eine vollkommen idiotische Rede von Schnur – gab mir den letzten Anstoß zum Austritt.

Der Unterschied zwischen dem Wissen darum, daß in der Geschichte oft das Gegenteil dessen herauskommt, was man eigentlich will, und der leibhaftigen Erfahrung dieser Wahrheit ist beträchtlich. Schmerzlich war auch die Trennung von den vielen Menschen, die ich in diesem Vierteljahr schätzengelernt hatte. Denn nur eine Minderheit im Demokratischen Aufbruch war bereit, mit mir auszutreten.

Nun will ich aber aufhören, Geschichten von damals zu erzählen, und mich den umfassenden Zusammenhängen, in denen sie stehen, zuwenden. Denn ich möchte mit diesem Vortrag ja nicht in der Vergangenheit schwelgen, sondern versuchen, die Bedeutung der Revolution von 1989 für heute und morgen sichtbar zu machen. Das kann ich aber nur tun, indem ich zugleich eine Reihe von Mißverständnissen auszuräumen suche, die in der öffentlichen Meinung über 1989 immer noch eine Rolle spielen.

Ich beginne mit dem offenbar unausrottbaren Mißverständnis, daß der damals dahingeschiedene »reale Sozialismus« wirklich Sozialismus war. Es war für mich schon in den siebziger Jahren eine wichtige Einsicht, daß dieses System sich ganz zu Unrecht auf die sozialistische Tradition berief, ja geradezu als Verkehrung der normativen Gehalte der Marxschen Theorie verstanden werden mußte.

Nun kann man zumal heute der Auffassung sein, daß diese normativen Gehalte doch nicht so wichtig sind, daß es sich sowieso nur um Ideologie, das heißt die notwendige Beschönigung und Rechtfertigung der Machtverhältnisse handelte. Aber für den sogenannten »realen Sozialismus« war die Ideologie enorm wichtig, sie hielt die Gesellschaft ganz wesentlich zusammen! Also war es auch notwendig, sie in Frage zu stellen, was ich damals in vielen Vorträgen und Diskussionen im kirchlichen Raum, ebenso gegenüber kritischen Marxisten getan habe. Denn aus jener Einsicht ergab sich ja, daß man von einer »Kirche im Sozialismus« gar nicht reden durfte, und auch nicht von einem »verbesserlichen« oder »humanen« Sozialismus! Allerdings haben mir das damals nur wenige abgenommen, und selbst heute begreifen es nur wenige, obwohl der Mythos zusammengebrochen ist.

Die Umwälzung von 1989 war also *nicht* der Zusammenbruch des »realen« Sozialismus, denn was nicht real war, konnte auch nicht zusammenbrechen. Sie war vielmehr umgekehrt der Zusammenbruch einer sozialistischen *Ideologie*, die einen despotischen Weg nachholender Modernisierung stimuliert und verklärt hatte. Was man realen Sozialismus nannte, war eine Gesellschaft in der Spannung zwischen dieser »Überholideologie« und einem ständigen demütigenden »Nachholzwang« in Bezug auf ökonomische Entwicklung, nationale Integration und politische Kultur. Die Ideologie versprach das bevorstehende »Absterben des Staates«, eine radikale Demokratisierung; die Sowjetunion war aber praktisch umgekehrt gezwungen, erst einmal ein moderner Staat zu werden, und kam aus der Despotie nicht heraus! Die Ideologie proklamierte den proletarischen Internationalismus; aber die internationalen Gegensätze konnten gar nicht mehr aus dem Inneren der Nationen heraus *ent*schärft werden, sondern mußten durch Weckung eines neuen Nationalismus gerade *ver*schärft werden! Mit dem Sozialismus sollte enthusiastisch begonnen werden, auch ohne daß ein bestimmter Stand der Produktivkräfte schon erreicht war; dies führte jedoch nur dazu, daß die Produktivkraftentwicklung zur alles beherrschenden Forderung wurde und um so brutaler durchgeführt werden mußte. Paradoxerweise mußten die Kommunisten das gleiche tun wie die Bourgeoisie des Westens früher, und da die Dynamik des Kapitalismus ungebrochen blieb, mußten sie es weiter tun. Die Widersprüche, die sie zu *überwinden* angetreten waren, mußten sie umgekehrt selbst erst *herstellen*.

Dieser Selbstwiderspruch, daß beständig das, was überwunden werden sollte, erst gleichsam künstlich geschaffen werden mußte beziehungsweise das, was geschaffen wurde, ja eigentlich der Wertorientierung nach zu überwinden war, mußte früher oder später gelöst werden (erste Versuche dazu gab es bei Chruschtschow). Er ist jetzt so gelöst, daß nur der Nachholzwang geblieben ist und die Überholideologie weggefallen beziehungsweise durch die passendere Nachholideologie »Freiheit – Nation – Markt« ersetzt ist. Die Umwälzung knüpfte aber insofern an die bisherige Entwicklung an, als der Wegfall der sozialistischen Ideologie die Wirkung der Enthüllung und Entspannung hatte. Es wurde offenbar, durfte ungeniert gesagt und angestrebt werden, was im Grunde doch schon immer angestrebt worden war: der sofortige Anschluß an den Westen. Nach wie vor soll dasselbe erreicht, es soll nur jetzt nicht mehr dummerweise auch wieder überwunden werden. Und da dieser ideologische Vorbehalt, dieses Sich-selbst-im-Wege-Stehen beseitigt ist, scheint der Weg gangbarer gemacht, es auch zu erreichen. Realität und ideelle Orientierung sind wieder harmonisiert. Offen bleibt dabei allerdings, ob das Ziel so wirklich erreicht wird, beziehungsweise was es überhaupt genauer besagt. Denn »Anschluß an den Westen« kann ja auch bedeuten, in der Hierarchie des Weltmarktes ziemlich weit unten zu landen. Der nüchterne Sinn von 1989 wäre dann gewesen, daß die, die immer schon weiter unten standen, aber krampfhaft bemüht waren, nach oben zu kommen, die Krampfhaftigkeit dieser Bemühung endlich einsahen und wieder zu ihrem natürlichen Status zurückkehren wollten – nach dem Motto: Lieber Proletarier im Kapitalismus sein als an der »welthistorischen Mission des Proletariats« teilnehmen!

Aber ist das nicht doch der »Schnee von gestern«? Was folgt daraus für Gegenwart und Zukunft? Es folgt zunächst, daß der Sieg des Westens gar nicht so überraschend kam und gar kein so schöner großer Sieg war, wie viele gedacht haben, sondern eher bescheiden ausfällt. Denn der Westen hat eben nicht die große Alternative zu ihm überwunden, sondern nur ein System, das ihm immer unterlegen war, das ihm bloß ebenbürtig werden wollte. Zweitens folgt, daß dieser Sieg auch keine einfache Lösung für die Probleme des Ostens enthält, sondern eher eine schwer lösbare Aufgabe: nämlich die opferreichen, aber gescheiterten Modernisierungsanstrengungen dieser Länder nun erfolgreich, aber weniger opferreich weiterzuführen. Warum begnügen sich nun bestimmte Richtungen im Westen nicht mit diesen nüchternen Feststellungen, sondern halten eisern daran fest, »den Sozialismus« besiegt zu haben? Vielleicht, weil sie dann im selben Atemzug den freiheitlichen Sozialismus für tot erklären können? Aber abgesehen davon, daß das unredlich ist, ist es auch blind, weil Sozialdemokraten doch inzwischen in den meisten Ländern der Europäischen Union an der Regierung sind. Brauchen bestimmte Richtungen im Westen also die sozialistische Ideologie, selbst nachdem sie tot ist, als Buhmann, um ihre eigene Bedeutung hervorzukehren und sich – wie dieser Gegner einst – an der Realität vorbei rechtfertigen zu können? Das ist das Dritte, was aus jener Einsicht folgt: daß wir auf der Hut sein müssen vor solcher neuer Ideologisierung! Ich komme darauf zurück.

Ein weiteres Mißverständnis, das begreiflicherweise besonders unter Sozialdemokraten beliebt ist, betrifft die Ursachen von 1989 auf der Seite des Westens: Es sei die Entspannungspolitik der sechziger und der siebziger Jahre gewesen, die den Ostblock innerlich geschwächt und so letztlich sein Ende herbeigeführt habe. Nun will ich nicht bestreiten, daß sie eine wichtige Rolle gespielt hat – man denke nur an die KSZE-Schlußakte von Helsinki 1975. Aber gerade an ihr kann man auch sehen, daß diese Erklärung nicht ausreicht. Denn die Akte enthielt zwar Zugeständnisse des Ostens in Menschenrechtsfragen, zugleich aber die definitive Anerkennung des Machtbereiches der Sowjetunion durch den Westen. Das entscheidende Gegenargument ist jedoch, daß der Ostblock sich in den siebziger Jahren deutlich in der Offensive befand! Genau 1975 mußten die Amerikaner endgültig Vietnam verlassen, wurden Laos, Kambodscha und auch Äthiopien kommunistisch. 1976 kam Angola hinzu, begann die Sowjetunion mit der Modernisierung ihrer auf Westeuropa gerichteten Mittelstreckenraketen und erhielten die italienischen Kommunisten bei den Juniwahlen 34,4 Prozent aller Stimmen. Und so ging es weiter bis zum Höhepunkt 1979: Iran, Nicaragua, Afghanistan! Das ist ja das Paradoxe, daß damals keiner geglaubt hätte, das sowjetische System könnte einmal so sang- und klanglos dahinscheiden! Wiewohl es eine bekannte geschichtliche Erscheinung ist, daß der schönste, rotbäckigste Apfel der wurmstichige ist, daß also die Vollendung der Macht den Keim des Untergangs in sich enthält. Nur lag der Keim des Untergangs nicht bloß in der (halbherzigen) Anerkennung der Menschenrechte, sondern zumal in ökonomischen und außenpolitischen Entwicklungen, bei denen der Westen auch ein bißchen nachgeholfen hat.

Die siebziger Jahre waren jedenfalls gekennzeichnet durch die bis dahin wohl massivste Infragestellung der westlichen Zivilisation: Sie erfolgte nicht nur durch den Osten, auch durch den Süden und durch die Umweltkrise. Die Sowjetunion befand sich auf dem Höhepunkt ihrer militärischen Macht und ihres Einflusses in der Welt. Die Entwicklungsländer erreichten den höchsten Grad an Geschlossenheit, konnten mit der Ölpreiserhöhung empfindlichen ökonomischen Druck ausüben und begannen sich fundamentalistisch vom westlichen Zivilisationsmodell zu verabschieden. Die natürlichen Grenzen des wirtschaftlichen Wachstums wurden spürbar. Dies alles löste Ende der siebziger, Anfang der achtziger Jahre die tiefste Rezession der Zeit nach dem Zweiten Weltkrieg aus. Und von diesem Zeitpunkt an hat der Westen – hauptsächlich seine Führungsmacht USA – auf die genannten Herausforderungen nicht mehr kompromißbereit, sondern mit Härte reagiert:

– *sozialökonomisch* durch die neoliberale Abkehr von Wohlfahrtsstaat, Nachfragestimulierung, niedrigen Zinsen und die Hinwendung zur Eigendyna-

mik des Marktes, Angebotsökonomie, Hochzinspolitik. Es kam zur Herausbildung des unkontrollierten globalen Finanzmarktes.
- *außen- und sicherheitspolitisch* durch gewaltige Rüstungsanstrengungen und den Übergang von der atomaren Abschreckung zur Strategie eines begrenzten, darum führbaren und gewinnbaren Atomkriegs. Parallel dazu wurde der Dualismus der Systeme durch einen neuen Pluralismus der nationalen Interessen unterlaufen.
- *entwicklungspolitisch* durch den Abbruch des Dialogs über eine neue Weltwirtschaftsordnung mit der Zweidrittelwelt und die Ausnutzung ihrer Schuldenkrise, um sie zur inneren Anpassung an den Weltmarkt zu zwingen.
- *umweltpolitisch* durch den Schritt von der Erkenntnis zum Vergessen, Leugnen oder zu bloß symbolischer Berücksichtigung der Umweltkrise, von der Kritik am Industrialismus zu seiner erneuten Stimulierung.

Damit war eine Wende eingeleitet, die dem Westen nicht nur wieder aus der Defensive heraushalf, sondern aus heutiger Sicht auch einen Epochenwechsel herbeiführte. Denn diese neoliberale Wende im Westen war die tieferliegende, sozusagen tektonische Veränderung, um die Revolution von 1989 im Osten erst zu ermöglichen. Mit ihr bewies der Westen seine ohnehin bestehende prinzipielle Überlegenheit, und es wurde offenbar, daß der Osten sich mit seiner Offensive übernommen hatte.

Allerdings heißt das auch: Die Revolution von 1989 war nicht der Sieg des Westens in seiner ganzen Vielfalt, sondern in seiner einseitig neoliberalen Ausrichtung. Da der Neoliberalismus aber – im Unterschied zum klassischen Liberalismus – primär an der ökonomischen Freiheit und nur sekundär an der politischen Freiheit interessiert ist (wie man bei Hayek nachlesen kann), muß man sogar fragen, ob es sich überhaupt zuerst um einen Sieg der Demokratie oder nicht vielmehr um einen der wirtschaftlichen (und militärischen) Macht gehandelt hat. Wenn das letztere zutrifft, versteht man jedenfalls besser, weshalb wir sogenannten Bürgerrechtler nur eine so kurze und eher symbolische Rolle gespielt haben; oder weshalb die Begeisterung über die Revolution bald einer tiefen Politikverdrossenheit Platz machte, und zwar in Ost und West. Man versteht von daher auch besser, warum viele Sozialdemokraten an diesem Sieg keine ungeteilte Freude hatten. Ihnen hätte es nämlich genügt, wenn der Ostblock – wie unter Gorbatschow ja geschehen – die Menschenrechte wirklich anerkannt und sich demokratisiert hätte; warum aber mußte er auch noch ökonomisch und außenpolitisch zugrunde gehen? Das ist eben nur erklärbar, wenn man die Wende Ende der siebziger/Anfang der achtziger Jahre nicht ignoriert.

Gewiß ist es lange bekannt gewesen, daß die Sowjetunion nur militärisch stark und in der zivilen Wirtschaft hinter den USA oder Europa zurückgeblieben war. Aber erst dadurch, daß Reagan sie mit seiner Hochrüstung zwang, diese Diskrepanz noch zu vergrößern, wurde aus ihr ein Leichnam in Waffen. Und als Gorbatschow die Krankheit erkannte und die Abrüstung einleitete, war es wohl schon zu spät: Das bekannte Wort von ihm trifft zuerst auf ihn selbst zu! Wer also die Entspannungspolitik als Hauptursache für das Ende des Ostblocks ansieht, der vernachlässigt nicht nur naiv die Bedeutung der Ökonomie für das Zusammenleben, sondern der kommt auch heute immer noch zu spät, weil er die Bedeutung der neoliberalen Wende bagatellisiert, und zwar auch für den Westen.

Wenn wir nun wieder die Frage stellen, was aus dieser Analyse für heute und morgen folgt, so kommt es entscheidend darauf an, den Unterschied zwischen der Situation des Kampfes der »Systeme«, des Kalten Krieges, des wahnwitzigen Rüstungswettlaufs und der Situation des Endes von alledem und des Sieges der einen Seite zu beachten. In der traditionellen politischen Ethik ergab das die Frage, wie sich ein kluger Sieger denn zu verhalten habe: Natürlich wird er seine Überlegenheit sichern. Aber soll er weitermachen wie bisher, seinen Sieg perfektionieren, ihn auskosten, den Unterlegenen demütigen beziehungsweise nach neuen Gegnern suchen? Oder sollte er nicht vielmehr weise mit seiner Überlegenheit umgehen, dem Unterlegenen gegenüber großmütig sein, ihn in die eigene Ordnung einbeziehen und für sich gewinnen?

Ich habe den Eindruck, daß es dem Westen nicht gelungen ist, ein kluger Sieger zu sein. Das wird zunächst daran deutlich, daß die erwartete »Friedensdividende« im Grunde ausgeblieben ist. Die USA haben nach einer kurzen Phase der Abrüstung weiter gerüstet und ermuntern die Europäer, es ihnen gleichzutun. Ihre Rüstungsausgaben betragen heute fast das Zehnfache der Rüstungsausgaben Rußlands, die der NATO insgesamt das Fünfzehnfache! In der Tat ist der weltweite Rückgang der Militärhaushalte hauptsächlich auf die von Rußland beziehungsweise der Sowjetunion vorgenommenen Reduzierungen zurückzuführen. An den Rüstungsexporten der Welt haben die USA einen Anteil von vierundvierzig Prozent, die NATO insgesamt einen Anteil von fünfundachtzig Prozent!

Die Moral des Siegers wird aber auch daran deutlich, daß seine neoliberale Orientierung aus der Zeit des Kalten Krieges weiter besteht, obwohl der Krieg doch eben gewonnen, ihr Sinn also erfüllt ist. Wenn man bedenkt, was dieser Sieg die kleinen Leute allein in den USA schon gekostet hat, und andererseits, was er ihnen bisher gebracht hat, so versteht man die verbreitete Politikverdrossenheit noch besser und weiß man gar nicht mehr, ob man noch von »Sieg« reden soll. Jedenfalls ist die Herausforderung nun eine ganz andere: Nicht mehr Abgrenzung vom Gegner und Bewährung ihm gegenüber ist jetzt angesagt, sondern die Entlastung der eigenen Bevölkerung von den Lasten des Kalten Krieges, die Integration des ehemaligen Gegners und die Bewährung der eigenen Ordnung unter den ganz anderen, schwierigeren Bedingungen des Ostens. Die eine Welt ist jetzt im Prinzip da, aber nun gilt es, sie auch zu gestalten. Genau diese Aufgabe der Entlastung und Integration ist jedoch nach 1989 nicht wahrgenommen worden, sondern die westliche Politik ist aus Trägheit oder Selbstgerechtigkeit weiter dem neoliberalen Trend aus der Zeit davor gefolgt. Man tat im Grunde so, als hätte es 1989 gar nicht gegeben. Man wußte mit dem eigenen Erfolg gar nichts Rechtes anzufangen.

Das kann aber angesichts der Größe der Herausforderung auf die Dauer nicht gutgehen! Denn damit wächst die Gefahr, daß sich jener Trend gegen die westliche Gesellschaft selbst kehrt. Um einen sozialistischer Ambitionen unverdächtigen Zeugen wie George Soros zu zitieren: »Weil der Kommunismus – und selbst der Sozialismus – von Grund auf diskreditiert ist, betrachte ich die Bedrohung von seiten des *laisser-faire* heute für gefährlicher als die Bedrohung durch totalitäre Ideologien. [...] Ich behaupte, daß eine offene Gesellschaft auch aus der entgegengesetzten Richtung bedroht werden kann: von übertriebenem Individualismus, von zuviel Konkurrenz und zuwenig Kooperation.« Der Westen muß demnach aufpassen, daß es ihm nicht ähnlich ergeht wie dem sowjetischen System: daß er mit der Vollendung seiner Macht zugleich deren Grundlage untergräbt. Und wir ehemaligen Bürgerrechtler müssen aufpassen, daß die Demokratie, die wir so leidenschaftlich gewollt haben, sich nicht unterderhand in ideologischen Schein verwandelt.

Nachdem ich zuerst zur Ursache der Revolution von 1989 auf der Seite des Ostens und dann zu der auf der Seite des Westens etwas gesagt habe, komme ich nun auf die Beziehung beider zu sprechen und damit zugleich auf die deutsche Frage, in der diese Beziehung sich ja in exemplarischer Weise spiegelte.

Das Mißverständnis, das hier immer noch herrscht, lautet: Die Konzeption des dritten Weges, die von der Opposition in der DDR vertreten wurde, habe auf die Erhaltung der DDR und einen humanen Sozialismus gezielt, daher von der deutschen Wiedervereinigung nichts wissen wollen. Das mag nun zwar auf einen großen Teil der DDR-Opposition zutreffen, aber was ist denn zum Beispiel mit dem Brief von Havemann an Breschnew 1981 und dem Berliner Appell von 1982, den doch viele unterzeichnet haben? Der Friedenskreis in Naumburg, der überregionale Friedensseminare veranstaltete, hat von 1983 an für ein blockfreies Deutschland und Europa geworben! Ich selbst hatte ein Buch zur deutschen Frage geschrieben, das Manuskript 1987 in die Bundesrepublik geschmuggelt, aber keinen Verlag gefunden, der es veröffentlichen wollte. Als dann eine Kurzfassung – endlich – im Frühjahr 1989 in einer Untergrundpublikation der DDR erschien, hielten die westdeutschen Journalisten, denen wir sie vorstellten, das Thema immer noch für abseitig.

Ich muß gestehen, daß mich das noch heute ärgert, denn dieselben Medien, die unsere Position vor 1989 ignoriert haben, weil sie diese für unrealistisch hielten, behaupten heute, wir hätten sie gar nicht vertreten, wären also doch in der sozialistischen Ideologie befangen geblieben. Offenbar fällt es ihnen schwer, sich ihre eigene Ignoranz und Befangenheit einzugestehen.

Die Konzeption des dritten Weges, die ich vertreten habe, zielte jedenfalls *außenpolitisch* auf eine Überwindung (oder besser: Überbrückung) des Ost-West-Gegensatzes, auf eine wichtige Mittlerrolle, die Deutschland dabei spielen sollte, und so auf eine Wiedervereinigung Deutschlands. Man kann das wohl heute nur nachvollziehen, wenn man sich an die gefährliche Zuspitzung des Ost-West-Gegensatzes Ende der siebziger, Anfang der achtziger Jahre erinnert, von der vorhin schon die Rede war: die Modernisierung der auf Europa gerichteten sowjetischen Mittelstreckenraketen und den Übergang der Amerikaner zur Strategie eines begrenzten, daher auch führbaren Atomkriegs. Entscheidend war dabei aber, daß die Gefahr nun zuerst und zumal Mitteleuropa beziehungsweise Deutschland betraf! Das ergab sich im Grunde schon aus den SALT-Verhandlungen*. Denn wenn die Supermächte ihre Parität im Bereich der strategischen Kernwaffen festschrieben, so folgte doch, daß nicht mehr ihre Territorien, sondern das wichtigste und mit taktischen Atomwaffen gleichsam vollgepackte Gebiet zwischen ihnen, eben Mitteleuropa, am stärksten bedroht sein würde. Ohnehin hatte nur die Bundesrepublik unter den sechzehn Mitgliedsstaaten der NATO den Status der »Kampfzone«; Analoges galt für die DDR. So ging in der Friedensbewegung das Wort von der möglichen »Wiedervereinigung im Massengrab« um. Noch 1988 hat Margaret Thatcher offen davon gesprochen, daß Deutschland das erste Opfer eines Atomkriegs wäre: »Wenn man an vorderster Front steht, dann wird man selbstverständlich das erste Opfer [...].«

Diese existentielle Bedrohung habe ich als Herausforderung für die Deutschen verstanden, ihre Nibelungentreue gegenüber dem jeweiligen großen Bruder (behutsam) aufzukündigen und einen eigenen, dritten Weg der Versöhnung zwischen Ost und West einzuschlagen – natürlich nicht selbstlos, sondern im eigenen Interesse! Konnte man sich denn eine stärkere Herausforderung dazu denken als das Ansinnen der Supermächte an die Deutschen, im Ernstfall gleichsam stellvertretend für sie Selbstmord zu begehen?

Klar war allerdings, daß ein solcher dritter Weg Veränderungen im Innern nicht nur nach sich ziehen, sondern auch voraussetzen würde. Ohne innere Reformen, und zwar auf beiden Seiten, schien uns damals Entspannung und Abrüstung unmöglich. An die Stelle der verrückten Auseinandersetzung zwischen den »Systemen« mußte die Auseinandersetzung des jeweiligen Systems mit sich selbst treten. Es mußte zum Primat der Innenpolitik zurückgefunden werden, also zu der alten Regel, daß jeder zunächst vor der eigenen Tür zu

---

* SALT: Strategic Arms Limitation Talks – Verhandlungen über die Begrenzung strategischer Waffen

kehren hat. Weil wir die Großmächte jedoch nicht in diesem Sinne beeinflussen konnten, war es das Naheliegendste, damit in Deutschland anzufangen. Und weil das sozialistische und das liberale Anliegen, mit dem sich die Mächte legitimierten, in einen unlösbaren Gegensatz zueinander gebracht und mit einer Vernichtungsdrohung verbunden waren, sahen wir diese großen Traditionen ideologisch mißbraucht und ins Gegenteil verkehrt. Die Veränderung konnte daher nur in einer Überwindung dieses ideologisch aufgeblähten Gegensatzes liegen, also in einer Erneuerung der sozialen Demokratie. Wir wollten, daß die Deutschen den Versuch machen, den scheinbar so unlösbaren beziehungsweise nur durch einen Atomkrieg, das heißt im Jenseits lösbaren Gegensatz von Liberalismus und Sozialismus doch einer pragmatischen Lösung zuzuführen. Denn wir waren überzeugt, daß das in diesem Leben möglich sein müßte und daß diese einfachere Lösung dann ein Beispiel geben und ausstrahlen würde. Für uns im Osten bedeutete das Einsatz für die Menschenrechte und die Aneignung der liberalen politischen Kultur, verbunden mit der Hoffnung, daß dann im Westen mehr soziale Gerechtigkeit und ökologische Vernunft Platz greifen würden.

Eine glänzende Bestätigung schien diese Einschätzung dann durch die Politik Gorbatschows zu erfahren. Man muß sich erinnern, wie befreind sie auch auf den Westen wirkte! Die politische Initiative war wieder auf die Sowjetunion übergegangen, weil sie genau die Konsequenz aus der vertrackten Menschheitssituation gezogen hatte, die zur Vernunft zurückführte: Abrüstung und Reform im Innern. Daß die DDR sich dieser Politik nicht anschloß, stellte zwar meine Vorstellung vom dritten Weg in Frage, konnte mich aber nicht irremachen. So habe ich schließlich auch die Interpretation der Wende in der DDR im Sinne Gorbatschows – sozusagen der Einfachheit halber – ein Stück weit mitgemacht.

Nur war *das* natürlich *ein anderer* »dritter Weg« als der von mir eigentlich gemeinte! Denn er ging eben nicht von Deutschland aus, sondern von der Sowjetunion, und er trug immer noch die schwärmerischen, überschwenglichen Züge der sozialistischen Ideologie. Es war daher auch sehr bald die Frage, was er denn ökonomisch zu bedeuten hätte, und diese Frage blieb immer wieder unbeantwortet. Allerdings konnte man sich darüber zunächst hinwegtrösten, denn Demokratisierung und Abrüstung waren für die Wirtschaft Schritte in die richtige Richtung. Außerdem würden die mitteleuropäischen Länder, denen das sowjetische Modernisierungssystem völlig widersinnig übergestülpt worden war, da sie doch über eine bedeutende Modernisierungstradition schon verfügten, nun bestimmt auch ökonomisch besser vorankommen.

Andererseits war der dritte Weg, wie ich ihn außenpolitisch verstanden hatte, nun ja gar nicht mehr so notwendig wie Anfang der achtziger Jahre! Hatte uns Gorbatschow durch Abrüstung und Entspannung nicht den Wind aus den Segeln genommen? Wurde eine Mittlerrolle Deutschlands zwischen den Blöcken jetzt, wo sie sich selbst zu verständigen begannen, überhaupt noch gebraucht? Wiederum verbesserten sich die Bedingungen für die Wiedervereinigung ungemein, denn ein eigener Weg der Deutschen mußte der Sowjetunion ja nun nicht mehr abgetrotzt werden!

Als die Chance der Wiedervereinigung sich dann abzeichnete, war der Demokratische Aufbruch jedenfalls darauf eingestellt und die erste Gruppierung in der DDR, die sich zu diesem Ziel bekannte. Freilich haben wir bei unseren außenpolitischen Vorstellungen vom »Wie« der Wiedervereinigung noch mit dem Weiterbestehen des Ost-West-Gegensatzes gerechnet und gedacht, daß die Einheit auf der Grundlage der Entspannungspolitik zustande käme, die ja so erfolgreich im Gange war. Daß die Entwicklung mit dem Sieg des Westens enden würde, haben wir damals noch nicht gesehen.

Ähnlich war es in innenpolitischer Hinsicht: Als es 1990 ernst wurde und klar war, daß die Wiedervereinigung unter konservativ-liberaler Führung erfolgen würde, habe ich mich natürlich gefragt, ob ich unter diesen Bedingungen denn zustimmen könne. Warum habe ich schließlich zugestimmt? Weil ich mir sagte, daß die Soziale Marktwirtschaft, in die Ostdeutschland integriert werden sollte, ja von ihrem Ansatz her auch ein dritter Weg ist und nicht purer Kapitalismus. Ich wollte mich belehren lassen durch die reale Geschichte und nicht stur an dem festhalten, was ich mir gedacht hatte. Erst später habe ich erkennen müssen, daß es gar nicht mehr das Konzept der Sozialen Marktwirtschaft war, das den Westen bestimmte, sondern von Ende der siebziger Jahre an eben die neoliberale Dogmatik.

Außer der Tatsache, daß die deutsche Einheit kam, scheint daher all das, was ich inhaltlich mit ihr verband, von der Geschichte geradezu widerlegt beziehungsweise zerlegt worden zu sein: Zuerst bot die Sowjetunion überraschenderweise einen besseren, weil alle Welt faszinierenden dritten Weg an, so daß eine eigene deutsche Bemühung, aus dem Menschheitsdilemma herauszukommen, überflüssig schien. Dann reagierte der Westen mit seinem offenbar noch besseren, weil bewährten dritten Weg (der Sozialen Marktwirtschaft) und schlug damit das Angebot des Ostens aus dem Feld. Ein eigener deutscher Weg schien nun völlig überflüssig, weil die Wiedervereinigung den Deutschen ja ganz von selbst, durch den Druck des Westens und das Nachgeben des Ostens in den Schoß fiel.

Deshalb stellt sich die Frage nach der Bedeutung unseres Rückblicks für Gegenwart und Zukunft hier besonders dringlich: Alles überholt, weil alles – wenn auch in anderer, unvorhergesehener Weise – erfüllt? Das ist zunächst die Antwort der Journalisten und Zeithistoriker, von denen ich ausgegangen bin, die also die DDR-Opposition auf den dritten Weg Gorbatschows festlegen möchten und ignorieren, daß es da noch andere Überlegungen gab. Sie wollen damit sagen, daß diese Opposition heute keine Bedeutung mehr hat, sondern ihre historische Rolle gespielt und ausgespielt hat.

Man wird verstehen, daß mein Geltungsbedürfnis es nicht zuläßt, mich damit abzufinden! Und ich habe *meine* Antwort ja auch schon durchblicken lassen: Nicht nur der Gorbatschowsche dritte Weg, auch der des Westens hat sich bald als Täuschung erwiesen. Denn es waren nicht die Prinzipien der Sozialen Marktwirtschaft, denen man zum Beispiel bei der Treuhandpolitik in Ostdeutschland oder bei der Unterstützung der Transformation in Rußland gefolgt ist, es war vielmehr die neoliberale Utopie – mit den verheerenden Konsequenzen, die solche Utopien immer haben. Meine Antwort ist daher zunächst, daß wir (Ostdeutschen) uns damit nicht abfinden müssen, sondern einfordern sollten, was der Westen uns als Ordnung versprach. Wenn das eine sinnlose Forderung ist, dann hat der Westen sich in einer Weise festgelegt, die einer Selbstpreisgabe gleichkommt! Denn was ihn auszeichnet, ist seine Vielfalt und nicht die einseitige Prägung, die er durch den Kalten Krieg angenommen hat: Eine demokratische, offene Gesellschaft enthält immer Alternativen.

Da aber der Neoliberalismus darüber hinaus durch den Sieg, den er 1989 im Osten errungen hat, sich ermutigt fühlt, auch Deutschland und Europa zu erobern, bleibt jener eigene deutsche beziehungsweise europäische Weg auch für die Westdeutschen eine aktuelle Herausforderung. Er ist nun zwar – entsprechend der Machtverschiebung, die stattgefunden hat – eindeutig innerhalb des Westens angesiedelt, aber immer noch vermittelnd gegenüber dem Osten und deutlich unterschieden von dem der USA. Es ist der Weg der Sozialen Marktwirtschaft und einer sensiblen Integration des Ostens. Seine Aktualität zeigte sich gerade im letzten Jahr schlagend im Kosovokrieg, wo Deutsche und Europäer gegenüber der amerikanischen Strategie des endlosen Bombens aus utopischen Höhen schließlich doch noch eine Friedenslösung unter Einbeziehung Rußlands und der UNO zustande brachten. Und sie zeigt sich jedesmal, wenn es um die Verteidigung des Sozialstaats gegen die Macht der globalisierten Wirtschaft oder die Verteidigung des öffentlichen Sektors überhaupt gegen den Privatisierungs- und Deregulierungstrend geht. – Wenn die DDR-Opposition von einst nicht ein Museumsstück werden will, sollte sie in dieser Richtung weiterwirken.

Die Stasi war sein zweiter Schatten

Edelbert Richter spricht über die Zeit vor und nach der Wende: Revolution von 1989 ist noch nicht abgeschlossen

Bericht in der *Freien Presse* am 13.1.2000
von Annette Spickhoff

Froh ist Edelbert Richter, einer der führenden Bürgerrechtler der ehemaligen DDR, allemal, daß die friedliche Revolution der ostdeutschen Bürger zum Ende des totalitären SED-Staates führte. Mit Gänsehaut erinnert sich der gebürtige Chemnitzer daran, wie er sich am 21. August 1989 in Dresden heimlich mit Gleichgesinnten, etwa den Bürgerrechtlern Ehrhart Neubert, Rainer Eppelmann und – wie sich später herausstellen sollte – dem Stasispitzel Wolfgang Schnur traf, um die Vereinigung des Demokratischen Aufbruchs zu gründen.

Ein weiteres Datum, an das sich Richter in seinem Vortrag im Rahmen der Ringvorlesung »1989/1990–1999/2000: Revolution in der DDR – und zehn Jahre danach« am Dienstagabend [11.1.2000] erinnert, ist der 26. September 1989. Er fuhr nach Erfurt, um die neu gegründete politische Gruppierung vorzustellen. Doch der verabredete Versammlungsort war dunkel. »Mensch«, dachte der heute 56jährige, »die Leute hier kommen nicht aus der Knete.« Doch wie unrecht hatte er. Die Versammlung war wegen des starken Andrangs in eine Kirche verlegt worden. Richter: »Tausend Leute waren gekommen. Da wußte ich, es wird bald etwas passieren.«

Kurz darauf bemerkte er, daß die Stasi jemanden auf ihn angesetzt hatte, nachdem ihm davon abgeraten worden war, zur offiziellen Gründung des Demokratischen Aufbruchs nach Berlin zu reisen. »Als ich am Bahnhof in Weimar auf meinen Zug nach Berlin wartete, tauchten plötzlich zwei Stasimitarbeiter auf und nahmen mich zum Verhör mit. Auch die Veranstaltung in Berlin wurde durch die Polizei verhindert.«

Am 7. Oktober hielt er einen Vortrag über Christentum und Demokratie vor Studenten in Karl-Marx-Stadt. Er kam dort an, gefolgt von seinem zweiten Schatten – einer Stasilimousine.

Nach dem Vortrag hätten die Studenten ihn zum Ausgang begleitet und vor den Augen der Stasi (was jeder wußte) zum Abschied gewinkt, berichtet Richter. »Eine mutige Aktion. Sie hatten einfach die Nase voll von der DDR.«

Nach der Wende brach der Demokratische Aufbruch, ursprünglich mit rot-grüner Ausrichtung, nach wenigen Monaten auseinander. »Linke und rechte Vertreter lieferten sich endlose Diskussionen«, sagt der 56jährige. Im Januar 1990 verließ er den Aufbruch und schloß sich der SPD an. Zwischen 1991 und 1994 war Richter Abgeordneter des Europäischen Parlaments und ist seit 1994 Mitglied des Deutschen Bundestages.

Froh ist er also, daß die DDR-Zeiten beendet sind. Aber die Folgejahre und die Zukunft sieht er ebenso kritisch. Für ihn ist die Revolution von 1989 noch lange nicht abgeschlossen. Der Widerspruch zwischen Idee und Realität sei auch heute noch deutlich zu spüren. Ziel der Revolution sei es gewesen, die Ostdeutschen in ein gemeinsames Deutschland zu integrieren. »Statt dessen sind viele ins Abseits gestoßen worden.« Bei Arbeit und Eigentum wurden – so Richter – die Ostdeutschen in hohem Grade ausgeschlossen. Er belegt das mit der Aufteilung der Vermögen zwischen Ost und West: Der Ostdeutsche besitze im Vergleich mit einem Westdeutschen durchschnittlich nur ein Drittel des Geldvermögens, ein Drittel Grundbesitz und vierzehn Prozent des Produktivvermögens.

Provokant stellt er die Frage, was wohl mehr wert sei, die seit 1989 neu gewonnene Freiheit oder ein sicherer Arbeitsplatz. Einem Zuhörer sind Richters Thesen zu einseitig: »Lüge und Gewalt waren in der DDR an der Tagesordnung. Wer an das sozialistische Paradies nicht glaubte, der bekam es mit der Gewalt zu tun. Das war früher Realität.« Viele applaudierten. Es kamen aber ebenfalls nachdenkliche Stimmen zur Gegenwart: »Auch wenn wir die Kälte der DDR überwunden haben, so muß ich sagen, daß ich heute noch manchmal frier'«, sagte ein Zuhörer leise.

Ulrike Poppe, Studienleiterin der Evangelischen Akademie zu Berlin

Ulrike Poppe

»Gesperrt für sämtlichen Reiseverkehr bis zum 31.12.1999«

Wer kennt nicht das Gedankenexperiment, sich mit dem Wissen von heute über den Fortgang der Geschichte noch einmal in die Vergangenheit zu begeben? Die Erinnerung an Momente der feigen Kompromisse, des Versagens, der Irrtümer, des Abtauchens in die mehrheitliche Gefolgschaft, der moralischen Mattigkeit ist mit Spannung beladen, erzeugt Scham. Aus dem Traum, sich zeitlich zurückversetzen zu lassen, um sich zu korrigieren – ein unendlich viel gestalteter Stoff in der Literatur und im Film –, spricht der Wunsch, sich mit seiner Vergangenheit zu versöhnen.

Das ist nun kein exklusiv ostdeutsches oder postkommunistisches oder postdiktatorisches Phänomen. Und doch wird die Frage nach dem politisch-moralischen Verhalten der Ostdeutschen anders gestellt. Wer das SED-System nicht nur als gescheitertes Experiment, als bedauerliches Desaster, sondern auch als menschenverachtendes System beurteilt, kommt an der Frage nach den Verantwortlichen nicht vorbei. Der Anteil des Einzelnen am Gesamtmechanismus der Diktatur ist der Bewertungsmaßstab, an dem die Ostdeutschen sich messen lassen müssen. Mit dem Wissen um den geschichtlichen Ausgang haben wir eine andere Perspektive auf die Geschehnisse und das Verhalten der Akteure.

Aber haben wir diesen Ausgang nicht auch schon damals ins Kalkül ziehen können? Was ließ sich von dieser Entwicklung voraussehen oder vorausdenken? »Plötzlich und unerwartet« brach der ostdeutsche Staat zusammen – so kann man es in zahlreichen »Wende«-Darstellungen lesen. Das klingt wie die Floskel in manchen Todesanzeigen. Sie mutet dann allerdings makaber an, wenn der Patient sechsundachtzig Jahre alt war oder seit langem schwer krank. Die galoppierende Schwindsucht im Wirtschaftssystem der DDR, in der Infrastruktur, auch die Akzeptanzverluste in der eigenen Bevölkerung waren wahrnehmbar. Nur der genaue Zeitpunkt des Endes konnte nicht vorausgesehen werden, auch von denen nicht, die die Gebrechlichkeit des Systems durchaus im Sinne eines nahenden Ablebens oder zumindest anstehender Metamorphosen deuteten. Schließlich hatte es genug Anzeichen gegeben, daß das System diese sich verschärfende Dauerkrise nicht mehr zu bewältigen in der Lage war. Die Machteliten aller Ostblockstaaten waren erheblich überaltert und hatten so gut wie keinen Nachwuchs bestellt. Die Opposition war erstarkt, in Ungarn war die Wende bereits Jahre zuvor angebrochen.

Und wie haben die meinungsführenden Eliten im Westen die kommenden Jahrzehnte gesehen? Ohne Zweifel, sie höhnten über Erich Honecker, der die Mauer noch hundert Jahre stehen lassen wollte. Wo aber waren denn die Pläne für ein Europa ohne Blockkonfrontation, für ein wiedervereinigtes Deutschland? Stand die Wiedervereinigung nicht im Grundgesetz? Wo sind die vom Innerdeutschen Ministerium finanzierten Studien über Formen und Strukturen im Prozeß der Angleichung ökonomischer und sozialer Verhältnisse im Falle der deutschen Wiedervereinigung, wo die Forschungen zur Prävention und Bearbeitung von Konflikten im Prozeß der deutschen Einheit, wo die Arbeiten über kulturelle Differenz als deutsch-deutscher Konflikt, über Umwandlung von Plan- in Privatwirtschaft, über Rechtsangleichung, wer hat über das Europaszenario nachgedacht, in dem Kriege wieder führbar geworden sind? Was haben die Friedensforscher eigentlich getan und die DDR-Forscher im Westen? Mir ist durchaus nicht entgangen, daß jemand im Westen, der in den achtziger Jahren ein Planspiel für eine Wiedervereinigung in den neunziger Jahren verfaßt hätte, für einen unverbesserlichen Kalten Krieger oder einen hoffnungslosen Idioten gehalten worden wäre.

Und, gerechterweise muß ich sagen, auch im Osten schien die Wiedervereinigung erst einmal nicht sehr wahrscheinlich, aber das Fortbestehen des sowjetischen Blocks ebensowenig. Während, nach meinem Eindruck, die Herrschenden in Ost und West sich weitgehend darin einig waren, daß die Stabilität der in Jalta entworfenen Nachkriegsordnung, die Erhaltung des sogenannten Status quo, eine entscheidende Friedensgarantie sei, lag für uns von der unabhängigen Friedensbewegung und der Opposition gerade in der Überwindung des Status quo der Weg in die europäische Friedensordnung.

Ich hatte neulich Besuch von einer Südkoreanerin. Sie erzählte mir von dem Wiedervereinigungsministerium in Seoul, dem Wiedervereinigungsgesetz, der Unzahl von Projekten, mit denen die Bevölkerung auf die Einheit vorbereitet werden soll, angefangen in den Schulen. Noch aber ist die Grenze so geschlossen, wie es die deutsche zu keiner Zeit war. Warum hat es keine Vorbereitungen auf die Wiedervereinigung in Deutschland gegeben, statt mit der Kreditmilliarde die Lebensdauer des SED-Staates zu verlängern?

Die 89er Revolution, auch wenn sie in der Wahrnehmung mancher Beobachter vom Himmel gefallen schien, hatte ihre Vorphasen. Nicht alle, die das System in der DDR ablehnten, verkrochen sich in Nischen oder gingen in den Westen. Es hat immer, während der gesamten vierzig Jahre, eine kleine und mehr oder weniger radikale Opposition gegen die herrschende Macht gegeben.

Ich bin in einem Vorort Berlins aufgewachsen und besuchte in den sechziger Jahren die Erweiterte Oberschule in der nördlich gelegenen Kreisstadt Oranienburg. Die meisten Schüler waren damals politisch interessiert und verfolgten über Radio und Fernseher aufmerksam und mit Sympathie die 68er Studentenbewegung. Auch nach Prag blickten wir voller Hoffnung. In den Versuchen, einen demokratischen Sozialismus zu errichten, sahen viele von uns den Ausweg aus dem Blockdenken, dem Dualismus zwischen einem kapitalistischen System, dessen führende Macht Napalmbomben auf vietnamesische Reisbauern warf, und dem immer noch stalinistisch geprägten Staatssozialismus, der die Menschen entmündigte und wie Leibeigene behandelte. Dann zermalmten sowjetische Panzer in Prag den Traum vom dritten Weg. Sympathisanten des Prager Frühlings in der DDR wurden verhaftet. Und Breschnew, mit seinem schon zu Lebzeiten aus Stein gemeißelten Gesicht, residierte weiter drohend über seinen Satelliten.

Die »Gruppe Ulbricht« und ihre Nachfolger hatten unter Anleitung der sowjetischen Despoten die im Marxismus enthaltene Befreiungsidee pervertiert. Diese Ansicht teilte ich mit vielen meiner Altersgenossen Ende der sechziger Jahre. Ich war noch keine achtzehn. Ich schnitt aus dem *Neuen Deutschland* alle Artikel über die Streiks und Demonstrationen in Paris aus. Mündet das alles in eine Revolution, so meine Hoffnung, könnte von dort ein neuer Sozialismusversuch starten, ohne sowjetisch-stalinistische Dominanz. Mit noch größerer Erwartung blickten wir nach Lateinamerika. Natürlich war das alles *mainstream* in der linken Szene. In meinem Kinderzimmer hing Che Guevara, weil ich ahnte, daß er auch an den Küchenwänden der Westberliner Kommunen hing, zu denen ich so gerne gehören wollte. Aber einstweilen war ich noch unter der Kontrolle meines kleinbürgerlich geordneten familiären und dörflichen Umfeldes, gegen das ich heftig rebellierte.

Nach dem Abitur konnte ich dann endlich in die Großstadt, zog also nach Berlin und begann mit einem Studium an der Humboldt-Universität. Das war 1971. Ich lernte schnell Leute kennen, die sich, wie ich, in ihrer Lebensweise, ihren kulturellen und geistigen Ansprüchen nicht der Normierung durch den Staat und seiner Exekutanten unterwerfen wollten. In diesen Kreisen kursierten Bücher, wegen deren Einfuhr beziehungsweise Weitergabe einige vom Studium exmatrikuliert wurden, manche sogar ins Gefängnis kamen: Bücher verbotener Autoren, Bücher über den Stalinismus, Abrechnungen mit dem Kommunismus. Die *Gratwanderung* von Jewgenija Ginsburg gehörte zu meinen Schlüsselbüchern. Ich studierte Geschichte. In einem Seminar zur Geschichte der Sowjetunion wurde der Professor von einem Studenten gefragt, warum wir denn nichts über den Stalinismus erfahren würden. Eigentlich war das eine ganz und gar unzulässige Frage, schon allein deshalb, weil der Begriff Stalinismus auf dem Index der DDR-Sprachregelung stand. Aber der Professor ging darauf ein und erklärte: Solange unsere sowjetischen Freunde ihre Geschichte nicht aufarbeiteten, stünde es uns Deutschen nicht zu, dies zu tun. Und sofort tauchte wieder diese Zahl vor den Augen auf: zwanzig Millionen Tote. Zwanzig Millionen Tote, die der deutsche Angriffskrieg die Sowjetunion gekostet hat. Und so schwiegen wir.

Die Polen konnten ganz anders damit umgehen. Ein durch Überwindung dreimaliger Teilung gestähltes Nationalbewußtsein, die Tatsache, daß sie eigentlich als Sieger mit am Potsdamer Tisch hätten sitzen müssen (was Stalin verhindert hat), daß sie statt dessen ein Teil ihres Landes an die Russen verloren hatten – all das trug dazu bei, daß für die polnische Bevölkerung die Sowjetunion nicht Schutzmacht, sondern Fremdherrschaft war. Als Deutsche aber hielten wir uns aus Schuldeinsicht und Scham in der Bewertung des sowjetischen Systems und Diktates über den Ostblock etwas mehr zurück. Sogar in Kreisen, in denen über die Verbrechen des Kommunismus gesprochen wurde, blieben die Stimmen gedämpft – vor dem Hintergrund des unermeßlichen Leides. Da konnte nicht entlasten, daß der Stalinismus selbst eine ähnliche Dimension an Leid im sowjetischen Volk produziert hatte.

Aus ähnlichen Gründen fiel auch bei Systemgegnern in der DDR die Kritik an einzelnen Personen in der Staatsführung eher milde aus. Die meisten Mitglieder des Politbüros waren im antifaschistischen Widerstand gewesen. Das rechtfertigte weder deren illegitimen Status als nicht demokratisch gewählte Machthaber, noch minderte es deren Schuld an der Misere des Staatssozialismus und seiner Verbrechen. Aber unser Ton fiel deshalb weniger scharf aus. Die Globkes, Lübkes, Filbingers saßen im Westen. Schönhuber präsentierte selbstbewußt seine einstige Zugehörigkeit zur Waffen-SS. Das hielt oft selbst scharfe Kritiker des DDR-Sozialismus davon ab, in der Bundesrepublik die Alternative zu sehen. (Daß die Skandale um die NS-Vergangenheit in der westdeutschen Führungselite zum Teil durch die Stasi manipuliert wurden, konnte man damals allenfalls ahnen. Heute wissen wir, daß zum Beispiel die Unterschriften von Heinrich Lübke auf den KZ-Bauplänen Fälschungen der Staatssicherheit waren.)

Für die staatskritischen Gruppen der siebziger Jahre war charakteristisch, daß sie vor allem neue Gesellschaftsmodelle diskutierten. Sie suchten nach politischen Ordnungen, die sozial gerecht, liberal und nicht autoritär zu sein versprachen. In diesen Kreisen wurde vorwiegend konspirativ gearbeitet, sie waren männlich dominiert. Ich habe die Beteiligten zum Teil als autoritär, intellektuell überheblich und mit Verschwörermiene erlebt. Aber es gab auch etwas offenere Gesprächskreise, in denen Themen wie Demokratie (zum Beispiel Wahlen, Pluralismus, Blockparteien, Mitbestimmung), Erziehung und Bildung, Wohnungspolitik, Städtebau erörtert wurden. Themen also, bei denen sich die Beteiligten mit der unmittelbaren DDR-Realität auseinandersetzten.

Außerdem wurde versucht, staatliche oder kommunale Einrichtungen wie Kulturhäuser und FDJ-Jugendklubs oder andere öffentliche Einrichtungen als

Podium der Gegenkultur und als Diskussionsforum zu nutzen. Stück um Stück versuchten diese Initiativen, in staatlich kontrollierten, öffentlich zugänglichen Bereichen ein unabhängiges, selbstbestimmtes Kommunikationsforum zu errichten, eine Chance zum »Leben in Wahrheit«, wie Vaclav Havel es nannte. Die Nutzung staatlicher und kommunaler Veranstaltungsorte bot jedoch der Staatsgewalt sofortige Zugriffsmöglichkeit. Alle diese Versuche scheiterten. Partei- und FDJ-Zentralen griffen ein, die Veranstaltungsreihen wurden aufgelöst, verboten, Klubleitungen abgesetzt und ausgetauscht. Gleichzeitig gewannen Lesungen, Ausstellungen und Diskussionsforen in Wohnungen und kirchlichen Räumen an Bedeutung. Dort war man etwas geschützter. Lesungen, Theater, Musik, Ausstellungen, Diskussionsabende, Werkstattwochenenden, Bildungsreihen, Friedensseminare wurden in Wohnungen, Kirchen, Pfarrhäusern und auf privaten Grundstücken veranstaltet. Die DDR-Sicherheitsbehörden suchten unter anderem durch Verhängung hoher Ordnungsstrafen diese Zusammenkünfte zu verhindern.

In den achtziger Jahren hatte sich die Opposition von den großen Gesellschaftsentwürfen verabschiedet. Sie konzentrierte sich vor allem darauf, das staatliche Monopol auf Öffentlichkeit, auf Information, auf Bildung zu brechen. Es entstanden eigene Periodika, die zum Teil noch unter primitiven technischen Voraussetzungen vervielfältigt wurden. Diese Samisdat-Erzeugnisse, von denen meistens mehrere zehntausend Exemplare kursierten, wanderten von Hand zu Hand; ein Teil davon, vielleicht zehn Prozent, fing die Staatssicherheit ab.

Es war ein Kampf um den öffentlichen Raum. Die Herrschaft der SED beruhte maßgeblich auf der Gestaltung und Kontrolle der öffentlichen Meinung. Ziel der restriktiven SED-Praxis war, wie es hieß, die »Herausbildung einer einheitlichen sozialistischen öffentlichen Meinung«. Dabei schien es kaum eine Rolle zu spielen, ob die Menschen ihre bekundete Meinung auch wirklich glaubten. Die inszenierte Öffentlichkeit, vor allem die kontrollierten Medien, erfüllten den Zweck, die SED-Position als Mehrheitsmeinung zu suggerieren. Wer sich dieser anschloß, gewann ein Stück Sicherheit und Wohlstandsgarantie. Es ist wohl vor allem dieses Sicherheitsbedürfnis, diese Suche nach Geborgenheit, die den Einzelnen dazu verführt, sich der Mehrheit beziehungsweise der die Mehrheit beherrschenden Macht anzuschließen – übrigens wohl in jedem System. Nur kostet es in einer pluralen Öffentlichkeit einige Anstrengung, sich die stabilste, geltende, bestangesehene Meinung herauszusuchen, der sich anzuschließen vorteilhaft sein könnte. Und vor allem: Die abweichende Meinung wird in der Regel nicht bestraft.

Die Oppositionellen versuchten, der inszenierten oder manipulierten Öffentlichkeit eine authentische entgegenzusetzen, auszusprechen, daß der Kaiser doch eigentlich nackt sei. Durch die Herstellung einer eigenen, sich nicht den Anpassungsritualen unterwerfenden Öffentlichkeit sollte ein Identifizierungsangebot entstehen, das helfen könnte, die Isolationsangst zu überwinden. Mit den wenigen Mitteln, die uns zur Verfügung standen, war das recht schwierig. Wer keinen Zugang zu der Oppositionsszene hatte, kam auch schwer an die Informationen und Zeitungen heran. Zugangsschwellen waren nicht nur das Risiko, das mit den Kontakten zur Opposition eingegangen wurde, sondern es gab auch nicht unbedeutende milieubedingte Ressentiments. Die Oppositionellen wohnten vorwiegend in heruntergekommenen Mietshäusern und waren zu einem äußerst bescheidenen materiellen Lebensstil genötigt.

Grundsätzlich wurde das System – sowohl in den siebziger Jahren als auch noch in den Achtzigern – für reformfähig gehalten, jedenfalls von vielen in der Opposition und bis zum Schluß. Aber was genau war mit Reformen gemeint? Zunächst wurde eine Revolution allgemein als unwahrscheinlich erachtet. Ein Aufstand in einem der moskauhörigen Staaten würde so enden wie 1953, 1956 und 1968. Erst durch Gorbatschows neue Politik wurden Veränderungen vorstellbar, ohne daß sowjetische Panzer eingriffen. Aber es schien wegen des Kräftegleichgewichtes nicht sehr wahrscheinlich, daß die Warschauer-Pakt-Staaten es einem ihrer Mitglieder erlauben würden, den Pakt zu verlassen – schon gar nicht an der Demarkationslinie zwischen den Blöcken. Das einzige plausible Zukunftsszenario bestand in einer schrittweisen Öffnung, Liberalisierung und Demokratisierung aller Ostblockstaaten gleichzeitig. Darauf setzten wir unsere Hoffnungen.

Hieraus läßt sich auch die Haltung der Oppositionellen zur deutschen Frage ableiten. Nur nach der Aufhebung der Teilung Europas in zwei sich waffenstarrend gegenüberstehende Blöcke könne die Frage der Wiedervereinigung auf die Tagesordnung kommen. Gerade auf die DDR, Frontstaat und stärkste Wirtschaftskraft des Ostblocks, würde nicht verzichtet werden können, solange es um das Gleichgewicht ging.

Ich gehöre zu der Generation, die im Schatten der Mauer aufgewachsen ist. Den Westen lernte ich nie kennen. Mein Bild machte ich mir über die nach Apfelsinen duftenden Weihnachtspakete, die Fernsehsendung »Wo uns der Schuh drückt« mit dem Regierenden Bürgermeister Willy Brandt, die Frauen- und Friedensaktivisten, die uns besuchten, und die Grünen mit Petra Kelly und Gerd Bastian an der Spitze. In der zweiten Hälfte der achtziger Jahre erhielten wir auch hin und wieder Zeitungen und Zeitschriften wie den *Spiegel* und das *Deutschland Archiv*, meist über Korrespondenten.

Die Erweiterung der Reisemöglichkeiten für DDR-Bürger in der zweiten Hälfte der achtziger Jahre erwies sich nicht als Ventil, sondern erhöhte den innenpolitischen Druck. Viele kamen mit glänzenden Augen von ihrer Westreise zurück und konnten dann das Grau-in-Grau des Ostens, die verfallenen Häuser, den bevormundenden Staat, den ewigen Weißkohl im Gemüseladen nicht mehr ertragen. Mein Zorn richtete sich vor allem dagegen, daß die Machthaber sich anmaßten, darüber zu befinden, was ich für eine Meinung haben darf, was ich sagen darf, was ich lesen darf, wem ich begegnen darf, wohin ich reisen darf. Mehr Kontrolle, mehr Bevormundung, aber auch mehr Fürsorge. Datenschutz gab es nicht. Das Arbeitskollektiv, die Hausgemeinschaft, die Behörden, alle kümmerten sich.

Danach sehnt sich gewiß mancher zurück, und das wird auch gemeint sein, wenn heute von mehr mitmenschlicher Wärme in der DDR geredet wird. Man war mehr auf Gemeinschaft angewiesen, aber auch in sie eingebettet. War mein Wasserhahn kaputt, so fragte ich den Nachbarn, denn Handwerker waren knapp. Wenn jemand im Haus ein Telefon hatte, gestattete er in der Regel den anderen Mietern die Mitnutzung. Not schmiedet zusammen. Ich bin froh, daß ich heute eine Firma anrufen kann, die mir Fliesen legt und ich dafür nicht mit meinem Nachbarn Wodka trinken muß. Ich teile diese Flasche lieber mit jemandem, weil er mir sympathisch ist und nicht, weil er zufällig Fliesen legen, Holzbretter besorgen oder einen Auspuff reparieren kann.

Ich durfte nie in den Westen reisen, von 1984 an auch nicht mehr in die Länder des Ostblocks, natürlich ohne Angaben von Gründen. In meiner Stasiakte konnte ich dann später lesen: »Gesperrt für sämtlichen Reiseverkehr bis zum 31.12.1999.« Ausreise war ein ständiges Thema. Denjenigen, die sich in der Opposition exponiert hatten, wurde eine Übersiedlung in den Westen in der Regel sehr schnell ermöglicht. Sie wurden sogar oftmals dazu gedrängt und genötigt. Auch meine Inhaftierung 1983 wäre im Fall einer Verurteilung auf eine Abschiebung in den Westen hinausgelaufen.

Trotz Repressionen darauf zu beharren, in der DDR zu bleiben, stieß nicht selten auf Unverständnis in der DDR-Bevölkerung, erst recht im Westen. Als Roland Jahn Anfang der achtziger Jahre von der Stasi, in Knebelketten, in einem abgeschlossenen Waggon Richtung Westen transportiert wurde und sich über diese gewaltsame Abschiebung empörte, wurde ihm kopfschüttelnd entgegengehalten, er solle doch froh sein, endlich in der freien Welt anzukommen. Tausende von DDR-Bürgern setzten in der Tat viel aufs Spiel, oftmals sogar ihr Leben, um in den Westen zu gelangen. Warum war die Ausreise in den Westen für viele der Oppositionellen nicht attraktiv, warum standen sie zum Teil den Ausreisewilligen ablehnend gegenüber? Oder kann dies gar als Anzeichen gewertet werden, daß die Opposition sich im Großen und Ganzen mit dem System arrangiert hatte, gar weniger in Systemgegnerschaft stand als jene Zehntausende, die im Sommer 1989 in den Westen drängten?

Es gibt verschiedene Arten, auf ein illegitimes Regime zu reagieren: Rückzug in die Nische, um die Kooperation auf ein Mindestmaß zu reduzieren und abzuwarten, bis der Spuk vorüber ist; Auszug ins Exil beziehungsweise Übersiedlung in den anderen deutschen Teilstaat, um überhaupt nicht mehr kooperieren zu müssen und um ein neues Leben anfangen zu können; und

Widerstand, mit allen Mischformen der partiellen Kooperation, der Kompromisse, dem Karriereverzicht und der Erduldung von Repressionen. Gewiß haben alle drei Lebensentscheidungen ihre Berechtigung. Was die Vertreter der jeweiligen Verhaltensvarianten unterschied, war die Erwartung in den Geschichtsverlauf. Die Widerstandsvertreter sagten sich: So, wie es ist, kann es nicht bleiben. Wer soll für Veränderung sorgen, wenn nicht wir? Wer weggeht, überläßt alles dem Zufall. Die Ausreisebefürworter sagten sich: Ehe sich hier etwas ändert, ist mein Leben vorbei. Und die Nischenexistenzler hofften, wenn überhaupt, dann auf Veränderungen durch Verhandlungen auf der Staatsebene, durch neue außenpolitische Konstellationen. »Wir können doch sowieso nichts tun.«

Das ist die Begründungsebene bezogen auf die DDR. Mit Blick auf das Verhältnis zum Westen – um auf das Thema Wiedervereinigung zu kommen – sagen die drei Entscheidungsvarianten nicht viel aus. Unter den Ausreisewilligen gab es viele, die nur weg wollten, weil sie die DDR nicht mehr ertragen konnten, den Fluchtort Westen aber mehr oder weniger freudig oder billigend oder verhalten in Kauf nahmen. Auch unter den Nischenexistenzlern wie unter den Oppositionellen mag das Bild von der Bundesrepublik überwiegend unklar, ambivalent und keineswegs paradiesisch gewesen sein.

Weitgehend einig waren sich alle Systemgegner über die Vorzüge der politischen Ordnung der Bundesrepublik: Rechtsstaat, freie Wahlen, bürgerliche Rechte. Ich möchte aber ausdrücklich der Meinung widersprechen, der zufolge wir, die Systemgegner oder die Akteure der Revolution, im Rechtsstaat die Verwirklichung absoluter Gerechtigkeit, in den freien Wahlen die vollendete Demokratie und in den verfassungsmäßig garantierten bürgerlichen Rechten einen Blankoscheck auf alle Freiheit der Welt erwartet haben. Das war nicht der Fall. Alle Enttäuschung, allen Frust und alle Unzufriedenheiten Ostdeutscher mit dem Einigungsprozeß auf ein derart naives Trugbild zurückzuführen, geht an der Wirklichkeit vorbei.

Unbestritten hat die Ausreisewelle im Sommer 1989 maßgeblich zum Systemzusammenbruch beigetragen. Doch bis zum Mauerfall wurden alle Weichen auf Veränderung in der DDR gestellt. Die deutsche Frage war, wenn überhaupt, eher ein Randthema. Ich gehörte damals zum Sprecherrat von Demokratie Jetzt, zusammen mit Konrad Weiß. Demokratie Jetzt ist aus einer Gruppe hervorgegangen, die sich »Initiativgruppe Absage an Praxis und Prinzip der Abgrenzung« nannte. Im Thesenpapier vom 12. September 1989 kommt das Thema Deutsche Einheit vor: »Beide deutschen Staaten sollten um der Einheit willen aufeinander zu reformieren« – so heißt es in diesem Papier, das eine Art Programm war. Reformbedarf bestünde also nach unserer Auffassung in Deutschland auf beiden Seiten. War das nun so eine Art »dritter Weg«, den Demokratie Jetzt vorgeschlagen hat? Für mich war dieser Begriff mit dem gescheiterten Prager Frühling verbunden, den wir nicht zu wiederholen beabsichtigten. Außerdem setzt ein solcher Begriff die lineare Denkweise fort, nach der es nur die zwei Systemvarianten oder eine Mischung zwischen beiden geben kann, nur schwarz oder weiß – oder grau.

Wir suchten statt nach Grautönen nach Farben: coelinblau oder oliv zum Beispiel. Gorbatschow sagte im Herbst 1989, Schweden sei für ihn der wahre Sozialismus. Im erwähnten Thesenpapier von Demokratie Jetzt war von Bindung jeglicher Wirtschaftstätigkeit an das Gemeinwohl (Umwelt- und Sozialverträglichkeit) die Rede. Welche Partei der Bundesrepublik könnte unter diesen Programmpunkt nicht ihre Unterschrift setzen? Dennoch: Die oben genannte Formulierung vom »Aufeinander-zu-Reformieren« hieß, wir wollten eben nicht nur eine »nachholende«, also an die Standards der westlichen Demokratie heranführende Revolution. Zusammen mit dem zivilisationskritischen Potential der Bundesrepublik sollte das wiedervereinigte Deutschland in Hinblick auf seine demokratischen, ökologischen und sozialen Standards weiterentwickelt werden. Unsere Vorstellungen konzentrierten sich nicht nur auf die Beseitigung systemspezifischer Mängel, sondern beinhalteten auch Kritik an der Industriegesellschaft, an gefährlichen Technologien, an Ressourcenverschwendung, an Schadstoffproduktion. Das ist schließlich in dem Verfassungsentwurf des Runden Tisches zum Ausdruck gekommen.

Der Runde Tisch hatte sich die Aufgabe gestellt, einen neuen Verfassungsentwurf auszuarbeiten, zunächst nur für die verbleibenden Monate, in denen die DDR noch existierte. Danach, ab Sommer 1990, gab es den Versuch des Kuratoriums für eine neue Verfassung, eine Synthese aus diesem Entwurf und allen für erhaltenswürdig erachteten Artikeln des Grundgesetzes zu entwickeln und zur Diskussion zu stellen. Durch einen Volksentscheid im vereinigten Deutschland sollte dieser Entwurf dann verabschiedet werden. Der neue Verfassungsentwurf war einerseits eine Fortschreibung der demokratischen, rechts- und sozialstaatlichen Möglichkeiten des Grundgesetzes, andererseits eine Weiterentwicklung als Reaktion auf Defizite und Fehlentwicklungen.

Ich glaube heute, daß der Widerstand, den die etablierten Parteien der Herausforderung entgegensetzten, einen neuen Verfassungsentwurf in Betracht zu ziehen, auch einen ideologischen Hintergrund hatte: »Unsere Ordnung hat sich als die siegreiche erwiesen. Deshalb muß sich im Osten alles, im Westen gar nichts verändern.« Aber ganz unverändert ist der Westen im letzten Jahrzehnt nun auch nicht geblieben. Ich bezweifle übrigens, daß infolge einer deutschlandweiten Verfassungsdiskussion tatsächlich viel am Grundgesetz verändert worden wäre. Viel wichtiger wäre es gewesen, den Ostdeutschen das Gefühl zu geben, sie könnten mitentscheiden, wie denn die Verfaßtheit des neuen gemeinsamen Deutschlands aussehen soll. Damit wäre an die Initialidee der Revolution, nämlich an den Kampf um Selbstbestimmung – »Wir sind das Volk« – angeknüpft worden, und mit einer Geste von mindestens symbolischem Wert hätten sich die Ostdeutschen zur Teilnahme an der Demokratie eingeladen gefühlt. (Der Regierungswechsel hat übrigens – laut Umfragen – das Vertrauen der Ostdeutschen in die Demokratie wieder deutlich gestärkt.)

Außerdem sind gravierende Fehlentwicklungen durch die Treuhandanstalt verursacht worden. Eine unheilige Allianz von alten Stasiseilschaften und cleveren westlichen Geschäftemachern hat Schaden in vielfacher Millionenhöhe angerichtet, mit deren Aufklärung sich jetzt noch die Staatsanwaltschaften beschäftigen. Und schließlich Schalck-Golodkowski: Nachdem der Untersuchungsausschuß des Deutschen Bundestages sich eine Legislaturperiode mit den kriminellen Transaktionen des KoKo-Unternehmens* befaßt hatte, wurde über alles der Deckel des Geheimnisschutzes gelegt. Die Abgeordnete des Bündnis 90/Die Grünen Ingrid Köppe zog sich daraufhin resigniert aus der Politik zurück. Das legt die Vermutung nahe, daß die Aufklärung blockiert wird, sobald sich die Involvierung von Persönlichkeiten der Bundesrepublik in diese staatskriminellen Unternehmen zeigte.

Als sich die kleinen Oppositionsgruppen 1989 zu landesweiten Sammlungsbewegungen formierten, boten sie eher recht allgemein formulierte Zielvorstellungen. Wogegen sich die Bewegung richtete, das war ziemlich klar, aber wie die neu zu errichtende gesellschaftliche Ordnung aussehen könnte, war – zum Beispiel beim Neuen Forum – nur sehr schemenhaft. Noch bezeichnender war, daß die Oppositionellen keine auf Machtübernahme zielende Strategie entwickelt hatten. Die programmatische Unschärfe hatte allerdings einen Sinn. Vierzig Jahre lang ist dem Volk das politische Programm zur Akklamation vorgelegt worden. Debatten durfte es darüber nicht geben. Die Bürgerbewegungen wollten nun nicht die neue, besserwissende Elite sein. Sie versuchten, eine freie, breite Volksaussprache in Gang zu bringen, eine »Ermündigung«, Selbstbestimmung über die zukünftige Gestalt des Gemeinwesens. Zu viel Vorgaben, so unsere Befürchtung, könnten diesem Prozeß schaden. Heute bin ich mir übrigens im Zweifel darüber, ob es nicht besser gewesen wäre, weitergehende Programme vorgestellt und viel energischer die Zügel ergriffen zu haben.

Warum haben die oppositionellen Kräfte die eigene Machtergreifung nicht angestrebt? In Oppositionskreisen gab es immer wieder Diskussionen um das Verhältnis von Zweck und Mittel. Sind Mittel erlaubt, die »durch den Zweck geheiligt« sind, die Ziele aber diskreditieren? Eine Machtübernahme ohne demokratische Legitimation, gleichsam als Revolutionsregierung, würde neue totalitäre Gefahren in sich bergen. Könnte man fragen: Hatten wir so

---

* Koko: Kommerzielle Koordinierung – 1966 gegründete Außenhandelseinrichtung mit speziellen Aufgaben zur Erwirtschaftung von Valutamitteln für die DDR und zum Unterlaufen von Embargobestimmungen

wenig Vertrauen zueinander? Ja. Selbst die Leute mit den besten Ambitionen könnten in einer Situation, in der die Macht zwangsweise gesichert werden muß, zum Despoten werden. Deswegen plädierten wir für Selbstbeschränkung, das heißt: Verzicht auf Gewalt, Brechung des Machtmonopols und Delegitimierung der alten Herrschaft durch plurale Kommunikations- und Handlungsbedingungen. In dieser Hinsicht war es eine konsequent demokratische Opposition, die revolutionäre Gewalt und Revolutionstribunale ablehnte und den Machtwechsel nur als demokratischen Prozeß akzeptieren wollte. Es fand sich auch niemand, der auf die Kommandohöhen der Macht hätte steigen wollen, jedenfalls nicht, ohne vorher gewählt worden zu sein. Die Einflußnahme auf die Politik vom Runden Tisch aus schien uns hingegen akzeptabel. Das war ein plurales Gremium, und damit war die Gefahr des Machtmißbrauchs verringert.

Noch ein zweiter Aspekt mit Blick auf das Verhältnis zur Macht erscheint mir erwähnenswert: Nach Auffassung vieler Oppositioneller sollte Politik weniger im Herstellen bestimmter Zustände bestehen (Politik als Instrument) als vielmehr – in Anlehnung an Hannah Arendt – im Ermöglichen bestimmter Zustände: Politik als Gründung von Freiheitsräumen. Nur dadurch ließe sich letztlich die Wiederkehr von autoritären Strukturen vermeiden. Ich glaube heute, daß wir mit diesen Auffassungen uns und unsere Mitmenschen in dieser Situation überfordert haben.

Im Spätsommer 1989 war in den Formulierungen der Oppositionellen meistens noch von Sozialismus die Rede, der »mit lebendiger Demokratie erst richtig anfangen« würde. Demokratie Jetzt schlug vor, die Wirtschaft solle unabhängig, dezentral, in der Preisbildung marktorientiert und auch in privaten Eigentumsformen handeln können. In Teilen der Bevölkerung, aber auch in der Opposition, waren ideale Vorstellungen vom Sozialismus vorhanden: Sozialismus als Möglichkeit für mehr soziale Gerechtigkeit, Freiheit und Solidarität. Die erlebte konkret-historische Form von Staatssozialismus oder von »real existierendem Sozialismus« stand im Gegensatz dazu. Zur Beseitigung dieser Herrschaftsstruktur war es zunächst unwichtig, ob jemand noch von »wahrem« Sozialismus sprach oder dieses Wort erst einmal aus dem Sprachschatz verbannt hatte. Erst als der Weg in die Demokratie offenstand, als der Wahlkampf einsetzte und die Vorstellungen über die künftige gesellschaftliche Gestalt konkretisiert werden mußten, waren die Auffassungen über den Sozialismus der Ausgangspunkt von politischen Gegnerschaften.

Nun haben wir im zehnten Jahr der Einheit das Phänomen, daß die Begeisterung verflogen, das freudige Aufeinanderzugehen einer kühlen Distanziertheit gewichen, Zuversicht in Skepsis umgeschlagen ist. Tschechen, Polen und Ungarn können nur den Kopf schütteln, wenn sie von unseren deutsch-deutschen hausgemachten Problemen hören. Ist nicht die Sanierung der maroden Verkehrswege, der verfallenen Altbausubstanz, der verrotteten Fabriken, der verseuchten Böden und Gewässer in einem atemberaubenden Tempo vor sich gegangen? Ist das nicht auch Grund zu sagen: Da haben wir aber verdammtes Glück gehabt?

Aber es gibt auch andere Stimmen im ehemaligen Ostblock. Ein junger Tscheche sagte mir kürzlich: »Wir haben in Tschechien zwar noch lange nicht ein vergleichbares Wohlstandsniveau. Aber wenn wir eine Demokratie hinkriegen, dann wird sie stabiler, in höherem Maße von der Bevölkerung angenommen und weniger gefährdet sein als bei euch. Warum? Weil wir sie selbst, mühsam und zäh, auf allen Ebenen aufgebaut und ausgestaltet haben. Und wir haben nun die Formen, die *wir* wollten und durchsetzen konnten, weil niemand da war, kein ›Wessi‹, der sagte, was gut für uns sei.« Vielleicht ist diese Aussage blauäugig. Die Perspektive, aus der heraus der Aufbau der Demokratie betrachtet wurde, halte ich jedoch für beachtenswert. Zwar ist noch in der letzten Phase der DDR die Demokratie selbst – und wohlgemerkt ohne westliche Hilfe – errungen, jedenfalls auf die Gleise gesetzt worden. Dann aber kamen die Amtshelfer mit »Buschzulage«, um die Strukturanpassung nach Vorlage zu vollziehen. Sie haben, was ich vorhin erwähnte, Zustände hergestellt, statt sie entstehen zu lassen.

Auch die Bundesrepublik hat ihre Entwicklung mit Demokratieimporten begonnen. Der Wirtschaftsboom hat die Menschen für die neue Ordnung eingenommen, durch ihn sind die Menschen überzeugte Demokraten geworden. Die Ostdeutschen können kein Wirtschaftswunder erleben. Im Gegenteil: Die erste Demokratieerfahrung verbindet sich für sie mit Verunsicherung und Sozialabbau. Ich kann auch nicht sagen, was man im Grundsatz hätte anders machen müssen. Vielleicht hätte der Einigungsprozeß etwas langfristiger, geduldiger, sanfter vollzogen werden sollen – statt Übernahme mehr Neufindung, das Zulassen von »Ostvarianten« und die Bereitschaft des Westens, sich dabei auch zu verändern.

Die Politik scheint sich zur Zeit durch ihre geringe Gestaltungskraft auszuweisen. Manchmal entsteht der Eindruck, als haben unfrohe, phantasie- und visionslose Politiker die Ruder längst aus der Hand gegeben und sich dem Strom von internationalen Handlungszwängen, Weltmarkt- und Kassenlage überlassen. Zu den gewaltigen Veränderungen, die jeder Ostdeutsche erlebt, steht das kurzatmige und sich in personellen Querelen aufreibende politische Geschehen – so jedenfalls wird es vorwiegend durch die Medien übermittelt – in einem eigenartigen Kontrast.

Die PDS ist die einzige nicht westdominierte Partei. Sie kann die kulturellen Unterschiede zwischen Ost und West auswerten und den Ostfrust für ihre Strategie nutzen. Das Bündnis 90/Die Grünen findet, trotz aller Bemühungen während des Fusionsprozesses, die Ostdeutschen als gleichberechtigte Partner aufzunehmen, keinen Boden in den neuen Bundesländern. Die

Oppositionellen der DDR hatten ihre Zeit, wie im Westen die 68er ihre Zeit hatten. Inzwischen haben sie sich im Parteienspektrum der Bundesrepublik verteilt, wie wir auch an der politischen Verschiedenfarbigkeit dieser Vortragsreihe sehen konnten.

Aber die Erfahrungen von Opposition und »Wende« haben uns ebenfalls geprägt. Ich glaube, wer die Diktatur und ihren Sturz miterlebt hat, und die Anstrengung, eine Demokratie in Gang zu bringen, weiß zumindest, daß Demokratie nichts Selbstverständliches ist. Er weiß, daß sie anfechtbar und fragil ist. Und daß vermeintlich stabile Ordnungen in einen Wirbelsturm geraten können, der neben den Behausungen auch die Geländer wegreißt, die wir für unser Denken errichtet haben.

»Wir wollten sagen, daß der Kaiser eigentlich nackt ist«

Ulrike Poppe: Bruch des Meinungsmonopols des Staates war wichtiges Ziel für DDR-Opposition – Ausreise konsequent abgelehnt

Bericht in der *Freien Presse* am 20.1.2000
von Peter Möbius

Sie wünsche sich manchmal, bestimmte Situationen noch einmal zu erleben, um anders als damals zu reagieren. Mit dieser Bemerkung eröffnete Ulrike Poppe, eine der führenden Bürgerrechtlerinnen in der DDR, ihren Vortrag [18.1.2000] im Rahmen der Ringvorlesung »1989/1990–1999/2000: Revolution in der DDR – und zehn Jahre danach« an der Technischen Universität Chemnitz. So erinnere sie sich an eine Versammlung der FDJ-Gruppe an der Humboldt-Universität in Berlin, wo jeder Student seine Haltung zu Westmedien darlegen mußte. Die Stellungnahmen hätten der offiziellen Linie entsprochen. Sie sei damals rausgegangen. »Heute würde ich meinen Kommilitonen ins Gesicht sagen, daß sie heucheln.« Schließlich habe doch jeder die Westsender eingestellt gehabt.

Es war gerade die Studienzeit, die Ulrike Poppe in Kontakt mit systemkritischen Kreisen brachte. Bald wurde sie selbst aktiv. So gehörte sie zu den Gründungsmitgliedern von »Frauen für den Frieden«, wurde im Dezember 1983 von der Stasi verhaftet und erst nach zahlreichen Protesten aus dem In- und Ausland wieder freigelassen. »Wir wollten das staatliche Monopol auf Meinungsbildung und Information brechen«, umriß sie ein Ziel der Opposition in den achtziger Jahren. »Denn die DDR-Führung wollte das Bekenntnis des Einzelnen zu einer vorgegebenen öffentlichen Meinung. Wer dies tat, hatte ein Stück Sicherheit, die vielen wichtig war.« Die Opposition habe dagegen versucht, eine den Realitäten entsprechende Position zu artikulieren. Unter Bezug auf ein bekanntes Märchen machte die ehemalige Bürgerrechtlerin deutlich: »Wir wollten sagen, daß der Kaiser eigentlich nackt ist.«

Grundsätzlich habe man das sozialistische System in den achtziger Jahren noch für reformierbar gehalten. Eine Revolution schien unwahrscheinlich, ein Aufstand undenkbar, betonte Poppe unter Hinweis auf die Niederschlagung des Prager Frühlings. Die Hoffnung auf Demokratisierung sei mit Gorbatschow gestiegen. Sie selbst habe damals allerdings schon nicht mal mehr in Länder des Ostblocks reisen können. In ihren Akten fand sie nach der Wende den Vermerk: »Gesperrt bis 31.12.1999.« Natürlich wären die DDR-Organe sie und ihren damaligen Ehemann Gerd Poppe dennoch gern losgeworden. Die Nötigung zur Ausreise sei eine der gängigen Methoden gewesen, um oppositionelle Kräfte auszuschalten, erklärte Poppe. Sie habe 1988 ein Angebot der anglikanischen Kirche zu einem einjährigen Studienaufenthalt in England erhalten, der auch ihre Familie einschloß. »Wir blieben, weil wir die Dinge hier verändern wollten.«

Hinsichtlich der Vereinigung beider deutscher Staaten erklärte Poppe: »Sie sollten aufeinander zu reformieren. Also keinen Nachvollzug der sozialen, ökonomischen und ökologischen Standards der Bundesrepublik, sondern eine Erweiterung.« In diese Richtung habe auch die Initiative für eine Synthese aus dem neuen Verfassungsentwurf der noch existierenden DDR mit dem Grundgesetz gezielt. Man sei mit dem Versuch gescheitert, »weil für den DDR-Bürger traditionell die Verfassung nicht das Papier wert war, auf dem sie stand.« »Die Leute im Westen waren der Auffassung, nur im Osten müsse sich alles ändern.« Ein weiterer kritischer Punkt ist für Poppe der Umgang mit dem DDR-Devisenbeschaffer Schalck-Golodkowski. Viel zu schnell sei auf die Problematik der Deckel des Geheimnisschutzes gelegt worden. »Sobald Persönlichkeiten aus dem Westen involviert sind, wird die Aufklärung blockiert.«

»Zehn Jahre nach der Wende ist die Begeisterung verflogen, man geht nicht mehr aufeinander zu«, stellte Ulrike Poppe fest. Natürlich sehe man Fortschritte beispielsweise in der Infrastruktur oder bei der Umweltsanierung. Aber die DDR-Bevölkerung habe nicht jene Erfahrung des Westens nach 1945 gemacht, als die Übernahme demokratischer Strukturen mit einem großen wirtschaftlichen Aufschwung verbunden gewesen sei. Doch die jetzige Gesellschaft werde langfristig positive Veränderungen erreichen, weil sie offen sei. Im Gegensatz zur geschlossenen Struktur der DDR: »Die konnte man nur noch sprengen«, betonte die heutige Studienleiterin der Evangelischen Akademie zu Berlin unter dem Beifall der Chemnitzer Zuhörer.

Friedrich Schorlemmer, Studienleiter der Evangelischen Akademie Sachsen-Anhalt in Wittenberg

Friedrich Schorlemmer

»Im falschen gab es wahres Leben«

In jugendlicher Arglosigkeit schrieb meine Tochter Uta am 17. November 1983 (sie war gerade dreizehn geworden) einen Klassenaufsatz. Die Aufgabenstellung lautete: »Darstellung von Eindrücken, Gedanken und Gefühlen«. Sie wählte sich das Thema »Schwerter zu Pflugscharen« und brachte unter anderem die folgenden Sätze zu Papier:

»Am Kirchentag war hier in Wittenberg viel los. Am Samstagabend des Kirchentages war ich auf dem Lutherhof. Dort waren noch viele andere. Wir saßen auf Pappstühlen, Decken oder auf dem bloßen Gras. Auf der Bühne vor dem Lutherbrunnen spielte die Band Baltruweit. Die Stimmung war hinreißend. Es war schon dunkel. Nur in der Nähe der Bühne brannte Licht. Dort waren ein Grill und ein großer Eisenblock aufgestellt. Ich wußte erst nicht warum. Dann hörte ich ein Geräusch, das ich nicht deuten konnte. Ich stellte mich auf meinen Stuhl und sah in die Richtung, woher dieses mir fremde Klirren kam. Ein Schmied klopfte mit einem großen Hammer auf ein längeres Stück Eisen. Kurz danach hielt er es ins Feuer auf dem Grill. Nun erkannte ich, was dieser Schmied tat. Er schmiedete ein Schwert in eine Pflugschar um! Diese Augenblicke kann ich kaum beschreiben! Es war einfach toll! Obwohl der Schmied schwitzte, daß ihm Schweißperlen über den ganzen Körper liefen, hörte er nicht auf zu arbeiten. Er gab nicht auf! Daß man so etwas wirklich machen kann! Es sieht ja so einfach aus! Wenn das in der Welt auch so ginge! So einfach alle Waffen umschmieden, so einfach den Frieden erhalten können! Ich bin sehr dankbar, daß ich so etwas miterleben konnte.«

Die Lehrerin gab Uta für Inhalt und Ausdruck eine Eins und schrieb nur einen Satz an die Seite, möglicherweise zu ihrem eigenen Schutz. »Damit [also mit dem Umschmieden in der Welt] ist es aus bekannten Ursachen leider nicht so einfach.«

Zur »Schmiedezeit« an jenem Abend war meine Frau in der Wohnung geblieben und schaute dem Treiben aus dem Küchenfenster zu. Sie hatte zu jener Zeit Herzprobleme; sie hielt die Dauerspannung, die sich um unser Haus und unsere Familie auftat, nicht mehr aus. Und das Umschmieden auf dem Lutherhof konnte auch nur stattfinden, weil wir niemanden von unserem Vorhaben in Kenntnis setzten und weil in dieser Zeit in unserer Gruppe kein aktiver Stasispitzel tätig war. (Ich finde es nicht gut, daß wir jetzt immer nur von »IM« sprechen, *nachdem* wir wissen, wie sie in der Stasisprache hießen. Wir sprachen damals einfach nur vom Stasispitzel. Das Wort IM verharmlost diese Tatsache. Gleichzeitig egalisiert dieses Kürzel und überwindet zu pauschal eine Stasibewertung).

Genau sechs Jahre später – im September 1989 – war die Volkspolizei auf der Suche nach meiner Tochter, weil die Staatssicherheit einer Postwurfsendung mit einem Holzschnitt in ihrem Briefkasten nicht hatte habhaft werden können – anders als bei den anderen Bewohnern des Mietshauses in Berlin-Friedrichshain. Nachbarn reagierten äußert aufgeregt, als ich Sachen für die an einer Angina erkrankten Tochter aus ihrer Wohnung holen wollte. Man war fieberhaft auf der Suche nach einem besonderen Beitrag zum »40. Jahrestag« der Deutschen Demokratischen Republik.

40 Jahre DDR
Auswanderer
Ausgewiesene
Ausgebürgerte
Verkaufte und Geflüchtete
4 Millionen

Meine Tochter hatte den gewünschten Studienplatz in Berlin nicht bekommen und arbeitete bei einem Maskenbildner im Berliner Ensemble. Dort erlebte sie Diskussionen »hinter den Kulissen« mit und verwies mich auf einen Mann, den sie dort kennengelernt hatte, nämlich André Brie. Sie meinte, ich solle doch Kontakt mit ihm aufnehmen. In der SED gäbe es Leute, mit denen wir reden müßten, wenn wir etwas im Gorbatschowschen Sinne in der DDR ändern wollten. Die Neunzehnjährige hatte längst erkannt, wie die realen Machtverhältnisse waren und wen man auch brauchte, wenn man in der DDR etwas Grundlegendes ändern wollte, ohne daß es zu einem neuen 17. Juni käme. Ich habe André Brie an demselben Tag in Berlin-Pankow besucht. Es blieb eine merkwürdige Distanz zwischen uns, ein gegenseitiges Mißtrauen; die Situation in jenen Wochen war bis zum Äußersten angespannt. Wir alle mußten mit dem Äußersten rechnen. Dann aber kam der 9. Oktober, der 4. November und der 9. November. Der Durchbruch zur Demokratie war von innen her gelungen. Nun begann der lange Weg in neue Strukturen – vor allem zur Gewaltenteilung. Die runden Tische wurden Möbelstücke des friedlichen Übergangs.

Es ist auch ein Ergebnis unserer langjährigen Friedensarbeit gewesen, daß es in Leipzig am 9. Oktober nicht zum befürchteten Blutbad gekommen ist. Ich möchte noch einmal betonen, daß dies der große Tag des Durchbruchs und der große Tag des Bürgermutes der 70 000 war, die dort auf dem Leipziger Ring erschienen und jeden Eingriff der Sicherheitsorgane unmöglich machten, weil diese Menge der Demonstranten nicht mehr »beherrschbar« war. Ich möchte bewußt machen: Es waren 70 000 Einzelne, von denen niemand vorher wußte, wie viele es werden würden und ob die Staatsorgane nicht leichtes Spiel hätten, angesichts der Angstatmosphäre, die Wenigen »einzukassieren«, die trotz der Drohungen gekommen waren. Niemand von ihnen wußte, daß 70 000 Einzelne kommen würden, die sich zur großen mutigen und »disziplinierten« Masse zusammenfanden. Mein Respekt vor diesen 70 000 einzelnen »DDR«-Bürgern!

Zwei Momente des Schreckens sind mir in jenem Herbst eindrücklich geblieben: Als ich am 12. September 1989 in Magdeburg war, erschien mir die Stadt wie »Wallensteins Lager«. Ich kam gerade von einer Sitzung des Ausschusses »Kirche und Gesellschaft« der Synode zurück, auf der wir uns über die Möglichkeit von Demonstrationen unterhalten hatten und unterschiedliche Positionen darüber äußerten, ob wir als Kirche zu Demonstrationen ermutigen oder sie gar initiieren sollten. Wir waren uns klar, was auf dem Spiel stand, denn alle hatten noch die Bilder vom 4. Juni 1989 vom Platz des Himmlischen Friedens vor Augen. Einzelne hatten den 17. Juni 1953 selbst miterlebt, andere den August 1968! Als ich am Elbufer entlangfuhr und die unzähligen Mannschaftswagen der Bereitschaftspolizei sah, wußte ich, wovon wir geredet hatten. Niemandem möchte ich nachträglich einen Vorwurf machen, wenn er damals gegenüber Demonstrationen nicht nur skeptisch war, sondern aus Verantwortung gegenüber Menschenleben sogar davon abriet, wußten wir doch etwas von der Gefährlichkeit der Machthaber, gerade wenn sie Angst haben.

Und das zweite erschreckende Erlebnis hatte ich, als ich am 4. Oktober 1989 im Zug saß und durch Plauen fuhr. Auf dem Plauener Bahnhof gellte das markerschütternde »Deutschland, Deutschland«-Gebrüll, wobei einige der jüngeren Männer – mir Gänsehaut verursachend – die Hand als Faust in den Himmel reckten – eine merkwürdige Verbindung zwischen Hitlergruß und Thälmannscher Faust. Ich hatte von jenem Tag an »Angst vor Deutschland«. Viele hundert Menschen standen auf dem Bahnhof, um die Züge zu begrüßen, die in jener Nacht, den Gerüchten zufolge, durch die DDR mit Prager Botschaftsflüchtlingen gekarrt werden sollten.

Schließlich: Das schönste und befreiendste Erlebnis war, wie der »Mensch in der Masse« ein Einzelner blieb und doch mit anderen verbunden war. Ich meine den 4. November 1989 auf dem Berliner Alexanderplatz. Nach der Veranstaltung bat mich einer der Demonstranten, an eine Ampel zu kommen, die er präpariert hatte. An die Ampel hatte er sein Plakat gehängt. Dort stand in großen Buchstaben »Ich stehe hinter jeder Regierung, bei der man nicht sitzt, wenn man nicht hinter ihr steht.« Fröhlichkeit, Scharfsinnigkeit, die Konsequenz und das Augenmaß der Demonstranten haben mich an jenem

4. November begeistert und gefreut, so daß ich gedacht hatte: »Mit diesen Menschen zusammen kann man ein Land aufbauen – und es muß nicht so prosperieren wie die Bundesrepublik.« Dies erwies sich als nicht erreichbar. Der Akzeptanzverlust des Systems war schon zu weit gediehen. Die Ökonomie lag am Boden. Die Ostdeutschen begannen sich über der Frage zu spalten: eigenständige DDR oder schnelle Vereinigung?!

Zeichenhaft erkennbar wurde dies an der zeitgleichen Veröffentlichung des Aufrufes »Für unser Land« und Helmut Kohls Zehn-Punkte-Plan. Als Egon Krenz den Aufruf unterschrieben hatte, war für die Eigenständigkeit der DDR der Weg endgültig versperrt. »Der Zug war abgefahren« und suchte »Anschluß«, um im Bild zu reden. Immer mehr Deutsche aus der DDR trauten in der DDR niemandem mehr zu, »den Karren aus dem Dreck zu ziehen«. Eine Mehrheit hoffte auf die Hilfe aus dem Westen und war bereit, sich dessen Bedingungen zu unterwerfen; schließlich war es ein System mit Freiheit und wirtschaftlichem Erfolg!

Am 2. Dezember 1989 moderierte ich ein »Versöhnungsgespräch« zwischen dagebliebenen, weggegangenen oder weggejagten Liedermachern im »Haus der jungen Talente« in Berlin. Nach einem Konzert gab es ein Nachtgespräch, an dem auch der damalige Kulturminister Dietmar Keller sowie Gregor Gysi, Heiner Finck, Bärbel Bohley, Rainer Eppelmann teilnahmen. Da sah es bei aller unterschiedlichen Sicht und Erfahrung noch nach Fairneß und Verständigungsmöglichkeit aus. Wolf Biermann erklärte vor einigen hundert Fans, die nicht mehr in den Saal paßten, warum er nicht in die DDR zurückkehren könne, sondern gerne in Hamburg leben würde, und er erzählte, wie glücklich er ist, daß er am Abend vorher in Leipzig ein großes Konzert hatte geben können. Er ersparte niemandem seinen beißenden Spott – aber es wirkte auf die Situation reinigend. Die Auseinandersetzung hatte etwas Befreiendes. Und ich dachte, so könnten wir wieder aufeinander zugehen. Ohne Haß. Ich hatte die Stichworte »Deutschland«, »Sozialismus« und »Demokratie« in die Debatte geworfen.

Zehn Jahre später – im Januar 1999 – sprach ich mich für eine Amnestie zum 9. Oktober 1999 aus und erntete, aufs Ganze gesehen, einen noch nie dagewesenen Haß. Ich hatte unter anderem im *Tagesspiegel* (4. Januar 1999) geschrieben:

»Zehn Jahre später, nachdem wir diesen grauen Mauerstaat, seine diktatorischen Herrschaftsanmaßungen, seine Freiheits- und Eigentumsberaubung, seinen ideologischen Berieselungs- und politischen Überwachungsapparat glücklich und friedlich losgeworden sind, melden sich ausgerechnet die demokratisch-sozialistisch gemauserten Nachfahren der SED, die sich so ungern eine Nachfolgepartei nennen lassen, um Amnestie zu fordern, oder gar erfolgte Urteile durch Haftentschädigungs-Forderungen zu Unrecht zu erklären. Wer im Verdacht steht, pro domo zu reden, sollte sich da tunlichst heraushalten. [...] Nachdem die bundesdeutsche Justiz zehn Jahre die juristische Verantwortlichkeit prüft und nur einen Bruchteil der Beschuldigten zu relativ geringen Haftstrafen verurteilt hat, schlage ich als Befreiungsschlag zum Befreiungstag folgendes vor:

Zum 9. Oktober 1999, dem Tag großen Bürgermutes, dem Tag der Entscheidung für einen friedlichen Übergang in die Demokratie, tritt ein differenziertes Amnestiegesetz in Kraft. Ausgenommen davon bleiben schwere Menschenrechtsverletzungen, und diese werden fortan (aber eben nur noch diese) strafrechtlich weiterverfolgt. Dies ist kein Schlußstrich, sondern ein juristischer Verzicht zur Beförderung des inneren Friedens, mit dem Ziel, daß die Debatte freier und öffentlicher fortgeführt wird, aber ohne Strafandrohung. Spannungen und Enttäuschungen auf allen Seiten werden dennoch nicht ausbleiben. Doch Ostdeutsche werden sich nicht weiter für ihr (Fehl-)Verhalten vor dem Fähnlein weniger Aufrechter noch vor den vielen Westdeutschen zu rechtfertigen sich genötigt sehen. [...] Nur eine von Ab-Urteilungen freie Aufklärung kann verhindern, daß Ostdeutsche sich weiterhin schweigend der Vergangenheitsanalyse verweigern oder einem von der PDS genutzten Osttrotz verfallen. Wer sich als Bürger zweiter Klasse fühlt, kann nicht selbstbewußt und einsatzbereit die vereinte demokratische Republik mitgestalten. Selbst wenn sich in diesem Prozeß Schamlosigkeit untermischt, manch kecke Selbstrechtfertigungsthese öffentlich wird oder historisch begründete Unschuldserklärungen zur Beschönigung von Unentschuldbarem herhalten müssen, so käme doch besser zu Tage, was war, wie wer (nicht) gelernt hat und vor allem: wie das System so lange stabil bleiben konnte. [...] Eine redliche Aufklärung über Vergangenes geschieht um der Zukunft willen, indem wir uns von den bösen Geistern der Vergangenheit befreien. Eine Amnestie zum zehnten Jahrestag ist Ausdruck von Dankbarkeit – sich erinnernd, wie das Ganze auch hätte anders ausgehen können.«

Die Wahrheit muß weiter an den Tag, aber ohne Selbstgerechtigkeit. Mit dem Scheitern des Systems sind die Menschen und ihr Leben nicht gescheitert. Und das Freiwerden für die Zukunft muß das Ziel bleiben, nicht die Fixierung auf Vergangenheit.

Was man heute Ostdeutschland nennt, was 1945 sowjetisch besetzte Zone und dann vierzig Jahre »DDR«, mit achtundzwanzig Jahren Einmauerung, wurde, war das in Jalta willkürlich abgeteilte ostelbische Territorium, in Schach gehalten von 400 000 Sowjetsoldaten. Der »einzig rechtmäßige deutsche Staat« war ein Gebilde, das nicht ohne Mauer leben konnte und mit der Mauer eine einzige Lüge war: ein »Friedensstaat« mit verminter, Selbstschußanlagen-gesicherter »Friedensgrenze«. Die DDR war ein leninistisch-stalinistisch angelegter Großversuch, im Herkunftsland der sozialistischen Idee »eine gerechtere Gesellschaft« mit dem Mittel »Diktatur des Proletariats« zu errichten. Das ist gründlich gescheitert. Eine große Idee ist buchstäblich zerfallen. Es war wirklich nicht alles schlecht (gedacht), nicht alles böse (gewollt), aber es ist schließlich ganz schief gegangen. Geschichte verläuft seither nicht mehr »gesetzmäßig«, sondern schwer vorhersehbar; nicht mehr marxistisch, sondern eher darwinistisch.

Und doch war die DDR an ihrem Beginn mit vielen Hoffnungen, sogar mit dem Pathos eines historischen Neuanfangs verbunden. Dem objektiven Geschichtsverlauf habe man sein Stadium abgelauscht: Nun sei der Sozialismus dran, also eine Gesellschaft mit Gerechtigkeit und Frieden, ohne Ausbeutung, mit sozialer Sicherheit, konsequentem Antifaschismus und proletarischem Internationalismus. Aber das funktionierte nicht unter weltoffenen Bedingungen, also mußten die Beglückten eingesperrt werden. Der ideologische und ökonomische Wettkampf der Systeme fand im geteilten Deutschland statt, an der Nahtstelle des hochgerüsteten Kalten Krieges, einem bevorzugten Kampfplatz.

Die beiden Großmächte fütterten jeweils ihre Deutschen. Aber die östlichen wurden erst einmal ausgeplündert, zumal die »Deutsche Wehrmacht« zuvor die Sowjetunion zur Hälfte zerrüttet hatte. Was stets als Arbeiter- und Bauernmacht ausgegeben wurde, war doch nur die Herrschaft einer geistig engen Parteiclique, die permanente Machtverlustangst umtrieb, weshalb sie Macht- und Sicherheitsfragen in den Mittelpunkt stellte. Heilig wurden ihr die sozialen Errungenschaften, ob sie erwirtschaftet werden konnten oder nicht. Tägliche »Rotlichtbestrahlung« sollte das rechte »Bewußtsein« schaffen. »Vater Staat« kümmerte sich um alles, auch um das, was ihn nichts anging. Entmündigung durch Umhegung, Befreiung durch Enteignung!

Achtundzwanzig Jahre eingemauert leben. Das ist lang und legt sich auf die Psyche eines ganzen Gemeinwesens. Nicht reisen dürfen. Keine konvertierbare Währung haben. Einer Meinungszensur unterliegen. In Massen organisiert sein. Einer wissenschaftlichen Ideologie mit totalem Wahrheits- und Machtanspruch unterworfen sein. In permanenter Vormundschaft leben. Und einer Dauererziehung zum »sozialistischen Menschen« ausgesetzt sein. Den Widerspruch zwischen dem, was man sieht, und dem, was man gesagt bekommt, nicht nur schweigend ertragen, sondern selbst mitlügen müssen. Die Söhne an einer »Friedensgrenze« mit Hundeleinen und Selbstschußanlagen ihren »Ehrendienst« tun lassen. Belauert werden und belauern. Sich in private Nischen zurückziehen und in der Gesellschaft unauffällig abgeduckt existieren oder sich gar überzeugt und begeistert geben, doch allabendlich »Westen sehen und hören«. Das alles macht Menschen von innen her kaputt, ganz abgesehen von den zerfallenen Altstädten, den ökologisch verseuchten (Militär-)Arealen und rettungslos veralteten Industrieanlagen.

Daneben die staatliche Sorge um kinderreiche Familien, erhöhte Bildungschancen für Arbeiterkinder, billige Rundumbetreuung von Kindern, beinahe kostenlose medizinische Betreuung, billiges Brot, billige Theaterkarten, billige Mieten. Alle haben Beschäftigung. Keiner fällt durchs Netz. Der Staat läßt keinen aus seinem bewahrenden und bewachenden Auge. Wehe nur, wenn die Bürger, als quasi Staatseigentum, nicht genügend dankbare Unterwürfigkeit zeigen. Aus Dankbarkeit gehorsam sein. Wenn Bürger die »gute Politik« der Partei- und Staatsführung in Zweifel ziehen oder gar der sozialistischen Zwangsbeglückung den Rücken kehren und auswandern wollen, dann trifft sie die ganze Härte der Arbeiter- und Bauernmacht. Dann verwandeln sich Bürger in Verräter, Elemente, Rowdys, feindlich-negative Kräfte, Irregeleitete ...

Zu viele denken bis heute nur an soziale Geborgenheit und öffentliche Sicherheit, während andere nur an »die Sicherheit« denken, die alles durchdrang, umgarnte und zersetzte. Die DDR wurde schon damals sehr unterschiedlich erlebt. Die Wahrnehmungstrübungen dauern an. Es ist nicht zu bestreiten, daß es trotz permanenter wirtschaftlicher Schwierigkeiten erstaunliche soziale und kulturelle Leistungen gab: Volksbildung, auch wenn sie ideologisch reglementiert war; Frauenförderung, auch wenn die Männer die Herrschaft behielten. Selbst unter unwürdigen Bedingungen gab es Leben in Würde. Im falschen gab es wahres Leben.

Die Grundfarbe der DDR war grau, das bevorzugte Material war Beton, die Herrschenden blieben borniert. Aber es gab ein inoffizielles Leben: ein buntes, reiches, vielfältiges, geistreiches Leben, nicht bloß als Nischenexistenz. Es gab Aufbrüche, wieder erstehende Hoffnungen, oft verbunden mit den Anstößen von Künstlern und SED-Dissidenten. Wer materiell eingeschränkt leben muß, besinnt sich auf Wesentliches – oder seine Sehnsucht richtet sich erst recht einzig auf äußeren Wohlstand, auf die unersättliche Genügsamkeit des homo consumens! Honecker versuchte, Konsumwünsche zu befriedigen, und warf die DDR wissenschaftlich-technisch und ökonomisch weit zurück. Das Land verfiel. Die »Platte« bestimmte das Baugeschehen; die architektonischen Krebsgeschwüre verschandeln nach wie vor fast alle größeren Städte im Osten.

Wer indes pauschal von der »zweiten deutschen Diktatur« redet, urteilt fahrlässig und gefährlich, weil mit einfacher Gleichsetzung die Nazibarbarei in dem Maße verharmlost wird, wie die DDR dämonisiert werden muß. Eine Gleichsetzung der zwölf Jahre des »Tausendjährigen Reiches« mit den vierzig Jahren »Sozialismus auf deutschem Boden« führt zu einem Abrechnungseifer mit langfristigem Schaden für die Verständigung zwischen Ost und West. Die DDR und ihre Bürger werden beständiger Betrachtungs- und Bewertungsgegenstand zumeist westdeutsch-bestimmter Forschung, mit dem Ergebnis einer andauernden Deformation der »anderen Deutschen«. Dies wirkt als Versuch, gelebtes *Leben* zu entwerten, indem ein *System*, das höchste Werte für sich reklamierte, total entwertet wird. Aber mit dem System dürfen nicht die Menschen selbst entwertet werden! Wer Land und Leute mit politischem System und Funktionärsstaat gleichsetzt, muß zu falschen Schlüssen kommen, auch wenn unbestreitbar ist, daß diese Indoktrination und Reglementierung nicht ohne gravierende Folgen geblieben sind.

Andererseits gibt es eine Verklärung der DDR, die in dem Maße aufkommt, wie diese vierzig Jahre von anderen einfach als verlorenes und verlogenes Leben abqualifiziert werden. Dazu tragen auffällige Etiketten bei, die suggerieren, der SED-Staat hätte lediglich aus Aufmärschen und Todesstreifen, Stasikirchen und Staatsdichtern, Dopingsport und abschreckenden Kinderkrippen bestanden. Klarheit über die DDR zu schaffen, heißt nicht, »reinen Tisch« zu machen, sondern zu differenzieren. Die Wahrheit über die DDR zu sagen, heißt nicht, eindeutig zu werden, sondern Widersprüchliches – in aller Klarheit! – zur Sprache zu bringen. Das Zeitungs- und das Gemüseangebot waren in der Tat dürftig, aber Theater und Ausstellungen waren vielfältig und für jedermann erschwinglich. Die Angst vor Druckerzeugnissen von außen konnte nicht die Geisteserzeugnisse von innen verhindern – etwa Bücher, die auch heute literarisch, moralisch und politisch bestehen können.

Die DDR war ein alternativloser Staat und kriminalisierte alle, die Alternativen zu denken wagten. Achtundneunzig Prozent zeigten sich vierzig Jahre unterwürfig. Aber diese sechzehn Millionen setzten sich zusammen aus Überzeugten und Begeisterten, Idealisten und Ideologen, Unterwürfigen und Angepaßten, vielen schweigenden und wenigen redenden Widerständlern. Allabendliche mediale Republikflucht verschärfte das gespaltene Leben in doppelter Wirklichkeit, bei ständig steigender Wirklichkeitsallergie der Mächtigen. Doch hämische Etikettierung und Deutungshoheit von denen, die immer dagegen gewesen, (frühzeitig) weggegangen oder die alles von draußen gesehen haben, läßt kaum noch die vielfältige Sicht auf ein Leben gegen den vorgeschriebenen Strich, die vorgegebene Linie von denen zu, die trotz allem geblieben waren, ohne sich aufzugeben.

Also bemächtigt sich die PDS einer nachträglich sich bildenden »Ostidentität« als Versuch, das eigene Leben sich nicht rückwärts entwerten zu lassen. In einem bestimmten Trotz hält man am Vergangenen fest, ohne daß man es sich wirklich zurückwünscht. Man will sich sein eigenes Leben nicht wegnehmen (lassen), sich auch des Schönen und Gelungenen erinnern dürfen, ohne sich dem Vorwurf auszusetzen, man wolle wohl wieder in den Mief der DDR!

Wen wundern da die Wahlerfolge der PDS, da sie sich um die verwundete Ostseele kümmert?! Sie macht altvertraute Versprechungen und wird zum Anwalt der kleinen Leute und derer, die vergeblich nach Arbeit suchen. Wenn die soziale Frage vernachlässigt wird, wird die demokratische Freiheit von den Menschen zunehmend geringgeschätzt werden. Das zu verhindern ist eine vordringliche Aufgabe der ganzen Gesellschaft, die nie wieder von einem allmächtigen Staat verschluckt werden darf. Der Aufstand im Herbst 1989 war genuin ein Aufbruch in die Freiheit und gegen die Bevormundung gewesen. Im Oktober 1989 gingen die Ostdeutschen massenhaft auf die Straße und forderten demokratische Freiheiten, obwohl sie berechtigte Angst vor der »chinesischen Lösung« haben mußten. Der Mut kam aus Verzweiflung über das Ausbluten des Landes. In den beiden Kurzformeln »Wir bleiben hier« und »Wir sind das Volk« bündelte sich der gewaltig gewaltlose Aufbruch.

Im übrigen stammt die spätere Einheitsparole der CDU »Wir sind ein Volk« aus einem Aufruf am 9. Oktober von drei Bürgerrechtsgruppen und meinte, daß Demonstranten und Sicherheitskräfte doch ein Volk seien. Als dann am 9. November die Mauer durchbrochen wurde, lagen sich die Deutschen unter »Wahnsinn!«-Rufen in den Armen. Die Einheitssehnsüchte überflügelten die Freiheits- und Selbstbestimmungsforderungen. Die Wünsche nach baldiger Teilhabe am Wohlstand des Westens mit Verfügung über die D-Mark schoben sich in den Vordergrund. Es blieb keine Zeit mehr, eigenständige politische Strukturen im Osten aufzubauen.

Alsbald legte sich die Parteienstruktur des Westens mit aller Macht über die sowjetisch besetzte DDR. Nach der staatlichen Vereinigung flossen enorme Investitionen gen Osten, doch die Anpassungsprobleme halten an, in allen Bereichen. Die Nachfolgeschäden von vierzig Jahren Planwirtschaft plus Transformationsschock werden noch lange als Problem zwischen Ost und West stehen. Die einen »sollen« nur viel geben, die anderen »wollen« nur viel haben. Das Ende des Aufholprozesses ist in weite Ferne gerückt, nachdem die Vereinigung von der Globalisierung überlagert und auch dem Desaster in Rußland verbunden ist. Die ökonomische und politische Dominanz des Westens über den Osten (und im Osten) hat das Selbstwertgefühl und die Leistungsbereitschaft von Ostdeutschen weiter geschwächt. Die hinzukommende westliche Deutungsmacht über das Leben in der DDR verhindert die gesellschaftliche Auseinandersetzung über das eigene Versagen oder die eigene Schuld in der Zeit der »Diktatur des Proletariats«.

Mit Ingredienzien von Haß ausgetragene Ost-Ost-Konflikte verdunkeln das Erbe der Bürgerbewegung. Der Versuch, ein politisches (Welt-)System strafrechtlich aufzuarbeiten, mußte letztlich scheitern, wollte der demokratische Rechtsstaat nicht selbst seine Prinzipien aufgeben. Die mentalen Unterschiede werden durch soziale Disparitäten verstärkt. Ostalgie als Verklärung der DDR-Zeit breitet sich ebenso aus, wie langgepflegter Antikommunismus des Westens neu auflebt und ehemaligen Sozialisten der DDR (insbesondere in der PDS) keine politische Chance lassen will. Ob das reale Ängste vor Wiederkehr des Kommunismus oder reine instrumentalisierte Fiktionen sind, bleibt strittig.

Ich habe mich oft für das Land, in dem ich leben mußte und doch auch leben wollte, geschämt. Seit Oktober 1989 bin ich »stolz, ein Ostdeutscher zu sein«. Und ich bin täglich froh, daß der Arbeiter- und Mauernstaat mit seinen dreizehn Rittern der Tafelrunde endgültig verschwunden ist; aber viele Menschen, die mit mir das Leben in der DDR geteilt und durchstanden haben, bleiben mir beachtens- und schätzenswert. Menschen mit einem permanent verletzten Selbstwertgefühl können nicht kreativ werden und die in ihnen steckende Kraft konstruktiv entfalten. Das vereinigte Deutschland aber braucht die Potentiale, die im Osten schlummern. Die Mauer war das Symbol für die Trennung in zwei unterschiedliche Gesellschaftssysteme gewesen. Sie standen unter der Dominanz der jeweiligen Siegermacht. So paradox das auch klingt: Die Einheit macht die Teilung erst offensichtlich und spürbar. Das Interesse des Westens am Osten ist im allgemeinen gering, sofern sich dort nicht Pöstchen und Schnäppchen ergattern lassen. Solch dominierender Eindruck läßt bisweilen die Erfahrung in den Hintergrund treten, wie viel Kompetenz und Einsatzbereitschaft von Westdeutschen uns im Osten aufgeholfen hat und aufhilft. Nicht wenige haben den Osten mit Grausen wieder verlassen.

Und der alten Bundesrepublik trauern inzwischen viele Westdeutsche nach. 63 Prozent der Westdeutschen wünschen die Mauer zurück – sofern man Umfragen trauen soll. Es ist auch das sehr unterschiedliche »Milieu«, das nach vierzig Jahren trennt – und anzieht! In Berlin prallen die Unterschiede hart aufeinander, so daß man Berlin geradezu die Werkstatt der deutschen Einheit nennt, in der es freilich viel Krach gibt, in der zugleich erstaunlich viel gelingt. Die jüngere Generation ist über die Differenzen der alten gelangweilt.

Die Übertreibung der west-östlichen Unterschiede ist der Verständigung so abträglich wie das Leugnen der Konflikte. Die Aufgabe der Deutschen aus Ost und West bestünde darin, einander das Leben in den beiden Welten besser zu erklären, ehe es be- oder abgewertet wird. »Geschichten erzählen« reicht nicht, wenn sie nicht Verstehen befördern, statt Vorurteile zu nähren.

Das ökonomische Gefälle zwischen Ost und West – seit der Währungsreform 1948 – zog auch immer ein merkwürdiges Selbstwertgefälle nach sich. Die Ostdeutschen bringen die deutsche Einheit ein – den Erfolg einer friedlichen Revolution. Und die ostdeutschen Länder sind eine enorme Bereicherung für das neu vereinte föderale Deutschland. Berlin ist nicht symbolisch, sondern faktisch wieder Hauptstadt. Der Föderalismus ist auch im Osten verankert. Die Städte Erfurt, Leipzig oder Schwerin sind nicht mehr wiederzuerkennen: Wer sich an ihren Verfall und an ihr Grau-in-Grau erinnert, weiß, was in diesen zehn Jahren geleistet wurde! Die demokratische Gewaltenteilung funktioniert, wenngleich immer noch zu wenige Ostdeutsche bereit sind, sich politisch zu betätigen, und nach vierzig Jahren Wahlzwang die Freiheit, nicht wählen zu gehen, wählen, ohne sich klarzumachen, daß gerade dies Verhalten die Freiheit selbst wieder aufs Spiel setzen könnte. Wahlfreiheit wird zur Wahlfaulheit.

Die Kardinalprobleme des vereinigten Deutschland sind nicht mehr die Folgen der Teilung, sondern die des Teilens: Einschnitte sind angesichts der immensen Staatsverschuldung unvermeidbar und lassen keinen ungeschoren. Die aufstiegsverwöhnten Deutschen in West und Ost werden immer noch genügend äußeren Reichtum haben, sich aber mehr auf ihren menschlichen und kulturellen Reichtum besinnen müssen. Das entbindet allerdings nicht von der Aufgabe, den Sozialstaat unter veränderten Bedingungen zu erhalten und das Verfassungsgebot, daß Eigentum verpflichtet, auch zu realisieren. Der innere Friede als sozialer Friede gehört zu den großen Pfunden des »Standortes Deutschland«. Die Ostdeutschen wollen nicht nur teilhaben am Wohlstand, sondern auch an der dafür nötigen und sinnvollen Arbeit. Von der Arbeit leben und für das Leben arbeiten, gehört für Ost- und Westdeutsche zur Würde des Lebens.

Das Resultat vierzigjähriger totaler Zwangspolitisierung der Gesellschaft ist weitgehende politische Abstinenz. Dies ist die eigentliche nachhaltige Beschädigung der Freiheit; am liebsten will die Mehrheit der Ostmenschen die sozialistische Rundumversorgung und Sicherheit und gleichzeitiges risikoloses Ausleben eigener Bedürfnisse und Lebensentwürfe. Diejenigen, die wegen der Freiheit aufgestanden waren, erleben herbe Täuschungen und Enttäuschungen beim Aufbau der Demokratie, deren Gestaltung von der Gestaltung der Einheit überlagert wurde.

Wie verletzlich die Freiheit ist und wie verführbar Menschen sich machen, wie wenig qualitätsbezogen Mehrheitsentscheidungen ausfallen, wie mächtig dumpfe Gefühle werden können, wie wenige wirklich die Mündigkeit schätzen und wie leicht die Freiheit sich von der Verantwortung abtrennt, Freiheit gar zur Destruktion wird und zum Freiheitswunsch »für uns« und »gegen die anderen«, wie schnell Freiheit der medialen Vermarktung zum Opfer fällt, das alles mußte man im Schnelldurchlauf registrieren.

Freiheit braucht Mut zum Risiko, zum eigenverantwortlichen Tun und Unterlassen, zum bewußten Akzeptieren, Respektieren und Garantieren von Grenzen. Freiheit ist die tägliche Anstrengung, sich als Subjekt des Geschehens zu behaupten und sich nicht zum Objekt degradieren zu lassen. Wer der Indoktrination des Kommunismus als Ideologie entronnen ist, muß erst noch im Kampf gegen die Indoktrinationen des Konsumismus bestehen, ehe er von Freiheit reden kann. Freiheit braucht selbstgesetzte Maßstäbe, die Erfahrungen aus der Geschichte in sich aufnehmen und sich auf Grund dieser Erfahrungen verändern.

Die Unfreiheit verspricht die Geborgenheit der Umhegung, das Gefühl einer prinzipiellen Delegation von Verantwortung und das sowohl entlastende wie deprimierende Gefühl einer »unverschuldeten Unmündigkeit«. Wer unfrei ist, braucht nicht verantwortlich zu sein und muß sich auch keine Vorwürfe machen, da er unfrei – also handlungsunfähig – war. Nur der Freie stellt sich dem Wagnis eigener Verantwortlichkeit. Und verantwortlich sein können gehört zur Würde des Menschen. Und wer handelt, bleibt nie frei von Schuld – des Tuns wie des Unterlassens. Die Demokratie kann das aushalten, sofern die Gewaltenteilung funktioniert, der Machtwechsel demokratisch erfolgt und die Zustimmung der Bürger zu den Grundwerten der Verfassung überwiegt. Jeder absolut geltende Wahrheitsanspruch und jede patriarchalische Machtanmaßung braucht den Widerstand und Widerspruch mündiger Bürger.

Ein Rückblick mit Seitenhieben
Bürgerrechtler Schorlemmer über die friedliche
Revolution in der DDR – Enormes Interesse
in Chemnitz

Bericht in der *Freien Presse* am 27.1.2000
von Bernd Steinbacher

Wenn ehemalige Bürgerrechtler ihre Erfahrungen zur friedlichen Revolution erzählen, sind die Vorträge meist gut besucht. Als Friedrich Schorlemmer am Dienstagabend [25.1.2000] an der Chemnitzer Universität zu Gast war, platzte der Hörsaal aus allen Nähten, und selbst der Umzug in einen größeren Raum brachte nichts. Schorlemmer, seit 1992 Studienleiter an der Evangelischen Akademie Sachsen-Anhalt in Wittenberg, sprach – nein zelebrierte – seine Rede im Rahmen der Ringvorlesung »1989/1990–1999/2000: Revolution in der DDR – und zehn Jahre danach«. Bekannt wurde er unter anderem durch die Aktion »Schwerter zu Pflugscharen« 1983 in der Lutherstadt.

In seinem Rückblick mit aktuellen Seitenhieben ging der begabte Rhetoriker auch auf die Spendenaffäre der CDU ein. »Zehn Jahre nach der Aufdeckung der Machenschaften der SED werden hochkriminelle Machenschaften der Partei offenbar, die 1982 die geistig-moralische Wende einleitete und nun viel Geld brauchte – aus dunklen Quellen, um der PDS den Garaus zu machen«, sagte der streitbare Theologe. Man habe verhindern wollen, daß sie wieder Macht bekomme.

»Also doch käufliche Politik, Waffenschieber als Geldschieber?« plauderte Schorlemmer: Politiker, die Geldkoffer mit 100 000 Mark nach Mafiaart durch die Gegend tragen und dort, wo sie diese abgeben, sich nicht mal eine Quittung geben lassen – wieviel Vertrauen muß unter den Menschen sein? Das Ganze sei ein bestürzender Beleg dafür, daß Wahlen gewonnen werden, wenn genug Geld für den Wahlkampf da ist. Dieser werde aber vor allem gegen den Gegner geführt. Also nicht, um nachzuweisen, wie gut man selbst, sondern um zu zeigen, wie gefährlich der andere sei. »Das ist schwierig für mich, als jemand, der gern die Demokratie wollte und jeden Tag auch noch froh ist, daß wir in der Demokratie sind«, betonte Schorlemmer. Der Rechtsstaat zeichne sich allerdings dadurch aus, daß es Aufklärung gebe und eine unabhängige Justiz und immer noch unabhängige Medien. Wenn etwas aufgedeckt werde, löse sich nicht der Staat auf. Also könne die Wahrheit auch frei machen zu einem Neuanfang. Aber dazu »muß man mit so großen Worten wie Ehre anders umgehen, Herr Kanzler der Einheit«. Der Applaus war ihm sicher, schon bevor der eigentliche Vortrag begonnen hatte.

In anschaulichen Worten schilderte er dann Erlebnisse aus DDR-Zeiten, analysierte Wirtschaftslage und politischen Druck, ließ Erinnerungen wach werden. Seine damals dreizehnjährige Tochter Uta hatte 1983 einen Schulaufsatz mit der Aufgabenstellung »Darstellung von Eindrücken, Gedanken und Gefühlen« geschrieben – über das Thema »Schwerter zu Pflugscharen«. Darin stand unter anderem über das Umschmieden in Wittenberg: Er machte aus einem Schwert eine Pflugschar. Daß man so etwas wirklich machen kann. Es sieht ja so einfach aus. Wenn das in der Welt auch so ginge. So einfach alle Waffen umschmieden, so einfach den Frieden erhalten. »Die Lehrerin gab Uta für Inhalt und Ausdruck eine Eins«, sagte der Theologe. Auch solche Lehrerinnen und Lehrer habe es gegeben. Nur einen Satz habe sie an den Rand geschrieben, möglicherweise auch zu ihrem eigenen Schutz: »Damit ist es aus bekannten Ursachen leider nicht so einfach.« Der Theologe erinnerte sich: »Das Umschmieden konnte nur stattfinden, weil wir niemanden von unserem Vorhaben in Kenntnis gesetzt hatten und weil zu dieser Zeit kein aktiver Stasispitzel in unserer Gruppe tätig war.«

Mit Blick auf die DDR sprach sich der Bürgerrechtler für eine differenzierte Sicht auf die Vergangenheit aus. So würde beispielsweise das Wort »IM« für Inoffizieller Mitarbeiter die Tatsache verharmlosen. »Wir sprachen damals immer von Stasispitzeln.« Außerdem führte »IM« zu einer pauschalen Beurteilung. Ganz klar bezog er auch Position dafür, daß Personen, die keine Menschenrechtsverletzungen begangen haben, jetzt mitgestalten dürfen. »Alle sind von der Diktatur frei geworden«, betonte Schorlemmer. Dennoch gebe es in jedem System Methoden, »die in uns vorhandene Niederträchtigkeit zu wecken«. Jetzt habe er den Eindruck, daß nicht mehr zähle, was man denkt, sondern vielmehr, was etwas bringt. »Wenn wir Vergangenheit analysieren, muß es auch um die Kritik an der Gegenwart gehen«, war der Theologe überzeugt.

Über seine Analyse des DDR-Systems und die Tücken der Marktwirtschaft mag man in Einzelpunkten streiten können. Dies zeigte sich auch am Widerspruch, den der Redner aufrechterhielt. Doch wie sagte Schorlemmer schon eingangs: »Ich hoffe, daß es für Sie von Interesse ist, ohne daß Sie dem zustimmen müssen, was ich denke. Wir sind ja nicht mehr in der Zustimmungsgesellschaft.«

Joachim Gauck, Bundesbeauftragter für die Unterlagen des Staatssicherheitsdienstes der ehemaligen DDR bis 2. Oktober 2000

Joachim Gauck

»Die Entscheidung fiel für ein erprobtes Politikmodell«

Ich freue mich, daß es gelungen ist, Personen zusammenzuführen, die sich mit den hier Lehrenden und der Bevölkerung dieser Stadt abseits vom akademischen Betrieb darüber verständigen, was die Ereignisse von 1989/90 gewesen sind und wie wir aus heutiger Sicht dazu stehen. Schon deshalb, weil die Revolution von 1989 »sachsenlastig« war. Wir Norddeutschen sollten dem Sachsenvolk Abbitte tun. Ich möchte daran erinnern, daß man in der Zeit meiner Jugend als Sachse – Chemnitzer oder Hohenstein-Ernstthaler – nichts Böses ahnend nach Mecklenburg ans Wasser fuhr, um zu baden und dabei die leidlich saubere Luft zu genießen. Und plötzlich wurde man verprügelt – weil man Sachse war. Wir Norddeutschen haben gemeint, das sei natürlich. Uns gingen die Sachsen, mit dem von Goethe so geliebten Dialekt, auf den norddeutschen Wecker. Dazu war Ulbricht Sachse – den mochten diese noch weniger als wir, aber das wußten wir nicht so genau. Nach dem Krieg hatten wir in Mecklenburg-Vorpommern zu wenig Kommunisten. Viele Bürgermeister und Amtsleiter kamen aus Sachsen. Wir empfanden diese wunderbar gemütvollen Menschen als fünfte Besatzungsmacht. Ich bin mittlerweile darüber betrübt, aber zur inneren Einkehr gehört auch, daß man sich an die dunklen Stunden seines Lebens erinnert.

Im Herbst 1989 ist hier auf den Straßen, nicht von Professoren und Studierenden, sondern von ganz »normalen« Leuten, eine Art Glaubensbekenntnis der Demokratie abgelegt worden. Wenn die Politik die Dimension des Heiligen hätte, würde ich folgenden Satz als »heilig« bezeichnen: »Wir sind das Volk.« Als die Plauener, die Leipziger, die Dresdner und viele andere auf die Straße gingen, waren sie nicht mehr Diener und Knechte, hatten sie sich als Akteure auf der Bühne der Politik zurückgemeldet, ob die Herrschenden es wollten oder nicht. Da entbrannte in meinem Herzen die Liebe zum Sachsenvolk, und sie wird dort nimmermehr weichen. Das sage ich manchmal auch außerhalb von Sachsen!

Nun zu meiner Person: Ich bin aufgewachsen in eine neue Zeit hinein. Die Diktatur blieb, wenn auch unter anderen Vorzeichen. Als ich in die Schule kam, hatten wir erstmals ein »demokratisches« Schulsystem, uns unterrichteten Neulehrer. Mit antifaschistischen Losungen groß geworden, war ich bis zu meinem elften Lebensjahr ein unpolitischer Grundschüler. Da verschwand mein Vater vom Geburtstag seiner Mutter und wurde zunächst nicht wieder gesehen. Es hieß: »Den haben sie abgeholt.« Niemand sagte mir, wer ihn hatte. Du konntest zur Volkspolizei gehen, du konntest zur Partei gehen, zum Landrat, und du konntest zu hohen staatlichen Gremien gehen – vergebens. Wie die Familie später herausbekommen sollte, war mein Vater damals sehr nahe bei uns. Er war in Schwerin am Demmlerplatz, wo die Gestapo ihre Inhaftierten beherbergte und der KGB es ihr wenig später gleich tat. Dort, im Keller des Demmlerplatz-Gebäudes in Schwerin, fanden die Verfahren der sowjetischen Militärbehörden statt, darunter auch solche Gerichtsverhandlungen, die mit der Militärzeit gar nichts zu tun hatten. Mein Vater gehörte zur Erprobungsmannschaft eines Werftschiffes, das für die Sowjetunion gebaut wurde. Ein Arbeiter war abgehauen – nach Westberlin. Daraufhin haben die russischen Besatzer entschieden, fünf, sechs Leute zu inhaftieren. Ein Delikt fand sich leicht. Meinem Vater und allen anderen machte man einen kurzen Prozeß. Einige kriegten zweimal fünfundzwanzig Jahre wie mein Vater, einige nur zweimal zehn Jahre, das war so eine Art Freispruch. Andere kriegten zweimal fünfzig Jahre, manche sogar die Todesstrafe.

Ich geriet in einen offenkundigen Widerspruch zum Staat. Wie gesagt – wir wußten nicht, wo der Vater war. Hätte es nicht Freunde gegeben in Ost und West, wäre neben der Sorge auch Hunger gewesen. Irgendwann kam der Vater wieder. Und der lebt – dreiundneunzigjährig – heute noch. Alle seine Freunde, denen es besser ergangen ist als ihm, sind schon unter der Erde. Diese Zeit hat mich geprägt. Mein jugendlicher Antikommunismus war klar und heftig. Hätte ich mit ihm auf Dauer gelebt, wäre es mir nicht möglich gewesen, in der DDR zu bleiben. Aber eben das wollte ich gerne. Mecklenburg-Vorpommern ist meine Heimat.

Ich bin – wie gesagt – mit einem sehr gut ausgeprägten Antikommunismus aufgewachsen. Es gibt zwei Arten von Antikommunismus: einen, der aus Vorurteil und Ressentiment hervorgeht, und einen anderen, der aus Leiden, Erkennen und Sensibilität entsteht. Viele Leute können diese zwei Arten nicht auseinanderhalten. Das ist schlecht für unsere politische Urteilskraft. Ich vermochte das auch nicht immer, habe daher später, als ich erwachsen wurde, meinem jugendlichen Antikommunismus entsagt, für den ich mich allerdings niemals schämen werde. Und dann gab es ein Diktum von Thomas Mann, das jeder Student in der verkürzten Form kannte: »Der Antikommunismus ist die Grundtorheit des 20. Jahrhunderts.« Also haben wir uns von der sicheren Urteilsfähigkeit aus dem gelebten Leben und der Nähe zur Realität verabschiedet. Ich bin auf linksprotestantischem Wege gewandelt, andere sind in »die« Partei gegangen – sei es, weil sie dort etwas besser machen, sei es, weil sie ihre Ruhe haben wollten. Bei mir ging die Wandlung über die Rezeption der Arbeiten von Ernst Bloch, insbesondere über sein Werk *Das Prinzip Hoffnung* – zugleich auch über meine linksprotestantischen Freunde aus Norddeutschland und aus Bayern.

Kontakte, die wir in der evangelischen Kirche hatten, brachten uns mit interessanten Leuten aus dem Westen zusammen. Einige dieser Linken waren so theorielastig, daß sie bei uns als Lehrer des Marxismus auftraten. Es war dann immer sehr bewegend, wenn uns Hamburger oder Nürnberger Pastoren lehrten, wie nützlich der Sozialismus für die armen Menschen in Afrika oder Südamerika sei. Wir konnten das zunächst nicht glauben, aber da die Leute belesener wirkten als wir, dachten wir: »Gut, wir können es im Moment noch nicht erkennen, wir haben Ulbricht und Honecker und die ganze Mischpoke hier, aber wenn die das sagen, dann muß es wohl stimmen.« So sind wir dazu gekommen, unseren von Natur aus gesunden Menschenverstand, der auf einer sehr guten unakademischen Analysefähigkeit basierte, einer selektiven Wahrnehmung wegen aufzugeben.

Diese Sozialismusrezeption machte uns zwischenzeitlich glauben, die hehre Theorie werde die krude Wirklichkeit bald ablösen. So entstand eine heimatlose Linke innerhalb der Partei, in parteinahen Zirkeln oder Künstlerkreisen – mit einer ganz bestimmten, in der deutschen Geschichte allerdings häufig vorkommenden Rezeption von Wirklichkeit, die ihre Überzeugungen kaum aus der Faktenanalyse gewinnt. Vielmehr erschien das utopische Ziel so großartig, daß die triste Realität dahinter zurücktrat. So kam es, daß ich ein »aufgewecktes Kerlchen« sein wollte, ein moderner Pfarrer. Und daß ich dableiben wollte in einem Land, das ich mochte. Warum sollten wir das den Sachsen und Saarländern überlassen?

Ich habe diesen Teil meiner Verwandlung von einem gesunden Antikommunisten in einen idealistischen Anti-Antikommunisten etwas zu stark in ein Schema gepreßt. In Wirklichkeit, das kann ich in meinen Akten vielfach nachlesen, stellte sich heraus, daß ich selbst während dieser Zeit, als ich mich in einen idealistischen Linken zu wandeln begann, durchaus ärgerliches Zeug für die Partei und die Stasi gesagt hatte. Dafür habe ich Zeugen und Dokumente. Für mich selbst ist im nachhinein diese Irrtumsfähigkeit besonders interessant. Ich hätte zahlreiche Dinge weitaus früher erkennen können als erst 1989. Bei einer kritischen Prüfung sind mir unendlich viele Menschen begegnet, vorwiegend Intellektuelle, die sowohl während der NS-Zeit als auch während der kommunistischen Zeit durchaus mehr hätten erkennen können. Intellektuelle biedern sich häufig bei den Mächtigen an.

Die Fähigkeit wirklicher Wahrnehmung und der Abschied von der Wahrnehmung ist ein substantielles Manko dieses (fast) zurückliegenden Jahrhunderts. Es ist das Jahrhundert der verweigerten Wahrnehmung. Aus ihr resultiert regelmäßig ein Defizit an Zivilcourage. Und was das bedeutet, haben wir in diesen Landstrichen ja zweimal erlebt. Weil das so war, habe ich diesen bleiernen Sommer 1989, in dem sich nichts bewegte, so gut in Erinnerung behalten. Die Genossen hofften, daß sich etwas von oben, wir hofften, daß sich etwas von unten bewegen würde. Was sich wirklich bewegte, waren die Beine der jungen Leute, die ihre Rucksäcke packten und über die Grenze nach Ungarn und Prag gingen. Das Erwachen von Mut werde ich nie vergessen. In der Diktatur lernt man, seine negativen Gefühle zu bändigen, sie zu zähmen und nicht zu zeigen. Es gibt da ein sozialistisches Pokerface, das wir noch alle kennen. Manche haben sich das so gut eingeprägt, daß sie es ihr Leben nicht mehr loswerden. Die Heerscharen von Akademikern haben sich diese Maske aufgesetzt. Es war nicht zu erkennen: Sind die kritisch im Parteilehrjahr oder in der Schule der sozialistischen Arbeit – oder sind die ganz bei der Sache?

So ähnlich wie bei der jährlichen Demonstration am 1. Mai: Wir haben alle geflucht. Am Stellplatz mußten wir lange warten. Erstens wären wir lieber ins Grüne gefahren, und zweitens wußten wir nicht, ob wir uns das trauen können. Deshalb sind wir drittens lieber zur Demonstration gegangen. Dort hofften wir, daß wir nicht das Transparent oder die Fahne tragen mußten. Wenn dieser Kelch noch einmal an uns vorübergegangen war, zogen wir halt mit – wie (fast) alle. Wir schimpften, murrten, machten unsere Witze. Ungefähr fünf Meter vor der Tribüne hörten die Witze auf, die Unterstützer und die Kritiker schauten freundlich, manche winkten sogar. Fünf Meter hinter der Tribüne ging das Fluchen wieder los und das Schimpfen. Bald traf man sich in der nächsten Kneipe. Hinterher wurde schließlich nicht mehr gezählt.

Mich interessierten diejenigen, die ohne Begeisterung vor der Tribüne den willfährigen und unterstützenden Staatsbürger mimten. Das ist ein aufschlußreiches Phänomen. Bis eben hatten wir noch geschimpft ... Wer so alt geworden ist und immer wieder gelernt hat: Sei brav, paß dich an, beuge das Haupt, und es wird dir gut gehen – wer das gelernt hat, war perplex, als der Umbruch begann. Was hatte sich nicht in fast zwei Generationen eingegraben? Dieses Gesicht und diese Haltung ... Das ist der Grund, warum ich immer, wie mein Vater, das Erwachen von Bürgersinn und Zivilcourage, das »Zurückmelden« – »Wir sind das Volk« – für die beste Zeit meines Lebens halten werde. Viele von uns sind dabei aufgewacht. Gefühle kamen zu uns zurück. Erinnern wir uns: In den wöchentlichen Gottesdiensten wurde gelacht und geweint, auch mal richtig geschimpft. Es gab eine Befreiung des Gefühlshaushaltes, den wir sorgsam eingehegt hatten. Wir wurden auf überraschende Weise lebendig. Im bewußten Leben der Jahrgänge ab etwa 1925 ist Macht immer Macht gegen das Volk gewesen, antidemokratische Macht. Wie sollten wir eine positive Beziehung zur Macht haben? Die brauchen wir aber. Mir ist es wichtig, daß wir uns an diese Zeit des Aufwachens erinnern, weil wir die Energie dieses Aufwachens sehr früh verloren haben.

Wie war 1989 meine Haltung zur DDR? Wie sah ich die Entwicklung in den Jahren 1989/90? Ich war etwas optimistischer als Helmut Kohl damals. Er ging im November wohl von einem Zeitraum von zehn Jahren bis zur Einheit aus. Ich habe gedacht: In acht Jahren haben wir die Einheit, in zwei Jahren Westgeld. Als ich Abgeordneter im Frühjahr 1990 war, wußte ich das schon besser, obwohl ich immer noch nicht diese Beschleunigung des Einheitsprozesses ahnen konnte. Ich war damals im Sprecherrat des Neuen Forums. Wir hatten unendlich viele Basisgruppen für die verschiedenen Gebiete eingerichtet: zum Beispiel Recht, Schule, Kultur, Verfassung. Es war ein Laboratorium für Politik. Wir, die wir lange keine Bürger sein durften, gehörten zum Stimmvieh.

Was waren wir eigentlich? Wie nennt man die, die nicht Bürgerrechtler waren? Früher nannte man sie Untertanen. Wie ist der Begriff für den Bewohner einer Gesellschaft, dem maßgebliche Rechte, wie sie die Demokratie entwickelt hat, im Kern fehlen? Ich nehme als Ersatzwort Untertan. Der Untertan zu Königszeiten fand seinen Status eigentlich ganz in Ordnung. Man hat jemanden über sich, so war das immer gewesen. Als die Revolutionäre in Sachsen oder Südwestdeutschland 1848 ihr Haupt erhoben und die Franzosen ihrem König den Kopf abschlugen, da hat sich der gebildete Salon geekelt. Es war doch schon immer so, daß man einen König hatte. Wir Deutschen haben eine besonders hingebungsvolle Art, gehorsam zu sein.

Wie war es damals im Neuen Forum? Natürlich haben wir nur an die DDR gedacht, wir wollten Reformen für unser Land: Bürger- und Menschenrechte, uralte Politikforderungen also, die im Kern bereits in der Magna Charta enthalten, bei uns aber nicht umgesetzt waren. Die Grundsicherheiten und -rechte von Bürgern suchten wir durchzusetzen. Wir wollten Gewaltenteilung, eine unabhängige Justiz, wir wollten nicht eingesperrt sein. Was sollten wir in unseren politischen Forderungskatalog hineinschreiben? Es war außerordentlich schwierig. Die jüngeren Menschen unter uns sagten: Der Sozialismus ist im Kern eine gute Sache. Wir waren uns einig. Das hört sich gut an: so eine Reich-Gottes-Vision mit Gerechtigkeit. Wer ein Ziel der Geschichte anvisiert, ist auf dem Weg der Tugend, wenn er sagt: »Wir sind für Freiheit und Sozialismus.« Wie sollte ein solcher dritter Weg aussehen? Gewiß behaupteten alternative Studenten, Linksgrüne und Neomarxisten, sie hätten ein derartiges Konzept. Aber bei näherem Hinsehen fehlte in jeder der Bürgerrechtsgruppen ein tragfähiges Konzept einer nichtkapitalistischen Ordnung mit einer funktionierenden Wirtschaft. Die vielen sozialistischen Wirtschaftskonzepte hatten den Nachteil, daß sie nicht erprobt waren. Und ich darf sie alle mit einer Anekdote in unser Denken zurückversetzen: Was passiert, wenn zehn DDR-Ökonomen nach Ägypten zur Wirtschaftshilfe geschickt werden? Antwort: Zehn Jahre passiert nichts, im elften wird der Sand knapp ...

Deshalb ist weder in den intellektuellen Kreisen Berlins noch in Sachsen eine trag- und politikfähige Wirtschaftskonzeption für den dritten Weg angeboten worden. Damit war im Grunde genommen ein Abschied vom Sozialismuskonzept vollzogen worden, denn bei dem Schwergewicht der ökonomischen Frage und der Problematik von Geld und Kapital in der Weltsicht von Marx wäre es äußert schwierig gewesen, ein marxistisches Konzept mit einer kapitalistischen Wirtschaft zu entwickeln. Gewiß: Die Chinesen sind dabei, es zu erfinden. Aber warten wir ab. Wir hatten dieses Konzept nicht. Wenn uns das einer angeboten hätte, wären vermutlich mehr Leute zu einem solchen Schritt bereit gewesen.

Ich gehörte nicht zu denen. Relativ früh schon hielt ich diese Experimente für aussichtslos – und nicht nur ich. Das Neue Forum in Rostock war stark von Leuten aus der Produktion und von Krankenschwestern geprägt. Ihm gehörten eben nicht nur – theorielastige – »alternative Typen« aus der Studenten- und Künstlerszene wie in Berlin an. Die Jungs und Mädels aus der Produktion fragten: »Wie funktioniert das? Und wo gibt es das?« Dann haben wir gesagt: »Im Prinzip muß es doch funktionieren.« »Ach so«, haben sie dann gesagt, »so denkt ihr das. Na gut, wenn ihr das glaubt, dann machen wir folgenden Vorschlag: Laßt uns das mit dem Sozialismus doch mal ausprobieren – aber bitte im Saarland oder in Ostfriesland. Uns laßt damit bitte in Ruhe.« Ich weiß noch sehr genau, daß wir zu den vielen Zeitungsartikeln, die uns als linke Bewegung tituliert haben, Briefe geschrieben und gesagt haben: »Wir sind nicht links oder rechts, wir sind geradeaus.« Aber da die führenden Köpfe der Bewegung sehr lange an diesem linken Konzept hingen, haben die Massen von unseren Theoriedebatten genug gehabt: Bevor das Vollkommene kommt, kommt das weniger Schlechte. Und es ist eine unglaubliche politische Leistung, daß im selben Raum der Politik, in dem Wochen vorher noch »Wir sind das Volk« formuliert wurde, jetzt ein Schritt zur Konkretion erfolgte mit: »Wir sind ein Volk«; daß »Helmut« gerufen und die bundesdeutsche Fahne gezeigt wurde.

Viele Linke erkannten darin nationalistische, wenn nicht chauvinistische Ansätze. Das stimmte so nicht. Sogar diejenigen, die nicht in der Sprache der politischen Theorie argumentieren konnten, erkannten blitzartig während dieser Theoriedebatten in den bürgerbewegten Kreisen, daß dies alles politische Romantik war. Wir wollten eine Realität, die wir anfassen und mit der wir gut leben können. Die Entscheidung fiel für ein erprobtes Politikmodell, für die parlamentarische Demokratie, für die damals Helmut Kohl stand. Dies ist ein für uns Deutsche imponierendes Politikmodell, denn niemals in der Geschichte dieser Nation hat es einen Zeitraum – wie ihn die westdeutsche Politik gestaltet hat – mit vierzig Jahren Demokratie und Freiheit gegeben. Es war eine hohe politische Ratio, die sich hier ausdrückte. Auch die politische Ratio ist, wie wir aus der Geschichte wissen, nicht immer in der Mitte des Volkes. Es gibt Phasen, da kommt die politische Ratio nicht von den Kathedern der Gelehrten, sondern von der leidenden, sich ermächtigenden Bevölkerung.

Das ließ sich sehr schnell begreifen. Ich habe am 4. Dezember die Stasibesetzung in Rostock verschlafen, weil ich die ganze Nacht mit den Aktivisten des Umsturzes diskutiert habe. Ich wollte drei Tage später in die Versammlung des Rostocker Neuen Forums gehen und mir die Meinung der Basis holen. Den Mitgliedern habe ich die Frage gestellt, ob wir Lehrer des Volkes sein wollen oder ob wir vielleicht Teil des Volkes sind. Wir entschieden, Teil des Volkes zu sein und die Einheit positiv mitzugestalten. Mit diesem Auftrag meiner Basisgruppe bin ich im Januar in die erste DDR-weite Versammlung des Neuen Forums gegangen. Wir haben mit einer sehr großen Mehrheit in die Grundsatzpapiere geschrieben, daß wir die Einheit Deutschlands zu unserem politischen Ziel erklären. Vorher stand diese Grass'sche Formulierung drin: Wegen Auschwitz müssen wir geteilt bleiben. Das kann man so sehen – wenn man reich ist und im Westen wohnt. Aber wir fanden, daß es wenig Gründe der politischen Ratio dafür gibt, die Ostdeutschen wegen Auschwitz die Suppe der Geschichte alleine auslöffeln zu lassen. Dies schien uns eine aberwitzige Idee – eine »westliche«.

Wir hatten mithin eine Erkenntnisquelle, die auch ich erst relativ spät entdeckte. Ich bin voller Bewegung darüber, wie durch einfache Fragen von Krankenschwestern und Werftarbeitern mir schlüssig erscheinende Konzepte, die so schön in der Theorie klangen, zu Staub zerfielen. Was wollten wir denn noch aus der DDR bewahren? Vollbeschäftigung? Ja, solange wir uns brav verhielten, waren wir beschäftigt. Aber für wen war diese Vollbeschäftigung gut? Was hat sie uns gekostet? Kann man sie mit einem vernünftigen Wirtschaftskonzept bejahen? Auch wenn es schwerfiel: Die Antwort lag schon damals offen zutage. Ich weiß, daß die Fähigkeit und Möglichkeit, jeden Tag zur Arbeit zu gehen, ein Gefühl des Gebrauchtwerdens hervorruft, auch wenn diese Arbeit keinen rechten Sinn macht. Ich plädiere nicht dafür, daß eine Gesellschaft Arbeitslosigkeit schaffen soll. Doch dies ändert nichts an der Tatsache, daß die Beschäftigungspolitik in der DDR alles andere als rational war. Sie war unökonomisch. Eine Gesellschaft kann nicht auf Dauer gegen ökonomische Gesetze verstoßen. Wir haben auf Pump gelebt. Wer das nicht wahrhaben will, der schaue sich die Arbeiten von Gerhard Schürer an, dem Planungschef der SED. Der hat sehr früh gesagt, wie rasch Heulen und Zähneklappern ausgebrochen wären, wenn die DDR noch zwei Jahre existiert hätte.

Heute hört man vielfach, wir hatten Solidarität, eine solidarische Gesellschaft. Das stimmt. Aber es war eine Solidarität gegen die Herrschenden und die verordnete Ohnmacht. Es war der Beistand derer, die sich beistehen mußten, um das Leben erträglicher zu gestalten. Das war nicht Ausdruck einer

Staatspolitik, denn die Staatspolitik hatte uns Grundrechte genommen, die in anderen Ländern längst galten: zum Beispiel das Recht zu wählen, seine Meinung in Wort und Schrift zu vertreten, das Recht, sich in Gewerkschaften zu organisieren, das Recht auf freie Forschung und Bildung. Die Solidarität, deren Verlust wir heute manchmal so beklagen, war eine Solidarität gegen unsere Beherrscher. Wir haben sie gespürt, als wir 1989 mit unserer Angst loszogen. Wie soll man sie in einer freien Gesellschaft bewahren?

Immer, wenn ich an einer Universität spreche, muß ich voller Bitterkeit sagen: Wie schön wäre es gewesen, liebe Herren Professoren, wenn ich die Hälfte von ihnen 1989 in der Marienkirche gesehen hätte. Sie wissen, wie wir Deutschen zu unseren Professoren stehen: Wir lieben und achten sie. Und wenn ein Professor sagt: »So ist es«, dann mögen wir das auch glauben. Es wäre schön gewesen, wenn 1989 nicht nur Jugendliche, Punker oder Künstler, die Bilder malen, welche kein Mensch erkennen kann, wenn nicht nur solche »Typen«, sondern auch Professoren öffentlich gesagt hätten: »Mir reicht es jetzt.« Ich habe ein bißchen rumgefragt. Denken Sie, im Oktober oder November wäre ein einziger Professor gekommen? Dann habe ich weitergesucht – wir haben in Rostock eine große Universität – und im akademischen Mittelbau gefragt. Da fand ich endlich eine Frau mit Doktortitel. Das war Christine Lucyga, die mittlerweile im Rostocker Wahlkreis für die SPD arbeitet. Ich fragte sie, ob sie sich vorstellen könnte, in die Kirche zu kommen und vor ein paar tausend Leuten zu sagen: »Ich bin von der Uni, heiße Doktor Sowieso und mir reicht es.« »Ach«, sagte sie, »ich könnte sogar noch einen Satz mehr sagen.« Als sie dagewesen war, folgte der nächste Assistent – und schließlich kam selbst der eine oder andere Professor. Aber mancher sagte auch: »Wissen Sie, Herr Gauck, wenn ich mir so ansehe, was in Dresden los war: Ist das nicht ein bißchen zu riskant? Übrigens: Welches Konzept haben Sie?« Sie hielten unseren kleinen Aufruf vom Neuen Forum für recht dünn – behaupteten sie. Hätten sie doch einfach gesagt: »Mensch Gauck, ich habe Schiß. Ich habe so lange gebraucht, um Professor zu werden; wenn ich wüßte, daß es gutginge, würde ich ja mitkommen. Aber da das bisher immer fehlschlug – am 17. Juni 1953, 1956 in Budapest und 1968 in Prag –, habe ich Angst. Warum soll das jetzt anders sein, bloß deshalb, weil Gorbatschow dahintersteht?« Ich hätte für die Angst mehr Verständnis gehabt als für die vielen vorgeschobenen Gründe.

Wie ist meine heutige Einstellung zur DDR? Im Klartext gesprochen: Die DDR war nicht nur überflüssig, sondern auch schädlich für uns. Ich sage das, obwohl ich weiß, daß wir unter den vielen Machthabern und Unterdrückern eine Reihe von sensiblen und ehrlichen, an den Sozialismus glaubenden Menschen hatten. Aber im politischen Diskurs kann es nicht darum gehen, ob wir innerhalb einer Partei, die einen antidemokratischen Kurs verfolgt, auch Idealisten finden. Die politische Erörterung einer gesellschaftlichen Situation

Die Entscheidung fiel für ein erprobtes Politikmodell

fragt nach der Macht, der Ohnmacht. Ich wundere mich manchmal, warum unter all den vielen Intellektuellen in diesem Land eine derart wichtige marxistische Fragestellung wie die nach Macht und Ohnmacht nicht gestellt worden ist.

Wer die Frage nach Macht und Ohnmacht aufwirft, kommt zu einfachen Urteilen. Es ist oftmals eine große Distanz zu einem Wissensgut, das bereits erarbeitet ist, das wir aber wegen einer traditionellen Wahrnehmungsverweigerung nicht mehr anschauen, weil wir uns noch nicht von romantischen Zielvorstellungen des Politischen verabschiedet haben. Auch die Geschichte der Kirche kennt dieses Festhalten an einem durch Wissen längst überholten Glaubenskonzept. Das erleben wir in weiten Teilen der postsozialistischen Gesellschaft. Der Abschied von einem überholten Glaubensmodell fällt so schwer, daß zunächst mit Wahrnehmungsverweigerung und selektiver Erinnerung und Legendenbildung agiert wird, um die Trennung zu verhindern. Sie tut weh, und deshalb mögen wir das nicht.

Das System der Bundesrepublik ist ein System, das keineswegs einen Höchstwert darstellen kann – mehr noch: Es ist nicht frei von Mängeln. Die Verführung ist groß, einem allgemeinen Guten anzuhängen und im Vergleich mit diesem Paradies all das, was vor uns ist, mehr oder weniger abzuwerten. Aber es stellt sich die Frage, ob es nicht besser ist, sich vom Willen der Gestaltung eines letzten und höchsten Gutes in der Politik zu verabschieden, wenn man in die Politik eintritt. Das Problem einer solchen Betrachtung ist, daß sie letztlich zu Verzweiflung und Inaktivität führt. Gewiß haben wir aus den Künsten, der Philosophie und dem Glauben eine Dimension des Denkens zu erarbeiten, die über das, was Politiker links und rechts von uns gestalten, deutlich hinausgeht. Politik muß einen Nexus zum Volk haben. Ich habe gelernt, denen zutiefst zu mißtrauen, die das Ziel – mitunter sogar das letzte – der Politik zu kennen vorgeben. Mit erscheint das als ein Irrtum. Gleichermaßen simpel ist, die Gesellschaftsform der parlamentarischen Demokratie einfach als Kapitalismus zu apostrophieren. Sie lädt uns vielmehr ein, in einer erkennbaren Weise für die Verbesserung des Gemeinwesens zu arbeiten. Es mutet merkwürdig an, wenn eine politische Klasse im Osten, die uns an wesentlichen Grundforderungen der Demokratie gehindert hat, heute lehren will, wie mangelhaft diese Gesellschaft ist. Glaubwürdig erscheint mir dies nicht.

Die vielleicht wichtigste Devise lautet: Das Volk ist der Souverän. Wenn eine Macht sich Arbeiter- und Bauernmacht nennt, die Arbeiter und Bauern aber der Möglichkeit freier, gleicher und geheimer Wahlen beraubt, dann gibt es ein fundamentales Legitimationsdefizit. Wer sich nicht von uns allen auf dem Wege solcher Wahlen Macht auf Zeit borgt, ist kein legitimierter Herrscher, sondern okkupiert Macht. Das ist manchmal sehr erfolgreich, weil Diktatoren und Potentaten viel dynamischer entscheiden können. Selbst Adolf

Hitler hat eine Reihe von sozialen Erfolgen zu verbuchen. Auch böse Gesellschaften haben manchmal Anteile an einem Modernisierungsschub, aber was sie nicht haben, das ist Legitimität. Ohne freie Wahlen gibt es nun einmal keine Demokratie, die diesen Namen verdient.

Wenn in allen Demokratietexten und Gesetzgebungswerken Demokratie Schritt für Schritt entwickelt wird, wenn wir alle gleich sind vor dem Richter, dann können wir von einem Rechtsstaat sprechen. Gab es diese Gleichheit und diese Gesetzgebung? In der DDR fehlte sie. Schließlich: In allen ernstzunehmenden Demokratieprojekten hat nie eine Instanz alles in der Hand wie in der vormodernen Politik der König oder der Regent. Statt dessen gibt es das Element der Gewaltenteilung. Weder bei Adolf Hitler noch bei den deutschen Kommunisten herrschte Gewaltenteilung. Gewiß, wir hatten Gerichte, aber die geöffneten Archive zeigen uns den direkten Durchgriff der Macht auf das Handeln der Gerichte und die Gesetzgebung. Das Parlament war eine überflüssige Institution. Das Fehlen dieses dritten stabilisierenden Elements geht in das Bündel einer dreifachen Destabilisierung dieser nichtdemokratischen Gesellschaft mit ein: Legitimations-, Legalitäts- und Gewaltenteilungsdefizit.

So kommt es, daß sich dieses Land für sechzehn Millionen Menschen eine Geheimpolizei zugelegt hat, die dreimal so groß war wie die Adolf Hitlers für achtzig Millionen. Damit habe ich nicht gesagt, die Stasi sei schlimmer als die Gestapo gewesen. Das wäre eine Lüge. Aber es ist doch bemerkenswert, daß eine Herrschaftsform, die vorgibt, die Interessen der Arbeiter und Bauern umzusetzen, so viel Geheimpolizei braucht wie nie zuvor in der deutschen Geschichte. Wenn im Gebäude einer Gesellschaft die gewachsene Stabilität fehlt, benötigt sie Ersatzstabilität: Kaderpolitik, Planwirtschaft, Pressezensur und schließlich ein Ministerium für die Sicherheit des Staates. All das ist irrig, aber ehe das System bricht, bedarf es bestimmter innen- und außenpolitischer Konstellationen. Die Angst samt Anpassungsbereitschaft tut ein übriges. Aus all diesen Gründen war nichts besser, als sich von der DDR zu verabschieden. Ihre öffentliche Delegitimierung vollzog sich am Ende schnell.

Wenn ich so hart über diese nichtlegitimierte Gesellschaft urteile, bin ich sicher, daß auch in diesem Auditorium einige denken, ich urteilte über ihr Leben und ihre Lebensleistung. Ich will ausdrücklich sagen: Das tue ich nicht. Was Angst und Anpassung heißt, weiß ich. Es steht mir nicht zu, irgend jemanden zu verurteilen, weil er sich stärker angepaßt hat als ich. Ich habe mich auch mehr angepaßt als – zum Beispiel – Freya Klier oder manch anderer Oppositioneller. Die Tatsache, daß wir selbst Opfer dieses Anpassungssyndroms geworden sind, darf uns nicht zu einer neuen Blindheit führen. Wir sprechen uns nicht gegenseitig ein persönliches Unwerturteil zu, wenn wir eine antidemokratische Gesellschaft delegitimieren, sondern dieser Gesellschaft als Ganzes. Politikdiskurs ist etwas anderes als ein Gespräch unter

Mitmenschen. Deshalb sollten wir uns vor einem nüchternen und starken Urteil nicht fürchten, weil es ein Element des geistigen und psychischen Abschieds von dieser Diktatur ist, zu diesem Nein nachträglich zu finden, obwohl wir früher zu schwach dafür waren. Das sind wir uns schuldig.

Wem das übertrieben scheint, dem entgegne ich: Schauen wir nicht nur auf unsere Befindlichkeiten. Mein Vorredner Friedrich Schorlemmer spricht gerne von ihnen. Noch drei Jahre nach dem furchtbaren Krieg waren viele der Überzeugung, der Nationalsozialismus sei ein gute, nur schlecht ausgeführte Sache gewesen. Man hatte die Bilder von Bergen-Belsen, Auschwitz und Majdanek vor Augen – und trotzdem sagte »man« dies in aller Unschuld. Es waren über fünfzig Prozent, die sich zu einem solchen Urteil hinreißen ließen; zwanzig Prozent konnten sich nicht entscheiden, ob das alte System gut oder schlecht war. Nur eine Minderheit nannte den Nationalsozialismus ein von Anfang an verbrecherisches System. Soviel zu den »Befindlichkeiten«. Es ist heute wie damals: Wir brauchen nach dem Ende einer Diktatur eine gewisse Phase des Abschieds von alten Prägungen, um die Möglichkeiten der offenen Gesellschaft positiv anzunehmen.

Wer sich mit der Nachkriegsära befaßt, findet verdächtig aktuelle Worte: »Siegerjustiz«, »Vollbeschäftigung«, »Autobahnen«. Für »Autobahnen« kann man »Kindergärten« einsetzen, schon hat man die selektive Wahrnehmung. Es bleiben kleine selektive Erinnerungselemente, die in den Politikdiskurs hereingetragen werden. Erinnert man sich an sein persönliches Leben, so ist das verständlich. Aber wer diese Befindlichkeiten der Unaufgeklärten als einen Maßstab unserer politischen Urteilsbildung und Entscheidung nimmt, dem möchte ich als Mecklenburger zurufen: »Gute Nacht, Marie!« Die Antwort auf die Frage, wer die Macht okkupiert und die Ohnmächtigen ohnmächtig gehalten hat, muß zwangsläufig zu einer entschlossenen Absage ohne Wenn und Aber an das System führen. Wir halten nämlich die alltägliche Wirklichkeit für wichtiger als die Ideale, an die manche von uns geglaubt haben.

Was wir ehemaligen DDR-Bürger nun seit rund zehn Jahren haben, ist ein Land ohne Mauern und Grenzen, mit einer offenen Gesellschaft, in der Gutes wie Böses möglich ist. Wir haben keinen Geheimdienst mehr gegen das eigene Volk wie in der DDR. Wir brauchen ihn nicht. Was wir haben, sind kleine Hilfstruppen von Leuten, zuständig für die innere Sicherheit. Damit kann man leben, obwohl ich weiß, daß viele Linksalternative das nicht mögen. Deren Gefühle nehme ich ernst. Aber für die, die uns früher eine bestimmte Art des militanten Staatsschutzes und der Geheimpolizei verordnet haben und heute so tun, als seien sie schon immer Pazifisten gewesen, habe ich nichts übrig. Die Bundesrepublik würde keineswegs untergehen, gäbe es den Verfassungsschutz und den Bundesnachrichtendienst nicht mehr. In der DDR wäre es anders gewesen. Gleichwohl: Die Pastoren und Studienräte, die sich so kompetent für die innere Sicherheit fühlen, könnten sich, angesichts der zum Teil beträchtlichen kriminellen Energie unserer linken und rechten Chaoten, vielleicht doch als überfordert herausstellen.

Wenn ich die Demokratie so gelobt habe, dann gewiß nicht deshalb, weil ich zu denen gehöre, die sie verherrlichen. Ich kenne das Ziel der parlamentarischen Demokratie nicht, ich kenne nur einen glaubwürdigen Weg. Für mich müssen auf diesem Weg folgende Dinge gewährleistet sein: die Menschen- und Grundrechte, eine tatsächliche Möglichkeit der Partizipation – unabhängig davon, was wir glauben oder wieviel Geld wir haben. Darauf kommt es an: Wir haben keine perfekte Gesellschaft, sondern vielmehr eine offene Gesellschaft, in der wir verlieren und gewinnen können. Sie ist sogar so offen, daß mancher unter uns Schwierigkeiten damit hat. Wir wünschen uns manchmal eine höhere Autorität, die Einhalt gebietet: »So nicht, liebe Landsleute, weg mit diesem Unrat!« Aber diese höhere Autorität gewinnt die Demokratie nur dann, wenn sich die einzelnen ermächtigen, wie wir uns 1989 ermächtigt haben. Niemand ist über uns, der die Demokratie vor Schaden bewahrt, außer uns selbst. Und das ist gut so!

Ein Plädoyer für die Demokratie

Gauck begeistert Zuhörer – Gelungener Abschluß der Vortragsreihe an Chemnitzer Universität

Beitrag in der *Freien Presse* am 3.2.2000
von Bernd Steinbacher

Einen Trost gab der Chemnitzer Professor Eckhard Jesse dem Bundesbeauftragten für die Unterlagen des Staatssicherheitsdienstes der DDR, Joachim Gauck, mit auf den Weg: Selbst wenn er sein Amt nicht mehr innehabe, werde die Institution bestimmt weiter »Gauck-Behörde« heißen.

Gauck bedankte sich mit einem leidenschaftlichen Plädoyer für die parlamentarische Demokratie. Als letzter Redner der Vortragsreihe »1989/1990–1999/2000: Revolution in der DDR – und zehn Jahre danach« sprach der Theologe und Bürgerrechtler am Dienstagabend [1.2.2000] an der Technischen Universität Chemnitz. Der Hörsaal reichte nicht aus. Die Zuhörer fanden noch Platz im Gang, wohin die Rede übertragen wurde.

Joachim Gauck erinnerte an 1989, an den Ruf »Wir sind das Volk«. Die angepaßten Landsleute hätten den Boden der Politik als Handelnde wieder betreten, sagte der Theologe. Damit hätten sie etwas gekonnt, »was man uns seit 1933 abtrainiert hatte«.

Als Gauck, Jahrgang 1940, elf Jahre alt war, verschwand der Vater – wie sich erst später herausstellte – im Gefängnis. »Den hamse abgeholt«, hätte es damals geheißen. Doch keine der DDR-Verwaltungen und auch nicht die sowjetischen Kontrollbehörden hätten damals gesagt, wo der Vater sei – zweieinhalb Jahre lang. So sei es fast natürlich gewesen, daß er in Widerspruch zum DDR-Staat kam. »Ich bin mit einem gut begründeten Antikommunismus aufgewachsen.« Gauck unterscheidet dabei zwei Arten von Antikommunismus. Eine entstehe aus Vorurteilen und Ressentiments, die andere Art aus Leiden, Erkennen und Sensibilität. »Viele Leute in unserem Land können die Arten von Antikommunismus nicht auseinanderhalten. Das ist schlecht für unsere politische Urteilskraft«, kritisierte Gauck.

»Für mich selbst ist die Irrtumsfähigkeit so interessant. Ich hätte eigentlich viele Dinge viel früher erkennen können, die ich erst 1989 erkannte«, sagte der Behördenleiter. Da es vielen Intellektuellen während der Nazi- und auch der kommunistischen Zeit ebenso gegangen sei, erscheine ihm, daß dieses Jahrhundert das der »verweigerten Wahrnehmung« sei. Daraus erwachse ein Defizit an Zivilcourage. »Und was das bedeutet, haben wir in diesem Landstrich zweimal erlebt.« Deshalb werde er 1989 das Erwachen von Zorn und Wut nicht vergessen, da man in der Diktatur lernte, seine negativen Gefühle zu zähmen, sie nicht zu zeigen. »Es gibt ein sozialistisches Pokerface, das wir alle noch gut draufhaben. Manche haben es sich so fest eingeprägt, daß sie es ihr ganzes Leben nicht mehr loswerden«, schätzte Gauck ein. Ihn interessierten diejenigen, die sich angepaßt hätten, die gelernt hätten, sei brav, und es wird dir gutgehen. »Wenn sich das zwei Generationen lang in die Seele einprägte, was meinen Sie, wie schnell Sie diese Haltung loswerden? Ich mag gar nicht antworten.« Und das sei der Grund, weshalb »mir das Erwachen von Bürgersinn 1989 als die größte Zeit meines Lebens vorkommt.«

Der Bürgerrechtler, der sich im Neuen Forum engagierte, betonte: »Wir wollten Reformen für unser Land.« Forderungen waren da – nach Bürgerrechten, Menschenrechten, Gewaltenteilung und nach einer unabhängigen Justiz. Gründlich räumte er mit den damaligen Vorstellungen eines dritten Weges der DDR auf. Es habe kein tragfähiges und funktionierendes Konzept für eine nicht-kapitalistische Wirtschaft gegeben. »Damit war ein Abschied vom Sozialismuskonzept vollzogen worden«, war sich der Theologe sicher. Denn die wirtschaftliche Frage sei eines der drängenden Probleme gewesen. Dadurch, daß die führenden Köpfe der Bürgerbewegung aber an den linken Vorstellungen gehangen hätten, »haben die Massen dann gesagt, bevor das Vollkommene kommt, kommt das weniger Schlechte.« Daraus sei dann der Slogan »Wir sind ein Volk« entstanden. Die Massen hätten sich – jenseits der Theoriedebatten – für ein erprobtes Politikmodell entschieden – die parlamentarische Demokratie vom Rhein. »Es war nicht der dumme Rest, der wegen der Bananen brüllte, sondern es war eine urpolitische Vernunft, die sich hier Ausdruck verschaffte«, betonte Gauck. »Wir haben uns dann entschieden, den Weg der Einheit mitzugestalten.« Mit diesem Auftrag der Basisgruppe ging er dann im Januar 1990 in das erste DDR-weite Forum. Die Einheit wurde zum politischen Ziel des Neuen Forums. Im Rückblick sei klar: Die DDR war überflüssig. »Es ist ein Schaden, daß wir sie hatten«, sagte Gauck und erntete dafür viel, aber nicht nur Zustimmung. Dabei sei auch das System der Bundesrepublik mangelhaft. Dennoch sei die parlamentarische Demokratie die Form, die »uns genug an Idealen bietet und uns einlädt, für die Verbesserung des Gemeinwesens zu arbeiten.«

Die Bundesrepublik sei eine offene Gesellschaft. »So offen, daß viele Probleme damit haben und auf eine höhere Autorität hoffen.« Doch betonte Gauck am Schluß des Vortrags: »Niemand ist über uns, der die Demokratie bewahrt, außer uns selbst.«

Eckhard Jesse

Oppositionelle Bestrebungen in den achtziger Jahren und ihre Repräsentanten

I. Opposition in den achtziger Jahren

Forschungsstand

»Die« Opposition in der DDR gehört zu den bevorzugten Themen der einschlägigen Forschung. Wurde sie vor dem Zusammenbruch der kommunistischen Diktatur bzw. der Herbstrevolution 1989 – die erste Bezeichnung hebt die Entkräftung des Systems hervor, die zweite die Schwäche des Systems – eher stiefmütterlich behandelt[1], so ist in den neunziger Jahren eine Vielzahl von Arbeiten erschienen[2], darunter eine Reihe ausgesprochen fundierter. Der Publizist Karl Wilhelm Fricke, der in die DDR entführt worden war und dort vier Jahre (1955 bis 1959) hinter Gittern verbringen mußte[3], war lange nicht nur mit seinem Buch über die Staatssicherheit weitgehend ein Außenseiter der DDR-Forschung, sondern auch mit dem über die Opposition.[4] Inzwischen hat sich die Forschungslandschaft grundlegend geändert.[5] Fricke ist längst

---

1 Zu den Ausnahmen zählen: Ferdinand Kroh (Hrsg.), »Freiheit ist immer Freiheit ...« – Die Andersdenkenden in der DDR, Frankfurt a. M./Berlin 1988; Roger Woods, Opposition in the DDR under Honecker, London 1986.
2 Hier werden nur Werke genannt, die im folgenden keine Würdigung finden: Gerda Haufe/ Karl Bruckmeier (Hrsg.), Die Bürgerbewegungen in der DDR und in den ostdeutschen Ländern, Opladen 1993; Martin Jander, Formierung und Krise der DDR-Opposition. Die »Initiative für unabhängige Gewerkschaften«. Dissidenten zwischen Demokratie und Romantik, Berlin 1996; Lothar Probst, Ostdeutsche Bürgerbewegungen und Perspektiven der Demokratie. Entstehung, Bedeutung und Zukunft, Köln 1993.
3 Vgl. Karl Wilhelm Fricke, Menschenraub in Berlin, Köln 1959; ders., Akteneinsicht. Rekonstruktion einer politischen Verfolgung, Berlin 1995.
4 Vgl. ders., Die DDR-Staatssicherheit. Entwicklung, Strukturen, Aktionsfelder (1982), 3. Aufl., Köln 1989; ders., Opposition und Widerstand in der DDR. Ein politischer Report, Köln 1984.
5 Vgl.: Im kommunistischen Gefängnis Marx und Engels lesen. Karl Wilhelm Frickes Kritik des totalitären »Okkupationssozialismus«. Interview von Martin Jander, in: Zeitschrift des Forschungsverbundes SED-Staat, Nr. 8/2000, S. 3–17; Klaus-Dietmar Henke/Peter Steinbach/Johannes Tuchel, Vorwort, in: Dies. (Hrsg.), Widerstand und Opposition in der DDR, Köln u. a. 1999, S. 7–20.

große Anerkennung zuteil geworden. Sein Œuvre aus einem halben Jahrhundert findet breite Aufmerksamkeit.[6]

Die Zahl der Titel zur DDR-Opposition ist mittlerweile nahezu Legion. Dieser Umstand erklärt sich zum einen daraus, daß nach dem Ende der Diktatur naturgemäß jene Kräfte besondere Aufmerksamkeit erfahren, die maßgeblich dazu beigetragen haben, zumal viele Einzelheiten erst jetzt bekannt geworden sind; zum anderen ist ein Wandel insofern eingekehrt, als die »systemimmanente« Forschung, die sich unzureichend mit den Gegnern des Systems beschäftigte, ihre Bedeutung eingebüßt hat. Nach dem Ende der DDR-Diktatur wird diese weitaus kritischer gesehen als zuvor. Auch die Forschung zur DDR und zur Opposition in ihr ist von Elementen des Zeitgeistes nicht frei.[7]

Nicht zuletzt die Politik erwies und erweist den Oppositionellen vielfältig ihre Reverenz. Die Enquete-Kommission »Aufarbeitung von Geschichte und Folgen der SED-Diktatur in Deutschland« hat sich in zwei Teilbänden den oppositionellen Kräften angenommen[8], und noch die (Nachfolge-)Enquete-Kommission »Überwindung der Folgen der SED-Diktatur im Prozeß der deutschen Einheit« widmete sich in einigen Beiträgen der Thematik.[9] Die

---

6 Vgl. Karl Wilhelm Fricke, Der Wahrheit verpflichtet. Texte aus fünf Jahrzehnten zur Geschichte der DDR. Mit einem Vorwort von Rainer Eppelmann und Bernd Faulenbach, Berlin 2000.
7 Vgl. Peter Eisenmann/Gerhard Hirscher (Hrsg.), Dem Zeitgeist geopfert. Die DDR in Wissenschaft, Publizistik und politischer Bildung, München 1992; pointiert: Jens Hacker, Deutsche Irrtümer. Schönfärber und Helfershelfer der SED-Diktatur im Westen, 3. Aufl., Frankfurt a. M./Berlin 1994.
8 Vgl. die Materialien der Enquete-Kommission »Aufarbeitung von Geschichte und Folgen der SED-Diktatur in Deutschland« (12. Wahlperiode des Deutschen Bundestages), hrsg. vom Deutschen Bundestag, Bände VII/1 und 2: Möglichkeiten und Formen abweichenden und widerständigen Verhaltens und oppositionellen Handelns, die friedliche Revolution im Herbst 1989, die Wiedervereinigung Deutschlands und Fortwirken von Strukturen und Mechanismen der Diktatur, Baden-Baden/Frankfurt a. M. 1995 (Berichte, Expertisen und Gutachten von Stephan Bickhardt, Günter Buchstab, György Dalos, Christian Dietrich, Rainer Eckert, Antonia Grunenberg, Hans-Hermann Hertle, Manfred Hertwig, Martin Jander unter Mitarbeit von Thomas Voß, Eckhard Jesse, Thomas Klein, Christoph Kleßmann, Wilhelm Knabe, Ilko-Sascha Kowalczuk, Irena Kukutz, Ludwig Mehlhorn, Wilfried Otto, Siegfried Suckut, Wolfgang Templin/Sigrun Wernber/Frank Ebert, Uwe Thaysen in Zusammenarbeit mit Michael Kloth, Reinhard Weißhuhn, Jan Wielgohs/Marianne Schulz).
9 Vgl. Uwe Thaysen, Wirtschafts- und sozialpolitische Vorstellungen der neuen Parteien und Bewegungen in der DDR zur Zeit des Zentralen Runden Tisches (1989/90), in: Materialien der Enquete-Kommission »Überwindung der Folgen der SED-Diktatur im Prozeß der deutschen Einheit« (13. Wahlperiode des Deutschen Bundestages), hrsg. vom Deutschen Bundestag, Band III/3: Wirtschafts-, Sozial- und Umweltpolitik, Baden-Baden/Frankfurt a. M. 1999, S. 2716–2805; Ehrhart Neubert, Der Stellenwert von Opposition, Unterdrückung und Verfolgung in der DDR in Medien, Forschung, Lehre und politischer Bildung heute, in: Ebd., Band IV/2: Bildung, Wissenschaft, Kultur, S. 1399–1462; Hans Michael Kloth/Rüdiger Rosenthal, Einstellungen und Verhaltensweisen in beiden deutschen Staaten gegenüber Widerstand und Opposition in der DDR in den siebziger und achtziger Jahren, in: Ebd., Band VIII/2: Das geteilte Deutschland im geteilten Europa, S. 1436–1505.

1998 als bundesunmittelbare Stiftung des öffentlichen Rechts gegründete »Stiftung zur Aufarbeitung der SED-Diktatur« will mit einem umfassenden Stipendienprogramm zum Komplex »Opposition, Dissidenz und nonkonformes Verhalten in der DDR zwischen Mauerbau und Mauerfall« diese Thematik fördern und auf unterschiedliche Formen der Verweigerung aufmerksam machen.[10]

Drei Monographien ragen aus der wissenschaftlichen Literatur heraus. Sie sollen ebenso wie drei andere wichtige Studien und drei hervorhebenswerte Sammelbände eingehender vorgestellt werden. Auf diese Weise mag man einen repräsentativen Einblick in die Werkstätten der vielgestaltigen Forschung gewinnen. Kaum ein DDR-Thema findet solche Resonanz wie das der tatsächlichen oder vermeintlichen Opposition. Als es sie gab, sprach kaum jemand von ihr; seitdem sie nicht mehr existiert, tut sich ein großes Forschungsfeld auf.

Im Jahr 1995 erschien in den USA aus der Feder von Christian Joppke ein provozierendes politikwissenschaftliches Werk unter dem Titel *East German Dissidents and the Revolution of 1989*.[11] In seiner sorgfältig recherchierten Studie gelangt der Autor zu dem Ergebnis, daß ostdeutschen Dissidenten – im Gegensatz zu polnischen – keineswegs der demokratische Verfassungsstaat vor Augen stand. Sie besaßen aufgrund der Verheerungen durch den Nationalsozialismus kein Nationalgefühl, wohl aber einen antifaschistischen Grundkonsens. »In postwar Germany, the legacy of Nazism delegitimized any positive national identifications, let alone nationalism as societal mobilization on behalf of national self-determination. On the contrary, its ›antifascist‹ foundation myth equipped the East German communist regime with a legitimacy that was exceptional in Eastern Europe.«[12] An menschenrechtlichen Konzeptionen seien die ostdeutschen Oppositionellen nicht interessiert gewesen. Joppke hat mit seiner Kritik zwar Defizite der ostdeutschen Bürgerrechtsbewegung erkannt, jedoch seinerseits Defizite offenbart.[13] So ignoriert er etwa weitgehend taktische Elemente oppositionellen Verhaltens, fragt zu wenig nach dem Demokratieverständnis westlicher Kräfte, die die Oppositionellen unterstützten, und übersieht fast völlig Wandlungstendenzen in der zweiten Hälfte der achtziger Jahre.

Ehrhart Neuberts historisch angelegte Monographie aus dem Jahr 1997

---

10 Vgl. Stiftung zur Aufarbeitung der SED-Diktatur, Stipendienprogramm, o. O. (Berlin) o. J. (2000).
11 Vgl. Christian Joppke, East German Dissidents and the Revolution of 1989. Social Movement in a Leninist Regime, New York 1995.
12 Ebd., S. IX.
13 Vgl. die scharfe Kritik von Uwe Thaysen, Fernwestliche Abrechnung mit ostdeutschen Dissidenten: so nicht akzeptabel, in: Zeitschrift für Parlamentsfragen 27 (1996), S. 780–785.

setzt in mancher Hinsicht den Kontrapunkt zu Joppke.[14] Auf fast tausend Seiten gibt er einen imponierend materialreichen, auf intimer Kenntnis basierenden Überblick, wie er seinesgleichen sucht. Die systemkritischen Kräfte in den achtziger Jahren stehen eindeutig im Vordergrund, ohne daß der Autor der verbreiteten Berlin-Zentrierung erliegt. Ihre Ziele und Aktionen werden zum Teil bis in kleinste Verästelungen dargelegt, vor allem im Rahmen der Kirche, wobei die These von der »protestantischen Revolution«[15] so nicht haltbar sein dürfte. Neubert spielt das marxistische Dissidententum herunter und überschätzt das christlich orientierte. Vor allem ordnet er die Rolle der deutschen Frage nicht angemessen ein, wenn es heißt, sie sei »nur innerhalb der DDR-Opposition« ein »zentrales politisches Thema«[16] gewesen. Ebenso relativiert er die Bedeutung des dritten Weges bei den Oppositionellen.[17] Unzutreffend ist auch die nachstehende Behauptung: »Während im Westen die Totalitarismustheorie nahezu beendet war, wurde sie in Kreisen der DDR-Opposition zu einem zentralen Thema.«[18]

Die theoretisch angeleitete und zugleich empirisch abgesicherte sozialwissenschaftliche Studie von Detlef Pollack aus dem Jahre 2000 – die Synthese eigener zehnjähriger Forschungen – ist in der Frage der Einschätzung des Demokratieverständnisses der DDR-Opposition zwischen den Werken Joppkes und Neuberts angesiedelt.[19] Sie verficht zwei Kernthesen: Zum einen sei der Untergang der DDR nicht oder jedenfalls nicht in erster Linie die Folge seiner Bekämpfung durch oppositionelle Kräfte gewesen. Zum anderen standen diese sozialistischen Vorstellungen reserviert gegenüber, befleißigten sich aus taktischen Gründen einer sozialistischen Terminologie. Die politisch alternativen Gruppen waren nach Pollack doppelt isoliert – einerseits gegenüber der Gesellschaft, andererseits gegenüber dem Staat. Insofern sei es konsequent gewesen, niemals die Machtfrage gestellt zu haben. Die große Masse der Bevölkerung war in der Tat konsumorientiert und äußerlich angepaßt. Doch lassen sich die beiden Thesen Pollacks nicht umkehren? Die Oppositionellen haben maßgeblich den Sturz befördert, obwohl – oder gerade weil – sie im Kern die Idee des Sozialismus bejahten, nicht aber seine konkrete Ausformung in der DDR.

---

14 Vgl. Ehrhart Neubert, Geschichte der Opposition in der DDR 1949–1989, 2. Aufl., Berlin 1998.
15 Siehe bereits ders., Eine protestantische Revolution, in: Deutschland Archiv 23 (1990), S. 704–713.
16 Ders. (Anm. 14), S. 661.
17 Vgl. die Auseinandersetzung bei Eckhard Jesse, »Die« Analyse zur Opposition in der DDR: viel Geschichte, wenig Politikwissenschaft, in: Politische Vierteljahresschrift 40 (1999), S. 332–342.
18 Ehrhart Neubert (Anm. 14), S. 727.
19 Vgl. Detlef Pollack, Politischer Protest. Politisch alternative Gruppen in der DDR, Opladen 2000.

Verschiebt man die Perspektiven, bietet sich eine andere Einordnung an. Was die theoretische Ebene betrifft, so liegt Joppke zwischen der theoriebewußten Studie Pollacks und dem faktenorientierten Mammutwerk Neuberts. Fragt man hingegen nach dem Einfluß der DDR-Oppositionellen auf den »deutschen Herbst« 1989, nimmt Joppkes Studie eine Mittelposition ein, stellt doch Neubert deren Gewicht groß heraus, während Pollack es herunterspielt. Alle drei Arbeiten, die so gut wie kein Material aus den Akten der Staatssicherheit heranziehen, bereichern unser Bild von den oppositionellen Kräften, auch wenn sie auf je unterschiedliche Weise die Bedeutung »systemkritischer« Kreise im Westen für die ostdeutschen Oppositionellen vernachlässigen.

Andere Monographien verdienen gleichfalls Beachtung. Dazu zählt etwa die Studie von Dirk Rochtus über das Konzept des dritten Weges in der DDR am Ende der achtziger Jahre, Sung-Wan Chois breit angelegte Studie zu den »politisch alternativen Gruppen« oder das auf zahlreichen Interviews basierende Werk von Rainer Land und Ralf Possekel über die unterschiedliche Deutung von SED-Reformern und Bürgerbewegung.[20] Alle drei Arbeiten befassen sich in der einen oder anderen Weise mit der Frage, worin die oppositionellen und die innerparteilichen Reformkräfte übereinstimmten bzw. worin sie sich unterschieden. Während Rochtus sehr klar die Differenzen zwischen den Gruppierungen inner- und außerhalb der SED herausarbeitet (jene, die zum Teil mit der Staatssicherheit verbunden waren, wollten das Machtmonopol der Partei nicht beseitigt sehen, während es diese abzuschaffen wünschten), suchen Land und Possekel die Unterschiede etwas einzuebnen. Sie sprechen von einer »SED-Reformergeneration«, die als »konspirativer Avantgardismus«[21] firmiert. Der Ansatz dieser Richtung, die bei den Autoren nicht als marginal gilt, wird ernstgenommen. Sung-Wan Choi hingegen mißt der Strömung keine sonderlich große Bedeutung zu, sieht sie geradezu als schwach an. »Ihr langanhaltender Glaube an die Reform durch die Partei und ihre verinnerlichte Disziplin verhinderten den rechtzeitigen Bruch der innerparteilichen Reformkräfte mit den herrschenden Strukturen bzw. mit dem SED-Regime.«[22]

Drei wegweisende Sammelbände werfen Licht auf viele unbekannte Details. Ulrike Poppe, Rainer Eckert und Ilko-Sascha Kowalczuk zeichnen die Breite des oppositionellen Protestes nach, ein Reader von Pollack und Rinck verbindet theoretische mit empirischen Ergebnissen, und ein vom Bundesmi-

---

20 Vgl. Dirk Rochtus, Zwischen Realität und Utopie. Das Konzept des »dritten Weges« in der DDR 1989/90, Leipzig 1999; Sung-Wan Choi, Von der Dissidenz zur Opposition. Die politisch alternativen Gruppen in der DDR von 1978 bis 1989, Köln 1999; Rainer Land/ Ralf Possekel, Fremde Welten. Die gegensätzliche Deutung der DDR durch SED-Reformer und Bürgerbewegung in den 80er Jahren, Berlin 1998.
21 Vgl. ebd., S. 17–125.
22 Sung-Wan Choi (Anm. 20), S. 181.

nisterium des Innern herausgegebener Sammelband vermittelt vielfältige neue Erkenntnisse zur oppositionellen Szene.[23] Während der Sammelband von Poppe/Eckert/Kowalczuk stark das Selbstverständnis der Oppositionellen darlegt (das macht schon die Zusammensetzung der Autorenschaft deutlich), hält der Band von Pollack und Rinck Distanz zu seinem Gegenstand. Er erhellt nicht nur die Positionen der Protestierenden, sondern analysiert auch die vielfältigen Rahmenbedingungen, innerhalb derer sie agieren mußten. Das Kompendium des Bundesministeriums des Innern vermeidet die Berlin-Zentriertheit – es richtet den Blick ebenso auf den Norden wie auf den Süden. In der Tat haben Bürgerrechtler einen hohen Anteil an der Erforschung der eigenen Aktivitäten, wie gerade dieser Band verdeutlicht.[24] Intime Kenntnis kann mit mangelnder Distanz kollidieren. Zum Teil weichen die Auffassungen voneinander ab. Manche sind der Gefahr erlegen, die früheren Manifestationen unter dem Blickwinkel der Gegenwart zu interpretieren.

So eingehend die systemkritischen Strömungen analysiert werden, so kommen ihre Repräsentanten in den meisten Bänden merkwürdig kurz weg. Die Gründe dafür mögen mannigfacher Natur sein: Vielleicht hängt dies damit zusammen, daß die Rolle von Personen in einem solchen Umbruchprozeß als treibende Kraft nach wie vor unterschätzt wird. Schließlich kämen vermutlich persönliche Querelen zum Vorschein, die ihre Ursachen nicht nur im Vorgehen der staatlichen Organe der DDR hatten. Möglicherweise schrecken Analytiker davor zurück. Zudem wollen einige der Protagonisten sich nicht in den Vordergrund drängen (genannt sei nur Gerd Poppe), um nicht der Selbstbespiegelung bezichtigt zu werden. Kollektivbiographien zu den oppositionellen Kräften sind eine *terra incognita* der Forschung. Ihnen muß aber eine detaillierte biographische Einzelforschung vorausgehen. Selbst daran mangelt es noch. Immerhin finden viele der Systemkritiker in dem biographischen Lexikon *Wer war wer in der DDR?* Berücksichtigung.[25]

Einzelne Werke stellen die Bedeutung von Bürgerrechtlern durchaus heraus. Um einige Beispiele zu nennen: Udo Scheer hat die »Szene« in der thüringischen Universitätsstadt Jena beleuchtet, dabei als einer der Akteure von damals eingehend deren Rolle rekonstruiert und auch die Entwicklung nach

---

23 Vgl. Ulrike Poppe/Rainer Eckert/Ilko-Sascha Kowalczuk (Hrsg.), Zwischen Selbstbehauptung und Anpassung. Formen des Widerstandes und der Opposition in der DDR, Berlin 1995; Detlef Pollack/Dieter Rinck (Hrsg.), Zwischen Verweigerung und Opposition. Politischer Protest in der DDR 1970–1989, Frankfurt a. M./New York 1997; Eberhard Kuhrt in Verbindung mit Hannsjörg F. Buck und Gunther Holzweißig im Auftrag des Bundesministeriums des Innern (Hrsg.), Opposition in der DDR von den 70er Jahren bis zum Zusammenbruch der SED-Herrschaft, Opladen 1999.
24 Eine Reihe von Werken wird im Kapitel über die »Repräsentanten der Opposition« genannt.
25 Vgl. Helmut Müller-Enbergs/Jan Wielgohs/Dieter Hoffmann (Hrsg.), Wer war wer in der DDR? Ein biographisches Lexikon, Berlin 2000 (i. E.).

1989 berücksichtigt.[26] Wolfgang Rüddenklau liefert ein authentisches Zeugnis für die Position oppositioneller Basisgruppen, die zum Teil libertär-anarchistisch eingestellt waren. Er schildert offen die damaligen Konflikte innerhalb der »Szene« und erteilt in einem kommentierten Namensverzeichnis Auskunft über eine Reihe von Protagonisten.[27] Über den wohl prominentesten Oppositionellen – Robert Havemann – gibt es eine Fülle an Literatur, wenngleich eine wissenschaftlichen Ansprüchen genügende Biographie noch aussteht. Clemens Vollnhals hat die Gerichtsverfahren gegen Havemann sowie andere Schikanen gegen ihn analysiert und dokumentiert.[28] Ingrid Miethe untersucht in ihrer Dissertation die Frage nach dem Engagement von Frauen in den oppositionellen Bewegungen der DDR.[29] Dabei sind narrative Interviews mit dreißig Frauen geführt worden, von denen fünfzehn der Gruppe Frauen für den Frieden angehörten. Dieser biographische Ansatz fördert weiterführende Ergebnisse zutage (was etwa die zentrale Bedeutung des Nationalsozialismus für das widerständige Engagement betrifft).

Insgesamt gilt: Die Rolle der oppositionellen Repräsentanten ist deutlich schlechter erschlossen als die der oppositionellen Gruppen. Allerdings läßt sich die Behauptung, daß es »mehr Brachen als blühende Felder in der Oppositionsforschung«[30] gibt, heute schwerlich weiter aufrechterhalten. Tatsächlich ist eine reiche Ernte eingefahren worden. Aus dem Stiefkind der Forschung wurde binnen kurzem eine Art Lieblingskind.

Terminologische Probleme

Die Schwierigkeit der Thematik fängt bereits mit der Terminologie an. Wie soll man jene bezeichnen, die nicht nur nicht »mitgemacht«, sondern auf vielfältige Weise »dagegen« gearbeitet haben – sei es, um die DDR zu reformieren, sei es, um die Diktatur zu beseitigen? Die Gruppierungen und ihre Repräsentanten waren sich in ihren politischen Vorstellungen wahrlich nicht einig. Allerdings vermieden sie alle den Begriff der »Opposition« – sei es aus prinzipieller Überzeugung, sei es aus taktischer Berechnung. Hier zeigt sich eine formale Übereinstimmung zur SED, für die es keine »Opposition«

---

26 Vgl. Udo Scheer, Vision und Wirklichkeit. Die Opposition in Jena in den siebziger und achtziger Jahren, Berlin 1999.
27 Vgl. Wolfgang Rüddenklau, Störenfried. ddr-opposition 1986–1989. Mit Texten aus den »Umweltblättern«, Berlin 1992.
28 Vgl. Clemens Vollnhals, Der Fall Havemann. Ein Lehrstück politischer Justiz, Berlin 1998; siehe auch Hubert Rottleuthner (Hrsg.), Das Havemann-Verfahren. Das Urteil des Landgerichts Frankfurt (Oder) und die Gutachten der Sachverständigen Prof. H. Roggemann und Prof. H. Rottleuthner, Baden-Baden 1999.
29 Vgl. Ingrid Miethe, Frauen in der DDR-Opposition. Lebens- und kollektivgeschichtliche Verläufe in einer Frauenfriedensgruppe, Opladen 1999.
30 Ulrike Poppe/Rainer Eckert/Ilko-Sascha Kowalczuk, Einführung, in: Dies. (Anm. 23), S. 26.

in der DDR geben durfte. Wenn im folgenden der Begriff der »Opposition« bevorzugt wird, so muß man klar herausstellen, daß er nicht auf derselben Ebene angesiedelt ist wie der Terminus in der parlamentarischen Demokratie. In ihr existiert eine parlamentarische und häufig auch eine außerparlamentarische Opposition. Das Recht auf Opposition gehört zu den wesentlichen Strukturprinzipien des demokratischen Verfassungsstaates. Allerdings findet Opposition ihre Grenzen darin, daß sie nicht ihrerseits zur Disposition gestellt wird.

Wer davon spricht, daß diejenigen Kräfte, die vor 1990 in der Opposition gestanden haben, sich nun erneut in der Opposition befinden, verwechselt die Ebenen: In der DDR durfte es bis 1990 keine Opposition geben, in der Bundesrepublik ist sie ein konstitutiver Bestandteil des politischen Systems. Gehörte dort ihre Nicht-Existenz zum Selbstverständnis, so zählt hier ihre unverbrüchliche Existenz dazu.

Um möglichst alle Formen abweichenden Verhaltens zu erfassen, ist eine nicht zu restriktiv angelegte Begriffsbestimmung förderlich. Hilfreich ist die Definition eines führenden Vertreters der DDR-Opposition. In Anlehnung an Vaclav Havel kommt Gerd Poppe zu folgendem Definitionsversuch: »Opposition – in Ostmitteleuropa und auch in der DDR – bestand in dem öffentlich bekundeten, politisch begründeten und mit der Mobilisierung Gleichgesinnter verbundenen Versuch, sich der totalitären Macht zu widersetzen.«[31] Opposition in diesem Sinne muß also »öffentlich«, »politisch« und »organisiert« sein. Vielleicht ist diese Definition noch zu eng, denn weder wird die Haltung jener, die sich dem System vielfältig verweigert haben, damit erfaßt, noch eine individuelle Form des Protestes. Als »Opposition« in diesem Sinne müssen also auch jene gelten, die nicht das »System« als solches in Frage gestellt haben, sondern nur einzelne Elemente desselben. Die Ausreisebewegung[32], die der SED zusetzte, fällt im Prinzip ebenfalls unter die Definition Poppes.

Daneben gibt es weitere Auffächerungen, denkt man etwa an die Ziele. Wurde systemimmanente Kritik geübt oder systemüberwindende? War man von sozialistischen Prinzipien überzeugt, oder dienten diese lediglich als ein Berufungstitel? Bejahte man die Grundregeln des demokratischen Verfassungsstaates, oder spielten diese kaum eine Rolle? Die jeweilige Opposition läßt sich auch nach der Artikulationsform des Protestes unterscheiden: Verstand sich die betreffende Strömung als legal, oder ging sie illegal vor? Lag den Aktionen ein großes Risiko zugrunde, oder wohnte ihnen ein solches nicht inne? Welches Aktionsfeld bevorzugten die Kritiker – ein im engeren

---

31 So Gerd Poppe, Begründung und Entwicklung internationaler Verbindungen, in: Eberhard Kuhrt u. a. (Anm. 23), S. 350.
32 Vgl. Bernd Eisenfeld, Flucht und Ausreise – Macht und Ohnmacht, in: Ebd., S. 381–424.

Sinne politisches oder ein weniger politisches? War die jeweilige Opposition in der Kirche verankert, oder etablierte sie sich unabhängig von ihr? Die Existenz von Mischformen liegt bei den Zielen wie bei den Artikulationsformen auf der Hand. So konnte ein Ziel systemimmanent angelegt sein, sich jedoch als systemüberwindend erweisen.

Andere Autoren halten den Begriff »Opposition« für problematisch – sei es, weil die Gruppierungen sich selbst so nicht verstanden haben, sei es, weil er zu eng gefaßt ist. Hubertus Knabe spricht demgemäß von »Dissens« als Oberbegriff, und Detlef Pollack redet von »politisch alternativen Gruppen«.[33] Wer eine Auffächerung und Abstufung vornimmt, muß berücksichtigen, daß die verschiedenen Formen abweichenden Handelns auf derselben Ebene liegen. So unterscheidet Knabe bei seinem Typologisierungsversuch zwischen Aufstand, aktivem Widerstand, politischer Opposition, Dissidenz, politischem Protest, neuen sozialen Bewegungen, passivem Widerstand, sozialem Protest, partieller Kritik und Resistenz. »Aufstand« und »Resistenz« markieren die beiden gegenüberliegenden Pole. Der »Aufstand« sei relativ risikointensiv, relativ global, relativ öffentlich, relativ aktiv, »Resistenz« hingegen relativ risikoarm, relativ partiell, relativ privat, relativ passiv.[34] Diese Auffächerung kann wenig befriedigen, da die Ebenen verwischt werden. Es leuchtet beispielsweise nicht ein, wieso die neuen sozialen Bewegungen ein geringeres Maß an Dissens erkennen lassen sollen als der politische Protest, aber ein höheres Maß als der soziale Protest. Der Begriff der neuen sozialen Bewegungen paßt in das Raster überhaupt nicht hinein. Dieser vermochte politischen und sozialen Protest zu umfassen. Außerdem ist es kaum hilfreich, vier Kriterien für dieselbe Typologie zugrunde zu legen (risikointensiv, global, öffentlich, aktiv), driften diese unter Umständen doch auseinander. So kann – zum Beispiel – der politische Protest risikointensiver als der soziale sein, gleichzeitig jedoch weniger aktive Formen annehmen.

Als nicht sonderlich sinnvoll erscheint dem Verfasser die weitverbreitete, auch von Ehrhart Neubert verwendete Einteilung in (legale) Opposition und (illegalen) Widerstand. Neubert differenziert »zwischen Gegnern, die sich auf legales Handeln festlegten und dazu die Voraussetzungen schufen, und solchen, die auf die Wahl legaler Mittel verzichteten und ihre Legitimität allein aus der Ablehnung des SED-Staates bezogen.«[35] Das Kriterium für die Unterscheidung liegt nach Neubert mithin in der »Wahl der Mittel«.[36] Es ist in mehrfacher Hinsicht dafür ungeeignet. Erstens sagt die Art der verwendeten

---

33 Vgl. Hubertus Knabe, Was war die »DDR-Opposition«? Zur Typologisierung des politischen Widerspruchs in Ostdeutschland, in: Deutschland Archiv 29 (1996), S. 184–198; Detlef Pollack (Anm. 19), S. 57–61.
34 Vgl. Hubertus Knabe (Anm. 33), S. 197.
35 Ehrhart Neubert (Anm. 14), S. 29.
36 Ebd., S. 29.

Mittel nicht notwendigerweise etwas über die Ziele aus. So gingen links- und rechtsextremistische Gruppierungen ausgesprochen radikal gegen »das System« vor.[37] Zweitens erscheint die Unterscheidung nach »legal« und »illegal« wahrlich nicht trennscharf. Bei manchen Gruppierungen mischten sich legale und illegale Elemente (zum Beispiel konspiratives Verhalten). Hinzu kommt: Zum Teil war legales Verhalten nur Tarnung, sagte also gar nichts über das Verhalten gegenüber dem »System« aus. Drittens galten aus der Sicht der politischen Führung auch jene oppositionellen Kräfte als illegitim, die sich innerhalb der legalen Ordnung bewegten. Opposition durfte es nun einmal nicht geben. Die SED maß der »Legalität« keinen Eigenwert zu. Selbst demokratische Verfassungsstaaten schützen sich vor Legalitätstaktik von Gruppierungen, die sie zu unterminieren suchen.

Die Problematik bei der Typologisierung oppositioneller Formen hängt weitgehend damit zusammen, daß diese eine große Vielfalt aufwiesen. Was aus Sicht mancher Gruppen als »konstruktive« Kritik gedacht war, interpretierte die SED als Angriff »feindlich-negativer« Kräfte auf ihr Herrschaftsmonopol.

Artikulationsformen und programmatische Orientierungen im Wandel

Die oppositionellen Bestrebungen waren in der DDR der achtziger Jahre keine Massenerscheinung. Bis zum Herbst 1989 gab es etwa 5 000 Personen, die sich zu den Oppositionellen rechnen lassen.[38] Ungeachtet der geringen Zahl: »Die Opposition in der DDR hatte viele Gesichter.«[39] Die folgenden Überlegungen, die keinen Anspruch auf Systematik erheben, stellen exemplarisch einige Aspekte heraus.

Die systemkritischen Kräfte in den achtziger Jahren unterscheiden sich grundlegend von der frühen Opposition nach Gründung der DDR, die vorwiegend antikommunistisch orientiert war. Die SPD, mit der KPD zur SED vereinigt, wurde schnell ausgeschaltet.[40] Auch die »Zernierung der bürgerli-

---

37 Es ist eine Paradoxie, daß just jene Gruppierung, die die SED am entschiedensten ablehnte, die deutsche Einheit auf ihr Panier schrieb und in ihren Artikulationsformen nicht vor massiven Protesten zurückschreckte, durch und durch extremistisch war, nämlich die winzige und bereits Ende der siebziger Jahre vollständig zernierte KPD/ML-»Sektion DDR«. Vgl. Tobias Wunschik, Die maoistische KPD/ML und die Zerschlagung ihrer »Sektion DDR« durch das MfS, hrsg. vom Bundesbeauftragten für die Unterlagen des Staatssicherheitsdienstes der ehemaligen Deutschen Demokratischen Republik, Berlin 1997.
38 Vgl. Detlef Pollack (Anm. 19), S. 62–64.
39 Ilko-Sascha Kowalczuk, DDR: Opposition und Widerstand, in: Werner Weidenfeld/Karl-Rudolf Korte (Hrsg.), Handbuch zur deutschen Einheit. 1949–1989–1999, Neuausgabe, Frankfurt a. M./New York 1999, S. 170.
40 Vgl. Beatrix Bouvier, Ausgeschaltet! Sozialdemokraten in der Sowjetischen Besatzungszone und in der DDR 1945–1953, Bonn 1996.

chen Opposition«[41] erwies sich bereits in den fünfziger Jahren als erfolgreich. Nach dem Mauerbau hörte die »Abstimmung mit den Füßen« auf; »man« begann sich zu arrangieren. Die wenigen oppositionellen Aktivitäten gab es bei zumeist konspirativ wirkenden Linksintellektuellen und vereinzelt in der evangelischen Kirche, wo sich allmählich eine Art »Offene Arbeit« herausbildete. Der KSZE-Prozeß mit der Unterzeichnung der Schlußakte in Helsinki 1975, die in ihrem »Korb 3« menschliche Kontakte, Kultur- und Informationsaustausch vorsah, war für manche ein Berufungstitel auf Ausreise. In der Folge stieg die Zahl der Ausreiseanträge an, zunächst langsam, später sprunghaft. Die Kirchen setzten sich vorsichtig für eine Öffnung des gesellschaftlichen Lebens in der DDR ein. Nach der Selbstverbrennung des evangelischen Pastors Oskar Brüsewitz kam es in kirchlichen Kreisen zu Unruhen und nach der Ausbürgerung von Wolf Biermann zu Protesten im intellektuellen Milieu, die jedoch allmählich versandeten. Gleichwohl: Eine Reihe von »Kulturschaffenden« verließ das Land.

Ein wichtiger Einschnitt für die Entwicklung staatskritischer Strömungen war die Entstehung unabhängiger, zum Teil aus der »Offenen Arbeit« der Kirchen hervorgegangener Friedensgruppen Ende der siebziger, Anfang der achtziger Jahre. Die Ursachen sind eine Reaktion auf die Militarisierung der Gesellschaft, auf das Wettrüsten der »Supermächte« und auf ähnliche Bewegungen in der Bundesrepublik, denen sich viele im Osten verpflichtet wußten. Für die Losung »Schwerter zu Pflugscharen« – die Sowjetunion hatte ein gleichnamiges Denkmal den Vereinten Nationen geschenkt – sprachen sich zahlreiche jüngere Menschen aus. Wer einen Aufnäher mit dieser symbolträchtigen Losung trug, konnte mit der Staatsmacht Ärger bekommen.

Robert Havemann und Rainer Eppelmann wollten mit ihrem »Berliner Appell« vom Januar 1982, der unter dem Motto »Frieden schaffen ohne Waffen« stand, an den Erfolg des »Krefelder Appells« im Westen anknüpfen. Sie wandten sich gegen die »lebensgefährliche Konfrontation« durch die Stationierung der Atomwaffen in Deutschland, forderten Friedensverträge der Siegermächte des Zweiten Weltkrieges mit den beiden deutschen Staaten und den Abzug der Besatzungstruppen aus Deutschland. In Frageform wurde für die Zulassung eines sozialen Friedensdienstes und die Abschaffung des Wehrkundeunterrichts plädiert. Abschließend hieß es: »Bekräftigt Eure Zustimmung zum ›Berliner Appell‹ durch Eure Unterschrift.«[42] Diesen Aufruf unterschrieben über zweitausend Personen. Eppelmann wurde wegen seiner Initiative verhaftet, jedoch bald wieder freigelassen, weil die SED-Spitze öffentliches Aufsehen befürchtete. Die Kirchenleitung distanzierte sich von ihm und versuchte ihn zu disziplinieren.

---

41 Karl Wilhelm Fricke, Opposition und Widerstand (Anm. 4), S. 67.
42 Zitiert jeweils nach Ehrhart Neubert (Anm. 14), S. 408 f.

Gegen das neue Wehrgesetz von 1982, das im Fall der Mobilmachung auch die allgemeine Wehrpflicht für Frauen vorsah, bildete sich unter der Ägide von Bärbel Bohley und Ulrike Poppe eine Gruppe Frauen für den Frieden. Die beiden Protagonistinnen wurden Ende 1983 verhaftet, jedoch auf internationalen Druck hin bald wieder freigelassen. Zwar führte das Scheitern der Friedensbewegung im Herbst 1983 zu gewisser Resignation, doch war das vorherige Echo beträchtlich – zum Beispiel durch Gottesdienste, Lesungen, Diskussionen, Flugblätter.

Umweltgruppen traten auf den Plan, zum Teil gleichzeitig, zum Teil verstärkt nach dem Abebben der durch die Friedensgruppen ausgelösten Resonanz. Zu ihnen gesellten sich Dritte-Welt-Gruppen. Die Aktionen bewegten sich weitgehend unter dem Dach der Kirche, wobei längst nicht alle Aktivisten der Kirche angehörten. Mit der Initiative Frieden und Menschenrechte entstand Ende 1985 eine erste kirchenunabhängige Menschenrechtsgruppierung, die ganz bewußt die Öffentlichkeit suchte. Ihr Organ *Grenzfall* war neben den *Umweltblättern*, welches die Umweltbibliothek ab 1986 herausgab, das bekannteste oppositionelle Periodikum. Diese kleine Gruppierung – sie umfaßte etwa zwanzig Personen – wartete mit offenen Briefen auf, strebte Kontakte zu Oppositionellen in Osteuropa und eine Demokratisierung der DDR an.[43] Ansätze der »Vernetzung« zwischen den Gruppierungen verstärkten sich in der zweiten Hälfte der achtziger Jahre.

Zu einer landesweiten politischen Vereinigung ist es jedoch bis zum Herbst 1989 nicht gekommen. »Niemand sollte aber im nachhinein den Stab brechen, denn die unter den Sozialisationsbedingungen der DDR entstandenen Gruppen und Vernetzungen bildeten eine Ansprech- und Absprachestruktur für die Friedensgebete und Demonstrationen, aber auch für die Entstehung der Bürgerbewegungen in den Monaten September bis November 1989.«[44] Hingegen war die Lageeinschätzung der Staatssicherheit vom Januar 1988 wenig zutreffend: »Der harte Kern dieser Gruppierungen (Schwerpunkt: ›Initiative Frieden und Menschenrechte‹, ›Kirche von unten‹, ›Umweltbibliothek‹) kooperiert ständig mit bekannten Feinden in Westberlin und der BRD sowie in der DDR tätigen westlichen Diplomaten und Journalisten, wird von diesen inspiriert, angeleitet, unterstützt und nimmt einen festen Platz bei der Inszenierung von Hetz- und Verleumdungskampagnen gegen die DDR ein.«[45] Von »Inspiration« durch den Westen konnte keine Rede sein, zumal der »harte Kern« davon nichts wissen wollte. Richtig ist allerdings, daß die »Szene«

---

43 Vgl. für Einzelheiten Wolfgang Templin/Reinhard Weißhuhn, Die Initiative Frieden und Menschenrechte, in: Eberhard Kuhrt u. a. (Anm. 23), S. 171–211.
44 So Stephan Bickhardt, Vernetzungsversuche, in: Ebd., S. 342.
45 MfS HA XX/AKG, 133, S. 1 (»Konzeption zur weiteren Bekämpfung politischer Untergrundtätigkeit«).

bisweilen Unterstützung aus dem Westen erfuhr – zum Beispiel durch die Grünen und auch durch Ex-Dissidenten wie Roland Jahn.
Im Laufe der achtziger Jahre wurden die Aktionsformen »unbotmäßiger«. Besonderes Aufsehen erregte die Beteiligung von Mitgliedern der Initiative Frieden und Menschenrechte an der rituellen Kampfdemonstration für Rosa Luxemburg und Karl Liebknecht im Januar 1988 mit eigenen Transparenten. Nicht nur Verhaftungen, sondern auch Ausweisungen zwecks Spaltung der Gruppen waren die Folge. Die Proteste nahmen zu, obwohl das System weniger repressiv reagierte. Dieser Umstand erklärt sich wesentlich damit, daß die Gorbatschow-Ära in der Sowjetunion hohe Erwartungen weckte und die DDR vorwiegend aus außenpolitischen Gründen nicht an spektakulären Verhaftungen interessiert sein konnte. Hingegen suchte die Staatssicherheit die unabhängigen Gruppierungen mit Inoffiziellen Mitarbeitern zu unterwandern – zum Teil mit großem Erfolg, wie sich nach dem Ende der Diktatur herausstellen sollte. Im Mai 1989 wollten Bürgerrechtler unabhängige Kandidaten präsentieren. Sie begründeten ihre Wahlverweigerung und riefen teilweise gar zu einem Wahlboykott auf. In ausgewählten Wahlkreisen überwachten sie die Stimmenauszählung. So ließen sich Wahlfälschungen nachweisen.[46]

Die oppositionellen Bestrebungen haben im Laufe der achtziger Jahre nicht nur ihre Artikulationsformen, sondern auch ihre programmatischen Orientierungen gewandelt. Überwog zunächst als Reaktion auf die Entfachung des neuen Kalten Krieges die Forderung nach Abrüstung und Frieden, später der Schutz der Umwelt, so trat bei einem Teil der Gruppierungen der menschenrechtliche Aspekt hinzu. Sozialistische Prinzipien dominierten nach wie vor. Sie sollten mit demokratischen versöhnt werden.

Gleichwohl: Es ließe sich eine Reihe von Positionen als Beleg dafür heranziehen, daß oppositionelle Kräfte sich mit pluralistischem Gedankengut schwertaten. Als sich einige Dissidenten um Rainer Eppelmann und Gerd Poppe im Herbst 1987 mit Bundestagsabgeordneten der CDU trafen, hagelte es in der »Szene« Proteste. Die Umweltbibliothek, der Friedenskreis Friedrichsfelde und die Gruppe Gegenstimmen innerhalb der Initiative Frieden und Menschenrechte stellten in einer gemeinsamen Erklärung fest: Man wolle »nicht bei Parteien Menschenrechtsverletzungen in der DDR einklagen, die ihrerseits eine menschenverachtende Asylpolitik befürworteten und brutale Diktaturen wie in Südafrika und Chile unterstützten.«[47] Im Gegensatz etwa zur polnischen Opposition bestand eine »starke Neigung zu linken Gesellschaftsentwürfen«.[48]

---

46 Vgl. Karl Wilhelm Fricke, Die DDR-Kommunalwahlen '89 als Zäsur für das Umschlagen von Opposition in Revolution, in: Eberhard Kuhrt u. a. (Anm. 23), S. 467–505.
47 Zitiert nach Wolfgang Rüddenklau (Anm. 27), S. 112.
48 Detlef Pollack (Anm. 19), S. 150.

Wer zu der Feststellung gelangt, daß bei den oppositionellen Kräften in den achtziger Jahren die parlamentarische Demokratie, die soziale Marktwirtschaft und die deutsche Einheit wahrlich nicht den Angelpunkt ihres Denkens bestimmten, will deren Anliegen nicht diskreditieren. Aber es wäre unredlich, dies zu unterschlagen. Worauf basierte die Affinität zu sozialistischen Gedankengängen? Die Ursachen dafür sind vielfältig: Gefangen in antifaschistischen Mythen, agierten die staatskritischen Gruppierungen in einer Umgebung, die fest auf den »Sozialismus in den Farben der DDR« eingeschworen war. Darauf hatten sie sich einzustellen. Sie waren (und nicht nur sie!) weniger von der Diktatur überzeugt, wohl aber von ihrer Stabilität. Teils paßten sie sich widerstrebend den Verhältnissen an, so daß nicht alle Verlautbarungen zum Nennwert zu nehmen sind; teils verstanden sie sich als überzeugte Sozialisten, denen die Reform des Sozialismus ein besonderes Anliegen war. Über die Frage der Gewichtung läßt sich streiten – je nach Ort und Zeit. In Berlin überwog stärker die letzte Richtung; in der zweiten Hälfte der achtziger Jahre wurde die Systemkritik deutlicher. Manche eher konservativ eingestellte Personen hielten sich mit ihrem Engagement wohl auch deshalb zurück, weil sie sich von den Aktionsformen wie von den Zielen wenig angesprochen fühlten.

Die oppositionellen Kräfte waren 68er in einem doppelten Sinne: Sie standen einerseits den Idealen des »Prager Frühlings« von 1968 und andererseits den Ideen der 68er im Westen nahe. So wird ein Aspekt immer wieder übersehen: Die staatskritischen Gruppen waren stark von friedensbewegten, alternativen und grünen Kreisen im Westen beeinflußt. Diese meldeten ihrerseits Vorbehalte gegenüber dem »Kapitalismus« an. Insofern müßte sich der Vorwurf gegen die Kräfte im Westen richten, denen es zum Teil an Engagement für die freiheitliche Ordnung gebrach. Auch sie waren auf den Status quo fixiert und stellten nicht die Existenz der diktatorischen DDR in Frage. Man kann schlecht jene in der Diktatur kritisieren, die sich an aufmüpfigen Kreisen im demokratischen Verfassungsstaat orientierten.

Der »deutsche Herbst« 1989 und die oppositionellen Kräfte

Es besteht in der Forschung weithin ein doppelter Konsens. Die oppositionellen Kräfte haben den Untergang der DDR-Diktatur herbeigeführt, nicht aber die deutsche Einheit befördert. Stellt man auf die Intention ab, so liegt dieser Sachverhalt auf der Hand: Die Oppositionellen wandten sich gegen das diktatorische Regime, forderten aber nicht die deutsche Einheit.

Gleichwohl bedarf diese These einiger Einschränkungen: Erstens gab es eine Reihe von Kräften, die die Diktatur an sich nicht abschaffen wollten, sondern ihre Härten zu mildern suchten. Und einige wenige plädierten für die deutsche Einheit, wenngleich unter den Vorzeichen eines gesellschaftspolitisch oder außenpolitisch bedingten dritten Weges. In beiden Bereichen – der Frage der Freiheit und der Frage der Einheit – ist allerdings die taktische Ebene zu berücksichtigen. Zweitens besteht ein enger Zusammenhang zwischen dem Ende der diktatorischen DDR und dem Ende der demokratischen DDR. Die Freiheit bahnte den Weg zur Einheit. Pauschal gesagt (und ohne auf unterschiedliche Phasen einzugehen): Die Idee der deutschen Nation hatte in der DDR vierzig Jahre bei der Bevölkerung fortbestanden – wohl stärker als in der Bundesrepublik. Dabei wurde in der DDR staatlicherseits davon Abstand genommen und in der Bundesrepublik staatlicherseits ihr Erhalt angestrebt. Für den Einheitsgedanken bei der DDR-Bevölkerung war der wirtschaftliche Wohlstand und die politische Freiheit der Bundesrepublik förderlich; beide wirkten anziehend.

Die Fluchtbewegung im Sommer 1989 – vornehmlich dank der offenen Grenzen zwischen Ungarn und Österreich – war eine wesentliche Voraussetzung für die Demonstrationsbewegung im Herbst. Oppositionelle wiederum waren deren Initiatoren. Möglicherweise erklärt die weitgehende Integration der Ausreisewilligen in die Leipziger alternative »Szene«, wieso der Umbruchprozeß in Sachsen begann.[49] Die Ausreisewilligen spielten dort eine aktive Rolle bei den Demonstrationen. Insgesamt aber trieb die Fluchtbewegung die Demonstrationswelle im eigenen Land an. Beide Faktoren trugen zur Destabilisierung der diktatorischen DDR bei.[50]

Die DDR-Opposition konnte deshalb so erfolgreich sein, weil sie sich auf den Boden des Sozialismus stellte. Hätte sie ihn offen abgelehnt, wäre ihr Spielraum (noch) stärker beschnitten worden. Die Oppositionellen waren ein Totengräber wider Willen. Sie bildeten den Kristallisationskern der sich formierenden Bewegungen im Herbst 1989. Es entstand – neben der bereits von 1985/86 an existierenden Initiative Frieden und Menschenrechte – binnen kurzem eine Reihe von Vereinigungen und Parteien, deren Gründung jeweils von meist langjährigen Systemgegnern ausging: Neues Forum, Demokratie Jetzt, Demokratischer Aufbruch, Grüne Partei, Sozialdemokratische Partei in der DDR.[51] Die Entstehung dieser Gruppierungen, die sich in der Demokratisierung der DDR einig wußten, war zum Teil zufällig bestimmt, zum Teil durch Animositäten einzelner Protagonisten bedingt. (So vertrugen sich Bärbel Bohley und Rainer Eppelmann nicht.) In einer »Gemeinsamen Erklärung«

---

49 Vgl. Detlef Pollack (Anm. 19), S. 117 f.
50 Vgl. Albert O. Hirschmann, Abwanderung und Widerspruch und das Schicksal der Deutschen Demokratischen Republik. Ein Essay zur konzeptuellen Geschichte, in: Leviathan 20 (1992), S. 330–358.
51 Vgl. für Einzelheiten: Helmut Müller-Enbergs/Marianne Schulz/Jan Wielgohs (Hrsg.), Von der Illegalität ins Parlament. Werdegang und Konzepte der neuen Bürgerbewegungen, Berlin 1991; Helmut Müller-Enbergs (Hrsg.), Was will die Bürgerbewegung?, Augsburg 1992.

vom 4. Oktober 1989 strebten die Gruppierungen eine Zusammenarbeit an und ein »Wahlbündnis mit gemeinsamen eigenen Kandidaten«.[52] Am weitesten »links« stand die Vereinigte Linke[53], am weitesten »rechts« die SDP, deren Repräsentanten mit utopisch anmutenden Basiskonzepten wenig anfangen konnten.[54]

Die DDR-Diktatur vertrug keine grundlegende Reform im Sinne eines begrenzten Pluralismus. Diese mußte sich zu einer Gefährdung des Machtmonopols der Partei ausweiten. Wer für mehr Großzügigkeit im Umgang mit den Oppositionellen plädierte, vergrößerte damit deren Basis. Die systemkritischen Gruppierungen waren »konterrevolutionär«, auch wenn sie nicht die Abschaffung der DDR auf ihr Panier geschrieben hatten. Insofern argumentierte die politische Führung folgerichtig und handelte durch flächendeckende Überwachungsmaßnahmen konsequent, nicht jedoch jener weit überwiegende Teil der Oppositionellen, der auf einen verbesserlichen Sozialismus abstellte.

Die Unzufriedenheit mit der DDR war Ende der achtziger Jahre besonders groß. Nicht deshalb, weil die Repression besonders stark war, sondern – gerade umgekehrt – weil sie nachließ. Die Bürger wagten in der Gorbatschow-Ära mehr Kritik, da das Risiko, »abgestraft« zu werden, zusehends schwand. Die außenpolitische Konstellation war für den Zusammenbruch der kommunistischen DDR entscheidend.[55] Die Sowjetunion schien unter Gorbatschow nicht mehr bereit zu sein, um den Preis einer militärischen Intervention den eigenen Herrschaftsbereich zusammenzuhalten. Vielleicht war Gorbatschow auch Opfer der eigenen Reformpolitik, glaubte er doch, daß die Kritik der Bevölkerung am maroden Honecker-System nicht prinzipiell auf eine Absage an den Sozialismus hinauslaufe. Damit unterschätzte er die Anziehungskraft des Westens. Die Oppositionellen unterlagen derselben Fehlwahrnehmung.

Mit der Maueröffnung verlor das DDR-Regime die letzten Reste seiner Stabilität. Aber sie bedeutete zugleich eine massive Schwächung der oppositionellen Gruppen, die dies wußten und die sich dagegen auflehnten. Am 12. November wies ein Flugblatt des Neuen Forums, verfaßt von Jens Reich, die DDR-Bürger auf kommende Gefahren hin: »Laßt Euch nicht von den Forderungen nach einem politischen Neuaufbau der Gesellschaft ablenken!

---

52 Die »Gemeinsame Erklärung« ist unter anderem abgedruckt in: Gerhard Rein (Hrsg.), Die Opposition in der DDR. Entwürfe für einen anderen Sozialismus, Berlin 1989, S. 122 f.
53 Vgl. Thomas Klein/Vera Vordenbäumen/Carsten Wiegrefe/Udo Wolf (Hrsg.), Keine Opposition. Nirgends? Linke in Deutschland nach dem Sturz des Realsozialismus, Berlin 1991.
54 Vgl. Wolfgang Herzberg/Patrik von zur Mühlen (Hrsg.), Auf den Anfang kommt es an. Sozialdemokratischer Neubeginn in der DDR 1989. Interviews und Analysen, Bonn 1993.
55 Als Ursache für den Zusammenbruch wird die wirtschaftliche Misere überschätzt. Schließlich war weder im Osten noch im Westen hinreichend bekannt, daß die DDR faktisch »pleite« war.

Ihr wurdet weder zum Bau der Mauer noch zu ihrer Öffnung befragt, laßt Euch jetzt kein Sanierungskonzept aufdrängen, das uns zum Hinterhof und zur Billiglohnquelle des Westens macht! Achtet genau darauf, wem die jetzt einzutretenden Unternehmungen und Geschäfte Vorteil bringen werden und wie hoch die sozialen Kosten sind. Laßt das Land nicht verhökern und Euch nicht als Mietsklaven verdingen! Wir werden für längere Zeit arm bleiben, aber wir wollen keine Gesellschaft haben, in der Schieber und Ellenbogentypen den Rahm abschöpfen. Ihr seid die Helden einer politischen Revolution, laßt Euch jetzt nicht ruhigstellen durch Reisen und schuldenerhöhende Konsumspritzen.«[56] Mit solchen Äußerungen, die im übrigen eine Abfederung radikalerer Positionen bedeuteten, manövrierten sich die Oppositionellen, die kurz zuvor von großen Teilen der Bevölkerung noch gepriesen wurden, ins Abseits. Der Affekt gegen den »Konsumismus« war zu groß und weltfremd. Die Massendemonstrationen im Herbst 1989 veränderten nach Öffnung der Mauer bekanntlich ihren Charakter und zielten schon bald auf die Schaffung der deutschen Einheit.

Die Oppositionsgruppen machten keine Anstalten, die Macht an sich zu reißen. Die republikweiten »Runden Tische«, an deren Zustandekommen sie großen Anteil hatten, erleichterten den Übergang von einer Diktatur in eine Demokratie. Der am 7. Dezember gebildete »Zentrale Runde Tisch« hatte dank der »neuen Kräfte« ein doppeltes Verdienst: einerseits die Ausschaltung des Staatssicherheitsdienstes, andererseits die baldige Terminierung für die ersten demokratischen Wahlen.[57] Dem konnten sich die Kräfte nicht entziehen, die bisher in der DDR die Herrschaft ausübten.[58] Das bedeutete jedoch keineswegs, daß die revolutionäre Dynamik sie zu Demokraten machte, auch wenn sie keinen offenen Versuch mehr unternahmen, die Entwicklung hin zu Demokratie und Einheit zu stoppen. Sie fügten sich und versuchten zu retten, was noch zu retten war. So gab die »Regierung der nationalen Verantwortung« unter Hans Modrow den oppositionellen Gruppierungen je ein Ministeramt ohne Geschäftsbereich – in der Absicht, sie zu integrieren und sich selbst salonfähig zu machen.

Mit dem Ende der kommunistischen Diktatur nahm auch – so paradox das klingen mag – der Einfluß der öffentlich aufbegehrenden Gruppen rasch ab. Bei den ersten demokratischen Wahlen am 18. März 1990 waren die Oppo-

---

56 Jens Reich, Rückkehr nach Europa. Zur neuen Lage der deutschen Nation, München/Wien 1991, S. 202 f. – Das Flugblatt ist außerdem noch unterzeichnet von Sebastian Pflugbeil, Bärbel Bohley, Reinhard Schult, Eberhard und Jutta Seidel.
57 Vgl. Uwe Thaysen, Der Runde Tisch. Oder: Wo blieb das Volk? Der Weg der DDR in die Demokratie, Opladen 1990; siehe auch ders. (Hrsg.), Der Zentrale Runde Tisch der DDR. Wortprotokoll und Dokumente, 5 Bde., Wiesbaden 2000.
58 Vgl. für Einzelheiten: Hans Michael Kloth, Vom »Zettelfalten« zum freien Wählen. Die Demokratisierung der DDR 1989/90 und die »Wahlfrage«, Berlin 2000.

sitionsgruppen, die sich zum »Bündnis 90« zusammengeschlossen hatten, Verlierer und Gewinner gleichermaßen: Verlierer, weil sie so deprimierend schlecht abschnitten[59]; Gewinner, weil die Einführung demokratischer Wahlen maßgeblich auf sie zurückging.

Regelmäßig ist der Hinweis zu lesen, daß die Forderungen Oppositioneller »nicht systemimmanent, sondern systemsprengend« waren. »Die Machtbegrenzung einer totalitären Partei wie der SED war unmöglich, denn das Wesen totaler Herrschaft ist immer das Entweder-Oder.«[60] Mit dieser These hat Rainer Eckert recht und unrecht zugleich. Recht hat er, wenn er die Auswirkung berücksichtigt; schließlich war der DDR-Sozialismus mit einer Machtbegrenzung der SED unvereinbar. Unrecht hat er aber, wenn er die Intention der jeweiligen Kräfte berücksichtigt, schwebte ihnen doch keineswegs die Abschaffung einer sozialistischen DDR vor. Insofern war die monolithische SED weitaus realistischer als ihr wahrlich nicht-monolithischer Kontrahent. In einem Punkt jedoch erwies sich die Opposition lange als monolithisch: Sie glaubte an einen dritten Weg zwischen Kapitalismus und Sozialismus, zwischen der parlamentarischen Demokratie und der Parteidiktatur.

Implodierte die ideologisch entkräftete kommunistische DDR, oder wurde sie von der Demonstrationsbewegung hinweggefegt? Wer den Akzent auf die erste Alternative legt, spricht gemeinhin von einer »Implosion«, wer die Kraft der Gegner des Systems hervorhebt, indes von einer Revolution. Im übrigen muß zwischen den beiden Sichtweisen kein zwingender Gegensatz bestehen. Die oppositionellen Kräfte konnten nur so stark sein, weil das diktatorische System so schwach war. Und dieses erschien lange so stark, weil die politisch alternativen Kräfte derart schwach wirkten und nicht einmal den Begriff der Opposition für sich beanspruchten.

Die überwiegende Mehrheit der Opposition hat die Machtfrage insofern nicht gestellt, als sie keineswegs offen dem diktatorischen System den Kampf angesagt hat. Beim Zerfall der Diktatur wollten manche von ihnen »sozialistische Errungenschaften« retten. Sie waren dem alten System stärker verhaftet als die meisten derer, die nicht aufgemuckt hatten. »Für die Oppositionellen war die DDR der einzig denkbare Bezugsrahmen ihres Handelns, an dem sie sich rieben, in dem sie aber auch einen außergewöhnlichen Status einnahmen. Trotz ihrer unangepaßten Stellung waren sie daher in hohem Maße auf die DDR fixiert.«[61]

---

59 Allerdings ist zu berücksichtigen, daß auch die ostdeutsche sozialdemokratische Partei oppositionelle Wurzeln hatte. Gleiches gilt für die Grüne Partei, die mit dem Unabhängigen Frauenverband eine Verbindung einging, und für den Demokratischen Aufbruch, der unter dem Dach Allianz für Deutschland antrat (mit der CDU und der DSU).
60 So Rainer Eckert, Das Programm einer demokratischen Revolution. Debatten der DDR-Opposition in den »radix-Blättern« 1987–1989, in: Deutschland Archiv 32 (1999), S. 779.
61 Detlef Pollack (Anm. 19), S. 260.

Mit einiger Überspitzung läßt sich sagen: Die große Masse der Bevölkerung war äußerlich angepaßt, aber innerlich renitent (ohne »Sozialismus«-Vision); die Masse der Oppositionellen hingegen innerlich angepaßt (nämlich mit der Vision von einem »anderen Sozialismus«), jedoch äußerlich renitent. Hingegen haben die Reformer innerhalb der SED keinen Anteil am Umbruch in der DDR. Sie reagierten erst, als es brodelte. Damit wollten sie sich an die Spitze der Bewegung setzen, um ihr die Spitze zu nehmen. Zu Recht wird von einem »Reformer-Mythos« gesprochen.[62]

II. Repräsentanten der Opposition

Begründung für die Auswahl

Wer eine Auswahl vornimmt (und eine solche ist bei vierzehn Vorträgen angesichts der Vielzahl der in Frage kommenden Personen unumgänglich), muß diese begründen. Es war die Absicht des Verfassers, möglichst solche Systemkritiker zu gewinnen, die einerseits 1989/90 im Umbruchprozeß (und auch schon davor) eine tragende Rolle gespielt haben, andererseits sollte die Auswahl die verschiedenen Strömungen möglichst repräsentativ abdecken – und zwar in einem doppelten Sinne: für die damalige und für die heutige Position. Schließlich haben sich im Laufe von zehn Jahren manche Wandlungen vollzogen. Die Oppositionellen sollten sich zudem einen gewissen Bekanntheitsgrad erworben haben und auch in der einen oder anderen Weise publizistisch ausgewiesen sein. Das engte den Kreis der in Frage kommenden ein.

Vor allem war es wichtig, einige jener Oppositionellen zu berücksichtigen, die wegen ihrer Renitenz 1988 mehr oder weniger unfreiwillig die DDR verlassen mußten: Freya Klier, Wolfgang Templin, Vera Wollenberger.[63] Neben diesen drei Personen waren Joachim Gauck, Jens Reich und Friedrich Schorlemmer fest vorgesehen. Als Persönlichkeiten des öffentlichen Lebens mit hoher moralischer Autorität zählt ihr Wort im vereinigten Deutschland. Rainer Eppelmann und Markus Meckel, herausragende Kräfte des Umbruchs und langjährige Oppositionelle, durften ebenfalls nicht fehlen, zumal sich beide in der Aufarbeitung der DDR-Vergangenheit große Verdienste erworben haben. Sie waren in der ersten und letzten demokratisch gewählten DDR-Regierung an führender Stelle tätig: der eine als Abrüstungs- und Verteidigungsminister, der andere als Außenminister.

Schließlich war beabsichtigt, Bärbel Bohley und Gerd Poppe, die Inspiratoren vieler Protestaktionen, einzubeziehen. Beide traten jahrelang so un-

---

62 Wolfgang Rüddenklau (Anm. 27), S. 282.
63 Sie nahm ihren Mädchennamen »Lengsfeld« wieder an, als sie von der langjährigen Bespitzelung durch ihren Mann erfuhr.

verdrossen wie couragiert öffentlich für eine Demokratisierung der DDR ein und gehörten zum »harten Kern« der Opposition. Ihre Teilnahme an der Ringvorlesung zerschlug sich jedoch aus beruflichen Gründen: Bohley wirkte im Auftrag der EU-Administration in Bosnien bei der Durchführung humanitärer Hilfsmaßnahmen, Poppe als Beauftragter für Menschenrechte und Humanitäre Hilfe des Auswärtigen Amtes der Bundesrepublik. Bärbel Bohley (geboren 1945 in Berlin), eine freischaffende Malerin, rief 1982 die Gruppe Frauen für den Frieden ins Leben, saß mehrere Wochen wegen »Verdachts auf landesverräterische Nachrichtenübermittlung« im Gefängnis, gründete die Initiative Frieden und Menschenrechte mit, wurde zu Anfang des Jahres 1988 im Zusammenhang mit der Luxemburg-Liebknecht-Demonstration in den Westen abgeschoben, erzwang jedoch ihre baldige Rückkehr und initiierte im September 1989 das Neue Forum. Gegenüber jeder Form der Parteipolitik blieb sie reserviert. Gerd Poppe (geboren 1941 in Rostock), ein Physiker, der nach seinem Protest gegen die Biermann-Ausbürgerung seinen Beruf nicht mehr ausüben durfte (er war dann Maschinist, später Ingenieur beim Diakonischen Werk), gehörte ebenfalls zu den Mitbegründern der Initiative Frieden und Menschenrechte, fungierte als deren Sprecher am Zentralen Runden Tisch 1989/90, sowie als Minister ohne Geschäftsbereich in der Regierung Modrow. Von 1990 bis 1998 zählte er im Bundestag (als Abgeordneter des Bündnis 90/Die Grünen) zu den klaren Gegnern der fundamentalistischen Strömungen in der eigenen Partei und war lange deren außenpolitischer Sprecher.

Was die weiteren sechs Referate betraf, richteten sich Anfragen an zehn Personen, die auf je eigene Weise in Opposition zur DDR-Diktatur standen. Marianne Birthler, Ehrhart Neubert, Günter Nooke, Ulrike Poppe, Edelbert Richter und Konrad Weiß sagten als erste zu. Damit mußte auf die anderen vier verzichtet werden. Wenigstens kurz sei auf deren Werdegang verwiesen:

Thomas Klein (geboren 1948 in Berlin), in der DDR wegen »ungesetzlicher Verbindungsaufnahme« inhaftiert und anschließend mit Berufsverbot bedacht, wirkte – trotzkistisch ausgerichtet – fast zehn Jahre in kirchlichen Friedensgruppen und gründete im Herbst 1989 die marxistisch orientierte »Vereinigte Linke«, die sich von den anderen Bürgerrechtsgruppen durch ihren sozialistischen Fundamentalismus vielfältig unterschied. Er saß für diese Gruppierung am Zentralen Runden Tisch und erhielt deren einziges Mandat in der ersten demokratisch gewählten Volkskammer. Heute ist er beim Potsdamer Forschungsschwerpunkt »Zeithistorische Studien« tätig.

Lutz Rathenow (geboren 1952 in Jena), kurz vor Abschluß seines Geschichtsstudiums an der Universität Jena aus politischen Gründen relegiert, schrieb Lyrik- und Prosatexte, die den politisch Herrschenden in der DDR nicht genehm waren. Sie erschienen daher vor allem in der Bundesrepublik, darunter auch kritisch-scharfzüngige Texte zum Leben in der DDR. Die Publikation seines ersten Buches im Westen zog vorübergehend eine Verhaftung nach sich. Er siedelte in den achtziger Jahren nach Berlin über, wo seine Lesungen in Kirchen und Wohnungen stattfanden. Frühzeitig votierte Rathenow, seit längerem freier Schriftsteller, für die deutsche Einheit.

Richard Schröder (geboren 1943 in Frohburg/Sachsen) war nach einer theologischen Ausbildung am Katechetischen Oberseminar in Naumburg und am Sprachenkonvikt in Berlin dort Assistent und von 1977 bis 1990 Dozent, dazwischen Pfarrer. Als Fraktionsvorsitzender der Sozialdemokraten in der ersten frei gewählten Volkskammer hielt er – kein Verfechter von Lagermentalitäten – maßgeblich die große Koalition zusammen. Schröders Essays findet man in den bedeutenden Tages- und Wochenzeitungen. Sein Name wurde mehrfach mit dem Amt des Bundespräsidenten in Verbindung gebracht. Seit 1992 ist er Professor für Philosophie und systematische Theorie an der Berliner Humboldt-Universität.

Arnold Vaatz (geboren 1955 in Weida bei Gera) absolvierte ein Mathematikstudium. Nach seiner Weigerung, als Reservist vorübergehend zur Armee zurückzukehren, mußte er mehrere Monate in Haft verbringen. Vaatz war führender Kopf des Neuen Forums in Sachsen und gehörte als Mitglied der Gruppe der 20 in Dresden zu jenen, die in Sachsen die »Wende« beförderten. Mit Energie trieb er – seit Februar 1990 Mitglied der CDU – die Bildung des Landes Sachsen maßgeblich voran. Zunächst Staatsminister in der sächsischen Staatskanzlei, fungierte er von 1992 bis 1998 als Minister für Umwelt und Landesentwicklung. Seit Herbst 1998 ist er Bundestagsabgeordneter der CDU.

Die Begründung für die Auswahl will keine Hierarchisierung der Protagonisten vornehmen, jedoch transparent machen, wieso »dieser« eingeladen wurde – und »jener« nicht. Naturgemäß läßt sich über die Repräsentativität immer streiten. Der Herausgeber hatte auch andere Namen in die engere Wahl gezogen, so Angelika Barbe (geboren 1951 in Brandenburg), die die SDP in Schwante mitgründete und später 1996 zur CDU ging; so Stephan Bickhardt (geboren 1959 in Leipzig), der sich als Theologe in verschiedenen oppositionellen Zirkeln engagierte und im Jahre 1990 Geschäftsführer von Demokratie Jetzt war; so Martin Böttger (geboren 1947 in Frankenhain bei Geithain), der sich fast zwei Jahrzehnte in staatskritischen Gruppierungen betätigte und 1989 die Aktivitäten des Neuen Forums in Karl-Marx-Stadt koordinierte; so Stephan Hilsberg (geboren 1956 in Müncheberg/Mark), der in kirchlichen Friedenskreisen aktiv war und 1. Sprecher der SDP bis Februar 1990 wurde; so Heiko Lietz (geboren 1943 in Rostock), der zehn Jahre lang im »hohen Norden« die autonome Friedensbewegung aufbaute und koordinierte; so Hans-Jürgen Misselwitz (geboren 1950 in Altenburg), der, studierter Biophysiker und Theologe, als Mitbegründer des Friedenskreises Pankow vielfältige Kontakte organisierte; so Reinhard Schult (geboren 1951 in Berlin), der trotz einer mehrmonatigen Freiheitsstrafe wegen Verbreitung illegaler Literatur zum »harten Kern« der Oppositionellen zu rechnen ist; so Hans-Jochen Tschiche (geboren 1929 in Kossa bei Bitterfeld), der seine Leitungstätigkeit bei der Evangelischen Akademie Sachsen-Anhalt mit dem Engagement in kirchlichen Friedenskreisen verband; so Wolfgang Ullmann (geboren 1929 in Bad Gottleuba), der am Katechetischen Oberseminar in Naumburg und am Sprachenkonvikt in Berlin lehrte und 1990 Minister ohne Geschäftsbereich in der Modrow-Regierung wurde – um nur einige Namen zu nennen.

Gleichwohl: Die Auswahl dürfte repräsentativ sein. In dem voluminösen Band zur Opposition in der DDR von Ehrhart Neubert ergibt sich die folgende Reihenfolge: Rainer Eppelmann findet auf 84 Seiten Erwähnung, Edelbert Richter auf 44, Friedrich Schorlemmer auf 29, Vera Lengsfeld auf 28, Markus Meckel auf 26, Ulrike Poppe auf 25, Freya Klier auf 21, Wolfgang Templin auf 18, Ehrhart Neubert auf 15, Günter Nooke auf 11, Marianne Birthler auf 10, Konrad Weiß auf 6, Jens Reich auf 4 und Joachim Gauck auf 2 Seiten. Gewiß haftet einer solchen Auszählung etwas Willkürliches an, doch waren die oppositionellen Aktivitäten von Eppelmann und Richter in der Tat weitaus stärker als diejenigen Reichs und Gaucks. Deren Bekanntheitsgrad ist heute dagegen weitaus größer als jener von Richter und Neubert. Der Name von Bärbel Bohley taucht auf 54 Seiten auf, Gerd Poppe auf 32, Lutz Rathenow auf 13, Thomas Klein auf 11, Richard Schröder auf 7 Seiten und Arnold Vaatz auf einer einzigen.

Was die einzelnen Gruppierungen betrifft, so ist die Auswahl ebenfalls repräsentativ: Drei Oppositionelle gehörten dem Demokratischen Aufbruch an (Eppelmann, Neubert, Nooke[64]), zwei dem Neuen Forum (Gauck, Reich), zwei der Initiative Frieden und Menschenrechte (Birthler, Templin), zwei Demokratie Jetzt (Poppe, Weiß), drei der SPD (Meckel, Richter, Schorlemmer, wobei die beiden letzten den Demokratischen Aufbruch wegen seiner »Rechtslastigkeit« verlassen hatten) und zwei den Grünen (Lengsfeld und Klier, wenngleich Klier lediglich als Parteilose für die Grünen bei der Bundestagswahl 1990 kandidierte und im Herbst 1989 keiner bestimmten Gruppierung zuzuordnen ist). Im übrigen sollte die Frage der jeweiligen Zugehörigkeit angesichts der fließenden Übergänge nicht überschätzt werden. Fluktuationstendenzen zeigten sich besonders beim Demokratischen Aufbruch.

Von den vierzehn Personen, die in diesem Band zu Wort kommen, stehen die Namen von Rainer Eppelmann, Joachim Gauck, Markus Meckel, Jens Reich, Friedrich Schorlemmer, Konrad Weiß in der neuesten – der zwanzig-

---

64 Allerdings verließen Neubert und Nooke Ende Januar 1990 den Demokratischen Aufbruch. Beide wurden in der Folge bei keiner oppositionellen Gruppierung mehr Mitglied, wiewohl Nooke über die Gruppierung Demokratie Jetzt als Unabhängiger in die Volkskammer gelangte.

sten – Auflage des Brockhaus. Werden sie in ihm gewürdigt, so finden sich überaus abfällig-hämische Kommentare in der Neuausgabe des Bändchens *Unsere Besten* von Reinhold Andert. Bösartig heißt es dort, daß »unsere VIPs« geholfen hätten, »das Volkseigentum der DDR westlichen Privathänden anzuvertrauen. Dafür wurden sie politisch geadelt und sind bis zu ihrem Lebensende versorgt.«[65] Die Absicht ist klar: Der Autor will in Kurzbiographien die oppositionellen Kräfte als Opportunisten lächerlich machen. Doch sie wagten sich aus der Deckung, als viel Zivilcourage zum Widerspruch gehörte. Einige Beispiele: Über Marianne Birthlers Studium der Außenhandelswirtschaft heißt es: »Diesen Beruf durften in der DDR nur Leute ausüben, die eine politisch ›saubere Kaderakte‹ vorwiesen, zumindest was die unteren Ränge betraf.« Von Eppelmann weiß Andert zu berichten: »Wie Jesus wurde E. als Sohn eines Zimmermanns geboren, allerdings 1943 Jahre nach ihm und nicht in Bethlehem, sondern in Berlin. Die ersten dreißig Jahre beider liegen im Dunklen. E. aber berichtet, in dieser Zeit in Westberlin zur Oberschule gegangen zu sein, nach dem Bau der Mauer Dächer gedeckt, Maurer gelernt und den Armeedienst verweigert zu haben. Für letzteres hätte er acht Monate gesessen.« Über Joachim Gauck und seine Auskünfte wird gesagt: »Das Unwesentliche stimmt.« Bei Freya Klier hätten »mangelnde Beschäftigung zu Staus und Aggressionen« geführt. Vera Lengfelds Leben kommentiert Andert mit den Worten: »Ständig wechselt sie die Wohnung, den Namen, das Geburtsjahr und die Parteizugehörigkeit.« Die vermeintliche Bedeutungslosigkeit von Markus Meckel untermauert er damit: »Manchmal äußert er sich auch noch öffentlich, aber nur, wenn es gegen die PDS geht.« Nookes spektakulärer Eintritt erfolgte 1996 – »wahrscheinlich kurz vor der Wende vom Arbeitslosengeld zur Arbeitslosenhilfe.« Andert bedauert es, daß das von Friedrich Schorlemmer krummgeschlagene Schwert (»Schwerter zu Pflugscharen«) »weder in der westlichen noch in der östlichen Landwirtschaft Verwendung« fand. Bei Wolfgang Templin wirke »das Gift des alten Glaubens noch lange« nach. Und Konrad Weiß suche »in seiner aalglatten Biographie vergeblich nach einem Fünkchen Repression.«[66]

Es ist schwer, über einen derartigen Zynismus keine Satire zu schreiben. Viele ehemalige Bürgerrechtler sind recht unbeliebt, wie nicht nur dieses krasse Beispiel zeigt. Die Einschätzung gilt keineswegs bloß für Personen in staatsnahen Funktionen. Vielleicht erinnern die Diktaturgegner Durchschnittsbürger an deren schlechtes Gewissen. Daß ihr Werdegang vielfach verschlungen verlief – anders als Andert behauptet –, belegen die nachfolgenden Kurzporträts.[67]

---

65 Reinhold Andert, Unsere Besten. Die VIPs des Ostens, Neuausgabe, Berlin 1999, S. 9.
66 Zitate ebd., S. 20, S. 35, S. 40, S. 58, S. 64, S. 71, S. 81, S. 99, S. 111, S. 120.
67 Sie basieren teils auf Veröffentlichungen, teils auf Angaben der Porträtierten gegenüber dem Verfasser – sei es mündlich, sei es schriftlich.

Vierzehn Porträts

Jens Reich
Jens Reich wurde am 26. März 1939 in Göttingen geboren. Er verbrachte seine Jugendjahre in Halberstadt und studierte an der Berliner Humboldt-Universität Medizin. Bis 1964 arbeitete er als praktischer Arzt. Später forschte er im Bereich der Molekularbiologie und der mathematischen Biologie. 1979 wurde er zum Professor berufen, mußte aber 1984 die Leitung seiner Forschungsabteilung abgeben. In den frühen achtziger Jahren hatte er zahlreiche Kontakte zu osteuropäischen Oppositionsgruppen, vermied es jedoch, offen gegen die SED zu rebellieren. Allerdings rief er damals einen Freitagskreis ins Leben, bei dem sich Gleichgesinnte offen austauschen konnten. Er veröffentlichte unter Pseudonym zahlreiche Beiträge im Ausland wie in der Bundesrepublik, darunter auch kritische Texte zur Lage in der DDR.

Im September 1989 gehörte Reich zu den Mitbegründern des Neuen Forums und trat vielfach in der Öffentlichkeit auf. So sprach er am 4. November auf der großen Demonstration in Berlin – für ihn »das wunderbarste und gleichzeitig beängstigendste Erlebnis des Herbstes 1989«[68] – im Namen des Neuen Forums. Seine Rede war eine Kampfansage an die SED:»Für unsere Volksvertretung wollen wir Frauen und Männer, die dem Volk Rede und Antwort zu stehen imstande sind, nicht solche, die sich einen Bezugsschein für ihre führende Rolle abholen wollen. Und dazu brauchen wir eine Wahl, die diesen Namen verdient. Mit Auswahl zwischen Kandidaten und verschiedenen Programmen, mit geheimer Abstimmung und ›fehlerfreier‹ Zusammenrechnung. Wir wollen nicht nur Papiertüten falten.«[69] Nach Öffnung der Mauer war er – wie viele aus den Reihen der oppositionellen Bewegung – nicht sonderlich begeistert von der Entwicklung. Als Spitzenkandidat des Bündnis 90 zog er in die erste frei gewählte Volkskammer ein (bis zur deutschen Einheit am 3. Oktober 1990). 1994 war Reich – unterstützt vom Bündnis 90/Die Grünen – parteiunabhängiger Kandidat für das Amt des Bundespräsidenten, um zum Zusammenwachsen der beiden Hälften Deutschlands beizutragen.[70]

Heute arbeitet Reich in seinem Beruf am Max-Delbrück-Centrum für Molekulare Medizin in Berlin. Seit 1998 ist er Professor an der Medizinischen Fakultät der Humboldt-Universität zu Berlin. Ständig äußert er sich in Büchern und Zeitungen (wie der *Zeit*) zu politischen Problemen der Gegenwart,

---

68 Jens Reich (Anm. 56), S. 196.
69 Ebd., S. 199 f.
70 Vgl. dazu: Jens Reich im Gespräch mit Mathias Greffrath und Konrad Adam, München/Wien 1994; Zur Kandidatur von Jens Reich für das Amt des Bundespräsidenten am 23. Mai 1994, Potsdam 1994.

nicht zuletzt auch zur deutschen Vereinigung. Zehn Jahre nach der Maueröffnung verweist er auf die Mentalitätsunterschiede zwischen Ost und West; sein Resümee fällt ambivalent aus: »Das erste Jahrzehnt war sehr schwierig und hat mentale und psychische Narben hinterlassen. Die innere Einheit als homogene Mentalität wird eine Illusion bleiben, muß auch nicht realisiert werden.«[71]

Hatte er bei der ersten demokratischen Volkskammerwahl im März 1990 für das Bündnis 90 gestimmt, so gab er bei der letzten Bundestagswahl im September 1998 seine Stimme der SPD. Ihm wurden nach der »Wende« zahlreiche Auszeichnungen zuteil. So erhielt er 1991 den Theodor-Heuss-Preis, 1993 den Anna-Krüger-Preis, 1996 die Lorenz-Oken-Medaille der Gesellschaft Deutscher Naturforscher und Ärzte und 1998 die Urania-Medaille. Der Gelehrte gehört zu den begehrten Rednern bei großen Veranstaltungen.[72]

Jens Reich ist ein Intellektueller von großem Format, der englischen, russischen und französischen Sprache mächtig. Seine Diskussionstechnik ist hochdifferenziert. Häufig relativiert er, dem »pompöses und demagogisches Gehabe«[73] fehlt, das eine Argument im nächsten Satz durch ein anderes. Diese Art des Abwägens ist in der Politik weder gebräuchlich noch dem Vorwärtskommen förderlich. So war sein schneller Rückzug aus der Politik konsequent. Sein betont bürgerlicher Habitus machte ihn wohl auch in der oppositionellen, stark von subkulturellen Erscheinungen bestimmten »Szene« zu einem Fremdkörper. Selbst Reich, dem starke Urteilskraft eigen ist, fiel Illusionen zum Opfer – etwa nach der Öffnung der Mauer, als er zunächst noch an die Realisierbarkeit eines dritten Weges glaubte. Dabei hat ihn – eigenem Bekunden nach – der Mauerbau zu einem prinzipiellen Gegner der SED gemacht. Aus einem bürgerlichen Elternhaus stammend (sein Vater war ebenfalls Arzt), stand er dem politischen System der Bundesrepublik Deutschland von Jugend an mit kritischer Sympathie gegenüber. Er war niemals in der Gefahr, ein Parteigänger des »realen Sozialismus« zu werden.

Nach dem Vorhergesagten muß nicht überraschen, daß Jens Reich viel geschrieben hat. Er, der Individualist, hat sich durch seine Bücher und zahlreichen Artikel in bedeutenden Zeitungen wie der *Zeit*, der *Frankfurter Allgemeinen* oder *Süddeutschen* einen klangvollen Namen erworben. Dabei nimmt er kein Blatt vor den Mund, etwa in der heiklen Frage der Gentech-

---

71 Jens Reich, Zehn Jahre deutsche Einheit, in: Aus Politik und Zeitgeschichte. Beilage zur Wochenzeitung Das Parlament, B 1–2/2000, S. 32.
72 Vgl. beispielsweise: Ders., Der langsame Abschied von den Ideologien, in: Klaus-Dietmar Henke (Hrsg.), Die Verführungskraft des Totalitären. Saul Friedländer, Hans Maier, Jens Reich und Andrzej Szczypiorski auf dem Hannah-Arendt-Forum 1997 in Dresden, Dresden 1997, S. 39–48.
73 So Wolfgang Ullmann, Der oppositionelle Professor. Jens Reich zum 60. Geburtstag, in: Berliner Zeitung, 26. März 1999.

nologie, die er differenziert beurteilt und nicht von vornherein verurteilt. Als einer der Sprecher des deutschen »Human-Genom-Projekts« sieht er nicht nur Risiken, sondern auch Chancen für die künftige Medizin.[74] In dem Band *Rückkehr nach Europa* sind – bisweilen unter dem Pseudonym »Thomas Asperger« verfaßte – Beiträge aus den Jahren 1980 bis 1990 enthalten (unter Verzicht auf spätere Korrekturen). Reich ist ein Phänomen: So befaßt sich ein Aufsatz des Mediziners und Molekularbiologen aus dem Jahre 1988 mit dem »Historikerstreit«. Reich verläßt ausgetretene Pfade, und seine Argumentation besticht durch Originalität.[75] Der Band *Abschied von den Lebenslügen* übt Kritik an der »Intelligenz«.[76] Auch in ihn fließen Reichs Erfahrungen mit dem »realen Sozialismus« ein. Leider sind beide Bücher – eine Sammlung zum Teil nur lose verbundener Aufsätze – nicht aus einem Guß geschrieben. Seine neueste Arbeit zur Sprachkritik zeigt einmal mehr das weitgefächerte Interessenfeld Reichs.[77] Dessen besondere Stärke liegt in der Essayistik.

Konrad Weiß
Konrad Weiß wurde am 17. Februar 1942 in Lauban (Schlesien) geboren. Als überzeugter Katholik zur Erweiterten Oberschule nicht zugelassen, holte er nach einer Lehre als Elektromonteur das Abitur an der Volkshochschule nach. Von 1963 bis 1965 im Katholischen Seelsorgeamt in Magdeburg arbeitend, studierte er als Schüler von Karl Gass zwischen 1965 und 1969 an der Deutschen Hochschule für Filmkunst in Potsdam-Babelsberg und machte dort das Diplom. Zwischen 1969 und 1990 war er als Regisseur im Berliner DEFA-Studio für Dokumentarfilme tätig. Drei seiner Filme handelten von jüdischen Themen, darunter auch vom Ghetto-Alltag der Juden im Dritten Reich (zum Beispiel »Dawids Tagebuch« aus dem Jahr 1980).

Als Mitbegründer und Sprecher der Anfang September 1989 gegründeten Bürgerbewegung Demokratie Jetzt saß er ab Dezember 1989 am Zentralen Runden Tisch in Berlin und wußte dort manch kritische Situation zu meistern.[78] Er, der nie einer Partei angehört hatte, gelangte auf der Liste des Bündnis 90 im März 1990 in die demokratisch gewählte Volkskammer. Dort sprach er sich – für viele überraschend – in einer interfraktionellen Koope-

---

74 Vgl. beispielsweise: Jens Reich, Erfindung und Entdeckung. Wie weit will die Menschheit die technische Inbetriebnahme der Natur treiben?, in: Frankfurter Allgemeine Zeitung, 27. Juni 2000; ders., Ein Fest der Forschung. Die Karte des Erbguts liegt vor. Wir müssen lernen, sie zu lesen, in: Die Zeit, 29. Juni 2000.
75 Vgl. ders., Auschwitz, Gulag und Rumpfdeutschland, in: Ders. (Anm. 56), S. 70–80. Siehe auch ders., Der europäische Bürgerkrieg, in: Uwe Backes/Eckhard Jesse (Hrsg.), Jahrbuch Extremismus & Demokratie, Bd. 10, Baden-Baden 1998, S. 350–353.
76 Vgl. ders., Abschied von den Lebenslügen. Die Intelligenz und die Macht, Berlin 1992.
77 Vgl. ders., Spiel – Raum – Sprache, Göttingen 1998.
78 Vgl. Gerhard Rein, Über Konrad Weiß, in: Dietmar Keller (Hrsg.), Nachdenken über Deutschland. Bd. III, Reden, Berlin 1991, S. 65–68.

ration am 17. Juni für eine sofortige Wiedervereinigung nach Art. 23 GG aus. Von 1990 bis 1994 gehörte er als Mitglied des Bündnis 90/Die Grünen dem Bundestag an. Mit der Politik der eigenen Partei zeigte er sich vielfach unzufrieden (zum Beispiel in der Frage des Abtreibungsparagraphen 218). Der Vereinigung mit den Grünen im Jahre 1993 stand er eher skeptisch gegenüber, widersetzte sich ihr jedoch nicht.

War Weiß vor 1990 in erster Linie Filmemacher, wurde er nach seinem Ausscheiden aus dem Bundestag Publizist. Als »Filmer« hatte er durch sein politisches Engagement den Anschluß verpaßt. Zahlreiche Artikel, Aufsätze und auch ein gewichtiges Buch stammen aus seiner Feder. Die Zahl seiner ehrenamtlichen Aktivitäten ist vielfältig. So gehört er dem Kuratorium der Aktion Sühnezeichen Friedensdienste an, dem Beirat der Katholischen Akademie Berlin. Weiß, mit der Carl-von-Ossietzky-Medaille der Internationalen Liga für Menschenrechte ausgezeichnet[79], ist heute als freier Publizist tätig. Er schreibt unter anderem für die *Welt* und den *Deutschlandfunk*.

Konrad Weiß ist ein Querdenker, politisch nicht leicht festzulegen. Obwohl Mitglied beim Bündnis 90/Die Grünen (wenn auch mittlerweile nur noch als »Karteileiche«), kooperiert er zuweilen mit Kreisen aus der Union. Berührungsangst ist ihm fremd. Er kam vergleichsweise spät – im Jahre 1988 – zur oppositionellen Bewegung, vielleicht deshalb, weil er als Antifaschist nicht Antikommunist sein wollte. Auf der Unterschriftenliste gegen die Ausbürgerung Biermanns 1976 fehlte sein Name. Ihm fehlte es dafür seinerzeit an Mut. Ein Besuch im Lager Auschwitz 1965 hatte Weiß tief bewegt. »Auschwitz wurde zum konstitutiven Bestandteil seiner Vita.«[80] Entsetzt über die halbherzige Auseinandersetzung des sozialistischen Staates mit rechtsextremistischen und fremdenfeindlichen Umtrieben, wandte er sich heftig gegen das Schweigen. So schrieb er in der Untergrundzeitschrift *Kontext* im März 1989 einen Artikel zum Thema »Die neue alte Gefahr«.[81] Das Thema ließ ihn in der Folge nicht los. Obwohl Weiß zuvor als einer der wenigen aus den Reihen der Opposition mehrfach gesamtdeutsche Anklänge erkennen ließ, gehörte er zu den Initiatoren und Unterzeichnern des Aufrufs »Für unser Land« von Ende November 1989. Er hatte dafür sogar einen ausführlichen Entwurf präsentiert.[82]

---

79 Vgl. Bündnis 2000 1 (1990), Nr. 2, S. 10 f. (mit der Laudatio von Klaus Bednarz und der Dankesrede von Konrad Weiß).
80 Worte, in den Wind geredet. Spiegel-Redakteur Hartmut Palmer über den ostdeutschen Bürgerrechtler Konrad Weiß, in: Der Spiegel, Nr. 52/1991, S. 25.
81 Vgl. Konrad Weiß, Die neue alte Gefahr. Junge Faschisten in der DDR, in: Alles ist im Untergrund obenauf; einmannfrei ... Ausgewählte Beiträge aus der Zeitschrift KONTEXT 1–7, Berlin 1990, S. 18–31.
82 Vgl. für Einzelheiten: Konstanze Borchert/Klaus-Dieter Hoeft/Volker Steinke/Carola Wuttke, Die Aktion »Für unser Land« November 1989 – Januar 1990. Eine analytische Dokumentation, Berlin 1993; siehe auch Dirk Rochtus (Anm. 20), insbes. S. 216–218.

Als Bundestagsabgeordneter – vehement setzte er sich für Berlin als Regierungs- und Parlamentssitz ein – schien sich Weiß nicht sonderlich wohl zu fühlen. Die als Zwang empfundene Fraktionsdisziplin behagte ihm wenig. (So entschuldigte er sich im Bundestag einmal bei Bundeskanzler Kohl für eine Äußerung seiner Kollegin Ingrid Köppe, die ihm beleidigend erschien.) Mit der existierenden Parteienlandschaft sowie ihrem »Lagerdenken« kann er sich bis heute nicht anfreunden. Ihn prägt eher ein konsensualer, weniger ein konfrontativer Politikstil. »Es gehörte zu den Stärken der letzten Volkskammer der DDR, und das war vor allem Bürgerrechtlern zu danken, daß man sich über die Parteigrenzen hinweg respektierte und zuerst die Gemeinsamkeit, den Konsens suchte.«[83] Er prangert die mangelnde Aufarbeitung an und nimmt davon selbst die CDU nicht aus. Sie habe die »kommunistische CDU« umstandslos integriert. In Interviews wurden von ihm wiederholt verpaßte Chancen ebenso beim Namen genannt wie unbelehrbare Ressentiments orthodoxer Sozialisten.[84] Weiß sitzt als unabhängiger Kopf zwischen allen Stühlen.

In der DDR hat er nicht nur viele Filme gedreht, sondern auch zahlreiche Artikel geschrieben, unter anderem in der *Weltbühne*, ohne die SED-Propaganda klischeehaft zu übernehmen. Sein wichtigstes Werk ist die umfassende Biographie über Lothar Kreyssig, den Gründer der Aktion Sühnezeichen.[85] Es spürt den Wandlungen dieses Theologen einfühlsam nach. Gemeinsam mit dem CSU-Abgeordneten Hartmut Koschyk hat er einen Band zu den Folgen der SED-Diktatur herausgegeben.[86] Sein besonderes Anliegen ist es, auf die Gefahr zu verweisen, die vom Einfluß der PDS auf die Medien in den neuen Bundesländern ausgeht. Dabei attackiert der praktizierende Katholik auch die ökonomischen Interessen des Westens.[87]

Marianne Birthler

Marianne Birthler, geboren am 22. Januar 1948 in Berlin, war in der zweiten Hälfte der achtziger Jahre maßgeblich an der Bürgerrechtsbewegung der DDR beteiligt. Sie wuchs in Berlin als Tochter eines Einzelhändlers auf, arbeitete

---

83 Konrad Weiß, Freiheit ist das erste Bürgerrecht, in: Ehrhart Neubert/Günter Rinsche (Hrsg.), Der Demokratie Zukunft geben. Bürgerrechtlerkongreß der Konrad-Adenauer-Stiftung in Leipzig, Freiburg/Brsg. 1998, S. 44.
84 Vgl. unter anderem: »Wir nehmen zur Kenntnis, daß die Realität anders ist.« Fragen an Konrad Weiß, in: Herder Korrespondenz 44 (1990), Heft 5, S. 217–221; Von »Musterbürgern« und verpaßten Chancen. FR-Interview mit dem DDR-Bürgerrechtler und Regisseur Konrad Weiß (Demokratie Jetzt), in: Frankfurter Rundschau, 6. Juli 1990.
85 Vgl. Konrad Weiß, Lothar Kreyssig. Prophet der Versöhnung, Gerlingen 1998.
86 Vgl. Hartmut Koschyk/Konrad Weiß (Hrsg.), Von Erblasten und Seilschaften. Die Folgen der SED-Diktatur und Gefahren für die Demokratie, München/Landsberg am Lech 1996.
87 Vgl. zum Beispiel: Konrad Weiß, Der Einfluß der PDS auf die Medien in den ostdeutschen Bundesländern, in: Ebd., S. 60–69. Siehe zur Reaktion auf die Kritik von Weiß: Olaf Opitz, Auf die linke Tour. Ehemaligen DDR-Bürgerrechtlern wird aus der PDS-Szene gedroht, in: Focus, Heft 11/1994, S. 44 f.

nach dem Abitur als Exportsachbearbeiterin (»Kamera- und ORWO-Film Export GmbH«) und absolvierte zugleich ein Fernstudium an der Fachschule für Außenhandel mit dem Abschluß als Außenhandelsökonomin. Lange, zehn Jahre, war die Mutter dreier Kinder Hausfrau. Später machte sie eine Ausbildung zur Katechetin und Gemeindehelferin der evangelischen Kirche und arbeitete von 1987 an als Jugendreferentin im Stadtjugendpfarramt. Sie wurde 1986 Mitbegründerin des DDR-weiten Arbeitskreises Solidarische Kirche und wirkte von 1988 eng mit der Initiative Frieden und Menschenrechte zusammen.

Im Januar 1989 initiierte sie maßgeblich das »Berliner Kontakttelefon«, ein Informations- und Vernetzungsinstrument der DDR-Opposition. Am 4. November 1989 sprach sie für die Initiative Frieden und Menschenrechte auf der großen Berliner Demonstration und forderte die Demokratisierung der DDR. Marianne Birthler gehörte der am 7. November eingerichteten Untersuchungskommission zur Aufklärung der Ausschreitungen anläßlich der 40. Jahresfeier der DDR durch die Sicherheitskräfte an. Doch verließ sie mit anderen Bürgerrechtlern die Kommission, weil in ihr auch jene tätig waren, die für die Exzesse die Verantwortung trugen. Während der »Wende« arbeitete sie am Zentralen Runden Tisch mit. Zwischen Frühjahr und Herbst 1990 vertrat sie die Initiative Frieden und Menschenrechte in der Volkskammer. Nach einem Intermezzo als Bundestagsabgeordnete für das Bündnis 90 von Oktober bis Dezember 1990 (sie war dort Sprecherin der Fraktion Bündnis 90/Die Grünen) gelangte sie in den Landtag von Brandenburg und wurde Ministerin für Bildung, Jugend und Sport unter Ministerpräsident Stolpe, der eine »Ampel«-Koalition gebildet hatte. Dabei machte sie sich als Bildungspolitikerin einen Namen: Sie führte das Unterrichtsfach »Lebenskunde/Ethik/Religion« (LER) ein und entwickelte ein Teilzeitmodell für Lehrer, welches trotz gesunkener Schülerzahlen ohne Kündigungen auskam. Im Oktober 1992 legte sie ihr Amt wegen der nicht ausgeräumten Stasivorwürfe gegen Manfred Stolpe nieder. Von 1993 bis 1994 war sie – neben Ludger Volmer – Sprecherin des Bundesvorstandes des Bündnis 90/Die Grünen – und zwar gleich nach dem Zusammenschluß vom ostdeutschen Bündnis 90 mit den Grünen. (Die Grünen aus Ost und West hatten sich bereits nach der Bundestagswahl 1990 vereinigt.) Sie repräsentierte klar die »Realo«-Position.

In den letzten Jahren nahm sie verschiedene Aufgaben und Leitungsfunktionen innerhalb des Bündnis 90/Die Grünen wahr. Längere Zeit leitete sie das Berliner Büro der Bundestagsfraktion ihrer Partei. Derzeit ist sie Referentin für Personalentwicklung und Weiterbildung in der Bundestagsfraktion Bündnis 90/Die Grünen. 1995 erhielt sie das Bundesverdienstkreuz für ihr bürgerrechtliches Engagement. Von der Bundesregierung als Nachfolgerin für das von Joachim Gauck geleitete Amt des Bundesbeauftragten für die Unterlagen des Staatssicherheitsdienstes der ehemaligen Deutschen Demokratischen Republik vorgeschlagen, dürfte sie vom 3. Oktober 2000 an dieses Amt bekleiden, da ihr eine parteiübergreifende Mehrheit sicher ist. Nur in den Reihen der PDS stößt sie auf Mißtrauen.

Der Protestantin Marianne Birthler muß Glaubwürdigkeit bescheinigt und darf Konsequenz nicht abgesprochen werden. Ihr Rücktritt im Jahre 1992 als Ministerin der Stolpe-Regierung hat für Aufsehen gesorgt. Sie »klebte« im Gegensatz zu anderen nicht an ihrem »Ministersessel« und setzte damit ein Zeichen für die politische Kultur im Lande. »Es gibt nichts Besseres als Demokratie. Aber es gibt bessere Demokratie.« Dieses auf dem 27. Deutschen Evangelischen Kirchentag 1997 in Leipzig verkündete Wort könnte das Motto der Reformistin sein. Ebenso unermüdlich verficht sie die damit zusammenhängende These, daß die deutsche Einheit besser gelungen wäre, wenn auch die Westdeutschen sie als Chance zur Veränderung des Gemeinwesens aufgefaßt hätten.

Sie gehört, etwa neben Werner Schulz, zu den wenigen Bürgerrechtlern, die heute noch beim Bündnis 90/Die Grünen eine gewichtige Rolle spielen. Das Erbe der Bürgerbewegung – Birthler hält eigens daran fest, daß das Bündnis 90 nicht nur eine Partei sei, sondern auch eine »Bürgerbewegung«[88] – könnte bei den Grünen indes verlorengehen. In den letzen Jahren kam Birthler in der eigenen Partei nicht recht vorwärts, verpaßte 1998 den Einzug in den Deutschen Bundestag, stand sie doch lediglich auf dem vierten Listenplatz bei den Berliner Grünen. In ihrem Wahlkreis Prenzlauer Berg, in dem sie seit 1982 lebt, hatte sie einen schweren Stand. Die Partei hat ihre Integrität insofern schlecht honoriert. Der folgenden Aussage kann schwerlich widersprochen werden: »Bis heute hat ihre Partei das moralische Schwergewicht, das Marianne Birthler gerade mit Blick auf das Zusammenwachsen zwischen Ost und West darstellt, weder genutzt noch überhaupt erkannt – anders als Joachim Gauck.«[89] Sie wäre als Bundesbeauftragte mit langjähriger politischer und exekutiver Erfahrung keine Quoten- oder Alibifrau. Sie würde die Aufarbeitung der DDR-Vergangenheit konsequent fortsetzen. Ihre extremistischen Gegner werfen ihr übrigens eine »tränensackgestützte Betroffenheitsmaske«[90] vor.

Marianne Birthler hat zahlreiche kleinere Beiträge in Sammelbänden und Artikel in Zeitungen verfaßt, auch schon in der DDR, dort vornehmlich in

---

88 Marianne Birthler, Konsequenzen aus den Erfahrungen der Oppositionszeit: Partei oder soziale Bewegung?, in: Dieter Dowe in Zusammenarbeit mit Rainer Eckert (Hrsg.), Von der Bürgerbewegung zur Partei. Die Gründung der Sozialdemokratie in der DDR. Diskussionsforum im Berliner Reichstag am 7. Oktober 1992, Bonn 1993, S. 70.
89 So Armin Fuhrer, Marianne Birthler: Standhaft auch nach der Wende, in: Die Welt, 28. Juni 1999.
90 In diesem Sinne Rainer Balcerowiak, Marianne Birthler kandidiert für Bündnisgrüne zum Bundestag, in: Junge Welt, 31. Januar 1998.

kirchlichen Periodika. Ihre Themen kreisen um die Frage der (inneren) Einheit Deutschlands, um die Reformfähigkeit von Politik im allgemeinen und um Bildungspolitik im besonderen.[91] In einer umfassenden Interviewreihe Leipziger Wissenschaftler (von Anfang 1990 und Anfang 1992) war auch Birthler dabei.[92] Die inhaltlichen Abweichungen zwischen beiden Interviews sind bei ihr gering.

Vera Lengsfeld
Vera Lengsfeld, geboren am 4. Mai 1952 in Sondershausen, war führendes Mitglied der Friedens- und Bürgerrechtsbewegung in der DDR. Nach der Schulzeit in Berlin studierte sie zunächst in Leipzig, bevor sie an die Humboldt-Universität nach Berlin zurückkehrte und ihr Philosophiestudium abschloß. Bis zu ihrem Berufsverbot arbeitete sie als wissenschaftliche Mitarbeiterin an der Akademie der Wissenschaften der DDR (1975–1980), danach als Lektorin beim Verlag Neues Leben (1981–1983).

Angesichts ihres familiären Hintergrundes (der Vater war Offizier) war ihr die oppositionelle Tätigkeit nicht in die Wiege gelegt. Das Berufsverbot und der Ausschluß aus der SED, der sie von 1975 bis 1983 angehört hatte, erfolgten wegen öffentlicher Proteste gegen eine Stationierung von Atomraketen in der DDR. Bereits von 1981 an hatte Lengsfeld in verschiedenen Öko-, Friedens- und später auch Kirchenkreisen aktiv mitgewirkt (zum Beispiel im Pankower Friedenskreis, zu dessen Mitbegründern sie gehörte). Zuvor hatte sie sich öffentlich gegen den Ausschluß von Autoren wie Jurek Becker und Klaus Schlesinger aus dem Schriftstellerverband gewandt. Sie wurde nach ihrem Berufsverbot Imkerin und Übersetzerin, studierte am Sprachenkonvikt Berlin von 1985 bis 1988 evangelische Theologie und engagierte sich vehement in oppositionellen Kreisen. Die Mitbegründerin der Kirche von unten im Jahre 1987 wurde im Zusammenhang mit der Luxemburg-Liebknecht-Demonstration wegen »versuchter Zusammenrottung« zu sechs Monaten Haft verurteilt. Sie ließ sich von ihrem Rechtsanwalt Wolfgang Schnur (»IM Torsten«) dazu überreden, die Strafe nicht abzusitzen und statt dessen für ein Jahr nach England zu gehen. Ihre Freunde in der DDR, über die Hintergründe

---

91 Vgl. etwa die Aufsätze von Marianne Birthler in den folgenden Bänden: Ansgar Klein (Hrsg.), Wertediskussion im vereinten Deutschland. Mit Beiträgen von Marianne Birthler u. a., Köln 1995; Lothar Probst (Hrsg.), Kursbestimmung: Bündnis 90, Grüne. Eckpunkte künftiger Politik. Mit Beiträgen von Marianne Birthler u. a., Köln 1994; ders. (Hrsg.), Differenz in der Einheit. Über die kulturellen Unterschiede der Deutschen in Ost und West. 20 Essays, Reden und Gespräche, Berlin 1999; Christoph Th. Scheilke/Friedrich Schweitzer (Hrsg.), Religion, Ethik, Schule. Bildungspolitische Perspektiven in der pluralen Gesellschaft, Münster u. a. 1999.
92 Vgl. Marianne Birthler, in: Hagen Findeis/Detlef Pollack/Manuel Schilling, Die Entzauberung des Politischen. Was ist aus den politisch alternativen Gruppen der DDR geworden? Interviews mit ehemals führenden Vertretern, Leipzig/Berlin 1994, S. 35–49.

nicht informiert, warfen ihr »Fahnenflucht« vor. An der Universität Cambridge studierte sie Philosophie und erwarb dort einen »Master«-Abschluß.

Am Tag des Mauerfalls kehrte sie aus privaten Gründen (wegen ihres Sohnes) in die DDR zurück, in die sie eigentlich gar nicht mehr wollte, und trat bald in die neu gegründete Grüne Partei ein. Sie war Mitglied der Verfassungskommission des Runden Tisches und der frei gewählten Volkskammer. Nach Öffnung der Akten der Staatssicherheit wurde bekannt, daß ihr dänischer Ehemann Knud Wollenberger als Inoffizieller Mitarbeiter der Staatssicherheit unter dem Decknamen »Donald« sie jahrelang – von 1981 an – bespitzelt hatte. Daraufhin ließ sich Vera Wollenberger von ihm scheiden und nahm wieder ihren Mädchennamen »Lengsfeld« an. Von 1990 bis Mitte Dezember 1996 saß sie für das Bündnis 90/Die Grünen im Bundestag. Sie kritisierte zunehmend den als lax empfundenen Umgang der eigenen Partei mit der PDS und ihrer Hinterlassenschaft. Deswegen wechselte sie zur CDU. Sie nahm ihr Mandat mit und zog 1998 auf der thüringischen Landesliste wieder in das Parlament ein.

Der politische Lebensweg Vera Lengsfelds ist durch eine Reihe gravierender Brüche geprägt. Nach der SED folgt die Partei der Grünen und schließlich – seit 1996 – die Union. Aber mit diesem Hinweis wird nur die eine Seite der Wandlung erfaßt. Sie gehörte in ihrer oppositionellen Phase als Mitglied der Gruppe »Gegenstimmen«[93] zu den unbeugsamen Kämpfern in der oppositionellen Bewegung. Menschenrechtliche Prinzipien standen für sie allerdings nicht im Vordergrund. Heute wendet sie sich energisch dagegen, der PDS taktisch flexibel zu begegnen. Für sie ist diese Partei nach wie vor kommunistisch orientiert, sie unterstützt also nicht den strategischen Wandel in der PDS-Einschätzung, der sich bei Teilen der CDU zu vollziehen beginnt.[94] Scharf geht sie auch mit der SPD ins Gericht. »Höppner pocht auf ein angebliches ostdeutsches Selbstbewußtsein, das auf Erfahrungen aus dem Westen verzichten könne, wie er in seiner Regierungserklärung kundtat. Nicht verzichten will er allerdings auf die materiellen Zuwendungen. Der Westen hat die Freiheit zu zahlen und im übrigen Herrn Höppner und seine Anhänger ungehindert auf neuen Wegen alten Irrtümern nacheilen zu lassen. Wohin kann das führen? Doch nur zu einer permanenten Überforderung der integrativen Leistungsbereitschaft des Westens, zur Aushöhlung seiner wirtschaftlichen Substanz durch immer neue Ansprüche. Und dann? Sollte das System überfordert zusammenbrechen, steht niemand mehr bereit, um dieses Desaster materiell aufzufangen.«[95]

---

93 Vgl. einige Belege in dem Band von Wolfgang Rüddenklau (Anm. 27).
94 Vgl. unter anderem: Vera Lengsfeld, Zur Diskussion um das Verhältnis der CDU–PDS, in: Das Ostpreußenblatt, 29. Oktober 1999.
95 Dies., Der Beitrag der Bürgerrechtler zur Zukunftsgestaltung Deutschlands, in: Ehrhart Neubert/Günter Rinsche (Hrsg.), Der Demokratie Zukunft geben. Bürgerrechtlerkongreß der Konrad-Adenauer-Stiftung in Leipzig, Freiburg/Brsg. 1998, S. 35 f.

Kritiker werfen ihr ein Renegaten-Syndrom vor, Anhänger loben ihre offensive Art der Auseinandersetzung und den von ihr betonten antitotalitären Konsens. Drei Begebenheiten dürften ihre Wandlung wesentlich bewirkt haben: die Erfahrungen im liberalen Großbritannien, die Informationen über die »Zersetzungspläne« der Staatssicherheit sowie der als halbherzig empfundene Umgang mit der PDS.[96] Sie will von keiner Form einer sozialistischen Utopie mehr etwas wissen.

Vera Lengsfeld veröffentlichte ein Buch über ihre Überwachung durch das Ministerium für Staatssicherheit: *Virus der Heuchler*.[97] Die Namen »Virus« und »Heuchler« sind Decknamen in »Operativvorgängen«, mit denen sie und ihre Freunde gemeint waren. Die Akten seien voller Lügen über die Observierten. Ihr Beitrag »Etappen der Befreiung« schildert plastisch die eigene Entwicklung.[98] Hatte sie in der ersten Hälfte der neunziger Jahre eine Kolumne in der linksalternativen *Kommune*, so findet man heute von ihr viele Beiträge in der *Politischen Meinung*, dem offiziösen Organ der CDU. In der DDR hatte sie Artikel für die zwei wohl wichtigsten oppositionellen Blätter verfaßt, den *Grenzfall* und die *Umweltblätter*.

Günter Nooke
Günter Nooke, geboren am 21. Januar 1959 in Forst (Lausitz), studierte nach der Berufsausbildung in Cottbus (Baufacharbeiter mit Abitur) zwischen 1980 und 1985 das Fach Physik an der Leipziger Universität, das er mit dem Diplom abschloß. Zwischen 1985 und 1990 war er wissenschaftlicher Mitarbeiter und Fachgebietsleiter an der Arbeitshygieneinspektion im Bezirk Cottbus. Der Sohn eines Finanzbeamten qualifizierte sich zusätzlich in einem postgradualen Studium als Fachphysiker der Medizin. Von 1987 an war er in einer protestantisch geprägten Oppositionsgruppe – dem Ökumenischen Friedenskreis – in Forst (Lausitz) aktiv. Diese widmete sich in ihrer Samisdat-Zeitschrift *Aufbruch* insbesondere ökologischen und friedenspolitischen Problemen, sparte aber auch die Menschenrechtsfrage in der DDR nicht aus.

Am 1. Oktober 1989 gründete Nooke mit anderen den Demokratischen Aufbruch in Berlin, war Vorstandsmitglied und für einige Zeit am Zentralen Runden Tisch, bis er diese Vereinigung im Januar 1990 verließ. Von März bis Oktober 1990 gehörte er für Demokratie Jetzt der Volkskammer an, ohne jemals bei ihr Mitglied gewesen zu sein, danach bis Herbst 1994 dem brandenburgischen Landtag. Nooke war Vorsitzender der dortigen Fraktion Bünd-

---

96 Vgl. etwa das Streitgespräch zwischen Vera Lengsfeld und Hans-Jochen Tschiche: »Grüne Unschuld verloren«, in: Der Spiegel, Heft 2/1997, S. 44–47.
97 Vgl. Vera Wollenberger, Virus der Heuchler. Innenansichten aus Stasi-Akten, Berlin 1992.
98 Vgl. dies., Etappen der Befreiung. Ich war eine Linke von Geburt und nicht der Wahl, in: Claus-M. Wolfschlag (Hrsg.), Bye-Bye '68 ... Renegaten der Linken, APO-Abweichler und allerlei Querdenker berichten, Graz/Stuttgart 1998, S. 132–148.

nis 90, später, 1993, der BündnisFraktion, da er und andere die Vereinigung mit den Grünen im Jahre 1993 nicht unterstützten. Als Mitglied im Stolpe-Untersuchungsausschuß forderte er vergeblich den Rücktritt des Ministerpräsidenten, weil dessen Tätigkeit für die Staatssicherheit erwiesen sei. Das von ihm geführte BürgerBündnis scheiterte bei der brandenburgischen Landtagswahl im September 1994 mit 1,0 Prozent der Stimmen klar an der Fünfprozentklausel.

Danach arbeitete Nooke für verschiedene Projekte (unter anderem für das Generalkommissariat EXPO 2000), von 1995 als Abteilungsleiter Controlling in der Geschäftsstelle des Steuerungs- und Budgetausschusses für die Braunkohlesanierung in Berlin. Im Dezember 1996 trat er zusammen mit anderen ehemaligen Bürgerrechtlern der CDU bei, nicht zuletzt wegen der Verharmlosung der PDS bei SPD und Bündnis 90/Die Grünen. Dieser Schritt war keineswegs überraschend, hatte Nooke doch bereits 1995 in einer Grundwertekommission der brandenburgischen CDU mitgearbeitet. Seit Oktober 1998 ist er Mitglied des Deutschen Bundestages (als Wahlkreiskandidat war er im Wahlkreis Prenzlauer Berg gegen Petra Pau von der PDS und Wolfgang Thierse von der SPD allerdings ohne Chance), seit Februar 2000 mit 41 Jahren einer der acht stellvertretenden Fraktionsvorsitzenden und damit als Nachfolger von Michael Luther Sprecher der ostdeutschen Abgeordneten der Fraktion. Er setzte sich gegen den ebenfalls neu in den Bundestag gelangten Bürgerrechtler Arnold Vaatz im zweiten Wahlgang mit 95 gegen 77 Stimmen durch.

Günter Nooke ruht in sich. Seine Unerschrockenheit ermöglicht es ihm, an einem Standpunkt, von dem er überzeugt ist, auch dann festzuhalten, wenn er sich in der Minderheit weiß. Gegner sehen dies als »Sturheit« an. Der Bärtige gehörte zu den wenigen Kräften innerhalb der DDR-Opposition der achtziger Jahre, die sich keine Illusionen über die mangelnde Reformfähigkeit des SED-Systems machten. Von der Position eines dritten Weges im Sinne eines Kompromisses zwischen Ost und West, Planwirtschaft und Marktwirtschaft war und ist er weit entfernt.[99] 1988 fragte er im Periodikum *Aufbruch* provokativ: »Und wenn es im Westen wirklich Kommunisten gibt, warum darf dann hier keiner sagen, daß er das sozialistische Gesellschaftssystem für das schlechtere von beiden konkret realisierten hält?«[100] Eine solche Äußerung bildete vor 1989 in den organisierten oppositionellen Kreisen die große Ausnahme. Nooke gehört einer jüngeren Generation an, dem »1968« wenig bedeutete.

---

99 Vgl. Günter Nooke, Der 3. Weg. Anmerkungen zur Erfolgsgeschichte einer wirtschaftspolitischen Legende, Manuskript vom November 1997, 3 Seiten.
100 Zitiert nach Ehrhart Neubert (Anm. 14), S. 737.

Obwohl er frühzeitig verlauten ließ, daß er die »doppelte Vereinigung«[101] – am Tage nach der Bundestagswahl hatten sich die Grünen im Osten mit den Grünen im Westen zusammengeschlossen, im Mai 1993 vereinigte sich das Bündnis 90 mit den Grünen – nicht unterstützen werde und er Angebote für eine Kandidatur auf der Liste der CDU erhielt, blieb er nach seinem Engagement für die Partei Bündnis 90 (1991 bis 1993) zunächst parteilos. Insofern trat er nicht wie Angelika Barbe von der SPD oder Vera Lengsfeld vom Bündnis 90 in die CDU über, sondern in sie ein. In der Bundestagsfraktion der Union machte er sich schnell einen Namen und wartete mit einer Reihe bemerkenswerter Bundestagsreden auf (unter anderem zum Stand der deutschen Einheit und zur Errichtung eines Freiheits- und Einheitsdenkmals in Berlin).

Durch sein Verhalten im Fall Stolpe hat er viel Glaubwürdigkeit erlangt, die sich allerdings politisch für ihn nicht auszahlte. Im Land Brandenburg geriet er zum Außenseiter. Dabei konnte er die Berechtigung seiner Vorwürfe im Untersuchungsausschuß plausibel machen.[102] Es ging ihm offenkundig weniger um Stolpe als Person als vielmehr um die weitreichenden Folgen für die politische Kultur Deutschlands. »Manfred Stolpe hat nicht nur Deutschland, sondern auch Ostdeutschland gespalten, indem er zu seiner eigenen Verteidigung die ostdeutsche Schicksalsgemeinschaft beschwor, entstand eine neue, rückwärtsgewandte DDR-Identität, von der Honecker nicht zu träumen gewagt hätte. Auf diese neue Ost-Identität konnte die PDS als noch einzige ostverwurzelte Kraft ihre Wahlkampf- und Machtergreifungsstrategie aufbauen.«[103] Allerdings unterstützt Nooke den tendenziellen Strategiewandel der CDU seit dem Herbst 1999 in der Bekämpfung der PDS: sich mehr mit deren unseriösen Politikangeboten der Gegenwart auseinanderzusetzen als sich auf die SED-Vergangenheit zu konzentrieren. Er selbst hat diesen Konflikt mit der PDS im Potsdamer Landtag von 1990 bis 1994 nie gescheut.

Der Naturwissenschaftler Nooke zählt nicht zu den Vielschreibern. Von ihm liegen einige kleinere naturwissenschaftliche Beiträge vor. Er ist Mitherausgeber des umfassenden *Lexikons des DDR-Sozialismus*[104], schrieb darin die

---

101 So Jürgen Hoffmann, Die doppelte Vereinigung. Vorgeschichte, Verlauf und Auswirkungen des Zusammenschlusses von Grünen und Bündnis '90, Opladen 1998.
102 Vgl. Heinrich-Böll-Stiftung e. V. (Hrsg.), Abschlußbericht des Stolpe-Untersuchungsausschusses des Landtages von Brandenburg. Lesbar gemacht von Ehrhart Neubert, Köln 1994.
103 Günter Nooke, Die politische Bedeutung des Falls Stolpe, in: Tobias Hollitzer (Hrsg.), Einblick in das Herrschaftswissen einer Diktatur – Chance oder Fluch? Plädoyers gegen die öffentliche Verdrängung, Opladen 1996, S. 123.
104 Vgl. Rainer Eppelmann/Horst Möller/Günter Nooke/Dorothee Wilms (Hrsg.), Lexikon des DDR-Sozialismus. Das Staats- und Gesellschaftssystem der Deutschen Demokratischen Republik, Paderborn u. a. 1996.

Artikel über »Kollektiv« sowie über »Macht und Autorität«. Seine These: Die Macht der SED sei im Herbst 1989 binnen kurzem zusammengebrochen, nicht jedoch notwendigerweise die Autoritätsstrukturen der DDR. Er hat unter anderem die Gründe für seinen Eintritt in die CDU dargelegt[105], die Erfahrungen der Bürgerrechtler für die offene Gesellschaft gewürdigt[106], vor der Wiederkehr sozialistischer Vorstellungen gewarnt[107] und mehrfach seine Haltung zum Fall Stolpe, der entgegen den Hoffnungen Nookes nicht zu Stolpes Fall führte, plausibel gemacht.[108]

Wolfgang Templin
Wolfgang Templin, geboren am 25. November 1948 in Jena, steht für die Position einer radikalen Opposition innerhalb der Bürgerrechtsbewegung in der DDR. Sohn einer polnischen Luftwaffenhelferin und eines sowjetischen Offiziers (Templin lernte ihn nie kennen), wuchs er in seiner Geburtsstadt auf und absolvierte zunächst eine Ausbildung als Bibliotheksfacharbeiter, bevor er Anfang der siebziger Jahre Philosophie an der Ost-Berliner Humboldt-Universität studieren konnte, nachdem ihm 1970 eine bedingte Hochschulreife für das Studium der Philosophie zuerkannt worden war. Dieses schloß er erfolgreich ab, die Dissertation über Husserl blieb jedoch unvollendet.

Von Mitte der siebziger Jahre an hatte für ihn, der sich trotzkistisch zu orientieren begann, eine Identitätskrise als marxistischer Philosoph begonnen. Während eines einjährigen Studienaufenthalts in Polen knüpfte er erste Kontakte zu dortigen (trotzkistisch orientierten) oppositionellen Kreisen. Die Ehe mit einer Enkelin Jürgen Kuczynskis, die ihn denunziert hatte, ging in die Brüche. Zwischen 1977 und 1983 war er – längst nicht mehr linientreu und allmählich in verschiedenen Friedenskreisen aktiv – Mitarbeiter am Zentralinstitut für Philosophie der Akademie der Wissenschaften. 1983 erfolgten der Austritt aus der SED, der er von 1970 bis 1983 angehörte, die Verhängung eines Berufsverbots als Philosoph und Bibliothekar sowie die Einstufung durch die Staatssicherheit als Operativer Vorgang »Verräter«. Diesen Namen erhielt der Dissident deshalb, weil er zwischen 1971 und 1975 als Inoffizieller Mitarbeiter für die Staatssicherheit tätig gewesen war.[109] Tem-

---

105 Vgl. Günter Nooke, Beweggründe für einen Übertritt. Der Weg der ostdeutschen Bürgerrechtler in die CDU, in: Civis mit Sonde, Heft 1/1997, S. 39–43.
106 Vgl. ders., »Vorwärts und nicht vergessen ...«, in: Ehrhart Neubert/Günter Rinsche (Anm. 95), S. 89–92.
107 Vgl. ders., Aufklärung und Verklärung, in: Christian Striefler/Wolfgang Templin (Hrsg.), Die Wiederkehr des Sozialismus. Die andere Seite der Wiedervereinigung, Berlin/Frankfurt a. M. 1996, S. 67–93.
108 Vgl. ders. (Anm. 103), S. 120–131.
109 Vgl. Wolfgang Templin, Die Schere im Kopf. Über den Weg eines Stasi-Spitzels in den Widerstand, in: Spiegel-Spezial, Stasi-»Verräter«. Bürgerrechtler Templin: Dokumente einer Verfolgung, Hamburg 1993, S. 168–171.

plin rief Ende 1985 mit anderen die Initiative Frieden und Menschenrechte ins Leben. Sie brachte die Menschenrechtsfrage zur Sprache und strebte eine breite Öffentlichkeit an. Ihr Organ *Grenzfall* erschien ohne den Vermerk »nur zum innerkirchlichen Gebrauch«.[110] Damit stellte man sich außerhalb des Schutzes der Kirche. Die Staatssicherheit verfolgte Templin, der seine Aktivitäten landesweit auszudehnen suchte, mit Intensität und Haß, wollte ihn mit einer Reihe von »Zersetzungsmaßnahmen« unmöglich machen. Anfang 1988 wurde er nach kurzer Inhaftierung wegen – wie es hieß – landesverräterischer Agententätigkeit mit seiner Frau Regina für zwei Jahre in die Bundesrepublik abgeschoben – und auch dort überwacht. Templin wollte die DDR verändern, aber kein »Fahnenflüchtiger« sein. Seine »Akte« umfaßt mehr als 10 000 Blätter. Nach der Ankunft in seinem Wohnort Bochum kritisierte er bald die westdeutsche Linke wegen ihrer Verklärung der DDR.[111]

Im November 1989, als die Mauer geöffnet wurde, kehrte Templin nach Ost-Berlin zurück und wurde Vertreter der Initiative Frieden und Menschenrechte am Runden Tisch. Der Mitbegründer des Bündnis 90 vollzog den Zusammenschluß mit den Grünen 1993 zwar mit, jedoch nicht mit großer Begeisterung. Nach einer Reihe verschiedener Tätigkeiten (unter anderem bei der »Arbeitsgemeinschaft 13. August«) ist er seit 1997 als freier Publizist und in der politischen Erwachsenenbildung tätig.

Wolfgang Templins Weg war verschlungen. Er führte ihn vom marxistisch-leninistischen Überzeugungstäter über den trotzkistischen Abweichler zum überzeugten Antimarxisten, ohne daß er in eine rechthaberische Attitüde verfiel. Mittlerweile Verächter jeder Art von Dogmatismus, versteht er sich als Verfechter einer sozial-libertären Grundhaltung. Er verwirft heute jede Form eines dritten Weges, die antipluralistische Elemente enthält, spricht sich jedoch zugleich für ein Konzept aus, das ein Mehr an sozialer Gerechtigkeit mit einem Mehr an ökologischer Verantwortung verbindet. Vor allem ist ihm, dem »Westler«, der aus dem Osten stammt, an der Durchsetzung der Menschenrechte im internationalen Maßstab gelegen. Der Frieden gilt ihm nicht mehr als oberster Wert. Templin macht sich die Erfahrung zu eigen, »daß Diktaturen und Terrorsysteme nicht immer friedlich überwunden werden können«.[112] Seine politische Einstellung hat sich seit Ende der achtziger Jahre damit weiter gewandelt. Er könne sich eine Koalition zwischen der Union und dem Bündnis 90/Die Grünen vorstellen.

---

110 Vgl. Ralf Hirsch/Lew Kopelew (Hrsg.), Grenzfall. Vollständiger Nachdruck aller in der DDR erschienenen Ausgaben (1986/87), Berlin 1989.
111 Vgl. Wolfgang Templin, Die Emanzipation der DDR und die hilflose westdeutsche Linke, in: Helga Grebing/Peter Brandt/Ulrich Schulze-Marmeling (Hrsg.), Sozialismus in Europa – Bilanz und Perspektiven. Festschrift für Willy Brandt, Essen 1989, S. 162–167.
112 So ders., Pazifismus und Anti-Amerikanismus, in: Der Tagesspiegel, 20. Mai 1999.

Der unerschrockene Kämpfer gegen das Unrecht in der DDR nahm viele Schikanen auf sich. So terrorisierte die Staatssicherheit ihn mit Inseraten, die in seinem Namen aufgegeben wurden. »Arglose DDR-Bürger schleppten bei den Templins Hunderte von lebenden Hühnern an, kamen mit Zierfischen, Katzen und Rassehunden, vom Dobermann bis zum Pinscher. Sächsische Präservativhersteller erhielten vom Stasi-›Templin‹ Nachnahmebestellungen über einige zehntausend Stück. Der Kartenschreiber forderte ganze Handwerkerbrigaden, die in der Zeitung ihre Dienste angeboten hatten, zur Renovierung seiner Wochenendhäuser an – die der real existierende Templin natürlich nicht besaß.«[113] Diese und andere Mißhelligkeiten haben ihn zwar nicht gebrochen, erklären aber wohl heute eine gewisse Laxheit in puncto Sekundärtugenden. Seine ausgezeichneten theoretischen Kenntnisse kommen so nicht voll zur Geltung.

Von ihm liegen mannigfache Aufsätze, Artikel und Buchrezensionen vor (in allen überregionalen Zeitungen). Er äußert sich nicht nur zu den oppositionellen Kräften in der DDR[114], sondern auch zu anderen Komplexen, die die Öffentlichkeit bewegen – zum CDU-Spendenskandal wie zur deutschen Identität. Besonders scharf ist seine Kritik an der PDS.[115] Für Templin ist der Publikationsort weniger wichtig als der Inhalt. So hat er in der *Jungen Freiheit* ebenso geschrieben wie im *Neuen Deutschland*. Der Vorwurf der »Rechtslastigkeit« ist unbegründet. Zu seinen wichtigsten Beiträgen gehört eine Analyse auf der DDR-Forscher-Tagung am Vorabend des Umbruchs in der DDR und eine Einschätzung der künftigen Rolle Berlins vor dem Hintergrund seiner historischen Belastungen.[116] Templin ist Mitherausgeber des Bandes mit dem warnenden Titel *Die Wiederkehr des Sozialismus*.[117]

Markus Meckel
Markus Meckel, geboren am 18. August 1952 in Müncheberg/Brandenburg, ist der maßgebliche Initiator einer sozialdemokratischen Partei in der DDR. Der Sohn eines Pfarrers aus den Reihen der bekennenden Kirche[118] wurde

---

113 Spiegel-Spezial (Anm. 109), S. 13.
114 Vgl. beispielsweise: Wolfgang Templin/Sigrun Werner/Frank Ebert, Der Umgang des Staates mit oppositionellem und widerständigem Verhalten, in: Enquete-Kommission »Aufarbeitung von Geschichte und Folgen der SED-Diktatur in Deutschland« (Anm. 8), S. 1654–1705.
115 Vgl. beispielsweise: Wolfgang Templin, Wenn die PDS die Feder führt, in: Die Welt, 14. August 1998.
116 Vgl. ders., Zivile Gesellschaft. Osteuropäische Emanzipationsbewegung und unabhängiges Denken in der DDR seit Beginn der achtziger Jahre, in: Ilse Spittmann/Gisela Helwig (Hrsg.), Die DDR im vierzigsten Jahr. Geschichte, Situation, Perspektiven, Köln 1989, S. 58–65; ders., Gesamt-Berlin – eine Fiktion? Ostberliner Erblasten im Vereinigungsprozeß der deutschen Hauptstadt, in: Werner Süß/Ralf Rytlewski (Hrsg.), Berlin. Die Hauptstadt. Vergangenheit und Zukunft einer europäischen Metropole, Berlin 1999, S. 330–347.
117 Vgl. Christian Striefler/Wolfgang Templin (Anm. 107).
118 Vgl. Markus Meckel, Geborgenheit und Wagnis, in: Christoph Kleßmann (Hrsg.), Kinder der Opposition. Berichte aus Pfarrhäusern in der DDR, Gütersloh 1993, S. 95–108.

wegen politischer Aufmüpfigkeit bereits von der Oberschule verwiesen und holte die Hochschulreife, die ihn zum Studium der Theologie berechtigte, an einer kirchlichen Schule in Potsdam nach. Meckel verweigerte den Wehrdienst wie den Dienst als Bausoldat, wurde jedoch nicht eingesperrt, sondern später ausgemustert. Von 1971 an studierte er Theologie am Kirchlichen Oberseminar in Naumburg und ab 1974 am Sprachenkonvikt in Berlin. Obwohl beide Hochschulen staatsunabhängig waren, entging er als Vorsitzender der Studentenvertretung, der sich für andere Studenten eingesetzt hatte, nur knapp der Relegation und kam mit einem Verweis davon. Nach einer Phase als Hilfsarbeiter und privater philosophischer Studien trat er 1980 als Vikar im mecklenburgischen Vipperow/Müritz den Dienst in der evangelischen Kirche an. Ab 1982 wirkte er dort als Pfarrer (sein Freund Martin Gutzeit in der Nachbargemeinde), und zwischen 1988 und 1990 leitete er die Ökumenische Begegnungs- und Bildungsstätte in Niederndodeleben bei Magdeburg.

Von Anfang der achtziger Jahre an beteiligte er sich an zahlreichen oppositionellen Initiativen, führte Gespräche auf Friedensseminaren wie in Menschenrechtszirkeln und war um die Vernetzung einzelner politischer Gruppen bemüht. Schon zuvor hatte Meckel verbotene oder schwer zugängliche Texte verteilt. Im Oktober 1989 gründete er zusammen mit seinem Studienfreund Martin Gutzeit die »Sozialdemokratische Partei Deutschlands in der DDR« (SDP), für die er auch am Zentralen Runden Tisch saß.[119] Von April bis Juni 1990 war er nach dem Rücktritt des zunächst populären, dann als IM entlarvten Ibrahim Böhme Vorsitzender der SPD-Ost, saß für diese in der Volkskammer und war zur Zeit der großen Koalition von April bis August 1990 Außenminister der DDR.

Seit Oktober 1990 gehört Meckel für die SPD dem Bundestag an. Im Dezember 1994 wurde er in den Vorstand der SPD-Fraktion gewählt. Er war von 1992 bis 1998 Sprecher seiner Partei in den beiden Enquetekommissionen des Bundestages zur »Aufarbeitung von Geschichte und Folgen der SED-Diktatur in Deutschland« und »Überwindung der Folgen der SED-Diktatur im Prozeß der deutschen Einheit«, ist unter anderem Vorsitzender des Stiftungsrates »Stiftung zur Aufarbeitung der SED-Diktatur«, Leiter der deutschen Delegation in der Parlamentarischen Versammlung der NATO und Vorsitzender der deutsch-polnischen Parlamentariergruppe.

Markus Meckels oppositionelle Karriere ist lang. Für diese war die Bekanntschaft mit Martin Gutzeit ab dem Jahre 1974 wichtig. Gemeinsam studierten sie philosophische Texte, auch nach dem Abschluß ihres Studiums.

---

119 Vgl. für Einzelheiten: Martin Gutzeit/Stephan Hilsberg, Die SDP/SPD im Herbst 1989, in: Eberhard Kuhrt, u. a. (Anm. 23), S. 607–694; Petra Schuh/Bianca M. von der Weiden, Die deutsche Sozialdemokratie 1989/90. SDP und SPD im Einigungsprozeß, München 1997.

Erfahrungen mit Osteuropäern, die allerdings stärker antikommunistisch eingestellt waren, bestärkten sie in ihrem Engagement für ihre Friedensinitiativen. Den Kontakt mit der westdeutschen Friedensbewegung suchten sie ebenfalls.

Im Gegensatz zu den meisten Bürgerrechtlern war Meckel, der mitunter ein Dickschädel sein konnte, mit seinem Freund Gutzeit Ende der achtziger Jahre der Meinung, eine Partei sei als Widerpart zur SED nötig: »Wir stellten damit die Machtfrage, weil wir der Meinung waren: Dieses System hat so keine Zukunft. Wir wollten, daß eine demokratische Struktur unsere eigene Organisation beherrscht, die wir auch nach außen wollten. Wir wollten klare Wahlstrukturen, wo klar ist, nicht jeder, der den Mund am schnellsten aufmacht, hat etwas zu sagen, sondern der, der gewählt ist. Wir brauchten stabile Strukturen und Kommunikation, und wir brauchten eine bestimmte Identität vom Norden bis zum Süden des Landes, um gemeinsam zu agieren. [...] Wir wollten eine repräsentative Demokratie, doch genau das wollten die meisten anderen in der Opposition in dieser Zeit eben nicht.«[120] Damit benennt Meckel einen springenden Punkt. Eine sozialdemokratische Partei wurde aus programmatischen Gründen und wegen des Ansehens von Personen wie Willy Brandt und Helmut Schmidt ins Leben gerufen. Sie entstand ohne Einmischung des Westens, und Meckel legte großen Wert auf die Benennung als SDP. Hinzu kam: Die Zweistaatlichkeit Deutschlands als Folge deutscher Schuld stellte er und mit ihm die Partei zunächst nicht in Frage. Bald folgte jedoch ein Schwenk. Die Partei wurde in SPD umbenannt, und man sprach sich für die deutsche Einheit aus.

Markus Meckel gehört innerhalb der SPD neben anderen Gründungsmitgliedern wie Stephan Hilsberg zu den heftigsten Kritikern einer Zusammenarbeit mit der PDS. Am 30. Oktober 1998 – nach der Koalitionsbildung der SPD mit der PDS in Mecklenburg-Vorpommern – legte er dazu ein siebenseitiges Memorandum vor, das zwar strategische Gesichtspunkte in den Vordergrund stellte, tatsächlich aber in erster Linie eine prinzipielle Kritik an der PDS enthielt, mit der die SPD nicht kooperieren könne. »Wenn sich künftig die PDS in ganz Deutschland links von der SPD als sozialistische Partei etabliert, gefährdet dies die künftige Mehrheitsfähigkeit der jetzigen Koalition. Eine PDS, die als linke, demokratische Kraft von der SPD und dann so nach und nach auch von der westdeutschen Gesellschaft akzeptiert ist, gewönne nicht nur bisherige SPD-Wähler, sondern auch Mitglieder aus dem linken SPD-Spektrum.«[121]

---

120 Markus Meckel, Konsequenzen aus den Erfahrungen der Oppositionszeit: Partei oder soziale Bewegung?, in: Dieter Dowe in Zusammenarbeit mit Rainer Eckert (Anm. 88), S. 60f.
121 Ders., Memorandum zum Verhältnis der SPD zur PDS, Bonn 1998, S. 5f. (Manuskript, Zitat im Original fettgedruckt).

Gemeinsam mit Martin Gutzeit hat Markus Meckel unter dem Titel *Opposition in der DDR* eine Dokumentation früherer Texte herausgegeben.[122] Hier können die Konzeptionen der beiden in den achtziger Jahren genau verfolgt werden. In einer umfassenden Einleitung zeichnet Meckel seinen politischen Weg nach. Er hält daran fest, daß der Doppelbeschluß der Nato nicht die richtige Strategie zur Sicherung des Friedens und zur Bekämpfung des Kommunismus gewesen sei. Erst die Politik Gorbatschows habe einen grundlegenden Wandel bewirkt. Auch wenn seine Politik als Versuch zur Rettung des sowjetischen Systems diente, war »die Eigendynamik der Veränderungen eben nicht mehr aufzuhalten.«[123] Der SPD-Politiker hat besonders zur Opposition in der DDR und zur deutschen Vereinigung Beiträge publiziert.[124]

Ehrhart Neubert
Ehrhart Neubert wurde am 2. August 1940 in Herschdorf (Thüringen) geboren. Er wuchs in einer Pastorenfamilie im Thüringischen auf und studierte nach dem Abitur zwischen 1958 und 1963 Theologie in Jena. Von 1964 bis 1984 wirkte er zunächst als Vikar, dann als Pfarrer im Kirchenkreis Weimar, ab 1973 auch als Weimarer Studentenpfarrer. 1984 wurde er Referent für Gemeindesoziologie in der Theologischen Studienabteilung beim Bund der Evangelischen Kirchen in Berlin. Zwischen 1974 und 1984 war er Mitglied der CDU.

Erste Erfahrungen sammelte Neubert ab 1972 in verschiedenen informellen, vor allem von Robert Havemann beeinflußten Zirkeln. Wiederholt in Konflikte mit staatlichen und kirchlichen Stellen verwickelt, war er vom Ende der siebziger Jahre an in kirchlich orientierten Friedenskreisen aktiv. Im Sommer 1989 wirkte er maßgeblich an der Gründung des Demokratischen Aufbruchs mit, war an dessen Initiativen und an der Ausarbeitung des Parteiprogramms beteiligt. Die Gründungsversammlung des Demokratischen Aufbruchs am 1. Oktober 1989 in Neuberts Berliner Wohnung wurde durch das Ministerium für Staatssicherheit verhindert (nur siebzehn von achtzig vorgesehenen Personen erreichten die Wohnung Neuberts), die landesweite Konstituierung fand dann am 29./30. Oktober statt.[125] Neubert wurde in den

---

122 Vgl. ders./Martin Gutzeit, Opposition in der DDR. Zehn Jahre kirchliche Friedensarbeit – kommentierte Quellentexte. Mit einem Vorwort von Hermann Weber, Köln 1994.
123 Vgl. Markus Meckel, Aufbrüche, in: Ebd., S. 42.
124 Vgl. u. a.: Ders., Demokratische Selbstbestimmung als Prozeß. Die Aufgabe der Politik bei der Aufarbeitung der DDR-Vergangenheit, in: Ders./Bernd Faulenbach/Hermann Weber (Hrsg.), Die Partei hatte immer recht. Aufarbeitung von Geschichte und Folgen der SED-Diktatur, Bonn 1994, S. 250–278; [Interview] Markus Meckel (SPD). Mitglied des Bundestages seit 1990, in: Stefan Reker, Der Deutsche Bundestag. Geschichte und Gegenwart im Spiegel von Parlamentariern aus fünf Jahrzehnten, Berlin 1999, S. 351–370.
125 Vgl. für Einzelheiten Ehrhart Neubert, Der »Demokratische Aufbruch«, in: Eberhard Kuhrt, u. a. (Anm. 23), S. 537–606.

Vorstand gewählt. Er vertrat den Demokratischen Aufbruch zeitweilig am Runden Tisch.

In der Folgezeit nahmen die Auseinandersetzungen innerhalb der Vereinigung zu – unter anderem wegen der »Positionierung« in der Frage der deutschen Einheit. Die Linkskräfte verloren zunehmend an Einfluß, so daß sie im Januar 1990 den Demokratischen Aufbruch wegen seiner Wende zur CDU hin verließen. Neubert lavierte: Hatte er Anfang Dezember einen Text verteilt, in dem er sich für die »Errichtung der deutschen Einheit« und die »vollständige Auflösung der SED«[126] aussprach, wurde diese Position später zurückgenommen. Auf dem Parteitag im Dezember zum stellvertretenden Vorsitzenden gewählt, legte Neubert – gemeinsam mit Günter Nooke und Edelbert Richter – Anfang Januar 1990 ein verwässertes Positionspapier vor. Dieses sprach davon, der Demokratische Aufbruch sei weder rechts noch links. »Der DA steht für eine rationale Politik, die die Realitäten ernst nimmt.«[127] Ende Januar verließ Neubert jedoch die Vereinigung, weil sie einen Rechtsschwenk vollzogen habe. Er mißbilligte das Wahlbündnis des Demokratischen Aufbruchs mit der Blockpartei CDU und der konservativen DSU.

Er schloß sich aber keiner anderen Gruppierung an und kehrte wieder in den kirchlichen Dienst zurück. Zwischen 1992 und 1994 war Neubert Mitarbeiter der Fraktion Bündnis 90 im Stolpe-Untersuchungsausschuß des Brandenburger Landtags und unterstützte Nooke bei seinem Kampf gegen Stolpe. Ende des Jahres 1996 ging Neubert gemeinsam mit seiner Frau Hildigund, der Tochter des Erfurter Propstes Heino Falcke, im Zuge des Übertritts von Angelika Barbe, Vera Lengsfeld und Günter Nooke in die CDU. Seit 1997 Fachbereichsleiter in der Abteilung Bildung und Forschung der »Gauck-Behörde« und seit 1998 Mitglied im Vorstand der »Stiftung zur Aufarbeitung der SED-Diktatur«, wirkt er nicht erst seit dieser Zeit als eifriger Publizist.

Ehrhart Neubert ist ein gründlicher und gelehrter Mensch, Theoretiker und Praktiker gleichermaßen. Allerdings war seine Haltung zur Zeit der »Wende« nicht konsequent. Innerhalb kurzer Zeit nahm er unterschiedliche Positionen ein. Man kann gut verstehen, daß der ostdeutsche Studienreferent im Mai 1989 auf der DDR-Forschertagung verbale Konzessionen machte, um sich nicht die Rückreise zu verbauen. So hieß es: »In den Gruppen steht die Aufhebung des Sozialismus nicht zur Debatte. Die staatskritischen Äußerungen und Bekundungen, die Forderungen nach Veränderung des politischen Systems sind sozialistisch legitimiert.«[128] Noch im November 1989, wenige Tage vor Öffnung der Mauer, wandte er sich gegen den Kapitalis-

---

126 Zitiert nach ebd., S. 568.
127 Zitiert nach ebd., S. 570.
128 Ders., Gesellschaftliche Kommunikation im sozialen Wandel. Ausgewählte Aspekte einer Bewegung, in: Ilse Spittmann/Gisela Helwig (Anm. 116), S. 54.

mus und gegen die deutsche Einheit. »Wir wollen nicht im gesamteuropäischen Haus die Mülldeponie des Kapitalismus werden, um es schablonenhaft zu sagen. [...] Wenn unsere jungen Leute, unsere Facharbeiter, unsere Ingenieure, unser medizinisches Personal in den Westen fahren kann, wenn sie sich dort in die Reihe derer einordnen, die einen Arbeitsplatz suchen, dann wird die soziale Problematik verschärft«[129] – und zwar in der Bundesrepublik Deutschland.

Sein Austritt aus dem Demokratischen Aufbruch war im Grunde ein Mißverständnis. Er fühlte sich der Richtung um Rainer Eppelmann wohl mehr verbunden als derjenigen um Edelbert Richter und Friedrich Schorlemmer. Eigenem Bekunden nach stand Neubert der Bundesrepublik immer näher als der DDR. Aber erst seit 1991/92 sei er ein überzeugter »Westler« geworden. Einem dritten Weg stehe er nun völlig negativ gegenüber. Die zehnjährige Mitgliedschaft Neuberts in der Ost-CDU – als »Karteileiche« – darf in der Tat nicht überschätzt werden. Er war niemals eine »Blockflöte«. 1996 gehörte er zu den Mitbegründern des Bürgerbüros e. V. – Verein zur Aufarbeitung von Folgeschäden der SED-Diktatur. Seit dem beruflich bedingten Aufenthalt Bärbel Bohleys in Bosnien und Kroatien amtiert er als Vorsitzender.

Neubert schreibt viel, darunter belletristische Texte. Mitte der achtziger Jahre konnte er einen Teil seiner Arbeiten über die Theologische Studienabteilung beim Bund der Evangelischen Kirchen in Berlin veröffentlichen. Bereits von 1974 an hatte er unter dem Pseudonym »Christian Joachim« auch in der Bundesrepublik publiziert. 1989 erschien in der DDR ein Buch über Aids aus seiner Feder [130], 1997 sein Standardwerk – zugleich die Doktorarbeit – *Geschichte der DDR-Opposition*. Wer sich über die Opposition zu informieren sucht, kommt um diese Studie nicht herum. Sie ist eine wahre Fundgrube an Informationen.[131] Für die deutsche Ausgabe des *Schwarzbuchs des Kommunismus* ergänzte Neubert ein Kapitel zur DDR.[132] Zu seinen weiteren Arbeiten gehören unter anderem ein Buch, das im Titel die (umstrittene) Kernthese enthält: *Eine protestantische Revolution*.[133] Des Problems der Vergangenheitsbewältigung nahm er sich vielfältig an, unter anderem in einer

---

129 Ders., Wir wollen einen demokratischen Sozialismus, in: Gerhard Rein (Hrsg.), Die Opposition in der DDR. Entwürfe für einen anderen Sozialismus, Berlin 1989, S. 53.
130 Vgl. ders., Zwischen Angst und Zuwendung. Sozialethische und theologische Aspekte von AIDS, Berlin 1989.
131 Vgl. dazu die Ausführungen im Kapitel über den Forschungsstand.
132 Vgl. ders., Politische Verbrechen in der DDR, in: Stéphane Courtois u. a., Das Schwarzbuch des Kommunismus. Unterdrückung, Verbrechen und Terror. Mit dem Kapitel »Die Aufarbeitung des Sozialismus in der DDR« von Joachim Gauck und Ehrhart Neubert, München/Zürich 1998, S. 829–884.
133 Vgl. ders., Eine protestantische Revolution, Berlin 1990.

Schrift über *Vergebung oder Weißwäscherei*.[134] Gemeinsam mit Bärbel Bohley gab er einen Band zur »gemeinsamen Zukunft« heraus.[135] Die Zahl seiner Aufsätze und Artikel ist Legion. So hat er in wichtigen Sammelbänden publiziert[136] und in einer Reihe von renommierten Zeitschriften: *Aus Politik und Zeitgeschichte, Berliner Journal für Soziologie, Deutschland Archiv, Kirche im Sozialismus, Zeitschrift für Gottesdienst und Predigt.*

Freya Klier
Freya Klier wurde am 4. Februar 1950 in Dresden geboren. Die tapfere Oppositionelle, Tochter eines Dekorateurs, geriet nach dem Abitur mit Berufsausbildung (sie erhielt den Facharbeiterbrief als Maschinenbauzeichnerin) 1968 wegen versuchter »Republikflucht« für ein Jahr in Haft. Nach der Entlassung arbeitete sie unter anderem als Postangestellte, Kellnerin und Disponentin an einem Puppentheater. Zwischen 1970 und 1975 absolvierte sie ein Schauspielstudium an der Theater-Hochschule Leipzig. Danach hatte sie Engagements am Schauspielstudio des Staatstheaters Dresden und am Theater in Senftenberg. Zwischen 1978 und 1982 studierte sie am Institut für Schauspielregie in Berlin und schloß mit dem Diplom ab. Bis Mitte der achtziger Jahre wirkte sie als Theaterregisseurin (unter anderem in Bautzen, Berlin, Halle und Schwedt). 1984 erhielt sie für ihre Uraufführungsinszenierung von Ulrich Plenzdorfs *Legende vom Glück ohne Ende* den DDR-Regiepreis.

Anfang der achtziger Jahre gehörte sie zu den Mitbegründern der Friedensbewegung in der DDR und arbeitete im Friedenskreis Pankow und in der Solidarischen Kirche mit. Wegen ihrer Kritik an der Militarisierung des Landes geriet sie zunehmend in Konflikt mit dem Staats- und Parteiapparat. 1985 fiel sie bei den Herrschenden in Ungnade, und ein Berufsverbot wurde gegen sie verhängt. Die Spannungen wuchsen an, weil Klier in der Folge zusammen mit dem Liedermacher Stephan Krawczyk, ihrem damaligen Ehemann, in evangelischen Kirchen gesellschaftskritische Theaterstücke und Prosatexte vorstellte. Im Untergrund verbreitete sie Aufsätze über Kultur, Bildung und Erziehung in der DDR. Im Januar 1988 wurde sie im Zusammenhang mit der Demonstration von Bürgerrechtlern beim offiziellen Rosa-Luxemburg-Gedächtnismarsch der SED verhaftet. Einen Monat später erfolgte die freiwillig-unfreiwillige Ausbürgerung.

Als freischaffende Autorin, Regisseurin und Dokumentarfilmerin ließ sie

---

134 Vgl. ders., Vergebung oder Weißwäscherei. Zur Aufarbeitung des Stasiproblems in den Kirchen, Freiburg/Brsg. 1993.
135 Vgl. Bärbel Bohley/ders. (Hrsg.), Wir mischen uns ein. Ideen für eine gemeinsame Zukunft, Freiburg/Brsg. 1998.
136 Vgl. zum Beispiel: Ehrhart Neubert, Kirchenpolitik, in: Matthias Judt (Hrsg.), DDR-Geschichte in Dokumenten. Beschlüsse, Berichte, interne Materialien und Alltagszeugnisse, Berlin 1997, S. 363–430.

sich im Westen Berlins nieder, griff seinerzeit heftig die DDR-Diktatur an und forderte die deutsche Einheit.[137] Nach der »Wende« war sie für den Posten der Bildungsministerin in der ersten frei gewählten Regierung im Gespräch. Im Dezember 1990 kandidierte sie als Parteilose an vorderer Stelle auf der hessischen Landesliste der Grünen für den Bundestag. Sie gelangte jedoch nicht in das Parlament, da die Partei – wesentlich wegen ihrer skeptischen Haltung in der Frage der deutschen Einheit – den Einzug in den Bundestag verfehlte. Für Aufmerksamkeit sorgte wiederholt Kliers Streit mit Gregor Gysi, den sie – 1995 gerichtlich bestätigt – einen »Handlanger des alten Systems« nennen darf. Allerdings ist ihr im Juni 2000 vom Hamburger Oberlandesgericht die Behauptung untersagt worden, Gysi habe Mandanten bespitzelt. Darin sieht sie, die Verfassungsbeschwerde beim Bundesverfassungsgericht einlegen will, einen Widerspruch zum Immunitätsausschuß des Deutsches Bundestages, für den eine Spitzeltätigkeit als erwiesen gilt.[138] Sie nimmt verschiedene ehrenamtliche Aktivitäten wahr, gehört einer Schulinitiative an, kümmert sich um politisch Verfolgte, ist in der politischen Bildungsarbeit aktiv und hält viele Lesungen in Schulen, in denen sie die früheren autoritären Strukturen zur Sprache bringt – und nicht nur die früheren.[139] An Auszeichnungen hat sie unter anderem den Verdienstorden der Stadt Berlin erhalten und den Kulturpreis der *Bild-Zeitung*.

Freya Klier ist ein »Temperamentsbolzen«. Mit ihr ist – hat man sie zum Gegner – nicht gut Kirschen essen. Um Personen mit nur geringer Lobby (wie ehemals politisch Verfolgte) kümmert sie sich rührend. Sie wettert gegen jede Verklärung der DDR und übt beißende Kritik an der »Ostalgie« und der PDS, die bei ihr als »rechts« firmiert. Sie nimmt dabei selbst Bürgerrechtler wie Friedrich Schorlemmer nicht aus.[140] Die Geschichte ihrer Ausbürgerung ist die Geschichte eines Coups der Staatssicherheit gewesen. Viele ihrer Freunde in der DDR waren empört und enttäuscht darüber, daß sie die DDR verlassen hatte, wußten jedoch nichts über die Hintergründe. Kliers Anwalt Wolfgang Schnur hatte sie falsch »beraten«.[141] Dem Konzept

---

137 Vgl. Eckhard Fuhr, »Herunter mit der rosaroten Brille«, in: Frankfurter Allgemeine Zeitung, 11. Mai 1989.
138 Vgl. u. a. den Artikel: Freya Klier unterliegt Gysi vor Gericht, in: Freie Presse, 21. Juni 2000.
139 Vgl. beispielsweise: Constanze von Bullion, Mit der Stasi im Rückspiegel. Die Ex-Bürgerrechtlerin Freya Klier fordert einen offenen Umgang mit der DDR-Geschichte, in: Süddeutsche Zeitung, 17. Mai 1999.
140 Vgl. Freya Klier, Es schorlemmert wieder, in: Die Welt, 7. Januar 1999; siehe auch Andreas Platthaus, Der Lebenslügner und seine Ausreißer, in: Frankfurter Allgemeine Zeitung, 1. Dezember 1999.
141 Vgl. zur Rekonstruktion der Ereignisse zwischen ihrer Verhaftung und der Ausreise in den Westen: Freya Klier, Aktion »Störenfried«. Die Januar-Ereignisse von 1988 im Spiegel der Staatssicherheit, in: Hans Joachim Schädlich (Hrsg.), Aktenkundig. Mit Beiträgen von Wolf Biermann, Jürgen Fuchs, Joachim Gauck, Lutz Rathenow, Vera Wollenberger u. a., Berlin 1992, S. 91–153.

der Entspannungspolitik (»Wandel durch Annäherung«) steht sie zunehmend skeptisch gegenüber. Sie war unbequem in der DDR – und sie ist es bis heute geblieben, wenn auch auf andere Weise. Diffamierungen zumal aus PDS-Kreisen, sie leide an Verfolgungswahn, stören sie nicht. Ihre unerbittliche Ablehnung der DDR-Diktatur hat auch einen biographischen Ursprung: Der Selbstmord ihres Bruders, der zuvor wegen »Staatsverleumdung« in einem DDR-Gefängnis saß, hat sie stark geprägt.

Die politische Einordnung Kliers, von ihrer antiextremistischen Grundhaltung abgesehen, fällt schwer. Zur schnellen deutschen Einheit erblickte sie keine angemessene Alternative, ohne daß sie die praktische Politik mit ihren Verwerfungen im einzelnen gutheißt. Pazifismus um jeden Preis lehnt sie ab. Fremdenfeindliche Übergriffe in den neuen Bundesländern führt sie auch auf das DDR-Erziehungssystem zurück, mit dem sie sich intensiv auseinandergesetzt hat[142]: »Die Kommandoerziehung funktionierte nur, weil es nie eine wirkliche Auseinandersetzung mit nationalsozialistischen (und wilhelminischen) Prägungen in der Elterngeneration gab; die deutsche Kriegsschuld wurde *en bloc* in den Westen verfrachtet, im Osten verwandelte man den HJ-Schwung fanfarenreich in FDJ-Schwung. So schwelte der Geist der deutschen Volksgemeinschaft unter der aufgepfropften Propaganda weiter, und auch die herrschende SED schürte kräftig Ressentiments [...].«[143]

Die politisch ungebundene Publizistin schreibt unermüdlich, interviewt Zeitzeugen, hält Vorträge. Das Schreiben war die Konsequenz ihres Berufsverbots als Regisseurin. Ihre Arbeiten finden große Aufmerksamkeit – im Westen allerdings mehr als im Osten. Der autobiographisch geprägte *Abreiß-Kalender* hat eine hohe Auflage erfahren.[144] Das Buch *Lüg Vaterland* über die autoritären Erziehungsstrukturen fand ebenfalls starke Resonanz.[145] Freya Klier ist politisch nicht einäugig. So kam von ihr 1995 ein Band über medizinische Experimente an Frauen in der NS-Zeit auf den Markt, ein Jahr später eines über Schicksale deutscher Frauen in sowjetischen Arbeitslagern.[146] Das eine Buch ist so ergreifend wie das andere. Die Aufsatzsammlung *Penetrante Verwandte* äußert sich zu aktuellen politischen Fragen, insbesondere

---

142 Dies., Die Schule in der DDR und ihre Probleme im Transformationsprozeß in den neuen Bundesländern, in: Materialien der Enquete-Kommission »Überwindung der Folgen der SED-Diktatur im Prozeß der deutschen Einheit« (Anm. 9), Bd. IV/1, S. 846–872.
143 Dies., Nicht jeder DDR-Bürger wurde zum Fremdenfeind, in: Deutsches Allgemeines Sonntagsblatt, 9. April 1999.
144 Vgl. dies, Abreiß-Kalender. Ein deutsch-deutsches Tagebuch (1988), 6. Aufl., München 1995.
145 Vgl. dies., Lüg Vaterland. Erziehung in der DDR, München 1990.
146 Vgl. dies., Die Kaninchen von Ravensbrück. Medizinische Versuche an Frauen in der NS-Zeit, 2. Aufl., München 1995; dies., Verschleppt ans Ende der Welt. Schicksale deutscher Frauen in sowjetischen Arbeitslagern, Berlin/Frankfurt a. M. 1996.

zu den Folgen der deutschen Einheit.[147] Gelegentlich dreht sie Filme. *Das kurze Leben des Robert Bialek* (1997) und *Die Odyssee der Anja Lundholm* (1996) sind zwei ihrer bekanntesten.

Rainer Eppelmann
Rainer Eppelmann, geboren am 12. Februar 1943 in Berlin, war nach dem Tod Robert Havemanns neben Bärbel Bohley vielleicht *der* Protagonist der DDR-Opposition während der achtziger Jahre. Mit dem Bau der Berliner Mauer im August 1961 endete abrupt der Unterricht für Eppelmann, der im Ostteil der Stadt wohnte, aber auf eine Oberschule im Westteil gegangen war. Da der Vater, ein Zimmermann, im Westen blieb, mußte der Sohn als Bewährung zunächst Dachdeckerhilfsarbeiter werden und durfte danach (1962 bis 1965) eine Maurerlehre absolvieren. Diesen Beruf übte er mehrere Jahre aus. Nach der Verweigerung des Wehrdienstes wurde er Bausoldat. Da er das Gelöbnis auf die DDR-Spitze ablehnte, kam er für acht Monate ins Gefängnis. Nach der Entlassung studierte er von 1969 bis 1974 evangelische Theologie an der Berliner »Predigerschule Paulinum«. Er arbeitete anschließend als Pfarrer der Evangelischen Samariter-Gemeinde und als Kreisjugendpfarrer in Berlin-Friedrichshain.

In Jugendgottesdiensten und Bluesmessen entwickelte Eppelmann von Ende der siebziger Jahre an neue Formen des Protestes gegen die Diktatur. Frühzeitig beteiligte er sich an der entstehenden Friedensbewegung wie an Ökologie- und Menschenrechtsgruppen. 1982 sorgte der gemeinsam mit Havemann verfaßte »Berliner Appell« unter dem Motto »Frieden schaffen ohne Waffen« – in Ost wie West – für großes Aufsehen. Nach der Kommunalwahl im Mai 1989 verklagte Eppelmann, der von der Staatssicherheit nicht nur systematisch überwacht wurde[148], sondern den sie auch in einen Verkehrsunfall verwickeln wollte, die SED wegen Wahlfälschung in Friedrichshain, wo Bürgerrechtler bei der Auszählung zu einem anderen Ergebnis gekommen waren. Zur Zeit des revolutionären Umbruchs 1989 gründete er mit anderen den Demokratischen Aufbruch. Er setzte sich bald für eine Annäherung an die CDU in der Bundesrepublik Deutschland ein, nachdem er noch ein Jahr zuvor mit der Gründung einer sozialdemokratischen Partei geliebäugelt hatte. Auf dem Gründungsparteitag im Dezember 1989 wurde das Wort »Sozialismus« aus dem Programm des Demokratischen Aufbruchs gestrichen. Nach der Entlarvung Wolfgang Schnurs als Spitzel der Staatssicherheit kurz vor der Volkskammerwahl im März 1990 übernahm Eppelmann, der in

---

147 Vgl. dies., Penetrante Verwandte. Kommentare, Aufsätze und Essays in Zeiten deutscher Einheit, Frankfurt a. M./Berlin 1996.
148 In der MfS-Akte über Eppelmann hieß es im April 1989 treffend: »Er vertritt die Position: ›Bleibe im Lande und wehre dich täglich‹.«

das erste frei gewählte DDR-Parlament gelangte, den Parteivorsitz. Er gehörte dem Zentralen Runden Tisch an und war 1990 Minister in den Regierungen unter Modrow (ohne Geschäftsbereich) und de Maizière (für Abrüstung und Verteidigung). Er unterzeichnete im September 1990 die Urkunde über den Austritt der DDR aus dem Warschauer Pakt.

Seit der deutschen Einheit vertritt Eppelmann die CDU (in welcher der Demokratische Aufbruch kurz vor der Vereinigung aufging) im Deutschen Bundestag. Er engagiert sich insbesondere in der Christlich-Demokratischen Arbeitnehmerschaft (CDA), deren Bundesvorsitzender er 1994 geworden ist. Im Jahr 1996 hatte er als einziger Unionspolitiker in der Fraktion gegen das »Sparpaket« der Bundesregierung gestimmt.[149] Der Sozialpolitiker Eppelmann ist in gleichem Maße ein »Vergangenheitsbewältiger«. Zwischen 1992 und 1998 leitete er die beiden entsprechenden Enquete-Kommissionen. Von Oktober 1995 bis April 2000 war er Mitglied im Präsidium der CDU, seit 1998 ist er Vorsitzender der »Stiftung zur Aufarbeitung der SED-Diktatur«. Er gehört dem brandenburgischen Landesvorstand der CDU an, doch war er nicht bereit, den Landesvorsitz zu übernehmen. 1990 gewann er seinen Wahlkreis, 1994 und 1998[150] zog er über die Landesliste in das Parlament ein. Nach der verlorenen Bundestagswahl 1998 erklärte der Bundesausschuß der CDA unter Eppelmanns Ägide, die CDU müsse »wirtschaftliche Kompetenz und soziale Gerechtigkeit verbinden«[151].

Auch Rainer Eppelmann, einer der prinzipiellen Gegner der DDR-Diktatur (die beiden ihn existentiell prägenden Ereignisse waren der Mauerbau 1961 und die Intervention der Staaten des Warschauer Paktes in der Tschechoslowakei 1968) täuschte sich über die Schnelligkeit des Zustandekommens der Einheit, hatte er sich doch als Abrüstungs- und Verteidigungsminister für eine mindestens zweijährige Existenz der Nationalen Volksarmee ausgesprochen. Den jovial und manchmal etwas schnoddrig wirkenden Politiker zeichnet aus, daß er sich gegenüber dem »kleinen Mann« durch eine bildhafte Sprache gut verständlich machen kann. Er ist weniger ein Intellektueller, mehr ein »Macher«, ein Realpolitiker. Das visionäre Element aus den achtziger Jahren ist zurückgedrängt worden. Eppelmann verfügt auch über ein beachtliches Maß an Kompromißfähigkeit.[152] Dies hat die Arbeit und den erfolgreichen Abschluß in den beiden Enquete-Kommissionen erleichtert.

---

149 Vgl. Ludwig Greven, Einsamer Kämpfer, in: Die Woche, 24. Mai 1996.
150 Bei dieser Bundestagswahl kam es zu einem kuriosen Mißgeschick. Im Wahlkreis von Eppelmann wurde die Frist zu seiner Registrierung als Direktkandidat versäumt, so daß die CDU in diesem Wahlkreis ohne Bewerber dastand.
151 Dillinger Erklärung der CDA, in: Soziale Ordnung, Heft 7/1998, S. 9.
152 Vgl. beispielsweise den Artikel von Norbert Wallet, »Wer keinen Kompromiß kennt, ist nicht verhandlungsfähig«, in: Kölnische Rundschau, 26. Juni 1996; siehe auch: [Interview] Rainer Eppelmann (CDU). Mitglied des Bundestages seit 1990, in: Stefan Reker (Anm. 124), S. 333–350.

Seine Stellung in der Unionsfraktion ist gleichwohl geschwächt. Seit April 2000 gehört er nicht mehr dem Fraktionsvorstand an.

Eppelmann hat drei Bücher geschrieben: *Wendewege* (der Band zeichnet die Entwicklung 1990/91 in Form von Briefen an die Familie nach), *Fremd im eigenen Haus* (es handelt sich um einen autobiographisch angelegten Text) und *Zwei deutsche Sichten* (der Reiz dieses Buches besteht darin, daß Eppelmann und Dietmar Keller von der PDS, in der Modrow-Regierung Minister für Kultur, dieselben Fragen beantworten).[153] Der CDU-Politiker hat seinen Beitrag sarkastisch »Ein Gefangenenlager mit Selbstversorgung« genannt.[154] Eppelmann ist darüber hinaus Mitherausgeber des *Lexikons des DDR-Sozialismus*, für das er auch mehrere Artikel verfaßt hat.

Edelbert Richter
Edelbert Richter, Sohn eines Justizinspektors, wurde am 25. Februar 1943 in Chemnitz geboren. Schon früh geriet er in Widerspruch zum SED-Staat. Nur wenige Monate nach seiner Immatrikulation für das Philosophiestudium wurde er 1961 wegen »ungenügender politischer Reife« von der Universität verwiesen. Statt dessen landete er als Kranführer zur Bewährung in der Produktion. Von 1963 bis 1968 absolvierte er ein Theologiestudium in Halle. Anschließend war er Assistent am Katechetischen Oberseminar in Naumburg und Vikar in der Sächsischen Landeskirche. Von 1974 bis 1977 nahm er eine Pfarrstelle in Naumburg und Stößen wahr. 1976 beendete er seine Doktorarbeit über den Zusammenhang von Religions-, Philosophie- und Ökonomiekritik bei Karl Marx. Von 1977 bis 1987 Studentenpfarrer in Naumburg, wurde er 1987 Dozent für systematische Theologie und Philosophie an der Predigerschule in Erfurt. Dies blieb er bis ins Jahr 1990 hinein.

Von der zweiten Hälfte der siebziger Jahre an engagierte er sich in regimekritischen Gruppen wie in der Friedens- und Ökologiebewegung. Wiederholt kritisierte er die Staatsnähe, ja den Untertanengeist des Protestantismus. Er befaßte sich nicht nur mit alternativen Sicherheitsmodellen, sondern auch mit der deutschen Frage und Konzeptionen eines neutralen Deutschlands. Die Idee der Blockfreiheit spielte in seinen Überlegungen eine große Rolle. Im August 1989 gehörte er zu den Mitbegründern des Demokratischen Aufbruchs, dessen Weg in Richtung CDU er nicht mitgehen wollte.[155] Im Januar 1990

---

153 Vgl. Rainer Eppelmann, Wendewege. Briefe an die Familie, hrsg. von Dietmar Herbst, Bonn/Berlin 1992; ders., Fremd im eigenen Land. Mein Leben im anderen Deutschland, Köln 1993; ders./Dietmar Keller, Zwei deutsche Sichten. Ein Dialog auf gleicher Augenhöhe, hrsg. von Christian v. Ditfurth, Bad Honnef 2000.
154 Vgl. ders., Ein Gefangenenlager mit Selbstversorgung, in: Ebd., S. 17–114.
155 Vgl. Edelbert Richter, »Die neue Partei konnte nur eine sozialdemokratische sein« – der Demokratische Aufbruch bis zu seiner Spaltung. Interview mit Stephan Schnitzler, in: Andreas Dornheim/Stephan Schnitzler (Hrsg.), Thüringen 1989/90. Akteure des Umbruchs berichten, Erfurt 1995, S. 42–49.

trat er zur SPD über. Er war Mitglied der letzten DDR-Volkskammer und zwischen 1991 und 1994 Abgeordneter des Europäischen Parlaments. Von 1994 an Abgeordneter des Deutschen Bundestages, gehört er seit dieser Zeit auch der Grundwertekommission beim Parteivorstand der SPD an. Edelbert Richter, ein Theoretiker mit eigenen Ideen, hält an seinen Positionen auch fest, wenn er mit ihnen in die Minderheit gerät. Seine Industrialismus-, Zivilisations- und Kapitalismuskritik stammt nicht aus zweiter Hand. Die Argumentationsmuster des Intellektuellen verraten kaum eine ostdeutsche Prägung. Opportunismus ist ihm fremd. Die Exmatrikulation aus politischen Gründen hat ihn ebenso tief geprägt wie das Jahr 1968 mit der militärischen Intervention in der Tschechoslowakei. Er betont gleichfalls die Bedeutung des Protests im Westen für den Osten: »Wenn ich es mir richtig überlege, haben wir permanent im Kontakt mit den ideellen oder kulturellen, aber eben auch mit den politischen Bewegungen in der Bundesrepublik oder in der westlichen Welt gestanden. [...] 1968 ging es parallel, und diese Parallelität setzte sich eigentlich fort, wenn man die Friedensbewegung nimmt, auch die Ökologiebewegung. Ich sehe keine Spezifik, die wir da verkörpert haben.«[156] Damit stellt Richter stark auf die Globalität der Probleme in Ost und West ab.

Die scharfe Kritik Richters an gegenwärtigen gesellschaftlichen Mißständen ist Ausdruck der Tatsache, daß die SED heute nicht mehr existiert. Der DDR-»Sozialismus« sei faktisch ein »nachholender und darum auch politisch despotischer Industrialismus«[157] gewesen. Insofern erlaubt es ihm diese Interpretation, den Begriff des Sozialismus in positiver Konnotation zu sehen. Der Autor sieht mit dem Ende des »realen Sozialismus« auch den »Neoliberalismus«, der mit Ronald Reagan, Margaret Thatcher und Helmut Kohl Ende der siebziger, Anfang der achtziger Jahre zum Zuge gekommen sei, für gescheitert an. Die Kehrseite seiner theoretisch-philosophischen Betrachtungsweise ist eine gewisse argumentative Weltfremdheit. Die Folgen der deutschen Einheit seien für die neuen Länder in vielen Bereichen negativ, was etwa die Eigentums- und Vermögensverhältnisse betrifft.

Richter, gegenwartsorientiert und prinzipienfest, gehört zu den Unterzeichnern der Erfurter Erklärung von 1997. In ihr wurde unter anderem eine Opposition gefordert, »die den Wechsel mit allen Kräften will«[158]. Dazu rech-

---

156 Ders., Zeitzeugenbericht auf der 67. Sitzung der Enquete-Kommission »Aufarbeitung von Geschichte und Folgen der SED-Diktatur in Deutschland« (Anm. 9), Bd. VII/1, S. 109 f.
157 Ders., Die Zweideutigkeit der lutherischen Tradition. Zur Aufarbeitung der Vergangenheit in den evangelischen Kirchen der ehemaligen DDR, in: Deutschland Archiv 26 (1993), S. 416.
158 Zitiert nach Daniela Dahn/Dieter Lattmann/Norman Paech/Eckart Spoo (Hrsg.), Eigentum verpflichtet. Die Erfurter Erklärung, Heilbronn 1997, S. 176. Siehe auch Edelbert Richter, Hundert Argumente. Ein Kommentar zur Erfurter Erklärung, Weimar 1997.

neten die Unterzeichner neben der SPD und dem Bündnis 90/Die Grünen ebenso die PDS. Der linke Sozialdemokrat sprach sich bei der Landtagswahl 1999 auch für eine Koalition der SPD mit der PDS in Thüringen aus. Noch vor der »Wende« publizierte Richter gelegentlich in westlichen Medien. Unermüdlich verfocht und verficht er sein Konzept des dritten Weges. War es vor 1990 mehr außenpolitisch motiviert, so ist es nun stärker innenpolitisch ausgerichtet. Scharf wendet er sich gegen alle neoliberalen Versuche, zieht sogar »gewisse Analogien zwischen Leninismus und Neoliberalismus«[159]. Davon legen seine Bände Zeugnis ab. Sie bieten weniger autobiographisches Material als diffizile Analysen der Gegenwart. Während der Band *Christentum und Demokratie in Deutschland*[160] vor allem Aufsätze aus der Zeit vor 1990 enthält und in ihnen vor allem Probleme zur DDR beziehungsweise Themen zum Marxismus zur Sprache gebracht werden, zielen die anderen vornehmlich gegen die als konservativ empfundene Politik des Westens im vergangenen Jahrzehnt.[161] Nur wenige Aufsätze nach 1990 befassen sich mit der Situation in der DDR vor 1990.[162] Damit spiegelt sich in ihnen das wider, was auch für seine Bücher gilt.

Ulrike Poppe
Ulrike Poppe wurde am 26. Januar 1953 in Rostock als Tochter eines Historikers geboren. Aufgewachsen in Hohen Neuendorf, einem kleinen Ort nördlich von Berlin, besuchte sie dort die Oberschule, in Oranienburg dann die Erweiterte Oberschule, bevor sie nach dem Abitur 1971 an der Humboldt-Universität zu Berlin ein Lehrerstudium der Kunsterziehung und Geschichte aufnahm, das sie 1973 abbrach, um Psychologie zu studieren. Doch die FDJ-Leitung der Universität sperrte sich gegen diesen Wechsel. Eine spätere Bewerbung in Jena für Sozialpsychologie hatte ebenfalls keinen Erfolg. Nach diversen Jobs – als Kellnerin, Hilfspflegerin und Hilfserzieherin – arbeitete sie von 1976 an für zwölf Jahre im Museum für Deutsche Geschichte als Museumsassistentin. Dort reaktivierte sie sogar ihre Mitgliedschaft in der FDJ (1976 bis 1979), um kulturelle Veranstaltungen zu organisieren. 1988

---

159 Vgl. ders., Der alte und der neue Glaube. Über gewisse Analogien zwischen Leninismus und Neoliberalismus, in: Blätter für deutsche und internationale Politik 44 (1999), S. 223–323.
160 Vgl. ders., Christentum und Demokratie in Deutschland. Beiträge zur geistigen Vorbereitung der Wende in der DDR, Leipzig/Weimar 1991.
161 Vgl. ders., Erlangte Einheit – verfehlte Identität. Auf der Suche nach den Grundlagen für eine neue deutsche Politik, Berlin 1991; ders., Wendezeiten. Das Ende der konservativen Ära, Köln, u. a. 1994; ders., Aus ostdeutscher Sicht. Wider den neoliberalen Zeitgeist, Köln, u. a. 1998.
162 Zu den Ausnahmen gehört etwa: Ders., Zum historischen Hintergrund der Gruppenopposition in der DDR, in: Günther Heydemann/Lothar Kettenacker (Hrsg.), Kirchen in der Diktatur, Göttingen 1993, S. 313–320.

war ihr Arbeitgeber nicht bereit, für sie eine Teilzeitstelle (wegen der eigenen Kinder) zu organisieren, so daß sie ausscheiden mußte.

Ulrike Poppe hatte früh – nicht zuletzt bedingt durch ihren damaligen Ehemann Gerd Poppe – Kontakt zu systemkritischen Kreisen, obwohl sie im Prenzlauer Berg schon zuvor mit aus politischen Gründen relegierten Studenten in Berührung gekommen war. So stand sie zu Robert Havemann in einer freundschaftlichen Beziehung. Sie war an verschiedenen politisch alternativen Initiativen beteiligt und 1982 Gründungsmitglied der Gruppe Frauen für den Frieden. Die aktive Mitwirkung darin führte im Dezember 1983 zur Verhaftung durch die Staatssicherheit. Ende Januar 1984 wurde sie wegen zahlreicher Proteste aus dem In- und Ausland wieder freigelassen, doch sollten bis 1989 weitere Festnahmen und Hausarreste folgen. Sie durfte in den achtziger Jahren die DDR nicht verlassen.

Ende 1985 wurde sie – wie ihr Ehemann Gerd Poppe – Gründungsmitglied der Initiative Frieden und Menschenrechte; darüber hinaus arbeitete sie im Initiativkreis Absage an Praxis und Prinzip der Abgrenzung mit, aus dem im September 1989 die Bürgerbewegung Demokratie Jetzt hervorging, die innerhalb der oppositionellen Kräfte »eher eine vermittelnde als eine polarisierende Rolle«[163] einnahm. Ulrike Poppe wurde neben Hans-Jürgen Fischbeck, Wolfgang Ullmann und Konrad Weiß Sprecherin dieser Gruppierung und vertrat sie vornehmlich mit Ullmann am Zentralen Runden Tisch in Berlin. Wenig später war sie Mitarbeiterin der Volkskammerfraktion des Bündnis 90/ Die Grünen. Seit 1991 Studienleiterin an der Evangelischen Akademie zu Berlin (an der mit dem Mathematiker Ludwig Mehlhorn und dem Theologen Rudi Karl Pahnke zwei weitere führende Personen aus der Opposition tätig sind beziehungsweise waren), veranstaltet sie dort Tagungen mit Schwerpunkten, die ihr besonders wichtig erscheinen: Bedeutung der DDR-Opposition, Aufarbeitung der DDR-Vergangenheit, Transformation in Ost- und Mitteleuropa.[164] Sie war unter anderem Beiratsvorsitzende der Gauck-Behörde und ist Beiratsmitglied der »Stiftung zur Aufarbeitung der SED-Diktatur« für die »gesellschaftliche Aufarbeitung«. Ihr wurde neben anderen Bürgerrechtlern 1991 die Theodor-Heuss-Medaille und 1995 das Bundesverdienstkreuz wegen ihrer Verdienste um die friedliche Revolution zuerkannt. Im Jahr 2000 erhielt sie den Gustav-Heinemann-Preis für ihr bürgerschaftliches Engagement.

Ulrike Poppe ist eine sanftmütige Person. Dieses Urteil darf aber nicht dazu

---

163 So zutreffend Ludwig Mehlhorn, »Demokratie Jetzt«, in: Eberhard Kuhrt u. a. (Anm. 23), S. 584.
164 Vgl. beispielsweise: Ulrike Poppe (Hrsg.), »Mit uns zieht die neue Zeit ...« Die SED zwischen Kriegsende und Mauerbau. Tagung vom 12. bis 14. April 1996 an der Evangelischen Akademie Berlin-Brandenburg in Zusammenarbeit mit dem Unabhängigen Historikerverband, Berlin 1998.

verleiten, sie zu unterschätzen. Sie weiß, was sie will – und was nicht. Das gilt gleichermaßen für die Zeit vor und nach der »Wende«. Einige Beispiele mögen das untermauern: So setzte sie, die staatliche Kinderkrippen kritisierte und von der autoritären Erziehung abgestoßen war, den einzigen »Kinderladen« in der DDR-Diktatur durch (von 1980 bis 1983, als er nach ihrer Verhaftung aufgelöst wurde). In den neunziger Jahren ist sie nicht müde geworden, für die Aufarbeitung der DDR-Vergangenheit einzustehen, auch wenn sich diese Position mehrheitlich keines großen Beifalls erfreute – ohne jeden Anstrich von Fanatismus und mit einem Höchstmaß an Liberalität. Sie hat es sich als »Andersdenkende« nicht nehmen lassen, ihren Namen unter eine Resolution zu setzen, die das »Abfackeln« der Druckerei der dezidiert rechten *Jungen Freiheit* verurteilte. Als DDR-Oppositionelle hatte sie keine Angst vor Reaktionen aus den Reihen der »Antifa«.

Die Staatssicherheit nahm sie als »Zirkel II«, ihren Mann Gerd als »Zirkel I« wahr. Dutzende von Spitzeln waren auf sie angesetzt. Auch gestandene Oppositionelle wie sie waren nach Akteneinsicht bei der Gauckbehörde von der Intensität und der Art der Bespitzelung überrascht. In einem »Maßnahmeplan« konnte sie etwa lesen, »zur Verschärfung der Ehekrise und Unterstützung der Trennungsabsichten der POPPE, Ulrike wird die Kontaktperson Harald an die POPPE mit dem Ziel herangeschleust, zwischen beiden ein Intimverhältnis aufzubauen.«[165] Auch in diesem Fall wußte Ulrike Poppe, was sie nicht wollte. Und nach der »Wende« war das Mitglied von Bündnis 90/Die Grünen nicht bereit, sich in die aktive Parteipolitik zu begeben, wollte sie sich doch um ihre Kinder kümmern, zumal ihr Mann schon eine führende Position innehatte. Auch winkte sie frühzeitig ab, sich als Kandidatin für das Amt des »Stasi«-Bundesbeauftragten zur Verfügung zu stellen – vielleicht unter anderem deshalb, um ihrer Freundin Marianne Birthler keine Konkurrenz zu sein. Diese hatte im April 1989 über sie geschrieben und damit vielleicht ein Geheimnis ihrer Aura eingefangen: »Ulrike denkt mit Herz und fühlt mit Verstand.«[166]

Ulrike Poppes Integrationskraft ist aufgrund ihres gewinnenden Wesens und der Kompromißbereitschaft beachtlich. So hält sie, der Selbstkritik leicht fällt (den Aufruf »Für unser Land« vom November 1989 zum Beispiel würde sie nicht mehr unterzeichnen), noch heute intensiven Kontakt zu Leuten, die sich politisch anders entwickelt haben als sie. Und sie engagiert sich für Personen, denen es nicht so gut geht wie ihr. Kritik an gesellschaftlichen Mißständen trägt sie ohne Larmoyanz vor. Selbst das *Neue Deutschland* kann

---

165 Zitiert nach: »Ziel: Ein Intimverhältnis«. Der Maßnahmeplan der Stasi gegen das Ehepaar Gerd und Ulrike Poppe, in: Der Spiegel, 13. Januar 1992.
166 Marianne Birthler, Für Vertrauen, ohne Unterschiede zu verwischen. Berliner im Porträt (V), in: Die Kirche, 23. April 1989, S. 17.

sich eines gewissen Respekts nicht versagen.[167] Mag sein, daß ihr noch eine große Karriere bevorsteht.

Zur Oppositionsthematik hat sich Ulrike Poppe im letzten Jahrzehnt immer wieder geäußert. Einen Sammelband dazu hat sie mit anderen herausgegeben.[168] Außerdem liegt eine Reihe einschlägiger Beiträge vor.[169] Aufschlußreich für Poppes Werdegang in der oppositionellen Szene ist der Aufsatz »Es blieb wenig Zeit für uns selbst«.[170] In ihm schildert sie die vielfältigen systemkritischen Aktivitäten ebenso wie die Reaktionen der scheinbar übermächtigen Gegenseite.

Friedrich Schorlemmer
Friedrich Schorlemmer wurde am 16. Mai 1944 in Wittenberge/Prignitz geboren. Er war einer der bekanntesten Oppositionellen in der DDR der achtziger Jahre. Aufgewachsen in der Prignitz, mußte er – Sohn eines Pastors[171] – das Abitur auf einer Abendoberschule ablegen, da er aus ideologischen Gründen nicht zum Besuch der Erweiterten Oberschule zugelassen wurde. Nach dem Studium der Theologie von 1962 bis 1967 in Halle wirkte er dort kurzzeitig als Vikar, zwischen 1967 und 1971 als Studieninspektor in den Franckeschen Stiftungen und von 1971 bis 1978 als Jugend- und Studentenpfarrer in Merseburg. Von 1978 bis 1992 war er Dozent am Evangelischen Predigerseminar und Prediger an der Schloßkirche in Wittenberg. Seit 1992 arbeitet er als Studienleiter an der Evangelischen Akademie Sachsen-Anhalt in der Lutherstadt Wittenberg.

Schon 1968 beteiligte sich Schorlemmer an Aktionen gegen die neue Verfassung und den militärischen Einmarsch in die Tschechoslowakei. Von den siebziger Jahren an engagierte er sich in der Friedens- und Umweltbewegung. Als Mitglied verschiedener Synoden betätigte er sich im Bereich »Kirche und Gesellschaft«. Obwohl die DDR-Behörden den Aufkleber »Schwerter

---

167 Vgl. Peter Richter, »Heute genieße ich meine Freiheit«. Von der »feindlichen Pazifistin« zur evangelischen Studienleiterin in Berlin, in: Neues Deutschland, 10. September 1997.
168 Vgl. Ulrike Poppe/Rainer Eckert/Ilko-Sascha Kowalczuk (Anm. 23). Von ihr stammt der folgende Beitrag: »Der Weg ist das Ziel«. Zum Selbstverständnis und der politischen Rolle oppositioneller Gruppen der achtziger Jahre (ebd., S. 244–272).
169 Vgl. etwa: Dies., Das kritische Potential der Gruppen in Kirche und Gesellschaft, in: Detlef Pollack (Hrsg.), Die Legitimität der Freiheit. Politisch alternative Gruppen in der DDR unter dem Dach der Kirche, Frankfurt a. M. 1990, S. 63–79; dies., Trotzdem immer neue Hoffnung, in: Bernd Lindner (Hrsg.), Zum Herbst '89. Demokratische Bewegung in der DDR, Leipzig 1994, S. 174–180.
170 Dies., Es blieb wenig Zeit für uns selbst, in: Barbara Felsmann/Annett Gröschner (Hrsg.), Durchgangszimmer Prenzlauer Berg. Eine Berliner Künstlersozialgeschichte in Selbstauskünften, Berlin 1999, S. 360–381.
171 Vgl. Friedrich Schorlemmer, »Ririch Pasterjung«. Kindheit in einem altmärkischen Pfarrhaus, in: Christoph Kleßmann (Anm. 118), S. 82–94.

zu Pflugscharen« untersagt hatten, fand 1983 – während des Kirchentages zum 500. Geburtstag Martin Luthers – unter seiner Ägide die symbolische Umschmiedeaktion eines Schwerts zu einer Pflugschar auf dem Lutherhof in Wittenberg statt. 1986 richtete er Forderungen an den XI. SED-Parteitag zur Perestroika in der DDR. Im Jahr 1988 legte er zusammen mit einem Gemeindekreis »20 Thesen zur gesellschaftlichen Erneuerung« auf dem Kirchentag in Halle vor.

Nach einer kurzen Periode im Demokratischen Aufbruch, den er mit anderen wegen der sich abzeichnenden Annäherung an die CDU verließ, war er zwischen 1990 und 1994 Fraktionsvorsitzender der Sozialdemokraten in Wittenberg. Er ist nach wie vor SPD-Mitglied und mischt sich in öffentliche Angelegenheiten ein. 1989 erhielt er die Carl-von-Ossietzky-Medaille der Internationalen Liga für Menschenrechte und 1993 den Friedenspreis des Deutschen Buchhandels, nicht zuletzt deshalb, weil er integer in der DDR gelebt habe und für die Beseitigung neuer innerer Mauern mit einer von Versöhnungsbereitschaft getragenen Sprache kämpfe.[172] Schorlemmer ist Mitglied der Deutschen UNESCO-Kommission und – als Autor zahlreicher Bücher – des PEN-Zentrums der Bundesrepublik Deutschland.

An Schorlemmer scheiden sich die Geister. Der überaus redegewandte und sein Publikum fesselnde Charismatiker ist so streitbar wie umstritten. Die einen wie Walter Jens und Horst-Eberhard Richter[173] sind von ihm hellauf begeistert, die anderen wie Angelika Barbe[174] und Freya Klier ganz und gar nicht. Seine kantige Persönlichkeit provoziert Polarisierung. Sein Augenmerk richtet sich heute weniger auf die DDR und ihre Hinterlassenschaft, hingegen mehr auf die Bundesrepublik und ihre Schattenseiten. Vielleicht erfreut er sich deshalb in weiten Kreisen der ehemaligen DDR-Oppositionellen keiner großen Beliebtheit. Sie werfen ihm teilweise vor, an der Aufarbeitung der Vergangenheit kein rechtes Interesse (mehr) zu haben.[175] Wolf Biermann

---

172 Vgl. Friedrich Schorlemmer, Den Frieden riskieren. Dank-Worte bei der Verleihung des Friedenspreises des Deutschen Buchhandels gehalten am 10. Oktober 1993 in der Paulskirche; in: Friedenspreis des Deutschen Buchhandels, Frankfurt a. M. 1993, S. 5–19, S. 21–33. Siehe auch Heinz Klunker, Friedrich Schorlemmer: Ein Porträt des Friedenspreisträgers des Deutschen Buchhandels 1993, in: Deutschlandfunk, 4. Oktober 1993; Jens Reich, Mit Courage und Integrität gegen innere und äußere Mauern; in: Das Parlament, 8./15. Oktober 1993; Ute Grundmann, »Stehen Sie auch nach Schorlemmer?«, in: Börsenblatt des Deutschen Buchhandels, 2. November 1983, S. 6–9; Walter Jens, Im Geiste des Erasmus. Laudatio im Wittenberger Rathaus am 26.10.1993 vor den Bürgern der Stadt für den Friedenspreisträger des Deutschen Buchhandels 1993 (ungedruckt).
173 Vgl. Horst-Eberhard Richter, »Wenn wir nicht sanftmütig werden«, in: BuchJournal, Heft 3/1993, S. 110.
174 Vgl. Matthias Matussek, Eintracht Deutschland. Reportagen und Glossen aus der neuen Republik, Düsseldorf 1999, insbes. S. 29–34.
175 Vgl. prononciert Angelika Barbe, Friedrich der Große, in: Der Stacheldraht, Nr. 2/2000, S. 1.

dichtete ein Schmählied auf Schorlemmer. Dessen prinzipielle Differenzen etwa mit Freya Klier scheinen nicht mehr überbrückbar zu sein.[176] Sie gehen zum einen auf die Haltung vor der »Wende« zurück, zum anderen auf die Zeit danach. Der Vorwurf, Schorlemmer habe sich mit dem führenden DDR-Ideologen Kurt Hager getroffen, um über die Annäherung von Kirche und Staat zu beraten, läßt sich allerdings nicht aufrechterhalten.

Die massiven Repressionen gegen seinen Vater im Jahre 1956 und auch die Zwangskollektivierung der Landwirtschaft haben ihn früh zu einem Gegner des DDR-Systems gemacht. Daran hat sich bis 1989 nichts geändert, und auch Schorlemmer gebührt sein Anteil am Ende der Diktatur, auch wenn sich manche seiner Aktivitäten durch mehr Diplomatie auszeichneten als die anderer. Er steht einem dritten Weg eher positiv gegenüber. Das galt vor der »Wende« und gilt auch heute. Der Verehrer Michail Gorbatschows sah mit ihm den Anfang des wahren Sozialismus anbrechen. Die kapitalistische Globalisierung könne nicht als einzige Zukunftsvision gelten, zumal sie im sozialen, ökologischen und politisch-kulturellen Bereich keineswegs überlebensfähig sei. Schorlemmer unterzeichnete den Aufruf »Für unser Land« von 1989 ebenso wie die »Erfurter Erklärung« von 1997.

An Publikationen aus seiner Feder mangelt es wahrlich nicht. In der Regel handelt es sich dabei um Aufsatzsammlungen. Die nachstehenden Aufzählungen sind nicht vollständig. Er schreibt nicht nur viel, sondern auch gut – lebendig und bildhaft. Die Bände *Träume und Alpträume* und *Bis alle Mauern fallen* enthalten seine Texte und Reden aus der DDR.[177] *Worte öffnen Fäuste*, *Versöhnung in der Wahrheit* und *Freiheit als Einsicht*[178], die in der ersten Hälfte der neunziger Jahre geschrieben wurden, sind etwas milder gestimmt als seine späteren Sammelwerke: *Eisige Zeiten* und *Zeitansagen*[179]. In der Anthologie *Lebenswege* werden die Gespräche Schorlemmers in »seiner« Akademie mit Persönlichkeiten aus Ost und West festgehalten. Von ihm liegen ebenso Arbeiten zu musikalischen und theologischen Fragen vor. Der Rede »Mit unseren Waffen schützen wir uns zu Tode« aus dem Jahr 1982 ist die Ehre zuteil geworden, in die Sammlung *Politische Reden 1945–1990* aufgenommen zu werden.[180]

176 Vgl. Friedrich Schorlemmer, Wie im Westen so auf Erden, in: Freitag, 25. Februar 2000.
177 Vgl. ders., Träume und Alpträume. Einmischungen 1982–1990, München 1993; ders., Bis alle Mauern fallen. Texte aus einem verschwundenen Land, München 1993.
178 Vgl. ders., Worte öffnen Fäuste. Die Rückkehr in ein schwieriges Vaterland, München 1992; ders., Versöhnung in der Wahrheit. Nachschläge und Vorschläge eines Ostdeutschen, München 1992; Freiheit als Einsicht. Bausteine für die Einheit, München 1993.
179 Vgl. ders., Eisige Zeiten. Ein Pamphlet, München 1996; ders., Zeitansagen, München 1999.
180 Vgl. ders., Mit unseren Waffen schützen wir uns zu Tode. Rede auf der IV. Synode des Bundes der Evangelischen Kirchen in der DDR in Halle 25.9.1982, in: Marie-Luise Recker (Hrsg.), Politische Reden 1945–1990, Frankfurt a. M. 1999, S. 716–737.

Joachim Gauck

Joachim Gauck wurde am 24. Januar 1940 in Rostock geboren. Er wuchs dort als Sohn eines Kapitäns auf. Der Vater wurde allerdings 1951 ohne hinreichenden Grund in die Sowjetunion verschleppt und kam erst 1955 zurück. Nach dem Abitur studierte Gauck Theologie, da ihm die Immatrikulation für das Fach Germanistik nicht erlaubt worden war. Danach stand er fast ein Vierteljahrhundert im Dienst der Evangelisch-Lutherischen Landeskirche Mecklenburgs – von 1967 als Pfarrer in Lüssow bei Güstrow und ab 1971 im Neubaugebiet Rostock-Evershagen. Er war auch nebenamtlicher Stadtjugendpfarrer und Leiter der Kirchentagsarbeit seiner Landeskirche (Rostocker Kirchentage 1983 und 1988). Für seine offenen und kritischen Worte bekannt, geriet er in das Visier der Staatssicherheit. Allerdings schreckte er vor einer direkten Konfrontation mit dem Staat zurück.

Im Jahr 1989 gehörte er zu den Mitbegründern des Neuen Forums in seiner Heimatstadt. Dort war er Mitinitiator des kirchlichen und öffentlichen Widerstands gegen die SED-Diktatur und hielt Predigten. Als Mitglied des Neuen Forums gelangte er 1990 über das Bündnis 90 in die erste frei gewählte Volkskammer. Dort wurde er zum Vorsitzenden des Parlamentarischen Sonderausschusses zur Kontrolle der MfS-Auflösung gewählt. Gauck votierte im Gegensatz zu anderen Repräsentanten des Bündnis 90 für den Einigungsvertrag.

Nach der Wahl durch die Volkskammer wurde er von Bundespräsident und Bundeskanzler mit Vollzug der deutschen Einheit zum Sonderbeauftragten der Bundesregierung für die Aufarbeitung personenbezogener Unterlagen des ehemaligen Staatssicherheitsdienstes berufen. Seit dem 1. Januar 1992 ist er nach Verabschiedung des Stasi-Unterlagen-Gesetzes des Bundestages »Bundesbeauftragter für die Unterlagen des Staatssicherheitsdienstes der ehemaligen Deutschen Demokratischen Republik« (so das Wortungetüm, das der Volksmund schlicht Gauck-Behörde nennt) mit Sitz in Berlin. Im Herbst 1995 wurde Gauck für eine zweite Amtszeit mit den Stimmen aller Bundestagsparteien außer denen der PDS gewählt. Eine Änderung des Gesetzes zwecks einer weiteren Wahl lehnte er entschieden ab. Gauck verrichtete seine Arbeit zur Zufriedenheit der Parteien, die ihn gewählt hatten. Im Jahre 2000 entzündete sich allerdings eine öffentliche Kontroverse an der Frage, ob seine Behörde berechtigt ist, Abhörprotokolle der Staatssicherheit, die Helmut Kohl und andere Politiker betreffen, den Untersuchungsausschüssen des Deutschen Bundestages zwecks weiterer Aufklärung der Spendenaffäre herauszugeben. Kritiker widersprachen Gauck, der die Weitergabe durch gesetzliche Bestimmungen gedeckt sah.[181]

---

181 Vgl. beispielsweise: Rudolf Wassermann, Gaucks Irrtum. Verwirrung um Stasi-Abhörprotokolle, in: MUT, Heft 6/2000, S. 59 f.

Der Bürgerrechtler erfuhr verschiedene Ehrungen. 1991 mit der Theodor-Heuss-Medaille ausgezeichnet, erhielt er 1995 das Bundesverdienstkreuz, 1996 in Kiel den Hermann-Ehlers-Preis, 1997 in Bremen den Hannah-Arendt-Preis, 1999 die Imre-Nagy-Gedenkplakette in Budapest. Im Juli 2000 verlieh ihm die Heidelberger Sternberger-Gesellschaft den Dolf-Sternberger-Preis für Redekunst. Ein Jahr zuvor bekam er von der Rostocker Universität die Ehrendoktorwürde zuerkannt. Gauck sprach in der Feierstunde des Deutschen Bundestages anläßlich des zehnjährigen Mauerfalls neben George Bush, Michail Gorbatschow, Helmut Kohl, Gerhard Schröder und erntete für seine Rede viel Beifall aus allen Lagern.[182]

Sein besonderes Anliegen ist die Aufarbeitung der zweiten deutschen Diktatur – rechtsstaatlich und entschlossen gleichermaßen, ohne Rachsucht. Daß die Akten der Staatssicherheit den Opfern und der Öffentlichkeit zugänglich gemacht werden, stand nicht von vornherein fest. Es waren Bürgerrechtler in der DDR, die eine solche Behörde (mit fast 3 000 Mitarbeitern) erreichten. Gaucks Kritik richtet sich an Politiker aus allen Parteien, so gegen Gregor Gysi, Lothar de Maizière und Manfred Stolpe, die ihre Vergangenheit bemäntelten. Auch mit Reinhard Höppner, dem Ministerpräsidenten von Sachsen-Anhalt, ficht er wegen dessen Verständnis von »Versöhnung« einen Strauß aus.[183]

Besonders die PDS verfolgt den »Großinquisitor« mit Haß, und aus ihren Reihen kommen absurde Anschuldigungen.[184] Gauck meint mit dem folgenden Diktum wohl nicht nur Repräsentanten der PDS: »In ihrer Erinnerung verklärt sich die DDR zu einem Kindergarten, wo für uns alle gesorgt war. Wir aber erinnern uns anders, und wir sind mit dem öffentlichen Dissens, der aus der offenen Aufarbeitung folgt, bisher auch ganz gut zurechtgekommen.«[185] Gauck übt scharfe Kritik an der DDR-Diktatur, vergißt aber nicht, an die Zivilcourage derer zu erinnern, die sich der Staatssicherheit entzogen haben. Auch den Westen und vor allem den Kurs der staatsfixierten Entspannungspolitik verschont er nicht. Allerdings fehlt es dem sich betont bürgerlich gebenden Bundesbeauftragten an Rigorosität, nicht jedoch an Geschmeidigkeit, so daß ihm mancher frühere Bürgerrechtler Anpassung an die Mächtigen vorwirft.

---

182 Vgl. beispielsweise Michael J. Inacker, Gauck trifft ins Herz aller Parlamentarier, in: Die Welt, 10. November 1999.
183 Vgl. Apotheke gegen die Nostalgie. Ein Streitgespräch [zwischen Joachim Gauck und Reinhard Höppner] über das zwiespältige Erbe der DDR: Die Stasi-Akten klären auf und spalten, in: Süddeutsche Zeitung, 25./26. September 1999; Daniel Deckers, Der Seelsorger Höppner ist dem Politiker Gauck ein Gräuel, in: Frankfurter Allgemeine Zeitung, 6. Juni 2000.
184 Vgl. Sven Dorlach, Der Fall Gauck, Berlin 1996.
185 Joachim Gauck, Aufarbeitung der Stasivergangenheit – Revolutionäre Aktion (1989/90), Parlamentarische Arbeit (1990/91), Praxis der Aufarbeitung (1990/94), in: Tobias Hollitzer (Anm. 103), S. 34.

Joachim Gauck gehört zu den Oppositionellen, die weder den »guten Seiten« der DDR noch irgendeiner Art drittem Weg eine Träne nachweinen. Für die parlamentarische Demokratie mit ihren Unvollkommenheiten engagiert er sich beständig. Seine Erklärung dafür, daß in den neuen Bundesländern bisweilen »Ostalgie« aufkommt und die vielbeschworene »innere Einheit« noch nicht erreicht ist, sieht er unter anderem in dem folgendem Sachverhalt: »Unsere Vergangenheit unter totalitärer Herrschaft war zu lang.«[186] Das Schicksal seines Vaters hat ihn zu einem Nicht-, wenn nicht sogar zu einem Antikommunisten prädestiniert. Gleichwohl war er in der DDR eigenem Bekunden nach mitunter politisch halbherzig.

Ihm wohnt ein pädagogisches Eros inne. Seine Eloquenz ist beneidenswert. Souverän hat er »sein« Publikum im Griff. Er leidet nicht an mangelndem Selbstvertrauen. Mit dem Ende seiner Tätigkeit als Chef der nach ihm inoffiziell benannten Behörde dürfte seine öffentliche Karriere nicht abgeschlossen sein. Er hat mehrfach sein Interesse bekundet, als Parteiloser in die Politik zu gehen. Seine Kontakte zur CDU sind gut, ebenso zu Teilen der SPD.

Gauck ist ein Mann des Wortes. Daher liegen von ihm keine größeren Publikationen vor, auch nur wenige Aufsätze.[187] Die wichtigste Arbeit ist die auf der Grundlage mehrerer Interviews entstandene Schrift *Die Stasi-Akten*. Hier analysiert er die mit Opfern, Tätern und Erben verbundenen Probleme.[188] Für die deutsche Fassung des *Schwarzbuchs des Kommunismus* verfaßte Gauck einen Beitrag über die Gefahr der Verdrängung der diktatorischen Wirklichkeit.[189] Die Zahl seiner Interviews ist ebenso Legion[190] wie die Zahl der Artikel über ihn.[191]

---

186 Ders., Noch lange fremd, in: Der Spiegel, Heft 40/1997, S. 48.
187 Vgl. ders., »Ich habe eine Wahl!« Diktaturerinnerung in der Demokratie, in: Ulrike Poppe/Rainer Eckert/Ilko-Sascha Kowalczuk (Anm. 23), S. 403–412.
188 Vgl. ders., Die Stasi-Akten. Das unheimliche Erbe der DDR, bearbeitet von Margarethe Steinhausen und Hubertus Knabe, Reinbek bei Hamburg 1991.
189 Vgl. ders., Vom schwierigen Umgang mit der Wahrnehmung, in: Stéphane Courtois u. a. (Anm. 132), S. 885–896.
190 Vgl. u. a. Joachim Gauck, in: Neue Porträts in Frage und Antwort. Günter Gaus im Gespräch mit Heinrich Fink, Wolfgang Thierse, Volker Braun, Hans-Jochen Vogel, Wolfgang Ullmann, Stefanie Spira, Regine Hildebrandt, Angela Merkel, Joachim Gauck, Hans Bentzien, Berlin 1992, S. 191–214; Uta Stolle, Dokumentation 1997 [Interview mit Joachim Gauck], in: Uwe Backes/Eckhard Jesse (Anm. 75), S. 164–183.
191 Vgl. beispielsweise: Alexander Osang, Ein Herbstrevolutionär im Beamtenkleid, in: Berliner Zeitung, 19./20. März 1994; Heribert Klein, Wer widerstehen will, braucht einen Kern: Joachim Gauck, in: Magazin der Frankfurter Allgemeinen Zeitung, 3. November 1995; Hanne Bahra, Zwischen allen Stühlen der gespaltenen Nation, in: Das Parlament, 25. Oktober/1. November 1996; Johann Michael Möller, Joachim Gauck, ein unabhängiger Geist, stilsicher und standfest, in: Die Welt, 21. Januar 1999; Nadja Klinger, Vom Glück, die richtigen Feinde zu haben, in: Der Tagesspiegel, 28. Juni 1999.

Parallelen und Unterschiede

Die Lebensläufe sind in vielem ähnlich – und doch überaus verschieden. Analogien weisen sie schon deshalb auf, weil alle Porträtierten in Konflikt zum System standen – die einen (wie Freya Klier oder Wolfgang Templin) stärker bzw. früher als die anderen (wie Joachim Gauck oder Jens Reich). Die Vergleiche beziehen sich auf die Zeit des friedlichen Umbruchs wie, sofern es Sinn macht, auf die Gegenwart. Was waren die Gründe für die Rebellion? Welche Aussagen lassen sich zum Alter treffen, welche zum Beruf und zur familiären Herkunft? Welche politischen Vorstellungen wiesen die Oppositionellen zur Zeit der »Wende« auf, welche legen sie heute an den Tag? Wie ist es mit dem politischen Engagement in Parteien und Parlamenten bestellt? Was für Gründe sind für den Wandel namhaft zu machen? Hat sich für die Oppositionellen ihr Kampf ausgezahlt? Angesichts der geringen Fallzahlen ist die Repräsentativität der Aussagekraft freilich stark eingeschränkt.

Bei vielen spielten spektakuläre Ereignisse wie der Mauerbau 1961 und der Einmarsch der Staaten des Warschauer Paktes in die Tschechoslowakei 1968 eine Rolle, die den (letzten) Glauben an den »realen Sozialismus« zunichte machten (so bei Eppelmann und Reich). Allerdings dauerte es häufig eine längere Zeit, ehe sie sich zur Mitarbeit in systemkritischen Gruppierungen entschlossen. Manche (wie Gauck und Reich) mußten erdulden, wie ihre Kinder Ausreiseanträge stellten und, häufig erst nach längerer Zeit, das Land verlassen konnten. Viele störte die Diskrepanz zwischen dem von ihnen gewünschten Sozialismus und der »realen« Ausprägung. Für die meisten ist der Westen als Vergleichsgesellschaft bloß von untergeordneter Bedeutung gewesen. Darin ist eine große Differenz zur Masse der Bevölkerung begründet.[192] Damit unterschieden sich die Oppositionellen von der politischen Führung wie vom »Volk« gleichermaßen. Nur wenige – wie Nooke – hatten keine Bindung an irgendeine Form des Sozialismus. Wer die Porträtierten zu »Lichtgestalten« verklärt, verkennt den Umstand, daß sie es nicht »schon immer« besser gewußt haben. Lengsfeld und Templin waren zeitweilig in der SED (letzterer arbeitete sogar als IM), Ehrhart Neubert wirkte ein Jahrzehnt in der CDU (in der Hoffnung auf einen christlichen Sozialismus), ohne aber die staatsfromme Linie des Vorsitzenden Gerald Götting auch nur im

---

192 Vgl. etwa Stefan Wolle, Die heile Welt der Diktatur. Alltag und Herrschaft in der DDR 1971–1989, Berlin 1998; Anne Köhler, Nationalbewußtsein und Identitätsgefühl der Bürger in der DDR unter besonderer Berücksichtigung der deutschen Frage, in: Enquete-Kommission »Aufarbeitung von Geschichte und Folgen der SED-Diktatur in Deutschland« (Anm. 8), Band V/2, S. 1636–1675; dies., Marschierte der DDR-Bürger mit? Systemidentifikation in der DDR-Bevölkerung vor und nach der Wende, in: Uta Gerhardt/Ekkehard Mochmann (Hrsg.), Gesellschaftlicher Umbruch 1945–1990. Re-Demokratisierung und Lebensverhältnisse, München 1992, S. 59–79.

mindesten zu teilen. Die anderen gehörten zu keiner Zeit der SED oder einer Blockpartei an.

Sieben der porträtierten Oppositionellen waren Ende 1989 zwischen 45 und 50 Jahre alt (Schorlemmer 45, Eppelmann und Richter 46, Weiß 47, Gauck und Neubert 49, Reich 50), sieben zwischen 30 und 41 Jahre (Nooke 30, Poppe 36, Lengsfeld und Meckel 37, Klier 39, Birthler und Templin 41). Insgesamt fällt das vergleichsweise hohe Alter für eine Protestbewegung auf, doch wird dieser Umstand dadurch relativiert, daß einige von ihnen schon länger in oppositionellen Kreisen aktiv waren (vor allem Eppelmann, Klier, Lengsfeld, Meckel, Poppe, Richter, Schorlemmer, Templin). Vielfach verhielten sich die Älteren vorsichtiger, hatten sie doch Mauerbau und die Intervention in die Tschechoslowakei bewußt miterlebt. Vier der Oppositionellen saßen aus politischen Gründen zeitweilig im Gefängnis: Klier, Lengsfeld, Poppe, Templin. Sie, die zum Zeitpunkt ihrer Inhaftierung alle unter vierzig waren, gehörten zu den besonders unbeugsamen Oppositionellen. Ein ganz Junger wie Nooke sprach unbefangener seine Position aus als manch Älterer.

Sechs der vierzehn Oppositionellen waren vor der »Wende« Theologen (Eppelmann, Gauck, Meckel, Neubert, Richter, Schorlemmer), zwei Naturwissenschaftler (Nooke, Reich), zwei Philosophen (Lengsfeld und Templin, die zunächst auf dem Kurs der SED lagen), zwei Künstler (Klier und Weiß) und zwei neben ihrer Hausfrauenarbeit in verschiedenen – erzieherischen – Berufen tätig (Birthler und Poppe). Meckel, Neubert, Schorlemmer kamen selbst aus Pastorenhäusern. Diese berufliche Zusammensetzung darf nicht verwundern und ist in mancher Hinsicht repräsentativ für den Führungskreis der Oppositionellen. Theologen hatten einen gewissen Freiraum und sahen sich weitaus geringeren Disziplinierungen ausgesetzt als der übrige Teil der Bevölkerung. Wer in der DDR Professor oder Betriebsleiter war, verweigerte sich der Mitarbeit in systemkritischen Gruppierungen, wollte er seine Karriere nicht ruinieren. Umso höher ist das – freilich vergleichsweise späte – Engagement Reichs zu würdigen. Lengsfeld war ebenso wie Templin angesichts kommunistischer Sozialisation nicht an der Wiege gesungen, daß sie den Weg in die Opposition finden sollten.

Heute ist nur noch ein einziger (Reich) in seinem Beruf tätig, den er zur Zeit der friedlichen Revolution ausgeübt hat. Eppelmann, Lengsfeld, Meckel, Nooke und Richter gehören dem Deutschen Bundestag an – bis auf Richter (seit 1994) und Nooke (seit 1998) bereits seit dem Vereinigungsjahr. Gauck leitet die nach ihm inoffiziell benannte Behörde, Birthler folgt ihm in diesem Amt; Klier, Templin und Weiß sind Publizisten. Neubert ist Wissenschaftlicher Mitarbeiter bei der Gauck-Behörde, Poppe Studienleiterin an der Evangelischen Akademie zu Berlin und Schorlemmer an der Evangelischen Akademie Wittenberg. Die drei letztgenannten sind zudem publizistisch engagiert.

Die politischen Vorstellungen der Porträtierten bei der ersten freien Volkskammerwahl und der letzten Bundestagswahl zeigen Konstanten, aber auch Wandlungen.[193] Sieben weisen die gleichen politischen Präferenzen auf (Meckel, Richter und Schorlemmer für die SPD, Birthler, Poppe, Templin und Weiß für das Bündnis 90 bzw. jetzt das Bündnis 90/Die Grünen), bei sieben gab es Änderungen. Gauck, Neubert, Nooke und Reich hatten für das Bündnis 90 votiert, heute geben sie ihre Stimme der CDU (Neubert, Nooke) und der SPD (Reich). Gauck wollte seine Wahlentscheidung nicht bekunden. Seine öffentlichen Äußerungen lassen darauf schließen, daß er der CDU wohl näherstehr als der SPD. Eppelmann hatte 1990 den Demokratischen Aufbruch gewählt, Lengsfeld die ostdeutschen und Klier die westdeutschen Grünen. 1998 stimmten beide für die CDU; Klier erklärte einschränkend: »schwarz-grün«. Damit haben einige ihre Positionen gegenüber der Zeit Ende der achtziger, Anfang der neunziger Jahre deutlich verändert. Sie sind in der Regel »konservativer« geworden. Das gilt zumal für Rainer Eppelmann, Vera Lengsfeld und Ehrhart Neubert, die mittlerweile alle der CDU angehören. Günter Nooke, der ebenfalls zur CDU zählt, stand wohl schon 1990 dieser Richtung nahe, auch wenn er sich beim Bündnis 90 engagierte, weil der Demokratische Aufbruch mit der Ost-CDU eine Verbindung eingegangen war.

Die Auflistung der parteipolitischen Präferenzen enthält nur die halbe Wahrheit. Schließlich können sich Personen politisch wandeln, auch wenn sie ihr Wählervotum beibehalten haben. Umgekehrt gilt, daß Personen ihrer Meinung treu bleiben, obwohl sie ihr Wählervotum ändern. Der Autor gelangt aufgrund der Auswertung der einschlägigen Publikationen, die notwendigerweise subjektiv ist, zu dem Urteil, daß Richter und Schorlemmer einen »Linksschwenk« vollzogen, Birthler und Reich ihre Position beibehalten und die anderen einen »Rechtsruck« erfahren haben. Allerdings muß gerade im letzten Fall stark differenziert werden: Die Wandlungen bei Eppelmann, Gauck, Meckel, Nooke und Poppe sind nur gering; größer fallen sie bei Klier, Templin und Weiß aus; am deutlichsten zeigen sie sich bei Lengsfeld und Neubert. Die Gründe für die Verschiebungen der politischen Präferenzen sind unterschiedlich. Richter und Schorlemmer dürften über den Prozeß der deutschen Einheit mit der – aus ihrer Perspektive – anhaltenden Benachteiligung Ostdeutscher ebenso stark enttäuscht sein wie über den zu großen Einfluß kapitalistischer Interessen. Die Gründe für die Wandlungen von Klier, Templin und Weiß liegen auf der Hand: Sie sind deprimiert über die als halbherzig empfundene Art der Vergangenheitsbewältigung, vor allem darüber, daß die PDS aus ihrer Sicht so »geschont« wird. Es sind wohl nur lebensweltlich zu interpretierende Gründe der Tradition, weswegen diese Bürgerrechtler bei den Grünen oder in ihrer Nähe bleiben. Hingegen haben Lengsfeld und Neubert

---

193 Die Ergebnisse beruhen auf Aussagen der Porträtierten gegenüber dem Autor.

die Konsequenzen gezogen, weil die Marginalisierung ihrer Positionen in den Reihen des Bündnis 90/Die Grünen für sie offenkundig unerträglich geworden war.

Die Oppositionellen zeichneten sich dadurch aus, daß sie öfter gegen das im Westen grassierende Rechts-Links-Denken Stellung bezogen. Das gilt auch heute noch, lehnen viele von ihnen doch Lagermentalität ab. Gleichwohl haben sie sich den gängigen Einordnungen nicht entziehen können. Noch Anfang 1990 hieß es bei Nooke und Richter: »›Wir sind nicht rechts, wir sind nicht links! Wir sind rational!‹« Und »Gauck formulierte angesichts der Flügelkämpfe im NF [Neuen Forum]: ›Wir sind nicht links, nicht rechts. Wir sind geradeaus!‹«[194] So sehr eine Abweichung von gängigen stereotypen Zuschreibungen zu würdigen ist, so schlägt bei diesen Formulierungen ein gewisses Maß an unpolitischem Denken durch.

Die Oppositionellen sind, was ihre parlamentarische Repräsentanz betrifft, verschiedene Wege gegangen. Am Beispiel der drei brandenburgischen Spitzenpolitiker des Bündnis 90/Die Grünen für die Landtagswahl 1990 – Günter Nooke stand auf Platz 1, Matthias Platzeck auf Platz 2, Marianne Birthler auf Platz 3 – mögen Kontinuität und Wandel gezeigt werden. Sie saßen alle am Zentralen Runden Tisch, wurden in die erste demokratische Volkskammer gewählt und haben später Karriere gemacht, wenn auch auf unterschiedliche und verschlungene Weise. Birthler, Ministerin im brandenburgischen Kabinett von Manfred Stolpe, verließ dieses, wie erwähnt, wegen der Stasivorwürfe gegenüber dem Ministerpräsidenten, blieb aber beim Bündnis 90/Die Grünen, war sogar zeitweilig dessen Sprecherin und ist nun Kandidatin für das Amt des Bundesbeauftragten für die Unterlagen des Staatssicherheitsdienstes der ehemaligen DDR. Nooke, Mitbegründer des Demokratischen Aufbruchs, wurde 1990 brandenburgischer Fraktionsvorsitzender vom Bündnis 90, machte jedoch den Zusammenschluß mit den Grünen 1993 nicht mit und ging 1996 zur CDU. Heute ist er deren stellvertretender Fraktionsvorsitzender im Bundestag. Platzeck, im November 1989 Gründungsmitglied und Sprecher der Grünen Liga, trat als Minister ohne Geschäftsbereich in die Modrow-Regierung ein und wurde im Oktober 1990 Minister für Umwelt, Naturschutz und Raumordnung unter Manfred Stolpe, im Jahre 1998, nachdem er schon Jahre zuvor zur SPD übergetreten war (und nicht zum Bündnis 90/Die Grünen), Oberbürgermeister von Potsdam und im Juli 2000 brandenburgischer Landesvorsitzender der Partei. Er gilt als wahrscheinlicher Nachfolger für Stolpe im Amt des Ministerpräsidenten, sofern das Wählervotum dies zuläßt.[195]

1990 gehörten neun der Porträtierten der bisher in der Forschung nur unzureichend gewürdigten einzigen demokratisch legitimierten Volkskam-

---

194 Zitiert jeweils nach Ehrhart Neubert (Anm. 14), S. 885.
195 Vgl. Stefan Berg, Monarch aus Potsdam, in: Der Spiegel, Heft 25/2000, S. 54–56.

mer[196] an (Birthler, Gauck, Nooke, Reich und Weiß für das Bündnis 90, Lengsfeld für die Grünen, Eppelmann für den Demokratischen Aufbruch, Meckel und Richter für die SPD). Heute sind noch fünf Abgeordnete im höchsten Parlament (Meckel und Richter für die SPD, Eppelmann, Lengsfeld und Nooke für die CDU). Gauck, Reich und Weiß haben sich aus der Politik zurückgezogen, Birthler scheiterte bei ihrer Kandidatur 1998, in das Bundesparlament einzuziehen. Auch hier fällt eine bemerkenswerte Verschiebung zugunsten der CDU auf: Eppelmann kam vom Demokratischen Aufbruch, der ohnehin mit der CDU kooperierte, Lengsfeld von den Grünen und Nooke vom Bündnis 90. Unübersehbar ist die nahezu fehlende Repräsentanz der Bürgerrechtler beim Bündnis 90/Die Grünen. Heute gehört aus ihren Reihen neben Katrin Dagmar Göring-Eckardt nur Werner Schulz, der bereits in der Volkskammer 1990 saß, dem Bundestag an. Dabei standen die Bürgerrechtler anfangs den Grünen nahe. Offenkundig sind viele von ihnen enttäuscht, weniger von der CDU, die sich »sehr um die Bürgerrechtler bemüht«[197].

Standen diese zur Zeit der »Wende« den Grünen und der SPD nahe (nicht der CDU und der FDP, ebenso auch nicht der SED/PDS und den Republikanern), so hat sich das mittlerweile insofern geändert, als ein Teil der Bürgerrechtler zur CDU gewechselt ist. Die SPD konnte »ihre« weitgehend behalten, nicht jedoch das Bündnis 90/Die Grünen »seine«. Offenkundig hat eine Reihe von ostdeutschen Bürgerrechtlern Schwierigkeiten, sich mit den Politikangeboten der Grünen des Westens anzufreunden. Dabei waren es diese, die in den achtziger Jahren am stärksten von allen Parteien im Westen die oppositionellen Kräfte unterstützt haben.

Einmal mehr wird an den Beispielen erkennbar, daß die Opposition – zusammengehalten vor allem durch den gemeinsamen Gegner, die SED – vor 1990 keineswegs einig war. Vieles wurde überspielt. Allerdings handelt es sich bei den Auseinandersetzungen nach der Wiedervereinigung nicht notwendigerweise um eine Fortsetzung milde ausgetragener Konflikte aus der Zeit vor 1989/90. Für die erste und für die zweite Entwicklung mögen Beispiele geboten werden.

Während Friedrich Schorlemmer Gorbatschow 1987 überaus positiv einschätzte, sah sich Günter Nooke zu einem solchen Urteil außerstande. Dieser Diskurs zwischen ihnen[198] deutete bereits spätere Konflikte an. Beide gehör-

---

196 Vgl. Richard Schröder/Hans Misselwitz (Hrsg.), Mandat für deutsche Einheit. Die 10. Volkskammer zwischen DDR-Verfassung und Grundgesetz, Opladen 2000; Deutscher Bundestag (Hrsg.), Protokolle der Volkskammer der Deutschen Demokratischen Republik, 10. Wahlperiode, 3 Bände, Opladen 2000.
197 Ulrike Poppe, Die ostdeutsche Bürgerbewegung und Deutschlands politische Kultur, Manuskript für die Tagung der German Studies Association in Salt Lake City, 9. Oktober 1998, S. 13.
198 Vgl. Ehrhart Neubert (Anm. 14), S. 736 f.

ten sie anfangs dem Demokratischen Aufbruch an. Schied der eine vor allem deshalb aus, weil sich die Gruppierung immer mehr der Politik Kohls annäherte, so verließ sie der andere wegen der engen Bindung an die Ost-CDU. Friedrich Schorlemmer war vor der »Wende« öffentlich ein schärferer Kritiker der DDR-Diktatur als Joachim Gauck. Heute ist es umgekehrt: Während Gauck unaufhörlich die Diktatur und ihre Verharmloser anprangert, wehrt sich Schorlemmer dagegen, die DDR schwarz in schwarz zu malen. Offenkundig betrachtet der eine die politische Ordnung der Bundesrepublik Deutschland weitaus besser als der andere. Daraus ergibt sich auch ein unterschiedliches Bild der DDR. Und Vera Lengsfeld gehörte vor 1989 zum linken Spektrum der Oppositionellen; heute zählt sie eher zum rechten Spektrum der Union. Anders gewendet: Von den vierzehn Porträtierten war sie zur Zeit ihrer Abschiebung zu Beginn des Jahres 1988 wahrscheinlich diejenige mit den am weitesten linken Vorstellungen, heute ist sie diejenige mit den besonders rechten. Die Beispiele zeigen also einen merkwürdigen Frontenverlauf.

Hat sich das Engagement für die Oppositionellen ausgezahlt? Diese Frage ist in einem allgemeinen Sinn zu bejahen, denn das Ende der DDR-Diktatur haben sie alle gewollt. Und ihr Leben wurde in vielfältiger Weise bunter und besser, nicht nur in ökonomischer Hinsicht. Aber ist es ein Zufall, daß die Ehe aller vier porträtierten Frauen in die Brüche gegangen ist, obwohl (oder weil) ihre Männer selbst in der oppositionellen Bewegung aktiv gewesen sind (Knud Wollenberger war es allerdings nur zum Schein)? Auch Ehen der porträtierten Männer wurden in einigen Fällen geschieden. Mag sein, daß viele einen hohen privaten Preis für ihr politisches Engagement zu zahlen hatten.

Alle Oppositionellen bewegten sich vor 1989/90 und bewegen sich nun innerhalb des demokratischen Spektrums. Meinungsstreit ist das Salz in der demokratischen Suppe, wiewohl die Heftigkeit der Auseinandersetzungen – man denke etwa an den Konflikt zwischen Freya Klier und Friedrich Schorlemmer – mitunter betrüblich anmutet.

III. Abschließende Bemerkungen

Wer die Rolle der oppositionellen Bewegungen ebenso wie diejenige der in ihnen dominierenden Persönlichkeiten Revue passieren läßt, kommt zu bemerkenswerten, teils überraschenden Erkenntnissen. Wie wir mittlerweile wissen, war die Opposition doch nicht so ohnmächtig und die politische Führung keineswegs derart mächtig. Was die wenigen Oppositionellen wollten (eine Reform der DDR), erreichten sie nicht; was sie im Verbund mit anderen erreichten (die Abschaffung der DDR), wollten sie so nicht. Die führenden Repräsentanten der Oppositionsbewegung strebten zunächst keinen Beitritt zur Bundesrepublik an. Nun sehen viele von ihnen weitaus stärker die Vorteile der deutschen Vereinigung. Und sie würden sich wohl nicht mehr für eine Vernichtung elektronischer Datenträger der Hauptverwaltung Aufklärung aussprechen, wie dies am Zentralen Runden Tisch geschehen ist. Zwar waren sich die oppositionellen Kräfte in der Ablehnung der SED einig, doch nicht darin, wie die neue Ordnung aussehen sollte. »Ihre Heterogenität war Stärke und Schwäche zugleich. Stärke, weil sie nicht wie eine Staude aus dem Boden zu ziehen waren, sondern wie Graswurzeln an verschiedenen Stellen und immer wieder neu ihre Keimlinge aus der Erde brachten und damit schwer auszurotten waren. Schwäche, weil durch viele Auseinandersetzungen Reibungsverluste entstanden, die an den ohnehin geringen Kräften zehrten.«[199] Ihre Stärke kam ihnen vor allem vor der »Wende« entgegen, ihre Schwäche zeigte sich wesentlich danach.

Die unterschiedliche Einschätzung der DDR-Oppositionellen – mit Blick auf ihre Ziele und ihre Aktionsformen – wirft auch Licht auf die Frage, ob die DDR als totalitär gelten kann.[200] Wer stark hervorhebt, daß den politisch alternativen Gruppen angesichts der Gefahr ihrer Kriminalisierung gar nichts anderes übrig blieb als sich zu tarnen und sozialistischen Vorstellungen anzuhängen, müßte zum Schluß kommen, daß die DDR ein totalitärer Staat gewesen sei. Tatsächlich ist es aber meistens umgekehrt: Kritiker, die den Oppositionellen wegen ihrer Bindung an die Idee des Sozialismus zu große Anpassungsbereitschaft vorwerfen, sehen die DDR zumeist als totalitär an. Das ist nicht konsequent. Wenn die Repression derart massiv war, mußte nach flexiblen Möglichkeiten gesucht werden, sie zu unterlaufen. Ähnlich paradox fällt der Sachverhalt bei der Bewertung der Mitarbeit für die Staatssicherheit auf: Die schärfsten Kritiker einer wie immer gearteten Zusammenarbeit mit dem Ministerium für Staatssicherheit halten das politische System der DDR für totalitär. Diese Interpretation ist ebenfalls anzuzweifeln. Gleiches gilt für die umgekehrten Interpretationen.

Dies zeigt, daß die Verbindung zwischen Oppositions- und Herrschaftsgeschichte unerläßlich ist. Wer von Opposition spricht, sollte nicht die Repression – die Kehrseite in der Diktatur – ignorieren; und wer die vielfältigen Strukturen der Herrschaftssicherung herausfiltert, kommt nicht umhin, zugleich jene Kräfte zu benennen, die sich ihnen widersetzt haben. Beide beeinflußten einander. Das Umfeld, in dem die oppositionellen Gruppierungen gewirkt haben, muß berücksichtigt werden. Ansonsten unterliegen Wissenschaftler einem argumentativen Kurzschluß. Interaktionsforschung ist daher unerläßlich.

Wer geneigt ist, den Oppositionellen ihre Halbherzigkeit vorzuwerfen

---

199 So Ulrike Poppe (Anm. 197), S. 4.
200 Vgl. Eckhard Jesse, War die DDR totalitär?, in: Aus Politik und Zeitgeschichte. Beilage zur Wochenzeitung Das Parlament, B 40/94, S. 12–23; Ralph Jessen, DDR-Geschichte und Totalitarismustheorie, in: Berliner Debatte INITIAL 6 (1995), Heft 4/5, S. 17–24.

und ihre Konzessionsbereitschaft, sollte nicht vergessen, daß diese in einer Diktatur agierten, die einen permanenten Antifaschismus predigte, und die Vorstellungskraft für eine fundamentale Änderung der DDR im freiheitlichen Westen aus unterschiedlichen – berechtigten und weniger berechtigten – Gründen erst recht nicht weit entwickelt war. Zwei Beispiele mögen dies belegen.

Als im Januar 1988 einige Bürgerrechtler wie Freya Klier, Vera Wollenberger (später Lengsfeld) und Wolfgang Templin in den Westen abgeschoben wurden, äußerte sich der *Zeit*-Journalist Theo Sommer in einem großen Leitartikel über die politische Führung der DDR. Sie solle sich dem versöhnlichen Gespräch mit den eigenen Bürgern öffnen, »die anstelle des realen Sozialismus endlich wirklichen Sozialismus wollen«[201]. Sommer wünschte mehr Wandel, mehr Lockerung und Entspannung in der DDR – »mehr« jedoch nicht: »So können wir nur ständig wiederholen, daß wir die DDR nicht subversiv unterwandern und destabilisieren wollen, daß sie aber, wenn sie gute Nachbarschaft wünscht, im eigenen Haus nicht pöbeln und wüten darf.« Eine aktive Wiedervereinigungspolitik wäre »reine Traumtänzerei«. Er knüpfte an Rosa Luxemburg an, die gegenüber Lenin die »uneingeschränkteste breiteste Demokratie« als »Weg zur Wiedergeburt« empfohlen habe. Seinen Kommentar schloß Sommer mit den Worten: »Rosa Luxemburgs ›Weg zur Wiedergeburt‹ – ist die DDR-Führung bereit, ihn zu gehen? Vorerst hat sie noch Stalins wüste Tiraden gegen den ›Luxemburgismus‹ im Ohr. Doch nur, wenn sie dieses Stück kommunistischer Vergangenheit bewältigt, wird sie die Zukunft meistern können.« Sommer irrte kräftig. Die politische Führung der DDR konnte es sich gerade nicht erlauben, der »uneingeschränktesten breitesten Demokratie«[202] Raum zu geben. Damit wäre ihr Ende erst recht besiegelt gewesen.

Das folgende Zitat einer Politikwissenschaftlerin aus dem Jahre 1988 ist daher nicht gesucht, sondern entsprach gängigen Erwartungshaltungen. Status quo-Denken war verbreitet: »Im Jahr 2000, mehr als ein Vierteljahrhundert nach ihrer Anerkennung, könnte die DDR als ein Staat unter Staaten gelten – ein bemüht vertrauenswürdiger Partner im Netz internationaler Kooperationen und Organisationen. Ihre bedeutende Rolle innerhalb der sozialistischen Staatengemeinschaft wird vor allem dann Beachtung finden, wenn es um die Normalisierung des Ost-West-Verhältnisses geht. Wiederum verdankt sie ihre Stellung den besonderen und untereinander höchst wider-

---

201 Theo Sommer, Ein gutes Ende – kein neuer Anfang? Die DDR und ihre Bürgerrechtler in: Die Zeit, 5. Februar 1988. Die nachfolgenden Zitate entstammen ebenso diesem Leitartikel.
202 Selbstverständlich ist diese Sentenz bei Rosa Luxemburg, die im Januar 1919 zum Sturz der parlamentarischen Demokratie aufgerufen hatte, nicht im Sinne uneingeschränkter Meinungsfreiheit zu verstehen.

sprüchlichen Beziehungen zu zwei Staaten: zur UdSSR und zur Bundesrepublik Deutschland.«[203] Tatsächlich existiert nicht nur die DDR, sondern auch die diktatorische Sowjetunion nicht mehr. Wer sich diesen Hintergrund bewußt macht, mag die gegenwärtigen Probleme angemessener, weniger negativ sehen. Das Szenario des Jahres 2000 hätte ein ganz anderes sein können. Eine »chinesische Lösung« war 1989/90 möglich.

Zehn Jahre nach der deutschen Einheit sollte nicht nur den Folgen der Vereinigung gedacht werden, sondern auch ihren Voraussetzungen. Wenngleich die politisch alternativen Gruppen überwiegend Gegner einer (schnellen) Einheit waren und stark sozialistisches Gedankengut befürworteten, so bildeten sie für das Ende der DDR-Diktatur einen wichtigen Faktor. Einstige Oppositionelle haben keinen Grund, im Schmollwinkel zu verharren. Sie sind »am Erfolg gescheitert«.[204] Denn die Befreiung von der Diktatur ging der Schaffung der deutschen Einheit voraus. Diese war die Folge jener.

---

203 So Irma Hanke, Aufbruch ins Dritte Jahrtausend? Zukunftsperspektiven des real existierenden Sozialismus in der DDR, in: Dies./Hannelore Keidel (Hrsg.), Unruhe ist die erste Bürgerpflicht. Politik und Politikvermittlung in den 80er Jahren. Festgabe für Rudolf Schuster zum 60. Geburtstag, Baden-Baden 1988, S. 141.
204 Alexander Gallus, Am Erfolg gescheitert, in: Frankfurter Allgemeine Zeitung, 9. Februar 2000.

Personenregister

Die fettgedruckten Seitenzahlen verweisen auf Beiträge der jeweiligen Personen im vorliegenden Buch, die kursiven auf biographische Angaben zu ihnen.

Adam, Konrad 87
Adorno, Theodor W. 30
Altig, Rudi 20
Andert, Reinhold 279
Arendt, Hannah 86, 219

Bahr, Egon 50, 84
Bahro, Rudolf 111–114
Barbe, Angelika 277, 291, 298, 311
Baring, Arnulf 81
Bartoszek, Michael 47
Bastian, Gert 214
Becher, Johannes R. 43, 46
Becker, Jurek 287
Beuthe (Stadtrat) 194
Bickhardt, Stephan 47, 277
Biermann, Wolf 95, 111 f., 114, 147, 149, 228, 267, 283, 311
Biller, Maxim 85
Birthler, Marianne 7, 9, 11 f., 15, **62–72**, 73 f., 276, 278 f., *284–287*, 309, 317–320
Bisky, Lothar 169, 172
Bloch, Ernst 112, 161, 243
Blum, Robert 77
Bodelschwingh, Friedrich von 175

Bohley, Bärbel 10, 55, 114, 150, 228, 268, 271, 275 f., 278, 299 f., 303
Bonhoeffer, Dietrich 63
Böhme, Ibrahim 295
Böttger, Antje 114
Böttger, Martin 114, 277
Brandt, Willy 19 f., 84, 214, 296
Breschnew, Leonid I. 31, 33 f., 179, 201, 211
Brie, André 226
Brüsewitz, Oskar 146, 267
Bush, George 132 f., 140, 183, 314

Choi, Sung-Wan 261
Chruschtschow, Nikita S. 20, 31, 33 f., 197

Ditfurth, Christian von 117

Eckert, Rainer 261 f., 274
Eppelmann, Rainer 7, 9, 11, 13, 17, 150, **174–188**, 189–191, 193, 195, 206, 228, 267, 269, 271, 275, 278 f., 299, *303–305*, 316–318, 320

Falcke, Heino 146, 298
Filbinger, Hans Karl 212
Finck, Heiner 228

Fischbeck, Hans-Jürgen 47, 308
Fischer, Joschka 85
Fischer, Werner 114
Fränkel, Joachim 146
Fricke, Karl Wilhelm 257 f.
Fuchs, Jürgen 144, 146

Garton Ash, Timothy 22, 117
Gass, Karl 282
Gauck, Joachim 7, 9 f., 18 f., 23, 104, **240–252**, 253–255, 275, 278 f., 285 f., *313–315*, 316–321
Geißler, Heiner 84
Genscher, Hans-Dietrich 134
Gerlach, Manfred 155
Ginsburg, Jewgenija 211
Globke, Hans 212
Glotz, Peter 84
Göring-Eckardt, Katrin Dagmar 320
Götting, Gerald 316
Gorbatschow, Michail S. 23, 32, 128 f., 135, 140, 179, 183, 199 f., 203–205, 214, 217, 223, 226, 248, 272, 297, 312, 314, 320

Grass, Günter 247
Guevara, Ernesto (»Che«) 211
Gutzeit, Martin 16, 129, 139, 295–297
Gysi, Gregor 57, 159, 169, 172, 228, 301, 314

Habermas, Jürgen 85
Hager, Kurt 312
Hary, Armin 20
Havel, Vaclav 84, 115, 213, 264
Havemann, Florian 149
Havemann, Katja 114
Havemann, Robert 111–114, 146, 148, 177 f., 201, 263, 267, 297, 303, 308
Hayek, Friedrich August von 199
Heidegger, Martin 30
Heinemann, Gustav W. 20
Henrich, Rolf 36
Heym, Stefan 52
Hildebrandt, Regine 104
Hilsberg, Stephan 277, 296
Hirsch, Ralf 114
Hitler, Adolf 77, 249 f.
Holmer, Uwe 175
Honecker, Erich 34, 36, 77, 96, 127, 147, 175, 177, 189, 210, 231, 243, 291
Honecker, Margot 29, 63 f., 175, 177
Höppner, Reinhard 53, 288, 314
Horkheimer, Max 30
Hülsemann, Wolfram 176
Hurd, Douglas 133

Jacob, Günter 94
Jahn, Roland 150, 215, 269
Jens, Walter 311

Joppke, Christian 259–261
Jünger, Ernst 84, 86
Junkermann, »Hennes« 20

Kant, Hermann 159, 169
Keller, Dietmar 228, 305
Kelly, Petra 214
King, Martin Luther 63
Klein, Günter 52
Klein, Thomas 276, 278
Kleine, Alfred 82
Klier, Freya 7, 9, 11, 13, 17, **158–170**, 171 f., 250, 275, 278 f., *300–303*, 311 f., 316–318, 321, 323
Knabe, Hubertus 150, 265
Kohl, Helmut 52, 71, 97, 105, 132 f., 137, 140, 152, 164, 183, 186, 228, 238, 245 f., 284, 306, 313 f.
Köppe, Ingrid 218, 284
Koschyk, Hartmut 284
Kowalczuk, Ilko-Sascha 261 f.
Krawczyk, Stephan 300
Krenz, Egon 35, 127, 139, 179, 190, 228
Kreyssig, Lothar 50, 54, 284
Krusche, Günter 52
Kunze, Reiner 147, 161

Lampe, Reinhard 47
Land, Rainer 261
Lengsfeld, Vera 7–10, 12, 15, **76–89**, 90 f., 275, 278 f., *287–289*, 288, 291, 298, 316–321, 323
Lenin, Wladimir I. 38, 323
Liebknecht, Karl 77
Lietz, Heiko 277

Lübke, Heinrich 212
Lucyga, Christine 248
Luther, Michael 290
Luxemburg, Rosa 323

Machiavelli, Niccolò 80
Maizière, Lothar de 132, 166, 176, 314
Makarenko, Anton S. 29
Mann, Thomas 27, 242
Marquardt, Angela 154 f.
Marx, Karl 182, 246, 305
Mayer, Hans 112
Mazowiecki, Tadeusz 128, 137
Meckel, Markus 7, 9–11, 13, 16, 37, **126–138**, 139 f., 275, 278 f., *294–297*, 317 f., 320
Mehlhorn, Ludwig 47, 308
Merleau-Ponty, Maurice 30
Mielke, Erich 36
Miethe, Ingrid 263
Misselwitz, Hans 115, 277
Mittag, Günter 36
Mitterrand, François 133
Modrow, Hans 33, 35 f., 127, 159, 169, 182
Momper, Walter 84, 185
Mueller-Stahl, Armin 161
Müller-Gangloff, Erich 50

Neubert, Ehrhart 7, 9 f., 16 f., 103, **142–155**, 156 f., 176, 180, 193, 206, 259–261, 265, 276, 278, *297–300*, 316–319
Neubert, Hildigund 298
Niemöller, Martin 94
Nooke, Günter 7, 9, 12 f., 15 f., **92–107**, 108 f., 276, 278 f., *289–292*, 298, 316–321

Orwell, George 30, 146

Pagel, Rocco 65
Pahnke, Rudi 150, 193, 308
Pehnert, Horst 48
Platzeck, Matthias 319
Plenzdorf, Ulrich 300
Pohl, Wolfgang 166
Pollack, Detlef 260–262, 265
Poppe, Gerd 114, 223, 262, 264, 269, 275 f., 278, 308 f.
Poppe, Ulrike 7, 9–14, 18, 24, 114, **208–221**, 222 f., 261 f., 268, 276, 278, *307–310*, 317 f.
Possekel, Ralf 261

Rathenow, Lutz 117, 276–278
Reagan, Ronald 23, 199, 306
Reich, Jens 7, 9 f., 13 f., **26–39**, 40 f., 272, 275, 278 f., *280–282*, 316–318, 320
Richter, Edelbert 7, 9, 12 f., 17 f., **192–205**, 206 f., 276, 278, 298 f., *305–307*, 317–320
Richter, Horst-Eberhard 311
Rinck, Dieter 261 f.
Rochtus, Dirk 261
Rosh, Lea 86
Rüddenklau, Wolfgang 263

Sartre, Jean-Paul 30
Schabowski, Günter 78, 97

Schalck-Golodkowski, Alexander 118, 168, 218, 223
Schäuble, Wolfgang 83, 167
Scheer, Udo 262
Scheidemann, Philipp 77
Schlesinger, Klaus 287
Schmidt, Helmut 118, 296
Schmitt, Carl 84
Schnur, Wolfgang 10, 193, 195, 206, 287, 301, 303
Scholl, Sophie 63
Schöne, Gerhard 64
Schorlemmer, Friedrich 7, 9–14, 18, 193, **224–236**, 237–239, 251, 275, 278 f., 299, 301, *310–312*, 317 f., 320 f.
Schorlemmer, Uta 225 f., 238
Schröder, Gerhard 314
Schröder, Richard 277 f.
Schult, Reinhard 277
Schulz, Werner 286, 320
Schur, Gustav-Adolf (»Täve«) 20, 23, 150
Schürer, Gerhard 82, 247
Seebacher-Brandt, Brigitte 85
Seeler, Uwe 20
Sinowjew, Alexander A. 81
Solschenizyn, Alexander I. 146
Sommer, Theo 52, 323
Soros, George 201
Stalin, Josef W. 323
Stolpe, Manfred 73, 98, 147, 154, 285, 290–292, 298, 314, 319

Strauß, Botho 86, 89
Strauß, Franz Josef 34

Templin, Lotte 114
Templin, Regina 293
Templin, Wolfgang 7, 9, 12, 16, **110–122**, 123 f., 150, 275, 278 f., *292–294*, 316–318, 323
Thatcher, Margaret 133, 202, 306
Thierse, Wolfgang 290
Trotzki, Leo D. 38
Tschiche, Hans-Jochen 278

Ulbricht, Walter 241, 243
Ullmann, Wolfgang 47, 104, 121, 278, 308

Vaatz, Arnold 277 f., 290
Veen, Hans-Joachim 187
Vollmer, Antje 84
Vollnhals, Clemens 263
Volmer, Ludger 285

Waigel, Theo 164
Walser, Martin 85
Weiß, Konrad 7, 9–12, 14 f., **42–58**, 59 f., 104, 216, 276, 278 f., *282–284*, 308, 317 f.
Weißmann, Karlheinz 84
Weizsäcker, Carl Friedrich von 95
Wolf, Christa 52
Wolf, Markus 97
Wolfshohl, Rolf 20
Wollenberger, Knud 288, 321
Wollenberger, Vera (s. Lengsfeld, Vera)
Wonneberger, Christoph 103

Angaben zum Herausgeber

ECKHARD JESSE
Jahrgang 1948, geb. in Wurzen bei Leipzig, Dr. phil. habil., seit 1993 Professor für Politikwissenschaft an der Technischen Universität Chemnitz (Lehrstuhl für »Politische Systeme, politische Institutionen«); seit 1989 Herausgeber des *Jahrbuchs Extremismus & Demokratie* (mit Uwe Backes); zahlreiche Veröffentlichungen, u. a. zur Demokratie der Bundesrepublik Deutschland (besonders: Parteien, Wahlen, Extremismus), zu historischen Grundlagen der Politik und zum Totalitarismus im 20. Jahrhundert.